Jakob Nielsen

Usabilidad.
Diseño
de sitios Web

Traducción
Santiago Fraguas

Prentice
Hall

Madrid • México • Santafé de Bogotá • Buenos Aires • Caracas • Lima • Montevideo
San Juan • San José • Santiago • São Paulo • White Plains

/Datos de catalogación bibliográfica

JAKOB NIELSEN
Usabilidad. Diseño de sitios Web
PEARSON EDUCACIÓN, S. A., Madrid, 2000

ISBN: 84-205-3008-5
Materia: Informática 681.3

Formato: 170 x 240 mm   Páginas: 432

JAKOB NIELSEN
Usabilidad. Diseño de sitios Web

DERECHOS RESERVADOS
© 2000 respecto a la primera edición en español por:
PEARSON EDUCACIÓN, S. A.
C/ Núñez de Balboa, 120
28006 Madrid

PRENTICE HALL es un sello autorizado de PEARSON EDUCACIÓN, S. A.

ISBN: 84-205-3008-5
Depósito Legal: M. 40.691-2000

Traducido de: Designing Web Usability
Copyright © 2000 by New Riders
ISBN: 1-56205-810-X

Editores de la edición en español: Alejandro Domínguez, Félix Fuentes, Eva María López
Diseño de cubierta: Mario Guindel y Yann Boix
Equipo de producción:
    Dirección: José Antonio Clares
    Técnico: José Antonio Hernán
Composición: Ángel Gallardo
Impreso por: CLOSAS-ORCOYEN, S.L.

IMPRESO EN ESPAÑA - PRINTED IN SPAIN

Este libro ha sido impreso con papel y tintas ecológicos

CONSULTORES EDITORIALES:

SEBASTIÁN DORMIDO BENCOMO
Departamento de Informática y Automática
UNIVERSIDAD NACIONAL DE EDUCACIÓN A DISTANCIA

LUIS JOYANES AGUILAR
Departamento de Lenguajes, Sistemas Informáticos e Ingeniería del Software
UNIVERSIDAD PONTIFICIA DE SALAMANCA en Madrid

Contenido

Acerca del autor

Jakob Nielsen es un especialista en usabilidad y director de Nielsen Norman Group (www.nngroup.com), que fundó con el Dr. Donald D. Norman, antiguo vicepresidente de Apple Research. Hasta 1998, Jakob Nielsen fue ingeniero de Sun Microsystems y condujo los esfuerzos de la empresa en pos de la usabilidad, empezando con el diseño original de SunWeb a principios de 1994. Sus afiliaciones anteriores se encuentran en el Instituto de Interfaces de Usuario de IBM, en Bell Communications Research y en la Universidad Técnica de Dinamarca. Nielsen es autor y editor de otros ocho libros y de más de setenta y cinco artículos sobre la ingeniería de la usabilidad, diseño de interfaces de usuario e hipertexto. También suele dar conferencias. Nielsen es fundador del movimiento "ingeniería de la usabilidad de descuento", que pretende buscar formas sencillas y rápidas de mejorar las interfaces de usuario. Su columna Alertbox acerca de la usabilidad ha sido publicada en Internet desde 1995 (www.useit.com/alertbox) y actualmente tiene cerca de 100.000 lectores. También es columnista para **DevHead**, de Ziff-Davis Network, y crítico de diseño web de la revista **Internet World**. Tiene 45 patentes americanas, principalmente sobre formas de agilizar el uso de Internet. El sitio web de Jakob Nielsen es www.useit.com, muy rápido y de sólo texto.

Un mensaje de Prentice Hall

Jakob Nielsen es uno de los ponentes y comentaristas más ocupados del mundo de la alta tecnología, debido a su mensaje y a la elocuencia con la que lo ofrece. Su mensaje es simple (al menos en la superficie) y es accesible para todo el que quiera escucharlo (y multitud de personas lo hace cada año): Ponga delante la USABILIDAD. Practique la SIMPLICIDAD.

Los retos y complejidades de esta filosofía del diseño pueden empezar con la planificación y seguir con la implementación. Los retos nunca acaban y Jakob le ayuda a entenderlos y a realizar los ajustes necesarios para sobrevivir y prosperar en el primer mundo de la Web.

Lo mejor que se puede decir de este libro, junto con lo que puede aprender por sí mismo y de otros que usen la Web (y cómo mejorar la usabilidad de su sitio web), es que es una de las lecturas más apasionantes que pueda caer entre sus manos, por supuesto, de entre las publicaciones tecnológicas. Jakob tiene una maestría en la comunicación que le permite desarrollar sus ideas en un discurso que encanta a los diseñadores web, usuarios web y público en general. Este libro tiene tanto atractivo porque el mensaje de Jakob tiene mucho sentido.

¿Quién dijo que no nos podemos divertir ampliando nuestros horizontes?

New Riders tiene el honor de haber trabajado con Jakob Nielsen los dos pasados años, mientras escribía y ponía a punto **Usabilidad. Diseño de sitios Web**. Creemos que la espera ha merecido la pena. Vamos a ver lo que usted opina.

Prefacio

Ya basta, Jakob. ¿No es ya demasiado hablar sobre árboles muertos cuando se está hablando de la Web?

Estoy seguro de que muchos lectores se estarán haciendo esta pregunta; por tanto, permítanme que la responda.

Soy un experto en usabilidad, por lo que la elección del medio creo que debe estar regida por lo que sea de acuerdo con el objetivo pretendido con la comunicación y no por la moda. Evidentemente, la Web es un gran medio para las comunicaciones (es por eso que estoy escribiendo sobre ella), y es perfecta para los documentos breves provistos de muchos vínculos (en mi sitio web, www.useit.com, hay muchas páginas de este tipo). La Web, sin embargo, no es tan útil cuando se trata de documentos muy extensos que tienen que presentar un argumento progresivo.

Si de verdad quiere aprender sobre un tema, es mucho mejor hacerlo leyendo un manual coherente y en profundidad del tema, escrito desde un solo punto de vista, que adentrarse en múltiples ideas breves y distintos puntos de vista. En otras palabras, un libro sigue siendo mejor que la Web para el objetivo que perseguimos: que los lectores comprendan la perspectiva de la usabilidad en el diseño web.

Tienen que darse tres condiciones para que se dejen de escribir libros:

- Las pantallas de las computadoras deben mejorar hasta el punto de que leer en ellas sea tan rápido y agradable como leer en papel. Estoy seguro de que esto ocurrirá en el año 2002 para las computadoras de alto nivel y en el año 2007 para las computadoras normales, ya que las pantallas ya han sido probadas en el laboratorio.
- Las interfaces de usuario de los navegadores web deben mejorar lo suficiente para que sea tan fácil navegar por la Web como hojear las páginas de un libro. En esto soy más escéptico, ya que los fabricantes de navegadores parecen dedicar más esfuerzos a programas multimedia y de publicidad que a ayudar a los usuarios a navegar; aun así, podemos esperar que existan navegadores realmente útiles en el año 2003.
- Los lectores y los escritores deben ajustarse a los espacios de información no lineales, es decir, a escribir utilizando el hipertexto y a leer sin tener que pensar en qué decisiones tomar. Sólo el tiempo y mucha experiencia con hipertextos bien diseñados harán que esto tenga lugar. Desafortunadamente, existe el problema del huevo y la gallina en el sentido que los hipertextos bien diseñados no tendrán lugar hasta que los buenos escritores aprendan a escribir hipertexto. Espero que este hecho se producirá hacia el año 2001, y el énfasis cam-

Usabilidad. Diseño de sitios Web

Un libro impreso tiene la ventaja de las barras laterales y otros diseños bidimensionales que no están disponibles en una página web, que es, en esencia, un diseño con desplazamiento unidimensional (lo que querían y amaban los egipcios). En un libro es posible colocar ilustraciones y títulos que complementan el texto mejor de lo que se puede hacer en la Web. No puedo decir mucho de la portada de este libro, pero espero que la encuentre útil.

biará irrevocablemente de personas deslumbradas por la novedad de un medio a la satisfacción de las necesidades del usuario. Quizá, cuatro años después, en el año 2005, la mayoría de usuarios habrán adquirido la suficiente experiencia como para tratar con el hipertexto.

La comparación de estos tres aspectos nos lleva a la conclusión de que la tecnología de hardware es el factor clave de que tengamos que esperar hasta más o menos el año 2007 para que los libros desaparezcan y se sustituyan por completo con información en línea. Los editores están avisados: esto ocurrirá.

Guía de este libro

El libro que tiene ante sus ojos es el primero de dos libros sobre el tema de la usabilidad. He optado por publicar dos libros, por dos motivos: en primer lugar, he comprobado que los libros voluminosos suelen acabar en la biblioteca acumulando polvo, de modo que no me gustaría escribir un libro con este final. Un libro de siete centímetros de grosor sobre cómo crear gráficos en Excel puede llegar a intimidar tanto a la gente que ésta no llegue a abrirlo. Pueden sentirse a gusto poseyendo un libro con tantos conocimientos detallados, pero, sin duda, no lo leerán. Dos volúmenes finos tienen muchas más posibilidades de ser leídos que uno grueso.

En segundo lugar, quizá no sea necesario que todos los lectores lean ambos libros, porque éstos se centran en aspectos distintos de la usabilidad. Los volúmenes más finos hacen que el libro sea más asequible para los estudiantes y los que sólo quieran obtener una determinada información. No hay necesidad de pagar más por una publicación enorme, ya que la mitad de ella puede que no sea imprescindible.

Estos dos libros atacan el problema del diseño web desde dos frentes. El primero versa sobre el "qué" de los buenos sitios web, mientras que el otro se centra en el "cómo". Todo el mundo quiere la solución enseguida, razón por la que me he concentrado básicamente en ello. Este libro explica lo que se conoce sobre las características de los sitios web fáciles de usar. Saboree la simplicidad, y céntrese en los objetivos del usuario en vez de en el diseño.

La primera parte de este primer libro aborda las áreas principales del diseño web: el diseño de páginas, el diseño de contenido y el diseño de la arquitectura general del sitio. Los capítulos subsiguientes abordan temas especiales, que complementan los fundamentos básicos con datos específicos sobre las intranets, los usuarios con discapacidades y los usuarios de ámbito internacional. Por último, este libro finaliza con una previsión del futuro de Internet y los nuevos desarrollos de la Web.

El segundo libro abordará el "cómo" de la usabilidad y explicará las metodologías empleadas para derivar los hallazgos desvelados en este primer libro. El lector impaciente que sólo quiera conocer los hechos puede leer este libro. Si diseña sitios que sigan las reglas aquí establecidas, éstos se encontrarán entre los más fáciles de utilizar en Internet. Pero diseñar sitios increíbles requiere puntos de vista adicionales que sean específicos de su proyecto, sus clientes y sus necesidades. Es necesario que recoja datos útiles adicionales para su proyecto. El cómo hacerlo se explicará en el segundo libro.

Jakob Nielsen

Mountain View, California

1 Introducción: ¿Por qué la usabilidad?

La usabilidad dirige la Web. Dicho de un modo sencillo, si el cliente no puede encontrar un producto, no lo podrá comprar.

La Web es un entorno en el que el poder está en manos de los usuarios. El usuario, que es quien hace clic en el ratón, es el que decide todo. Es tan fácil ir a cualquier otra parte, que la competencia de todo el mundo está a un solo clic.

Con cerca de 10 millones de sitios web en enero de 2000 (y cerca de 25 millones a finales de año y unos cien millones en el 2002), los usuarios tienen más posibilidades que nunca. ¿Por qué van a perder el tiempo en algo que sea confuso, lento, o que no satisfaga sus necesidades?

¿Por qué?

Como resultado de estas posibilidades y de la facilidad de ir a otros sitios, los usuarios web exhiben una impaciencia y una insistencia enormes para recibir satisfacción inmediata. Si no se imaginan cómo usar un sitio web en un minuto o dos, terminan por pensar que no merece la pena perder el tiempo. Y se van.

La usabilidad ha asumido una parte mucho más importante de la economía de Internet que en el pasado.

La usabilidad ha asumido una parte mucho más importante de la economía de Internet que en el pasado. En el desarrollo tradicional de los productos físicos, los usuarios no podían experimentar la usabilidad de un producto hasta que lo adquirían y lo pagaban. Digamos, por ejemplo, que compra un reproductor de vídeo y advierte que es difícil ajustar el reloj y que no sabe cómo programar sus canales favoritos. El fabricante estará riéndose de camino al banco.

La industria del software tiene bastantes más motivos para mejorar la usabilidad que la industria de los productos físicos. En lo que respecta al software, los usuarios normalmente tienen la posibilidad de acceder a un centro de apoyo, al que pueden llamar para resolver sus problemas. Este tipo de llamadas son muy caras (las cifras oscilan entre los 30 y los 100 dólares por llamada, dependiendo de la complejidad del software), y más de la mitad de las llamadas se debe a la mala usabilidad. Desafortunadamente, el coste de gestionar el centro de apoyo se suele cargar en una cuenta distinta que el coste de la mejora de la usabilidad, por lo que los directores de desarrollo no están motivados a la hora de ofrecer buenas interfaces de usuario. La entrega correcta es lo que da los grandes beneficios, mientras que esto no ocurre si se recorta el presupuesto del departamento de asistencia para el próximo año.

La Web invierte la imagen. Ahora, los usuarios experimentan la usabilidad de un sitio antes de que se hayan comprometido a usarlo y antes de que hayan pagado nada.

La ecuación es muy sencilla:

- En el diseño de productos y software, los usuarios pagan de antemano y experimentan la usabilidad después.

- En la Web, los usuarios experimentan primero la usabilidad y pagan después.

Queda claro por qué la usabilidad es mucho más importante en el diseño web.

Arte frente a ingeniería

Esencialmente, hay dos enfoques básicos en el diseño: el ideal artístico de expresarse y el ideal técnico de resolver un problema a un cliente. Este libro se decanta claramente por el aspecto técnico. Si bien reconozco que existe una necesidad de arte y entretenimiento en la Web, creo que el objetivo principal de la mayoría de los proyectos web consiste en facilitar a los clientes la tarea de llevar a cabo tareas útiles.

Se trata de un enfoque muy sistemático del diseño web, con una secuencia de métodos que cualquiera puede usar para descubrir las necesidades de los usuarios y las dificultades que éstos pueden experimentar al usar el sitio. Tratar un proyecto web como un proyecto de desarrollo de software facilitará el cumplimiento de los programas y la garantía de la calidad del sitio. En concreto, la aplicación continuada de la metodología de las técnicas de usabilidad conducirá a la mejora del sitio, tanto en lo que se refiere al diseño inicial como a los sucesivos rediseños.

En este libro encontrará muchas reglas, principios, directrices y métodos. Todos ellos derivan de la experiencia de lo que funciona cuando los usuarios tratan de llevar a cabo tareas en la Web. Desde los primeros días de la Web, he venido observando cómo se utilizan los sitios web, además de, evidentemente, cómo los usuarios emplean muchos tipos distintos de sistemas de información en línea y diseños de hipertexto desde principios de los ochenta.

No pido que cada una de mis enseñanzas tenga que ser seguida a rajatabla en cada proyecto. El profesional avezado sabe cuándo seguir las reglas y cuándo saltárselas. Es necesario conocer primero las reglas antes de considerar si saltarse algunas puede contribuir a la mejora de un determinado proyecto. Además, un principio fundamental para el no cumplimiento de las reglas es que sólo hay que quebrantarlas cuando se tiene una buena razón para ello.

El enfoque técnico tiene una ventaja sustancial: cuando no sepa qué diseño elegir, puede plantearse una cuestión empírica, que puede resolverse recogiendo datos de sus clientes.

El listón de la competencia está muy alto

En la Web, su competencia no está limitada a las demás empresas del sector. Con todos los millones de sitios que hay, se compite por el tiempo y atención de los usuarios, que esperan la mejor usabilidad de todos los sitios. Una buena pregunta es: "Si puedo recibir un buen servicio al comprar un libro de cinco dólares, ¿por qué no puedo recibir un buen servicio en línea cuando me gasto miles de dólares en usted?".

La gente, ¿obtiene la información más deprisa con el diseño A o con el diseño B? ¿Se califica mejor el diseño A o el diseño B en un cuestionario sobre el grado de satisfacción del usuario? Elija el que obtenga los mejores resultados y no el que le guste más a nivel personal.

Obviamente, el método científico es el único que le puede llevar tan lejos. Sigue habiendo una necesidad de inspiración y creatividad en el diseño. Un método técnico de usabilidad que nadie sea capaz de seguir puede ser indicativo de que los usuarios tienen problemas al navegar por su sitio o de que todo el mundo pasa por alto el botón de búsqueda de su página de inicio. Adoptar estos resultados y conseguir un esquema de navegación más apropiado o ubicar mejor el botón de búsqueda no es una simple cuestión de seguir unos pasos sencillos. Sin embargo, recuerde que la innovación tiene un 10% de inspiración y un 90% de esfuerzo. La forma de obtener ideas de diseño apropiadas (y no sólo ideas de buenos diseños que nadie va a usar) consiste en observar a los usuarios y ver sus gustos, lo que encuentran más fácil y dónde tropiezan. La forma de conseguir buenas ideas de diseño a menudo consiste en seguir la metodología de la usabilidad y en observar las reacciones y la información de los usuarios.

La usabilidad evoluciona con más lentitud que la tecnología web, por lo que los métodos y conceptos que aprenderemos en este libro le serán útiles durante muchos años, aunque la implementación de su sitio cambie mucho. Muchos de los principios expuestos en este libro parten de experiencias propias y ajenas en hipertextos u otros sistemas de presentación interactiva. En lo que a mí respecta, llevé a cabo mi primer proyecto de hipertexto en 1984, pero otros lo han hecho desde los años sesenta. Muchos de los resultados han superado la prueba del tiempo. Cuando las metodologías y los resultados de mediados de los ochenta siguen siendo válidos a finales de los noventa, hay muchas razones para pensar que lo seguirán siendo entrado el siglo XXI.

Acerca de los ejemplos

El libro tiene muchas imágenes de diseños web reales, y los ejemplos y comentarios hacen referencia al estado de los sitios el día en que fueron visitados. Dado que he estado recopilando ejemplos e imágenes durante varios años, muchos de estos sitios habrán cambiado (es de esperar que hayan mejorado) cuando lea este libro. Si visita uno de estos sitios y comprueba que ha cambiado, esto no invalida el ejemplo. El motivo de ofrecer ejemplos no es el de criticar o alabar sitios, empresas o diseñadores específicos. Todos los diseños tienen sus partes buenas y no tan buenas, por lo que, a veces, señalamos una buena parte de un sitio malo o una parte mala de un sitio bueno. Los ejemplos se emplean para ilustrar los principios y metodologías generales de diseño web, ya que es difícil entender la teoría abstracta sin ejemplos concretos.

Una llamada a la acción

Si lee este libro y lo deja de lado, significará que he fallado. Obviamente, si lo deja de lado sin haberlo leído, habré fallado por completo, pero creo que el libro es lo suficientemente atractivo como para que, por lo menos, le eche una ojeada antes de aparcarlo definitivamente en su biblioteca.

El objetivo de este libro consiste en cambiar su actitud. Soy un evangelista convencido, por lo que quiero que sea capaz de proporcionar un servicio mejor a sus usuarios después de haber leído el libro. También se puede hacer algo para hacerle a los usuarios la vida más agradable. Este libro está repleto de métodos específicos que se pueden usar en casi todas las fases de un proyecto web para mejorar mucho la experiencia del usuario. No hay excusa que valga para no usar algunos de estos métodos, ya que muchos de ellos son extremadamente baratos. Tampoco hay excusa para no incluir algunos métodos de usabilidad en el próximo proyecto web que vaya a hacer, ya que muchos de ellos son muy fáciles de aprender.

Cuando haya leído este libro, **estará preparado para entrar en acción**. Su próximo proyecto de diseño puede emplear métodos de usabilidad, y el mero hecho de llevar esto a cabo le proporcionará una ganancia considerable a su sitio. La mera lectura sobre usabilidad no hace que su sitio sea mejor; sólo hacer algo le ayuda. Recuerde que puede hacerlo. Todo el mundo puede hacerlo. Pero la mayoría de sitios web pasan por alto la usabilidad y el diseño por placer (o peor aún, por placer del jefe), en vez de satisfacer las necesidades de los usuarios. Esto es bueno, ya que este libro es su arma secreta para hacer que su sitio sea mejor que el 90% de los sitios de Internet, ya que ese 90% de diseñadores no conoce (o no se molesta en conocer) las simples técnicas que vamos a estudiar.

Lo que no es este libro

Este libro no trata sobre HTML o sobre cómo dibujar un icono u otras tecnologías de implementación web. Existen muchos libros buenos que le ayudarán a implementar sitios web, por lo que no vamos a intentarlo aquí. En cualquier caso, es demasiado trabajo escribir libros acerca de algo que cambia tan rápidamente como los detalles de implementación web.

Probablemente tenga que adquirir dos libros (este punto le encantará a los editores): éste, que le indicará qué hacer con su sitio, y otro libro sobre implementación, para indicarle cómo poner ese diseño en la Web. Le recomiendo que lea ambos libros en el orden que le acabo de indicar. Deberá leer este libro porque debe iniciar el proyecto web sabiendo lo que sus clientes quieren y la forma apropiada de diseñar un sitio que funcione para ellos. Es peligroso leer primero libros sobre tecnología, técnicas de codificación, de diseño o de ilustración, porque la mayoría de la gente no puede sustraerse a saltarse algunas páginas tan pronto como aprende a hacerlo. Y estas páginas y sitios suelen ser inútiles si están construidos desde un conocimiento de HTML o Adobe Photoshop sin unos conocimientos equivalentes sobre diseño web y necesidades de los usuarios.

Este libro tampoco trata sobre estrategias comerciales en Internet, aunque haya varias consideraciones estratégicas en él. No hay forma de decirle cómo gestionar un sitio en Internet. Hay que conocer los pormenores de cada sector, y compete a las empresas saber cómo hacerlo.

Sin embargo, el libro se centra en una idea estratégica: coloque las necesidades de sus clientes en el centro de su estrategia web. Las estrategias restantes diferirán de empresa a empresa, pero puedo garantizarle que toda empresa que convierta su sitio web en algo fácil de usar tendrá una ventaja sobre sus competidores, independientemente del sector al que pertenezca.

Por qué todo el mundo diseña sitios web incorrectamente

Este libro se basa en observaciones sobre pruebas de usabilidad con cerca de 400 usuarios, procedentes de extracciones muy variadas y que han usado muchos sitios web distintos en los últimos seis años. También he extraído lecciones de mis diez años de experiencia en la usabilidad, sistemas de información en línea e hipertexto durante los oscuros años anteriores a la Web.

Desde que empecé mi andadura por la Web en 1994, he cometido muchos errores. Al principio pensaba que estos errores se debían a mis propias limitaciones (uno siempre tiende a culparse a sí mismo). He seguido viendo cómo muchas empresas seguían cometiendo los mismos errores que en 1994 y 1995, por lo que he llegado a la conclusión de que estos problemas son inevitables en el primer proyecto web de una empresa, a menos que sea proactiva y acometa acciones para evitarlos. Uno de los objetivos principales de este libro consiste en evitar que otros cometan estos mismos errores una y otra vez. Al fin y al cabo, los que no conocen la historia están condenados a repetirla. Pero si los conoce, tendrá la oportunidad de evitarlos.

Los errores fundamentales son comunes a todos los niveles del diseño web:

- Modelo de negocio: tratar la Web como un simple folleto, en vez de como algo fundamental que va a cambiar la forma de dirigir la empresa en la economía en red.

- Gestión de proyectos: gestionar un proyecto web como si se tratara de un proyecto corporativo tradicional. Esto nos lleva a un diseño interno provisto de una interfaz de usuario inconsecuente. En vez de ello, un sitio web debe ser gestionado como un proyecto específico de interfaz de cliente.

- Arquitectura de la información: estructurar el sitio para que refleje la forma en que la empresa está estructurada. En vez de ello, el sitio debe estar estructurado para reflejar las tareas de los usuarios y sus puntos de vista en el espacio informativo.

- Diseño de páginas: crear páginas que tengan un aspecto atractivo y que evoquen sensaciones positivas al ser probadas internamente. Las pruebas internas no sufren los retrasos de tiempo de respuesta, que son el determinante principal de la usabilidad; de forma similar, una prueba no expone la dificultad que va a tener un usuario novel en encontrar y comprender los distintos elementos de las páginas. En lugar de ello, diseñe el sitio para que el usuario tenga una experiencia óptima en circunstancias reales, aunque sus pruebas sean menos "atractivas".

- Creación de contenido: escribir en el mismo estilo lineal en el que siempre haya escrito. En lugar de ello, oblíguese a escribir con un nuevo estilo optimizado para los lectores en línea, los cuales suelen escanear el texto y necesitan páginas muy breves con la información secundaria relegada a páginas de apoyo.

- Estrategia de vinculación: tratar su propio sitio como el único importante, sin vínculos a otros sitios y sin puntos de entrada bien diseñados para que otros coloquen sus vínculos. Muchas empresas no utilizan vínculos correctos al mencionar su sitio web en su propia publicidad. En vez de ello, recuerde que el hipertexto es la base de la Web, y que ningún sitio es una isla.

En cada uno de estos casos, el método habitual de hacer proyectos web a partir de las experiencias anteriores no relacionadas con la Web suele ser un fracaso. La Web es un medio nuevo, por lo que requiere un planteamiento distinto, como vamos a ver.

2 Diseño de página

El diseño de página es la parte más visible del diseño web. El desarrollo tecnológico de los navegadores actuales no permite abrir más de una página a la vez (o, como mucho, dos o tres páginas si poseen una gran pantalla con múltiples ventanas abiertas). Este capítulo trata sobre la usabilidad de la apariencia superficial de un sitio web. ¿Qué hay en cada página?

El diseño de los sitios es cada vez más importante para la usabilidad, ya que los usuarios ni siquiera se pueden aproximar a las páginas adecuadas, a menos que el sitio esté estructurado en función de las necesidades del usuario y que contenga un esquema de navegación que permita al usuario encontrar lo que está buscando. Estos temas relativos al diseño de los sitios se tratarán en el próximo capítulo. Así como el diseño del contenido que vaya en cada página.

Espacio de la pantalla

Las páginas web deben estar presididas por un contenido que despierte la atención del usuario. Desafortunadamente, hay muchos sitios que destinan más espacio a la navegación que a la información que supuestamente hizo que el usuario lo visitara. La navegación es un mal necesario y no es un fin en sí misma, por lo que hay que atenuar sus efectos.

Si quiere hacer un ejercicio interesante, trate de bloquear las zonas principales de una página web y cuente la proporción de los *pixels* utilizados para los distintos fines. Los ejemplos que se muestran en estas imágenes incluyen un espacio utilizado por el navegador y por el sistema operativo. Aunque, por regla general, los diseñadores web no pueden influir en este espacio, a los usuarios no les importa. Todos los usuarios saben que han pagado por un cierto número de *pixels* en sus monitores y, respectivamente, sólo el 20% y el 14% de estos *pixels* se usan para mostrar el contenido que quieren.

Al igual que ocurre en todo diseño, los espacios en blanco no son necesariamente inútiles, y sería un error diseñar páginas abiertamente compactas. Los espacios en blanco pueden ayudar a los usuarios a entender el agrupamiento de la información. Si tiene la opción de separar dos segmentos de contenido con una línea gruesa o con espacios en blanco, normalmente será mejor utilizar la solución de los espacios en blanco, que suele descargarse antes.

(Página de enfrente) **Cuando se visita MapQuest, la mayor parte del espacio de la pantalla acaba siendo usado para cosas diferentes de las que el usuario estaba buscando. De los 480.000 preciosos *pixels* de una pantalla de 800x600, sólo el 20% se usa para contenido de interés para el usuario (lo que se indica en verde dentro del mapa). Además, el 31% de los *pixels* se usa para controles del sistema operativo y del navegador (en azul), el 23% se usa para navegación en el sitio (en amarillo) y el 10% se usa para publicidad. El 16% restante de los *pixels* no se usa (en blanco), ya que la codificación de esta página no permite el reformateo para ajustarse a la ventana.**

Usabilidad. Diseño de sitios Web

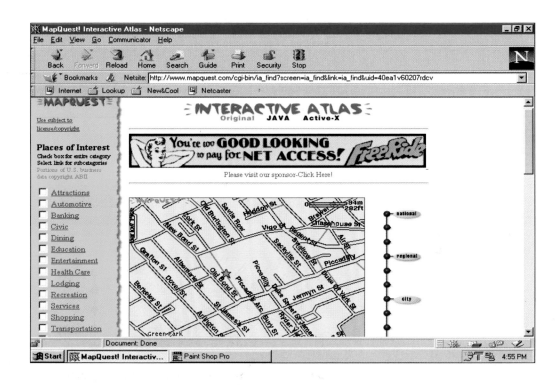

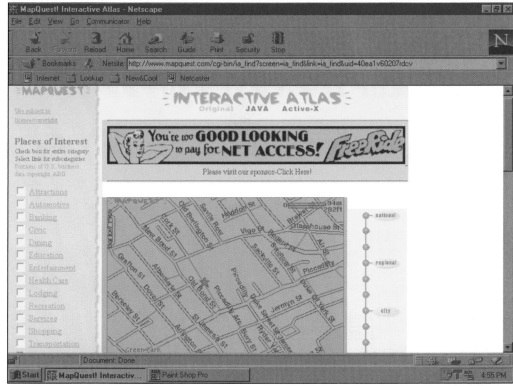

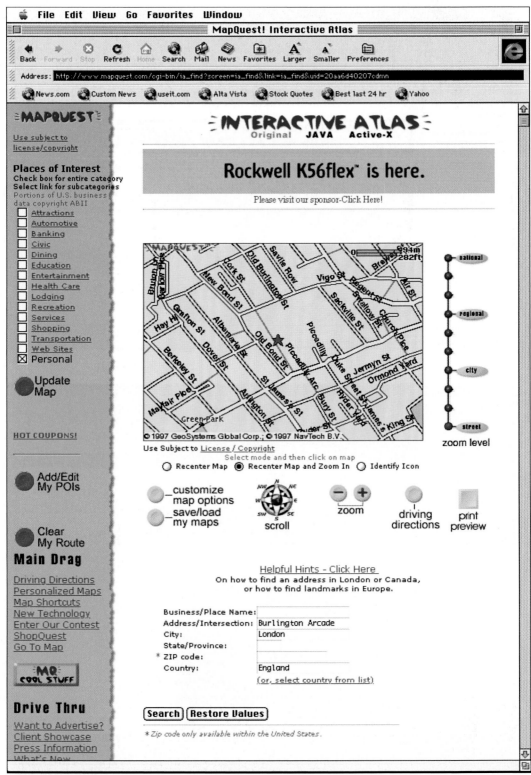

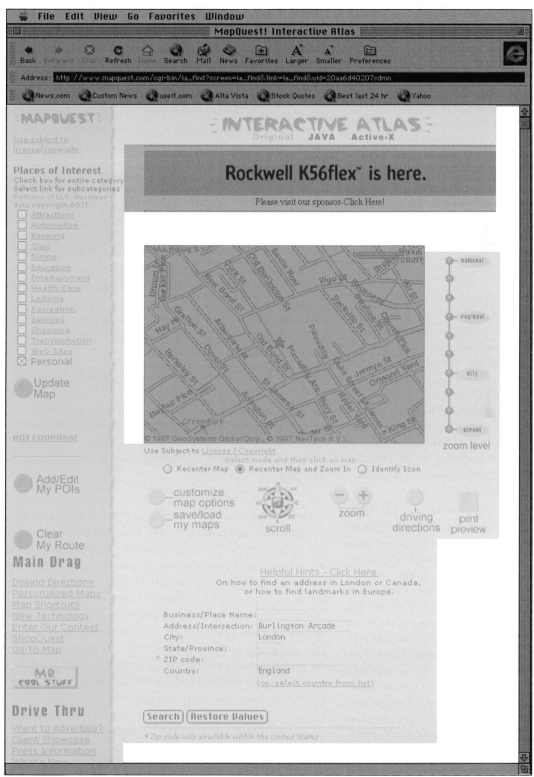

(Páginas anteriores)
Mostrar MapQuest en una pantalla más grande supone una utilización peor de los *pixels*. En un área de 700x1024 *pixels*, sólo el 14% se usa para contenido (lo que se indica en verde dentro del mapa). Un más aceptable 16% se usa para los controles del sistema operativo y del navegador (en azul), un predominante 51% se usa para navegación en el sitio (en amarillo) y un razonable 6% se destina a la publicidad. El 13% restante de los *pixels* no se usa (en blanco).

(Página de enfrente)
Las pantallas anteriores de MapQuest fueron tomadas en 1997. Después de haber mostrado estas páginas en conferencias por todo el mundo en los últimos años, esperaba que el sitio hubiera sido rediseñado. Ciertamente lo ha sido, pero no para mejor (en lo que respecta al contenido del usuario). En 1999, el 15% de los *pixels* se usaba en contenido, de los 642x1014 utilizados por el diseño de la página y por Internet Explorer 5.

El nuevo diseño presenta un nuevo tipo de contaminación publicitaria en forma de botones especiales para añadir listados de mapas de situación de determinadas empresas seleccionadas. Para alguien que viaja a Londres (en mi caso), no le sirve de nada que una función localice la ubicación del Denny's o del Fairfield Inn más cercanos. Algunas de las nuevas funciones son útiles, como la capacidad que tiene Quick Maps para localizar un aeropuerto (aunque hubiera sido mejor hacer que Heathrow fuera el aeropuerto predeterminado a la hora de mostrar un mapa de una dirección en Londres).

No consideramos los espacios en blanco perdidos cuando se trata de parte del diseño del contenido o de la navegación, pero estos ejemplos muestran que también hay cierta cantidad de espacios en blanco que no están presentes por causa de consideraciones de diseño; al contrario, sencillamente aparece porque la página no se ajusta por sí misma para caber en la ventana. En casi todos los diseños es inevitable una cierta parte de espacio perdido, ya que es casi imposible crear una página que vaya a aparecer como un rectángulo perfecto en el navegador del usuario.

Como norma, el contenido debe ocupar al menos la mitad del diseño de una página y, preferiblemente, hasta un 80%. La navegación debe mantenerse por debajo del 20% del espacio de las páginas de destino, aunque las opciones de navegación pueden alcanzar proporciones más altas en las páginas de inicio y en las páginas de navegación intermedias. Desde un punto de vista de la usabilidad, sería mejor eliminar la publicidad; si necesita tener anuncios, deberá considerarlos como parte de la estructura de la página, junto a las opciones de navegación, lo cual implica que el diseño de la navegación tendrá que reducirse.

Un principio general de todo el diseño de interfaces de usuario consiste en ver los elementos de diseño y eliminarlos uno por uno. Si el diseño funciona también sin un cierto elemento de diseño, acabe con él. Simplicidad es mejor que complejidad, especialmente en la Web, donde cada cinco bytes guardados es un milisegundo menos de tiempo de descarga.

En la Web es imposible predecir qué tipo de monitor va a tener el usuario, ni qué tamaño de ventana se va a usar para mostrar una página. En el futuro, la negociación detallada de contenido entre los navegadores y los servidores hará posible un despliegue más inteligente de páginas que estarán optimizadas para las características del monitor en el que vayan a aparecer. Por ejemplo, las imágenes se harán más pequeñas si van a aparecer en un monitor pequeño. Además, cuando se use un monitor pequeño, se podrá enviar una hoja de estilos con un diseño más preciso; y cuando esté disponible un área de visualización más grande, se podrá enviar una hoja de estilos más expansiva. Por ahora, estas predicciones sobre el contenido adaptable siguen siendo sólo una esperanza, y es necesario usar un solo diseño de página para trabajar con todos los distintos dispositivos de visualización.

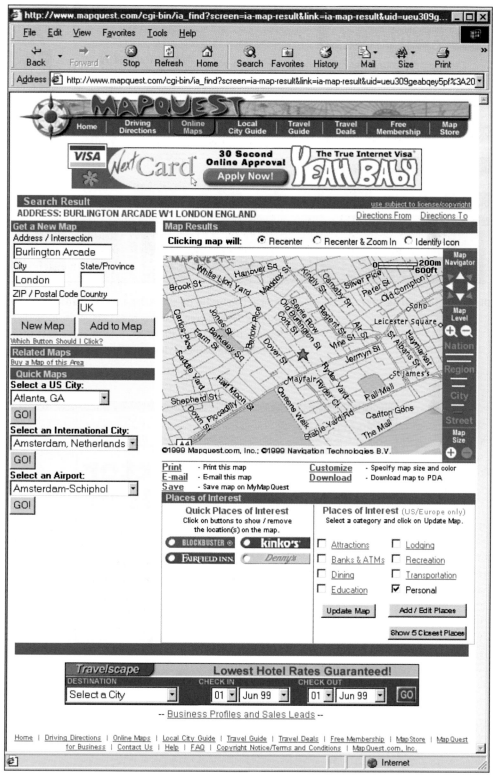

Diseño de febrero de 1997.

(Arriba) El hecho de evitar espacios en blanco no debe llevarnos a diseños densos, como ocurre en la página de inicio de la versión de febrero de 1997 de Pathfinder. Este diseño claustrofóbico tiene el aspecto de la pantalla de bienvenida de America Online.

www.pathfinder.com

Diseño de junio de 1997.

www.pathfinder.com

Rediseño sugerido.

(Página de enfrente, abajo) La versión de junio de 1997 de la página de inicio tiene un aspecto más tranquilo, pese a que sigue siendo confusa. Las líneas que separan los titulares de las opciones no parecen ser necesarias; a modo de experimento, hemos tratado de mover las líneas y de acercar los titulares a los logotipos de las revistas para resaltar más qué revista va con cada historia. El diseño revisado (arriba) utiliza espacios en blanco en vez de líneas, y parece menos denso.

Diseño de plataforma cruzada

En el diseño GUI (*Graphical User Interface*, Interfaz Gráfica de Usuario) tradicional, se controla cada uno de los *pixels* de la pantalla, es decir, cuando se diseña un cuadro de diálogo, se puede estar seguro de que tendrá el mismo aspecto en la pantalla del usuario. Se sabe qué sistema se está diseñando, se sabe qué fuentes tiene instaladas, se conoce el tamaño normal que tendrá la pantalla y se tiene la guía de estilos del fabricante, que indica las reglas necesarias para combinar los *widgets* de interacción. Es posible incluso atenuar opciones de menú que no sean aplicables al estado en curso, y se puede mostrar un cuadro de diálogo modal que tome posesión de la computadora hasta que el usuario haya respondido a la pregunta.

Sin embargo, en la Web el usuario suele controlar su navegación por las páginas. Los usuarios pueden seguir caminos que nunca fueron concebidos por el diseñador. Pueden, por ejemplo, ir directamente a la entrañas de un sitio desde un motor de búsqueda, sin pasar siquiera por la página de inicio del sitio. Los usuarios también pueden controlar sus propios menús de marcadores y usarlos para crear interfaces personalizadas en un sitio.

Los diseñadores web tienen que soportar la navegación controlada por el usuario. A veces, es posible obligar a los usua-

www.quote.com

Ser muy específico en el uso de las fuentes en la Web es muy peligroso. En esta página se ha utilizado una fuente que no estaba disponible en la máquina empleada para acceder al sitio, por lo que gran parte del sitio se muestra incorrectamente. A menudo es mejor no especificar fuentes, sino aceptar la fuente predeterminada, puesto que se sabe que va a funcionar. Alternativamente, cuando quiera colocar una determinada fuente, asegúrese de enumerar varias alternativas para que aumente la probabilidad de que una de las fuentes esté disponible en la máquina del usuario.

rios a tomar caminos establecidos e impedirles enlazar con determinadas páginas, pero los sitios que lo hacen son duros y dominantes. Es mejor diseñar para la libertad de movimientos y, por ejemplo, colocar un logotipo (vinculado con la página de inicio) en cada página para proporcionar contexto y navegación a los usuarios que hayan entrado directamente a una página interna.

Una última diferencia entre las dos interfaces es de carácter organizativo e histórico en vez de técnico. Con las GUI gozamos de una fase inicial de búsqueda y desarrollo en compañías provistas de expertos en interfaces de usuario, como los numerosos investigadores de Xerox PARC y Bruce Tognazzini, de Apple. Como resultado de ello, las malas ideas fueron rechazadas, y las buenas, codificadas en directrices. Contrastando con esto, la Web se está desarrollando mientras tratamos este punto, y los experimentos tienen lugar en Internet con todos nosotros como pacientes del experimento (no en un laboratorio de usabilidad).

¿De dónde vienen los usuarios?

En la Web no se pueden aplicar muchas de las presunciones que se aplican al diseño GUI. Los usuarios pueden acceder a la Web a través de computadoras tradicionales, pero también podrían usar un dispositivo de mano, un teléfono móvil Nokia o su automóvil como dispositivo de Internet. En el diseño tradicional, la diferencia en el área de pantalla que hay entre un portátil y una estación de trabajo es un factor de seis. En la Web, normalmente nos tenemos que acomodar un factor de 100 en un área de pantalla entre las minicomputadoras y las estaciones de trabajo, así como un factor de 1.000 en ancho de banda entre modems y conexiones T3.

La mayoría de páginas web sólo funcionan bien en un monitor de 17 pulgadas que se ejecute a una resolución de al menos 1024×768 *pixels*. Todo lo que quede por debajo no es válido, y los usuarios tendrán que desplazarse por la pantalla para ver todas las partes de la página. No debe ser así. Podemos esperar que los usuarios adquieran monitores decentes, pero en los próximos años es un hecho que es necesario diseñar páginas que funcionen en pantallas pequeñas.

La tabla siguiente muestra la distribución de los tamaños de pantalla utilizados para acceder a Internet en 1997 y 1999. La conclusión es que dos años casi no han marcado diferencia alguna en el dominio de las pantallas pequeñas. Aunque no había tantas pantallas pequeñas en 1999, su número puede empezar a crecer de nuevo en 2000, a medida que las aplicaciones de la información van siendo más conocidas.

Distribución del tamaño del monitor en 1997 y 1999[*]

Tamaño de la pantalla	Horus y GVU 1997	StatMarket 1999
Muy pequeña (640×480 o menos)	22%	13%
Pequeña (800×600)	47%	55%
Mediana (1024×768)	25%	25%
Grande (1280×1024 o mayor)[**]	6%	2%

[*] Los datos de 1997 están calculados en base a los resultados de 5.000 usuarios que accedieron a www.horus.com y más de 11.000 participantes en la encuesta GVU. Los datos de 1999 proceden de www.statmarket.com.

[**] Las pantallas de 1600×1200 *pixels* y mayores se empezarán a generalizar entrado el año 2000.

Cada diseño web tendrá un aspecto diferente en cada uno de los dispositivos citados. Claramente, WYSIWYG está muerto. En vez de tratar de recrear exactamente el mismo aspecto visual para todos los usuarios, los diseñadores deben especificar las páginas en términos que permitan a los navegadores optimizar la pantalla en base a las circunstancias individuales de cada usuario. La acción de diseñar una especificación de interfaz de usuario que se ejemplifique de forma distinta en cada plataforma es mucho más difícil de lo que parece. Los principios básicos de HTML pueden llevar al diseñador a conseguir su ideal, pero es un logro difícil. Es conveniente separar el significado de la presentación, así como usar hojas de estilos para especificar la presentación, pero hacer esto funciona mejor para el contenido informativo que para la interacción.

El automóvil como navegador web

Mercedes-Benz ha diseñado un automóvil con conectividad total a Internet. El prototipo del Mercedes E420 incorpora tres cuadros: uno para el conductor y dos para los pasajeros. La conexión a Internet en un automóvil no debe llevar cables, por lo que el ancho de banda estará muy limitado, especialmente si se comparte entre tres usuarios. Los pasajeros podrán navegar por la Web de forma muy parecida a los usuarios de computadoras, exceptuando que utilizarán pantallas táctiles y sus dispositivos de entrada en vez de un teclado y un ratón. Dado que el conductor debe mirar a la calzada y no a una pantalla, será posible navegar por la Web a través de entradas y salidas de voz. Además, el propio automóvil podrá convertirse en un dispositivo de entrada al transmitir su ubicación al servidor, y algunas salidas simplificadas podrán ser proyectadas en el cuadro de mandos.

Diseño independiente de la resolución

Dado que no existe forma de saber el tamaño que pueden tener las pantallas de los usuarios, hay que diseñar para todas las resoluciones de pantalla (en otras palabras, páginas independientes de la resolución que se adapten al tamaño de la pantalla en la que se vayan a visualizar). El principio básico del diseño independiente de la resolución consiste en no usar nunca un ancho de *pixel* fijo para ninguna tabla, marco o elemento de diseño (exceptuando las barras finas en la parte lateral de la página). En vez de usar tamaños fijos, habrá que especificar diseños como porcentajes del espacio disponible.

Recuerde también que los usuarios tienen preferencias distintas con respecto al tamaño de fuente; por tanto, asegúrese de que sus diseños funcionan bien tanto con fuentes pequeñas como grandes, al margen de cuáles sean sus preferencias personales. La gente podría usar fuentes diferentes, debido a una incapacidad visual o, sencillamente, podrían tener una pantalla de alta resolución en la que los tamaños de fuente pequeños fueran demasiado pequeños como para ser legibles.

Los elementos gráficos también deben ser diseñados pensando en las distintas resoluciones. En concreto, los iconos deben seguir funcionando cuando se muestren con una resolución de 100 dpi o más. Cuanto mayor sea la resolución, más pequeño será el gráfico, por lo que, para seguir siendo legible, todo texto que esté incrustado en el gráfico deberá usar un tamaño de fuente relativamente grande. Por regla general, no conviene incluir texto en los gráficos, ya que al hacerlo se ralentiza la transmisión y ocasiona más trabajo, al tener que traducir la interfaz de usuario a distintos idiomas.

Profundidad del color

En 1997, algo menos de la mitad de los usuarios estaban limitados a 256 colores, y poco más de la mitad de los usuarios podían visualizar miles o millones de colores. Dos años más tarde, en 1999, sólo el 11% de los usuarios estaba restringido a una paleta de 256 colores, mientras que el 89% de los usuarios podía visualizar miles de colores o más. Por consiguiente, la necesidad de diseñar un número muy limitado de colores podría desaparecer pronto. Al mismo tiempo, el crecimiento esperado de dispositivos portátiles con acceso web nos llevará a la necesidad de que los gráficos web funcionen en pantallas con escalas de grises.

¿Por qué hemos visto este progreso tan grande en la profundidad del color y tan pocos avances en lo que a tamaño de monitor se refiere? Debido a la Ley de Moore, que puede aplicarse al caso de la profundidad del color: si la potencia de un equipo aumenta y el precio de la memoria disminuye, las tarjetas gráficas potentes resultan más baratas. Al contrario, los monitores son mucho más caros cuanto mayores son.

En cierto sentido, una impresora es un tipo especial de pantalla; tiene una gran resolución, pero no es tan grande como la de la mayoría de los monitores. Debido a estas diferencias, las páginas web que no son independientes de la resolución no funcionarán bien como impresiones. La lectura en línea es el uso principal de las páginas web y, como se ve en la sección sobre impresión, es mejor proporcionar una versión de impresión separada en los documentos que sean extensos (aunque sabemos que los usuarios suelen imprimir páginas web directamente desde el navegador). Las páginas diseñadas para mostrarse con un ancho fijo tienen un aspecto horrible al imprimirse; además, aparecen con líneas finas (lo que supone un derroche de papel) o cortadas, ya que son demasiado anchas para la impresora. Un diseño típico de 600

Una página de Pepsi muy dependiente de la resolución. Independientemente de lo grande que sea la ventana del usuario, es necesario desplazarse por el listado, ya que su tamaño no se ajusta para ocupar todo el espacio disponible.

www.pepsi.com

Al diseñar páginas web, hay que tener en cuenta a los usuarios que tengan pantallas pequeñas, pero no hay necesidad de sufrir. Consiga una pantalla más grande, merece la pena. Si consideramos que está mirando la pantalla la mayor parte del día, los mil dólares más o menos que cuesta un buen monitor de 21 pulgadas puede ser una de las mejores inversiones que haga. De hecho, si tiene un trabajo bien remunerado, la inversión probablemente la amortice en términos económicos, gracias a una mayor productividad; podrá llevar a cabo casi todas las tareas mucho más rápidamente al poder leer más información.

El monitor óptimo debe tener una resolución mínima de 1600x1200 *pixels*, un mínimo de colores de 16 bits y una velocidad de actualización mínima de 100 Hz. Probablemente, con menos podría bastar, pero todo el que haga un trabajo profesional con altas dosis de acceso web, comunicación por correo electrónico y creación de documentos tiene que tener, por lo menos, un monitor de 17 pulgadas.

pixels que funciona en la mayoría de monitores (pero no en la WebTV ni en los dispositivos de pantalla pequeña) tiene 8,3 pulgadas de ancho cuando se imprime con una resolución estándar de 72 *pixels* por pulgada. Dado que las impresoras necesitan tener entre un cuarto de pulgada y media pulgada de margen, el área imprimible de una hoja de 8,5×11 tendrá un ancho de entre 7,5 y 8 pulgadas, lo que implica que al menos 0,3 pulgadas de la página serán cortadas. Los usuarios que imprimen en papel A4 perderán una parte de la página aún mayor.

Uso de contenido no estándar

La Web está en continua evolución y podemos predecir que, varias semanas después de haber leído este capítulo, va a empezar una nueva tecnología web, que le tentará para ser introducida en su sitio. No lo haga.

La primera vez que vi la página de Bohemialab en Internet Explorer, pensé que Microsoft había introducido código para eliminar los vínculos con sus rivales, pero la verdad es más simple y menos siniestra: Bohemialab había especificado que el fondo de la página debería ser blanco y que los vínculos de hipertexto debían ser blancos (ignoramos por qué hicieron esto). El código HTML específico del vínculo con Netscape posee la forma siguiente de especificar otro color de fuente:

```
<A HREF="http://www.netscape.com/comprod/mirror/index.html"
TARGET="blank"><FONT COLOR="000000">Netscape 3.0
</FONT COLOR></A>
```

Este código se puede interpretar de dos formas:

- Se supone que la etiqueta <FONT> cambia el color del texto del cuerpo; por tanto, haga que este último sea negro (pero, obviamente, el texto del vínculo deberá ir en el color especificado).

- La etiqueta <FONT> funciona de un modo distinto dentro de una etiqueta <A> a como lo haría en otra parte; por consiguiente, no la utilice para cambiar el color del texto del cuerpo (haga que sea el color anterior), pero cambie el color del texto del vínculo.

De este fallo se desprenden dos cosas: evite en la medida de lo posible los códigos que no sean estándar y, si no, utilice valores predeterminados razonables que funcionen en cualquier caso.

b o h e m i a

note

With the exception of

the portfolio sections,

this site is not

graphically intense.

However, much of its

functionality relies

on features supported by

Netscape 3.0 or above.

We strongly suggest you

download this browser

if you haven't already

done so.

b o h e m i a

note

With the exception of

the portfolio sections,

this site is not

graphically intense.

However, much of its

functionality relies

on features supported by

or above.

We strongly suggest you

download this browser

if you haven't already

done so.

www.bohemialab.com

Netscape

Explorer

(Página contigua) La página de inicio de www.bohemialab.com que se ve con Netscape Navigator 3 (izquierda) y con Microsoft Internet Explorer 3 (derecha). El autor de la página nunca se molestó en probar la página en Internet Explorer, a pesar del uso de HTML no estándar, lo cual hace que la evaluación en distintas plataformas sea más importante de lo normal.

Inercia en la instalación

En los primeros años de la Web, los usuarios cambiaban a versiones nuevas de navegadores a un ritmo de un 2% semanal. En otras palabras, cada semana un 2% de los usuarios iban al sitio del fabricante principal de navegadores y descargaba la última versión. Con esta progresión, se necesitarían 50 semanas (en definitiva, un año) para trasladar a todos los usuarios a la nueva versión, pero, dado que las nuevas versiones se actualizaban a un ritmo de más de una vez al año, los usuarios siempre iban por detrás.

Predecimos que las transiciones a las nuevas versiones tendrán lugar mucho más despacio en el futuro. En primer lugar, la presión para actualizarse se debilita, ya que muchos diseñadores de sitios entienden la compatibilidad hacia atrás y no exigen que sus visitantes tengan las últimas versiones beta. En segundo lugar, el deseo de actualizarse cada vez es menor, porque los navegadores antiguos son muy buenos y el diferencial de usabilidad es menor. En los primeros años de la Web, había muchos beneficios en la actualización a un nuevo navegador, pero las actualizaciones más recientes no parecen estar al mismo nivel de beneficios. En tercer lugar, el universo de usuarios ha pasado de ser un grupo pionero de entusiastas a una masa enorme de usuarios. En los primeros años de la Web, la gente se conectaba para estar "a la última", y conseguir nuevas versiones de navegadores constituía un fin en sí mismo y una forma de demostrar a los amigos que se estaba al día en todo. Hoy en día, la gente se conecta por el contenido y para trabajar. Mientras sus navegadores funcionen bien, no se tomarán la molestia de buscar nuevas versiones, descargarlas e instalarlas. Como se ve en la figura, el ritmo de actualización suponía un 1% semanal en 1998 y 1999.

¿Cuándo es seguro actualizarse?

El único formato que se puede usar con entera confianza es la especificación original HTML 1.0. Todo lo que trascienda a esto está fuera de las posibilidades de los visitantes.

No deje que la tecnología web de fase beta se aproxime a su sitio, a menos que sea el creador de dicha tecnología o que tenga razones para querer promocionarla. El software beta es probable que se rompa, y esto distrae a los usuarios de la finalidad de su sitio, que es la de ofrecer valor y no la de deslumbrarles con su tecnología.

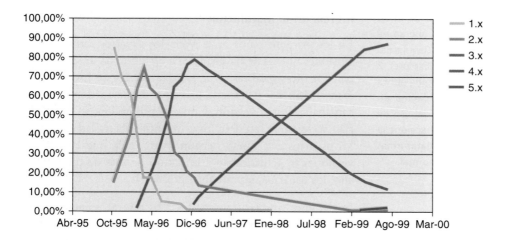

100,00%
90,00%
80,00%
70,00%
60,00%
50,00%
40,00%
30,00%
20,00%
10,00%
0,00%

Abr-95   Oct-95   May-96   Dic-96   Jun-97   Ene-98   Jul-98   Feb-99   Ago-99   Mar-00

— 1.x
— 2.x
— 3.x
— 4.x
— 5.x

La proporción relativa de usuarios de Netscape que emplean las diferentes versiones del navegador. Datos de www.interse.com (1995-1997) y www.statmarket.com (1998-1999). La conclusión que se extrae de esta figura es que el cambio de la versión 1 a la versión 2 tuvo lugar a casi el mismo ritmo que de la versión 2 a la versión 3: ambas curvas poseen una proporción de un 2% semanal. La más reciente transición de la versión 3 a la 4 tuvo lugar a un ritmo medio de un 1% anual. La transición de la versión 4 a la 5 podría ser incluso menor.

Es conveniente apartarse del uso de cualquier tecnología nueva en el sitio hasta uno o dos años después de que esté introducida con una versión que no sea beta. Lo primero que hay que evitar el primer año son las nuevas versiones de HTML o de otras especificaciones, *plug-ins* u otros componentes software, nuevos formatos de datos y cualquier característica específica del navegador. Hay tres razones para ser conservador a la hora de acoger las innovaciones web:

■ Con una velocidad de actualización de cerca de un 1% por semana, pasará un año antes de que la mayoría de usuarios sean capaces de acceder al uso de la nueva tecnología, y dos años antes de que todo el mundo la tenga.

■ Aun después de que una nueva tecnología cambie de un estado beta a un FCS (primer envío de cliente) oficial, probablemente siga habiendo algunos fallos que tengan que ser pulidos con las nuevas versiones.

■ Son necesarias muchas pruebas para determinar las mejores formas de usar una nueva tecnología web para comunicarse con los usuarios. Los primeros sitios que utilizan una nueva función suelen hacerlo molestando más que ayudando a los usuarios. Únicamente tras pasar por las experiencias y resultados de pruebas de usabilidad de multitud de diseños que emplean esta nueva tecnología podemos aplicarlas de una forma que añada valor a un sitio.

Vamos a dejar que sea otro el que cometa los fallos mientras nosotros nos concentramos en nuestros propios esfuerzos para dar a los usuarios un contenido útil que les ayude a hacer lo que desean. Al evitar lo último nos protegemos contra la eventualidad de que se trate de una farsa.

Las principales excepciones a la regla de esperar un año se aplican a los consultores web que deseen demostrar su habilidad con la tecnología punta y a los sitios que deseen hacer algo que se podría hacer mucho mejor con una nueva función. En cualquier caso, es recomendable ser prudente: los consultores deben asegurarse de que no están poniendo la cuerda con la que ahorcarse en su propio sitio (los clientes podrían opinar que el uso de la nueva función es frívolo). Un sitio que "necesite" un nuevo artilugio para proporcionar ciertas ventajas al usuario podría, tras una cierta reflexión, comprobar que lo más sencillo también podría ser proporcionar las mismas ventajas a un número de usuarios mayor.

Sin embargo, si decide no respetar este periodo de un año, deberá asegurarse de proporcionar el contenido en un formato alternativo en beneficio de aquellos usuarios que todavía no se hayan actualizado y que, por consiguiente, no puedan usar la nueva función.

Superusuarios

A mucha gente le instala el navegador un amigo o colega "superusuario". La mayoría de empresas y de familias tienen personas afines que disfrutan de la tecnología, aunque sus verdaderos trabajos no tengan nada que ver con las computadoras. Estas personas se suelen convertir en superusuarios que conocen todos los pormenores de las aplicaciones y que se enteran sin dilación del lanzamiento de nuevas versiones (una vez entrevisté a un superusuario que afirmaba que le gustaba aprender una nueva aplicación por semana sólo para poner al día sus conocimientos).

Cuando un superusuario instala un navegador web para un usuario normal, este último no sabe cómo se ha descargado el navegador web, o cómo actualizarlo. Por tanto, el usuario seguirá felizmente usando el navegador hasta mucho después del lanzamiento de una nueva versión. Incluso los usuarios que instalaron sus propios navegadores trabajarán bajo la máxima "si no está roto, no lo arregle". El resultado de estos dos fenómenos es una gran inercia en la instalación, donde la gente sigue usando la versión de navegador que ya tiene instalada. Los principales sitios web siguen recibiendo *hits* de la versión 2 de Netscape.

Deberá tener un conjunto de las principales versiones de los principales navegadores de todas las principales plataformas. A los fabricantes lo único que les interesa es promocionar sus versiones más recientes, pero muchos de los usuarios utilizarán versiones más antiguas. Tendrá que tener a mano las versiones antiguas por dos motivos. El primero es que deberá comprobar las páginas con el navegador antiguo durante dos años, para asegurarse de que funcionan razonablemente bien. En segundo lugar, invariablemente le llegarán informes de errores quejándose de que su sitio crea ciertos problemas a sus navegadores, y tendrá que tener muchos navegadores a mano para poder afrontar el problema. Tales fallos deben ser resueltos con la máxima prestancia, ya que ciertamente habrá más usuarios que hayan tenido el mismo problema pero que no le hayan informado sobre el tema (lo que le puede hacer perder muchos clientes).

Transcurrido un año, no tendrá que crear versiones duales de sus páginas (con y sin la nueva función), porque podrá dar por sentado que la mayoría de la gente se habrá actualizado. Pero hay una norma bianual que debe ser observada: durante los dos primeros años posteriores al lanzamiento oficial de una tecnología web nueva, deberá probar si cualquiera de los usos de esta nueva función se va degradando para la gente que tenga navegadores antiguos. Es aceptable que los usuarios que tengan navegadores antiguos obtengan todas las ventajas del uso de las nuevas opciones, pero no es aceptable si su sitio se colapsa o tiene un aspecto enmarañado en un navegador antiguo.

Separar el significado de la presentación

El diseño original de la Web y su formato de datos subyacente, HTML, estaban basados en la codificación del significado de la información, y no en su presentación.

Por ejemplo, un encabezado de sección deberá estar codificado como un encabezado de nivel 2 (<H2>), lo que implica que es el nivel más alto de subencabezado que está por debajo del subencabezado del nivel 1, que es el subencabezado de toda la página. Este estilo de codificación fue elegido por Tim Berners-Lee, porque quería que la Web fuera un sistema de información universal. Por tanto, no podía saber qué equipo tendrían los distintos usuarios (algunos podrían tener pantallas a color de alta resolución, mientras que otros podrían usar una interfaz de sólo voz), lo que hacía necesario mantener los detalles de la presentación de la información fuera del archivo en sí. La manera exacta en que aparecerían las páginas (o se leerían) ante el usuario vendría determinado por el propio equipo del usuario.

La noción de codificar el significado de los documentos, que se conoce como **codificación semántica**, se perdió temporalmente cuando algunas marcas de navegadores introdujeron las etiquetas originales con el fin de codificar la visualización exacta de la información. Muchos diseñadores web, por ejemplo, han sido aleccionados para usar codificaciones de texto basadas en la presentación, como "Garamond en negrita de 18 *pixels*", en vez de usar la codificación semántica de un encabezado de nivel 2. La ventaja de la codificación basada en la presentación es que la página puede visualizarse más o menos como fue diseñada, si el usuario tiene una combinación de hardware y software parecida a la del diseñador. Así, aparecieron diseños más sofisticados.

Sin embargo, el diseño basado en la presentación sólo funciona mientras sea posible predecir el hardware, el software y las preferencias del usuario. Esto era muy fácil en los primeros días de la Web:

- En 1991 y 1992, la mayoría de los usuarios tenían un acceso de sólo texto.
- En 1993 y 1994, la mayoría de los usuarios tenían Mosaic.
- En 1995 y 1996, la mayoría de los usuarios se cambiaron a Netscape.

Pero en 1997 se abandonó la noción de navegador canónico que utilizaba todo el mundo, excepto en las intranets que se estandarizaban en una sola marca. En Internet, ya no había una sola plataforma de software que dominara a costa de la exclusión de todas las demás.

Es cierto que Internet Explorer ha crecido en su cuota de mercado de 1997 a 1999. Pero es de prever que IE nunca llegará a la misma cuota de mercado que tuvo Mosaic y Netscape de 1991 a 1996. En el futuro, se popularizarán una serie de aplicaciones de información, cada una de ellas con sus propias características. Es extremadamente improbable que un solo navegador proporcione la interfaz de usuario óptima en condiciones que varíen tanto (desde un teléfono de pantalla pequeña hasta una revista virtual de panel liso, por ejemplo).

Al final, prevalecerán las computadoras no tradicionales, como la WebTV, y los asistentes personales digitales, como

---

Transición de plataforma

Las dos primeras transiciones en el dominio de la plataforma web tuvieron lugar muy rápidamente. La transición a Mosaic en 1993 fue casi instantánea. No hay información disponible, pero recuerdo que el ritmo de actualización crecía cerca de un 30% mensual, lo que significa que ese 30% de usuarios se cambiaron a Mosaic el primer mes. La comunidad web era pequeña, y todos intercambiábamos información por correo electrónico y Usenet, por lo que todo el mundo se enteraba casi al instante cuando salía algo mejor.

La transición de Mosaic a Netscape a finales de 1994 y principios de 1995 fue muy rápida, casi un 25% al mes. Netscape creció en su cuota de mercado casi un 80% en cuestión de meses.

La transición a Internet Explorer y la transición continuada a una multiplataforma web se produce de una forma mucho más lenta. Una línea de regresión más acertada indica que Netscape perdió una cuota de mercado de cerca del 1,2% mensual entre 1997 y 1999. Las dos razones principales de las transiciones más lentas es que la comunidad de usuarios está más dispersa (y, por tanto, es menos probable que se mueva al unísono) y que los cambios en el software son menos dramáticos que el cambio inicial desde la interacción basada en texto a una GUI.

(Páginas siguientes) Edward Traxler diseñó un sitio que muestra las diferencias entre los distintos navegadores. Las cifras muestran la misma página en Netscape 3.01, Netscape 4.01 e Internet Explorer 3.01. No sólo se han alineado los gráficos de modo distinto, sino que también existen diferencias en el espaciado de tipos y en los saltos de línea. Los tres navegadores tienen una ventana de 618 *pixels*, pero dado que Netscape 4 utiliza un borde de ventana más ancho, tiene una longitud de línea mucho más reducida. Como ejemplo, las reglas horizontales tienen un ancho de 574 *pixels* en Netscape 3, de 559 *pixels* en Netscape 4 y de 583 *pixels* en Internet Explorer 3. Por último, parece que Netscape 4 es menos proclive a ofrecer &lt sin el punto y coma final (la forma normal de codificar un carácter "<" en HTML es <).

Palm Pilot. Estos dispositivos tienen posibilidades muy distintas de las computadoras tradicionales (normalmente, tienen una pantalla mucho más pequeña) y, por tanto, no pueden mostrar páginas web que hayan sido codificadas para una presentación específica que se vea bien en un monitor normal. El uso de la codificación semántica permite que el dispositivo optimice la pantalla a la medida de sus posibilidades.

Los navegadores basados en voz aparecerán pronto. La accesibilidad mejorada para los usuarios con discapacidades (en especial para los usuarios invidentes) constituye uno de los motivos de la navegación con voz. Los usuarios sin discapacidades también se encuentran en situaciones delicadas (como al conducir un automóvil), en las cuales podrían acceder a información web si ésta fuera dictada. Es evidente que las interfaces de voz para la Web serían mucho mejores si la codificación semántica se usara de tal forma que el sistema pudiera entender la estructura de la página. Por ejemplo, conociendo qué partes del texto son encabezados, un sistema por voz podría leer un resumen al usuario, el cual podría elegir con facilidad qué secciones tendría que leer enteras.

Una última razón para volver a la codificación semántica en vez de a la presentación por código es la gran diversidad en el software que se emplea para acceder a la Web. Si se comparan las salidas de pantalla de la misma página en los distintos navegadores (o, incluso, en el "mismo" navegador pero en sus diferentes versiones o ejecutándose en distintas plataformas), queda muy claro que las presentaciones resultantes serían muy distintas. Mientras que las distintas marcas de navegadores ganan cuota de mercado y lanzan más versiones de sus productos, al final habrá tantas versiones que será imposible probar las páginas en ellas si sus diseñadores insisten en retocar la apariencia de la pantalla. Nunca sabremos lo que vendrá después, y dado que "Los datos nunca mueren", su única esperanza para que la página sobreviva es seguir la norma.

En vez de integrar las especificaciones de apariencia en el contenido, una solución más apropiada pasa por separar el contenido de las instrucciones específicas sobre la visualización. La información relativa a la presentación de la información habría que mantenerla en un archivo de hoja de estilos separado que estaría vinculado a un archivo de contenido que sólo incluiría marcado semántico. Las hojas de estilos constituyen uno de los últimos desarrollos en la Web y todavía no se usan mucho, pero son la única solución para conseguir una buena presentación con un número de navegadores y dispositivos de visualización cada vez más grande. Por ejemplo, una página podría

First try: This is how the original coding started. The graphics are placed in two rows; each row containing one data cell. The individual graphics are seperated by line breaks to make the code easier to read.

```
<TABLE>
<TR><TD>
<IMG SRC="Graphics/Header/G1.gif" WIDTH=103 HEIGHT=21 BORDER=0 ALT="G1">
<IMG SRC="Graphics/Header/G2.gif" WIDTH=103 HEIGHT=21 BORDER=0 ALT="G2">
</TD></TR>
<TR><TD>
<IMG SRC="Graphics/Header/G3.gif" WIDTH=103 HEIGHT=21 BORDER=0 ALT="G3">
<IMG SRC="Graphics/Header/G4.gif" WIDTH=103 HEIGHT=21 BORDER=0 ALT="G4">
</TD></TR>
</TABLE>
```

Graphic 1 *Graphic 2*
Graphic 3 *Graphic 4*

IE: Shows a gap between the rows, but adjacent graphics line up without any gap between them
NN: Shows a gap between the rows and between adjacent graphics. Kind of neat as you can see all of the bits and pieces that make up the whole.

Second Try: Same code as above but set HSPACE=0 and VSPACE=0

Graphic 1 *Graphic 2*
Graphic 3 *Graphic 4*

IE and NN: Nada. Nothing. No change.

Third Try: It was suggested align top might work .. so ...

Graphic 1 *Graphic 2*
Graphic 3 *Graphic 4*

IE: Nada. Nothing. No change.
NN: Well .. the gap between the rows is smaller ...

Fourth Try: OK. Take out all references to align="top", VSPACE and HSPACE. Take Ruth's advice and remove all spacing and line breaks. I will use only one table row (<TR>) and use the break tag (<BR>) to seperate everything into two rows.

*Graphic 1**Graphic 2*
*Graphic 3**Graphic 4*

IE: Shazam!! Well, that fixed IE.
NN: OK. Got rid of the spacing between adjacent graphics. There is still a gap between the two rows ... but it is the smallest yet.

Fifth Try: Got to try it ... using Align="Top" made the gap between the rows smaller... so did the last try. So next .. combine them. I'll add back Align="Top" to the code above.

*Graphic 1**Graphic 2*
*Graphic 3**Graphic 4*

IE: Nada. Nothing. No change, still good.
NN: Sounds of shouting and hand clapping. Now, if I can only figure out how to NOT have to code everything on one line....

www.thegrid.net/edtrax

Netscape 3.01

First try: This is how the original coding started. The graphics are placed in two rows; each row containing one data cell. The individual graphics are seperated by line breaks to make the code easier to read.

```
<TABLE>
<TR><TD>
<IMG SRC="Graphics/Header/G1.gif" WIDTH=103 HEIGHT=21 BORDER=0 ALT="G1">
<IMG SRC="Graphics/Header/G2.gif" WIDTH=103 HEIGHT=21 BORDER=0 ALT="G2">
</TD></TR>
<TR><TD>
<IMG SRC="Graphics/Header/G3.gif" WIDTH=103 HEIGHT=21 BORDER=0 ALT="G3">
<IMG SRC="Graphics/Header/G4.gif" WIDTH=103 HEIGHT=21 BORDER=0 ALT="G4">
</TD></TR>
</TABLE>
```

Graphic 1 *Graphic 2*
Graphic 3 *Graphic 4*

IE: Shows a gap between the rows, but adjacent graphics line up without any gap between them
NN: Shows a gap between the rows and between adjacent graphics. Kind of neat as you can see all of the bits and pieces that make up the whole.

Second Try: Same code as above but set HSPACE=0 and VSPACE=0
Graphic 1 *Graphic 2*
Graphic 3 *Graphic 4*
IE and NN: Nada. Nothing. No change.

Third Try: It was suggested align top might work .. so ...
Graphic 1 *Graphic 2*
Graphic 3 *Graphic 4*
IE: Nada. Nothing. No change.
NN: Well .. the gap between the rows is smaller ...

Fourth Try: OK. Take out all references to align="top", VSPACE and HSPACE. Take Ruth's advice and remove all spacing and line breaks. I will use only one table row (<TR>) and use the break tag (<BR>) to seperate everything into two rows.
Graphic 1 *Graphic 2*
Graphic 3 *Graphic 4*
IE: Shazam!! Well, that fixed IE.
NN: OK. Got rid of the spacing between adjacent graphics. There is still a gap between the two rows ... but it is the smallest yet.

Fifth Try: Got to try it ... using Align="Top" made the gap between the rows smaller... so did the last try. So next .. combine them. I'll add back Align="Top" to the code above.
Graphic 1 *Graphic 2*
Graphic 3 *Graphic 4*
IE: Nada. Nothing. No change, still good.
NN: Sounds of shouting and hand clapping. Now, if I can only figure out how to NOT have to code everything on one line....

www.thegrid.net/edtrax

Netscape 4.01

First try: This is how the original coding started. The graphics are placed in two rows; each row containing one data cell. The individual graphics are seperated by line breaks to make the code easier to read.

```
&ltTABLE>
&ltTR>&ltTD>
&ltIMG SRC="Graphics/Header/G1.gif" WIDTH=103 HEIGHT=21 BORDER=0 ALT="G1">
&ltIMG SRC="Graphics/Header/G2.gif" WIDTH=103 HEIGHT=21 BORDER=0 ALT="G2">
</TD></TR>
&ltTR>&ltTD>
&ltIMG SRC="Graphics/Header/G3.gif" WIDTH=103 HEIGHT=21 BORDER=0 ALT="G3">
&ltIMG SRC="Graphics/Header/G4.gif" WIDTH=103 HEIGHT=21 BORDER=0 ALT="G4">
</TD></TR>
</TABLE>
```

Graphic 1 **Graphic 2**
Graphic 3 **Graphic 4**

IE: Shows a gap between the rows, but adjacent graphics line up without any gap between them
NN: Shows a gap between the rows and between adjacent graphics. Kind of neat as you can see all of the bits and pieces that make up the whole.

Second Try: Same code as above but set HSPACE=0 and VSPACE=0

Graphic 1 **Graphic 2**
Graphic 3 **Graphic 4**

IE and NN: Nada. Nothing. No change.

Third Try: It was suggested align top might work .. so ...

Graphic 1 **Graphic 2**
Graphic 3 **Graphic 4**

IE: Nada. Nothing. No change.
NN: Well .. the gap between the rows is smaller ...

Fourth Try: OK. Take out all references to align="top", VSPACE and HSPACE. Take Ruth's advice and remove all spacing and line breaks. I will use only one table row (&ltTR>) and use the break tag (&ltBR>) to seperate everything into two rows.

Graphic 1Graphic 2
Graphic 3Graphic 4

IE: Shazam!! Well, that fixed IE.
NN: OK. Got rid of the spacing between adjacent graphics. There is still a gap between the two rows ... but it is the smallest yet.

Fifth Try: Got to try it ... using Align="Top" made the gap between the rows smaller... so did the last try. So next .. combine them. I'll add back Align="Top" to the code above.

Graphic 1Graphic 2
Graphic 3Graphic 4

IE: Nada. Nothing. No change, still good.
NN: Sounds of shouting and hand clapping. Now, if I can only figure out how to NOT have to code everything on one line....

www.thegrid.net/edtrax

Internet Explorer 3.01

vincularse con tres hojas de estilos distintas: una para las computadoras de escritorio, otra para dispositivos con pantalla pequeña y otra para equipos de televisión. Actualmente, los navegadores no tienen la posibilidad de seleccionar automáticamente la mejor hoja de estilos, pero este tipo de opción apareçerá pronto. Si su diseño separa el significado de la presentación, estará mucho más preparado para sacar partido de estas ventajas para en un futuro optimizar la visualización.

Tiempos de respuesta

Todos los estudios de usabilidad que he dirigido desde 1994 han tenido los mismos resultados: los usuarios nos imploran que aceleremos las descargas de páginas. Al principio, mi reacción era: "Vamos a proporcionarles un diseño mejor, y estarán contentos y esperarán". Desde entonces me he convertido en un pecador reformado al creer que los tiempos de respuesta rápidos constituyen el criterio de diseño más importante de las páginas web; mi cabeza no es lo suficientemente dura como para aguantar los ruegos de los usuarios año tras año.

La investigación sobre una gran variedad de sistemas de hipertexto muestra que los usuarios necesitan tiempos de respuesta de menos de un segundo al ir de una página a otra si tienen que desplazarse por un espacio de información. La investigación tradicional de los factores humanos sobre los tiempos de respuesta también muestra la necesidad de que los tiempos de respuesta sean inferiores a un segundo. Los estudios de IBM en los años setenta y ochenta, por ejemplo, revelaron que los usuarios eran más productivos cuando el tiempo que transcurría entre la pulsación de una tecla de función y la obtención de la pantalla solicitada era de menos de un segundo.

Desafortunadamente, no vamos a alcanzar enseguida tiempos de respuesta inferiores a un segundo en la Web, por lo que sabemos que los usuarios van a seguir sufriendo con las descargas lentas. Actualmente, el objetivo mínimo de los tiempos de respuesta es el de ofrecer páginas a los usuarios en más de diez segundos, dado que éste es el límite de la capacidad de la gente para prestar atención mientras esperan.

La recomendación normal en torno a los tiempos de respuesta ha sido la misma desde que Robert B. Miller presentara una ponencia sobre el tema en 1968:

- Una décima de segundo es el límite aproximado para hacer sentir al usuario que el sistema está reaccionando instantáneamente, lo cual significa que no es necesario

Antes del advenimiento de la Web, la gente solía decir que:

- El hardware dura unos pocos años y que luego cambiamos a una computadora más rápida.
- El software tiene una vigencia de décadas. Aunque se consiga una computadora más rápida, el software antiguo se sigue conservando.

  Así, muchas empresas siguen dependiendo del software escrito hace más de veinte años, cuando la gente pensaba que el año 2000 estaba tan lejos que era aceptable codificar las fechas sin grabar el siglo (7/4/75, por ejemplo). Además, aun cuando se actualiza el software, gran parte del viejo código persiste en la nueva versión (los usuarios de MS Word siguen sufriendo las malas decisiones sobre diseño tomadas en los años ochenta, antes de que Microsoft tuviera un laboratorio de usabilidad).

- Los datos nunca mueren. Cuando se graba, pongamos por caso, la dirección de un cliente, se prefiere conservar esa información, aunque se esté muy harto del hardware y software antiguos, antes que implementar una solución completamente nueva.

Lo mismo es aplicable a la Web. El hardware vive peligrosamente; todo sitio que se precie tiene que actualizar los servidores varias veces al año. Y sabemos que los navegadores y demás software están en un estado de renovación constante.

Los datos web (generalmente en forma de páginas) deben vivir mucho más tiempo que el hardware y el software web. Aunque la mayoría de usuarios vayan a las páginas nuevas, las páginas antiguas siguen siendo del interés de algunos usuarios. Por ejemplo, Sun sigue teniendo usuarios que utilizan cada uno de los productos lanzados por la empresa, por lo que la información sobre estos viejos productos sigue siendo de interés. Incluso las páginas de ventas serán del interés de todo cliente que pueda estar pensando en la adquisición de equipos usados de una empresa que haya cambiado sus máquinas. De hecho, les interesa mantener estos clientes, aunque no ganen ni una peseta por la adquisición que éstos hagan de los equipos usados. Puede que contraten un servicio de mantenimiento y, sin duda, se convertirán en los primeros postores a la hora de adquirir actualizaciones.

Imaginemos, como ejemplo, que un usuario quiera ver la película *Casablanca*, de Humphrey Bogart (1946). Con seguridad, podría encontrar un artículo que hablase sobre la película en una publicación como *Cinemanía*, pero, ¿no sería más interesante ver lo que *The New York Times* escribió acerca de la película en 1946? Ciertamente, a los estudiantes de cine les interesaría saber cómo se acogió la película, en qué circunstancias fue producida. Este ejemplo muestra que el citado sería un mejor sitio web si tuviera en línea páginas de hace más de cincuenta años.

La conclusión es clara: las páginas diseñadas hoy pueden usarse para muchos años, por lo que es recomendable que los diseñadores marquen la información teniendo en cuenta lo más posible el estándar. Además, deberían tratar de crear información que tenga un valor duradero. En teoría, siempre se pueden arreglar las páginas antiguas (al igual que hubo que contratar a consultores muy caros que resolvieran el problema del "efecto 2000" en el software), pero esto sería muy oneroso y el resultado final es que serían descartadas y, con ellas, las posibilidades de ofrecer a los clientes más ventajas.

que haya una información especial para mostrar el resultado. Esto sería el límite máximo del tiempo de respuesta de cualquier *applet* que permitiera a los usuarios moverse, agrandar la pantalla o manipular sus elementos en tiempo real.

- Un segundo es el límite que hay para que el usuario piense que no hay interrupción, aunque éste se dé cuenta de la demora. Normalmente, no se necesita información especial durante demoras superiores a una décima de segundo e inferiores a un segundo, pero el usuario pierde la sensación de trabajar directamente sobre los datos. Obtener una página en menos de un segundo significa que el usuario ha llegado a la página sin demora.

- Diez segundos es el límite máximo para mantener la atención del usuario centrada en el diálogo. En demoras mayores, los usuarios se ocupan de otras tareas esperando a que la computadora termine. Que aparezca una página en menos de diez segundos significa que el usuario puede centrar su atención en cómo desplazarse por el sitio.

Normalmente, los tiempos de respuesta deben ser muy rápidos, pero recuerde que es posible que la computadora reaccione tan rápidamente que no deje tiempo de reacción al usuario. Por ejemplo, una lista desplegable puede ir lo suficientemente rápido como para que el usuario no pueda pararla en un determinado elemento.

Tiempos de respuesta previsibles

Aparte de la velocidad, una baja variabilidad también es importante para la usabilidad del tiempo de respuesta. Desafortunadamente, los tiempos de respuesta suelen ser muy variables, razón por la que los usuarios están tan molestos por la lentitud de la Web. La satisfacción de los usuarios viene determinada por sus expectativas y por el rendimiento real del tiempo de respuesta. Si la misma acción a veces es rápida y a veces lenta, los usuarios no sabrán qué va a pasar esta vez y, por tanto, no podrán ajustar su comportamiento para optimizar su uso del sistema. Si la gente presupone que una acción va a ser rápida, se decepcionará si ésta es lenta; por otra parte, si esperan que sea lenta, serán más tolerantes con la misma demora. Este fenómeno es una de las razones por las que la variabilidad del tiempo de respuesta tiene que dejarse en un mínimo. Si la misma acción siempre dura lo mismo, los usuarios sabrán a qué atenerse. Todo lo que se pueda hacer para estabilizar los tiempos de respuesta redundará en una mejora de la usabilidad.

Por ejemplo, podemos ayudar a los usuarios a predecir el tiempo de respuesta al descargar páginas web extensas o archivos multimedia indicando el tamaño de la descarga junto al vínculo. Como norma, hay que indicar el tamaño de los archivos cuya descarga vaya a durar más de diez segundos tomando como referencia el ancho de banda medio de los usuarios. Si la mayoría de los usuarios tiene modems analógicos, tendrá que prevenirles cuando el tamaño de descarga exceda de 50 kilobytes.

En el futuro, esperamos que los navegadores se integren con los servicios *proxy* que mantengan el ancho de banda y la calidad del servicio normales de la Web. Al usar esta información, el navegador podrá cambiar la apariencia de los vínculos en función del servicio que se espere; por ejemplo, un vínculo con un sitio que a menudo esté fuera de conexión o que sea muy lento puede ofrecerse con colores atenuados. Esta información ayudaría a los usuarios a saber lo que va a pasar antes de hacer clic, con lo que mejoraría la usabilidad general de la Web.

Sin embargo, el problema radica en que el tiempo de respuesta del usuario experimentado viene determinado por el eslabón más débil de la cadena que va desde el servidor hasta el navegador:

- El rendimiento del servidor. No tiene que ser un problema, ya que el coste del hardware es la parte más pequeña del desarrollo de un sitio web, pero los sitios web más populares suelen verse sorprendidos por un tráfico creciente y por no actualizar sus máquinas con la suficiente rapidez.

- La conexión del servidor con Internet. Muchos sitios tratan de ahorrar con su propia conexión y aplazan la actualización a, por ejemplo, una línea T1 o T3, aunque su conexión se encuentre saturada.

- El propio Internet. Aunque la Red está en continua actualización, sigue habiendo cuellos de botella, especialmente en conexiones intercontinentales y durante las horas punta.

- La conexión del usuario con Internet. Como hemos visto, las velocidades de conexión son extremadamente lentas para la mayoría de los usuarios, y esto seguirá siendo así en los próximos años.

- La velocidad del navegador y de la computadora del usuario. No suele ser un problema, aunque puede ser muy difícil diseñar tablas complejas en máquinas pequeñas.

Tiempo de respuesta del servidor

El crecimiento de las aplicaciones basadas en la Web, el comercio electrónico y la personalización implica que la visión de cada página debe ser calculada sobre la marcha. Como resultado de ello, la demora que se espera al cargar la página no viene determinada por la demora de descarga, sino también por el rendimiento del servidor. A veces, construir una página también implica conexiones con servidores de bases de datos, lo cual supone la ralentización del proceso.

Sin embargo, a los usuarios no les preocupa por qué los tiempos de respuesta son tan lentos. Lo único que saben es que el sitio no ofrece un buen servicio. Los tiempos de respuesta lentos suelen traducirse directamente en un nivel de confianza menor, y siempre suponen una pérdida de tráfico, ya que los usuarios acuden a otros sitios. Para evitar esto, invierta en un servidor rápido y requiera los servicios de un experto en rendimiento que revise la arquitectura de su sistema y la calidad del código para optimizar los tiempos de respuesta.

En 1999 calculamos el tiempo de descarga de las páginas de inicio de veinte de los sitios web más importantes. La mitad de los sitios eran los diez sitios más usados de Internet, y la otra mitad eran los sitios de las diez empresas más grandes de los Estados Unidos. Las páginas de inicio corporativas se descargaron a paso de tortuga, dedicando una media de diecinueve segundos, mientras que las páginas de inicio de los sitios más populares se descargaron con una media de ocho segundos.

Esta simple encuesta demuestra que los sitios con un mayor tráfico son más del doble de rápidos que los sitios creados por las grandes y conocidas empresas de la vieja economía. Podríamos argüir que la causalidad se construye así: la razón por la que la mitad de los sitios de mi estudio tengan tanto tráfico se debe a la rapidez.

(Página de enfrente) Gran parte del diseño de esta página de Clnet se consigue combinando las celdas coloreadas de las tablas con fuentes interesantes. La página no requiere la descarga de muchos gráficos. En principio, los únicos gráficos necesarios serían el logotipo del sitio y la fotografía del columnista. En la práctica, el encabezado "personalities" sigue siendo un gráfico, debido a los puntos pequeños y al aspecto biselado. El titular "making a speedier CNET" es texto en una celda con color, y se podría haber hecho lo mismo con "personalities".

Cada uno de estos pasos añade su propia demora a la hora de mostrar una página web del servidor al usuario. Desafortunadamente, las demoras son acumulativas, lo cual significa que no vamos a conseguir buenos tiempos de respuesta por el mero hecho de mejorar uno de los eslabones de la cadena. Cuando cambiamos de un modem a una línea RDSI, normalmente se dobla el rendimiento.

Descargas rápidas, conexiones rápidas

Si consideramos los hechos fundamentales del factor humano y de las redes de computación, podemos concluir lo siguiente: las páginas web deben ser diseñadas pensando en la rapidez. De hecho, la velocidad debe ser el criterio principal. Para que el tamaño de las páginas sea pequeño, los gráficos deben ser reducidos a la mínima expresión y sólo hay que emplear efectos multimedia cuando verdaderamente contribuyan a la comprensión de la información del usuario. Elimine los gráficos y aumente el tráfico. Así de sencillo.

El uso conservador de los gráficos no conlleva que las páginas sean aburridas. Se puede hacer mucho con las celdas de las tablas y con el uso creativo (pero restringido) de las distintas fuentes. En concreto, se puede usar hojas de estilos para mejorar el diseño de página sin ser penalizado en las descargas.

Sin embargo, cuando necesite usar gráficos, trate de usar múltiples ocurrencias de la misma imagen en vez de usar distintas imágenes; las instancias subsiguientes del mismo archivo de imagen aparecerán rápidamente, porque la imagen estará en la caché local del usuario. En una página individual, la reutilización de la imagen suele ser importante en imágenes pequeñas y decorativas, como botones, flechas e iconos. De hecho, la reutilización frecuente de un pequeño vocabulario visual no sólo acelerará los tiempos de descarga, sino que también reforzará visualmente todo el sitio.

A lo largo de las páginas, a veces se pueden reutilizar imágenes grandes, como la fotografía de un producto o un diagrama de un proceso. Cuando se reutiliza una imagen grande, debe mantener su significado de página a página, porque los usuarios a menudo suelen reconocer la imagen. Si desea comunicar dos conceptos diferentes, probablemente tenga que usar dos imágenes distintas, aunque se resienta el tiempo de descarga.

Usabilidad. Diseño de sitios Web

ARUP Laboratories es un laboratorio de referencia médica. Los clientes de ARUP son hospitales, médicos y empresas. Rory Swensen, el administrador web de ARUP, informa que www.arup-lab.com fue diseñada para que no tuviera apenas gráficos con el fin de acelerar los tiempos de descarga.

Cuando se abrió el sitio, se invitó a los clientes a que hicieran sus comentarios sobre el sitio en un formulario. De 201 comentarios, 45 alababan la velocidad y sólo un cliente se quejó de que el sitio "no era muy estimulante a nivel visual". Entre los 45 comentarios sobre los tiempos de descarga había un director de hospital que dijo: "Me gusta que las páginas no sean demasiado atractivas, pero que se descarguen rápidamente", y un director de laboratorio que dijo: "Bien organizadas y fáciles de usar. Se carga rápidamente sin muchos gráficos". Si consideramos que el formulario era completamente libre y no preguntaba nada sobre ningún tema relativo al diseño, sorprende el número de usuarios que hicieron comentarios sobre la velocidad. A la gente le gusta un servicio rápido, lo que raramente se observa en Internet.

Evidentemente, los formularios de información de los clientes tienden a recoger un ejemplo de los usuarios, ya que la mayoría de ellos no se preocupan de proporcionar la información. Sin embargo, la experiencia de la mayoría de los sitios es que la gente tiende a estar más motivada a la hora de hacer críticas cuando se están perdiendo algo o cuando están molestos por alguno de los aspectos del sitio; la gente no suele hacer comentarios sobre cosas que funcionan normalmente. Pero, si sabemos que las críticas positivas superan a las negativas por un factor de 45 a 1, esto apoya el hecho de que los usuarios prefieren que el sitio sea rápido antes que atractivo.

personalities   Christopher Barr

CNET.COM
home

Join now FREE!

MENU
NEWS.COM
Radio

BROWSERS!

REVIEWS
Hot List
Just In
All comparisons
CD-ROM central
Best of the Web

FEATURES
Techno
How to
Digital life
Events

GAMECENTER

making a speedier CNET
(5/12/97)

Publishing on the Web is not only about developing great-looking Web sites with killer content. It's also about the user experience. After all, what good is great content if it takes too long to get to it?

That's why at CNET, in addition to delivering new content on a daily--or even an hourly--basis, we're also working to deliver that information as quickly as possible. Fast downloads are especially important if you're dogged by the bandwidth blues. If your connection to the Net is 28.8 kbps or slower, then you're one of the bandwidth-deprived. And at CNET, to paraphrase a certain politician, we feel your pain. We keep you in mind and always consider what it's like to be continually blasted with Web sites cluttered with too many graphics or built around complicated table structures that keep you waiting as your browser assembles the pages. We take the speed factor very seriously.

www.cnet.com

El concepto de "tamaño de la página" se define como la suma de los tamaños de archivo de todos los elementos que conforman una página, incluido el archivo HTML y todos los objetos incrustados (por ejemplo, los archivos gráficos provistos de imágenes GIF y JPG). Por suerte, es posible trabajar con diseños de página que tengan tamaños de página grandes, siempre que el archivo HTML sea pequeño y esté codificado con el fin de reducir el tiempo de muestra del navegador.

Con la presunción optimista de que la demora de Internet puede ser mantenida hasta medio segundo, un usuario necesitaría descargar una página web en medio segundo para conseguir el tiempo de respuesta de un segundo necesario para la usabilidad óptima del hipertexto. Muchas páginas web tienen un tamaño de cerca de 100 kilobytes y pueden ser descargadas en medio segundo, siempre que el usuario emplee una línea T1 a 1,5 Mbps. Este simple cálculo muestra que todo lo que no sea una línea T1 causará problemas de usabilidad a la hora de navegar por la Web.

Aparte de las descargas rápidas, resulta esencial poseer conexiones a Internet muy rápidas. Los modems de 14,4 Kbps han pasado a la historia desde principios de 1999, pero la proporción de usuarios que se conectan a velocidades de modem es la misma. Lo único que ocurrió entre 1995 y 1999 fue que los modems lentos fueron sustituidos por los más rápidos de 56 Kbps.

La tabla siguiente muestra el tamaño de página máximo permitido necesario para conseguir los tiempos de respuesta deseados según las distintas velocidades de conexión. Los números muestran medio segundo de demora, lo cual es más rápido que la mayoría de conexiones web que hay hoy por hoy. Los tamaños de página necesitan ser menores que los que vienen indicados en la tabla.

	Tiempo de respuesta de un segundo	Tiempo de respuesta de diez segundos
Modem	2 KB	34 KB
ISDN (RDSI)	8 KB	150 KB
T1	100 KB	2 MB

El límite de tiempo de un segundo es necesario para que los usuarios piensen que se mueven libremente por el espacio de información. Quedar por debajo del límite de diez segundos es necesario para que los usuarios mantengan su atención centrada en la tarea. Aunque muchas intranets se ejecutan en Ethernets que son al menos siete veces más rápidas que una línea T1, es conveniente que los diseños de intranet ocupen menos de 100 kilobytes por página, ya que es raro que los usuarios consigan el rendimiento teórico total de la red. La excepción principal sería la de acceder a los *applets* críticos que fueran útiles para la tarea del usuario y que no tuvieran que ser descargados en cada página, sino sólo cuando el usuario iniciara una nueva tarea.

La necesidad de mantener las páginas web por debajo de los 34 kilobytes para los usuarios de modem está confirmada por un estudio de www.provenedge.com. Proven Edge Inc. presta sus servicios a pequeñas empresas, por lo que se puede presuponer que la mayoría de los usuarios acceden al sitio a través de modems analógicos. El *webmaster* Claire Amundsen indica que las páginas que tenían un tamaño de 32 a 33 K tenían un porcentaje de abandonos del 7 al 10% (la proporción de usuarios que no esperan que la descarga se complete).

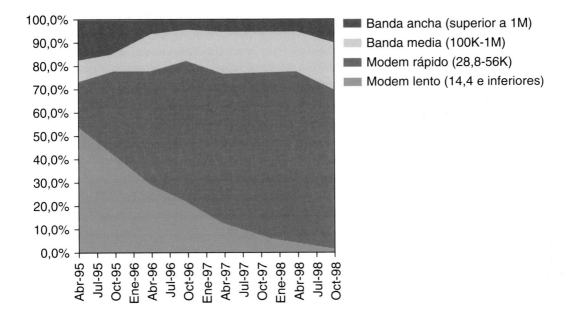

Banda ancha (superior a 1M)
Banda media (100K-1M)
Modem rápido (28,8-56K)
Modem lento (14,4 e inferiores)

Distribución de los usuarios que se conectan a Internet a varias velocidades. Los modems lentos son de 14,4 o menos, los modems rápidos de 28,8 a 56 Kbps, la banda media incluye RSDI y líneas de alquiler, mientras que la banda ancha son líneas T1 o más rápidas. Desafortunadamente, esta encuesta se detuvo en 1998, pero creemos que es razonable proyectar las líneas unos cuantos años y predecir que las velocidades de los modems dominarán en el año 2000 y en el 2001 (los datos son de la encuesta sobre usuarios web del Instituto de Tecnología de Georgia).

El diseño original de www.provenedge.com tenía un límite de tamaño de página de 40 K, pero esas páginas que llegaban al límite de 40 K tenían un porcentaje de abandono del 25% al 30%. No sabiendo si este porcentaje se debía al tamaño de la página o a la diferencia de información de las distintas páginas, Amundsen siguió reduciendo los gráficos de las páginas. El tamaño de archivo de los gráficos era lo único que cambiaba. Tras el cambio, las páginas que solían tener un porcentaje de abandono del 25% al 30% se equipararon con las demás, del 7% al 10%.

Aunque los límites de tamaño de página de la tabla puedan parecer estrictos, no hay duda de que los sitios sufren la pérdida de muchos usuarios cuando no observan las recomendaciones. En el ejemplo de Proven Edge, la lectura subió un 25% cuando las páginas fueron puestas en línea con el máximo recomendado.

Una sugerencia muy práctica: los vínculos con un directorio deben incluir la última barra del URL cuando estén incrustados en páginas web (la barra se quedaría fuera cuando se escribiera el URL para consumo humano). Por ejemplo, el vínculo con mi lista de columnas Alertbox debe escribirse como http://www.useit.com/alertbox en un artículo (impreso) de revista, pero debe codificarse como http://www.useit.com/alertbox/ en el ancla de hipertexto de la versión en línea del artículo. La razón de incluir la barra en los vínculos en línea es la de evitar un redireccionamiento cuando el servidor habría informado al navegador de que el vínculo hace referencia a un directorio y no a un archivo. La adición de barras finales a los HREF cuando sea necesario reduce un poco la demora, por lo que es conveniente hacerlo.

Echar una ojeada a la primera pantalla

El hecho más importante relacionado con el tiempo de respuesta es que el usuario vea una pantalla de información útil. El tiempo de descarga de la página completa y de todas sus ilustraciones importa menos si el usuario puede empezar a actuar rápidamente con la información. Las directrices de la carga rápida inicial son:

- La parte superior de la página debe tener sentido, aunque no se hayan descargado imágenes (es decir, más texto y menos imágenes).

- Utilice atributos de texto ALT en las imágenes, a fin de que los usuarios puedan entender lo que va a pasar. La mayoría de navegadores muestran el texto ALT en el espacio reservado para una imagen, siempre que la imagen no haya sido descargada (véase el Capítulo 6 para recabar más información sobre los atributos ALT).

- El navegador debe dibujar rápidamente la parte superior de la página. Sin embargo, sólo puede hacerlo si tiene toda la información necesaria para el diseño. Asegúrese de incluir los atributos WIDTH y HEIGHT en todas las imágenes y columnas de las tablas.

- La tablas complejas suelen tardar más en aparecer; por tanto, reduzca la complejidad de las tablas, dividiendo su información en varias tablas. En concreto, la tabla de la parte superior debe aparecer de una manera rápida y sencilla.

Sacar partido del HTTP Keep-Alive

La versión original del Protocolo de Transferencia de Hipertexto (HTTP) no servía para descargar páginas complejas con muchas imágenes y *applets* incrustados. El protocolo fue optimizado para las páginas sencillas utilizadas en los primeros años de la Web. Sin embargo, el problema principal radicaba en que HTTP debía abrir una nueva conexión TCP/IP con el servidor para cada "impacto", aunque todos los impactos fueran para el componente objetos de una página. Por tanto, cada icono o viñeta coloreada adicional de la página pagaba el precio de que el navegador tuviera que ponerse en contacto con el servidor y abrir una nueva conexión; en pequeños archivos de imágenes, el tiempo necesario para establecer la conexión normalmente era mucho mayor que el tiempo necesario para transferir los bits.

La versión 1.1 del protocolo HTTP introdujo la noción de conexiones *keep-alive*, lo cual significa que cuando el navegador y el servidor utilizan HTTP 1.1 (o posterior), se mantiene abierta una conexión mientras queden objetos adicionales por descargar. Ahorrarse el pago del precio de establecer una nueva conexión por cada "impacto" reduce mucho la demora. El tiempo de respuesta necesario para cargar una página suele reducirse a la mitad utilizando *keep-alive*. En consecuencia, es muy conveniente actualizar el servidor web con software que soporte *keep-alive*.

Vinculación

Los vínculos constituyen la parte más importante del hipertexto: conectan las páginas y permiten a los usuarios ir a nuevos sitios de la Web. Existen tres tipos principales de vínculos:

- Vínculos de navegación estructural. Estos vínculos esbozan la estructura del espacio de información y hacen posible que los usuarios acudan a otras partes de ese espacio. Los ejemplos típicos son los botones de las páginas de inicio y los vínculos con una serie de páginas que están subordinadas a la página en curso.

- Los vínculos asociativos del contenido de la página. Estos vínculos suelen ser palabras subrayadas (aunque también puede tratarse de mapas de imágenes) que señalan a las páginas con más información relacionada con el texto del ancla.

- Véanse también listas de referencias adicionales. Estos vínculos se proporcionan para ayudar a los usuarios a encontrar lo que quieren si la página no es la adecuada. Si consideramos la dificultad de desplazarse por la Web, los

(Páginas siguientes) Observe cómo la página de inicio de AnchorDesk funciona igual de bien si el usuario espera a que se cargue un gráfico. Casi toda la definición de la página está contenida en un archivo HTML razonablemente corto, de forma que la página puede aparecer inmediatamente. Los únicos elementos de la página que no funcionan en la visualización inicial son los botones de la columna de la izquierda, pero esto se debe principalmente al mal diseño del navegador (el navegador podría ser lo suficientemente inteligente como para usar una fuente más pequeña que visualizara el texto ALT cuando el área disponible fuera demasiado pequeña como para contener el texto en la fuente predeterminada).

Back Issues
Companies
Products
TalkBack
Forums
Don't GoThere
Get MAD!
Home
Help?

Get the
AnchorDesk
Email
Alert
FREE!

Learn
online

Free Email!
hotmail

get
PointCast free

JESSE BERST'S
ANCHORDESK
Your source for tech intelligence

PREVIOUS
ISSUE

BERST ALERT

The Bad Guys Behind the Internet Brownout

Last week's Internet brownout wasn't a random glitch. It was the latest screwup by Network Solutions, Inc., which has kidnapped an essential part of the Internet as part of a get-rich-quick scheme. The company claims it owns the rights to the Internet's domain naming database (the "phone directory" for Web sites). *My take*: We need to run these bad boys out of town before they ruin it for all of us. Full Story

THIS JUST IN

How to Win the Web: The Quickest Way to Get More Visitors to Your Site

If search engines aren't part of your traffic-building solution, they are part of your problem. Web specialist Annette Hamilton reveals why updating your search engine lists should be your #1 priority this week. And she explains how to do it fast. Full Story

WIN!

Win a Free 6.4GB Hard Drive

Stop singing the no-more-room-on-my-hard-drive blues! Enter the new *PC Computing* sweepstakes and win the perfect solution: a 6.4GB Medalist hard drive. Full Story

HOT PRODUCTS

Get the Latest on Hot New Products

Want to set up a Web storefront fast? *ZD Internet Magazine* reviewers say LiveStore is best. And find out why *PC Magazine* reviewers named GoldMine the top contact manager for the THIRD year. Details on these and more hot products at the Web site, including IBM's Java tool and a top-notch Web site manager for Macintosh. Full Story

MONDAY JUL 21, 1997

ZDNN

On the ZDNN Radar Screen Today

Top stories from top ZDNN news editor Patrick Houston:

Happy days are here again! You don't have to be an investor to be gladdened by the financial results being reported by high-tech companies. Big question: How much longer can these good times roll? Answer: Quite a while, thanks to the global market.

Whacked out week un-wires Web. Backhoes, black-outs and bizarre human behavior made last week Web-less for some. Maybe it's time for an international treaty—not to control or censor the Web but just to administer it.

Ready? Get SET ... now wait a little longer. MasterCard and VISA unveil their schedule for rolling out SET, the security scheme for conducting credit card transactions over the Net. But SET isn't here quite yet. Full Story

PICK OF THE DAY
Road Warriors Worst Worry Solved

Nothing worse than being on the road and having your laptop battery give up. And it

www.zdnet.com

(Image)

Oracle 8 is here.

ZDNet AnchorDesk

Preview   (Image)

lere to Join

(Image)

Learn onl

FREE Em

Get Point

BERST ALERT

The Bad Guys Behind the Internet Brownout

Jesse Berst

Last week's Internet brownout wasn't a random glitch. It was the latest screwup by Network Solutions, Inc., which has kidnapped an essential part of the Internet as part of a get-rich-quick scheme. The company claims it owns the rights to the Internet's domain naming database (the "phone directory" for Web sites). *My take*: We need to run these bad boys out of town before they ruin it for all of us. Full Story

THIS JUST IN

How to Win the Web: The Quickest Way to Get More Visitors to Your Site

If search engines aren't part of your traffic-building solution, they are part of your problem. Web specialist Annette Hamilton reveals why updating your search engine lists should be your #1 priority this week. And she explains how to do it fast. Full Story

WIN!

Win a Free 6.4GB Hard Drive

Stop singing the no-more-room-on-my-hard-drive blues! Enter the new *PC Computing* sweepstakes and win the perfect solution: a 6.4GB Medalist hard drive. Full Story

HOT PRODUCTS

Get the Latest on Hot New Products

Want to set up a Web storefront fast? *ZD Internet Magazine* reviewers say LiveStore is best. And find out why *PC Magazine* reviewers named GoldMine the top contact manager for the THIRD year. Details on these and more hot products at the Web site, including IBM's Java tool and a top-notch Web site manager for Macintosh. Full Story

MONDAY JUL 21, 1997

ZDNN

On the ZDNN Radar Screen Today

Top stories from top ZDNN news editor Patrick Houston:

Happy days are here again! You don't have to be an investor to be gladdened by the financial results being reported by high-tech companies. Big question: How much longer can these good times roll? Answer: Quite a while, thanks to the global market.

Whacked out week un-wires Web. Backhoes, black-outs and bizarre human behavior made last week Web-less for some. Maybe it's time for an international treaty—not to control or censor the Web but just to administer it.

Ready? Get SET ... now wait a little longer. MasterCard and VISA unveil their schedule for rolling out SET, the security scheme for conducting credit card transactions over the Net. But SET isn't here quite yet. Full Story

PICK OF THE DAY
Road Warriors Worst Worry Solved

Nothing worse than being on the road and having your laptop battery give up. And it

NEWS.COM

front page

Join now FREE!

MENU
Front Door
The Net
Computing
Intranets
Business
CNET Radio
Perspectives
Newsmakers
Rumor Mill

NEWS OPTIONS
One Week View
Desktop News
News Alerts
Custom News
Advanced Search
Push

click here. ▼

Novell.

Click Here.

advertisement

RESOURCES
Subscribe
Member Services
Contact Us
Help

CNET SERVICES
CNET.COM
BUILDER.COM

The Net

◄ back to

Netscape, Excite do foreign news

By Jeff Pelline
July 17, 1997, 8 a.m. PT

update Netscape Communications (NSCP) and Excite (XCIT) have announced an alliance under which the search engine company will produce a new navigational service providing international information.

Dubbed International Netscape Guide by Excite, it will be offered for Japan and Germany in the third quarter and for France and United Kingdom in the fourth quarter. Netscape struck a similar partnership with Yahoo for the domestic market in March, creating a site that went live in April.

For Netscape, the deal is a chance to generate revenues from its valuable Web site real estate--among the most traveled on the Internet--without producing content. For Excite, it is a chance to become a more global brand and create new advertising revenues.

Excite will be responsible for the programming, production, operations, and ad sales of the service. Financial terms were not disclosed, but sources said it involved a revenue split.

The international guide will offer local news, information, and entertainment. It will replace the international version of Netscape's Destination page.

The guide will be organized into a channel format focused around topics. They initially will include business and finance, computers and the Internet, fun and games, automotive and motoring, shopping, sport, travel, news, and weather.

related news stories

* Yahoo Netscape guide goes live April 29, 1997
* Search engines turn on to TV April 21, 1997
* Yahoo, Netscape strike deal March 18, 1997

FREE newsletter

enter email

[Subscribe]

Latest Headlines
display on desktop

The Net
* Pac Bell in DSL market trial
* Netscape fixes Communicator bug
* Database problem at InterNIC
* Netscape, Excite do foreign news

Computing
* RCA launches NC for the home
* Panda uses 500-MHz Alpha chip
* BeOS hits the stands
* Next generation of Mac clones
* Intel to cut chip prices up to 50%

Intranets
* First U.S. SET trials under way
* CA ascends to big leagues
* IBM, Gemplus team on smart cards
* E-commerce blitz by Oracle

Business
* Apple stock up 10% on earnings report
* Sun profits could climb 25%
* Will Sybase revenues follow profits up?
* Gates profits from strong earnings hopes
* Microsoft to hire 3,600 this year
* Cyrix shrinks losses, misses mark
* Iomega execs head for Software AG

www.cnet.com

usuarios suelen salvarse eligiendo un buen conjunto de vínculos *Véase también*.

Descripciones de los vínculos

Los vínculos de hipertexto están anclados en el texto sobre el que el usuario hace clic para seguir el vínculo. Estas anclas no deben ser muy largas, ya que los usuarios buscan páginas para ver lo que son capaces de hacer los vínculos en una página determinada. Los vínculos tienen una función muy parecida a las llamadas en las revistas impresas: dan a los usuarios algo donde descansar la vista mientras examinan un artículo. Si en un vínculo se usan muchas palabras, el usuario no podrá asimilar su significado buscado. Sólo se deberán convertir en vínculos de hipertexto los términos que lleven información importante.

La regla de diseño más antigua de la Web consiste en evitar el uso de "Haga clic aquí" como texto de un vínculo de hipertexto. Existen dos razones para ello. La primera es que sólo los visitantes que usan el ratón hacen clic, mientras que los usuarios discapacitados que tengan dispositivos especiales no hacen clic. En segundo lugar, las palabras "Haga clic" y "Aquí" llevan muy poca información y, como tales, no deben ser empleadas como elemento de diseño que atraiga la atención del usuario. En vez de decir:

> Para recabar información sobre la abeja de pico azul, haga clic aquí.

Es mejor decir:

> Tenemos información adicional sobre la abeja de pico azul.

Subrayar las palabras importantes es vital, pero sería aún mejor incluir texto que proporcionara un breve resumen del tipo de información disponible.

Aunque el ancla de hipertexto no debe contener más de cuatro palabras, es muy conveniente incluir verborrea adicional (sin anclas) que explique el vínculo. La Web es tan lenta que no se puede esperar que los usuarios sigan todos los vínculos para saber qué contienen. La página de salida debe incluir la suficiente información como para permitir que los usuarios decidan el próximo vínculo que van a seguir. En concreto, los vínculos que parezcan iguales deberán diferenciarse con texto complementario, de forma que los usuarios puedan determinar cuál de ellos tiene la información necesaria.

(Página contigua) News.com proporciona una lista de artículos relacionados al final de cada historia, lo cual alienta a los usuarios a ver más veces las páginas del servicio. Los lectores que estén interesados en esta historia (lo que viene indicado por el hecho de que se vincularon con esta historia concreta de la primera página) son los primeros candidatos para las historias relacionadas, por lo que se les dan vínculos con historias relacionadas que podrían haberse perdido. La principal queja que podemos plantear en torno a este diseño es que sería mejor colocar los vínculos relacionados en la parte superior de la página, donde podrían ser vistos por usuarios que no hubieran terminado de leer el final de la historia. La columna provista de los "últimos titulares" es mucho menos útil en el contexto de esta página que las historias relacionadas: los usuarios siempre pueden conseguir los últimos titulares en la primera página, y es probable que procedan de ahí.

www.mediainfo.com

Los vínculos que remitan a "más de lo mismo" constituyen una de las formas más sencillas de aumentar el uso del sitio. Siempre que un usuario haya leído una página y haya establecido un vínculo en ella, a ese usuario hay que brindarle la oportunidad de ver otras páginas de la misma serie o del mismo autor siempre que sea posible. Una columna normal, como la de Steve Outing "Stop The Presses!" o la de Jane Weaver "Click•thru", es una fuente habitual de "vínculos con más de lo mismo". Desafortunadamente, "Click•thru" no posee un vínculo con los primeros artículos de la serie, por lo que se deja a los usuarios solos para que los busquen por sí mismos (algo que sólo harán los usuarios más resueltos). ¡Qué oportunidad perdida!

MSNBC   ON AIR   PERSONAL
COVER PAGE   HIGHLIGHTS   FRONT PAGE
COMMERCE

FIND
NEXT   Click here for more info.

Hand
TECHNOLOGIES

WORLD   COMMERCE   SPORTS   SCITECH   LIFE   OPINION   WEATHER   LOCAL   INDEX

The Web makes a perfect pitch

New ads from IBM, AT&T, FedEx sell the Net more than any product

By Jane Weaver
MSNBC

Click .thru

MSNBC
Jane Weaver
🔊 In AT&T's 'Rubber Eyes' commercial, frustrated entrepreneurs open up a virtual store.

A young furniture designer discovers "a doorway to the world" in an ad for Federal Express. Two female pals overcome initial obstacles to start their own business on the Web in an AT&T ad. A start-up company realizes that electronic commerce means more than dancing logos in a spot for IBM Internet Solutions.

This trio of TV ads from three of the world's largest companies pitch the Internet as the great equalizer, the next generation in the American dream. And while most such ads strain to link their business with the Net, these ads work because their messages tap into a growing awareness that small businesses truly are the Web's big growth market.

In fact, industry studies find that the Internet is becoming the fastest-growing channel for small business to create demand for their products.

It's not always clear what products these ads are pushing — except for the FedEx spot, the corporate logos are flashed only at the end. But the executions are well-written and stylish enough that the underlying message of the Internet as a tool for entrepreneurial empowerment shines through.

At a time when anxiety over corporate downsizing has even filtered down to the funny pages (the comic strip "Cathy" is currently coping with office cutbacks), it's appealing to think that anyone with a computer and an Internet connection can open a storefront to the world.

SHOPKEEPERS ON THE WEB

AT&T

"Rubber Eyes," a spot for AT&T Business Markets Division, is a testament to entrepreneurial inspiration: two women stumble on an idea for unbreakable sun glasses while vacationing in a tropical paradise. The infectious reggae classic, "I Can See Clearly Now," is a perfect musical commentary as they encounter various obstacles: snooty store owners who refuse to stock their creations, an outrageous real estate market and an overburdened catalog business. How can they launch their dream company? Via the Web.

"Soon we were open for business everywhere," says one of the characters. "Before we knew it, we were selling shades to everyone under the sun."

Eric Keshin, executive vice president at AT&T's ad agency, McCann-Erickson of New York, says the creative team realized that "just getting started is one of the economic challenges of small businesses."

In the ad, the Web is the storefront — forget the costs of real estate and counter clerks. "It's more than an information resource, it's actually a place to do business," Keshin says.

www.msn.com

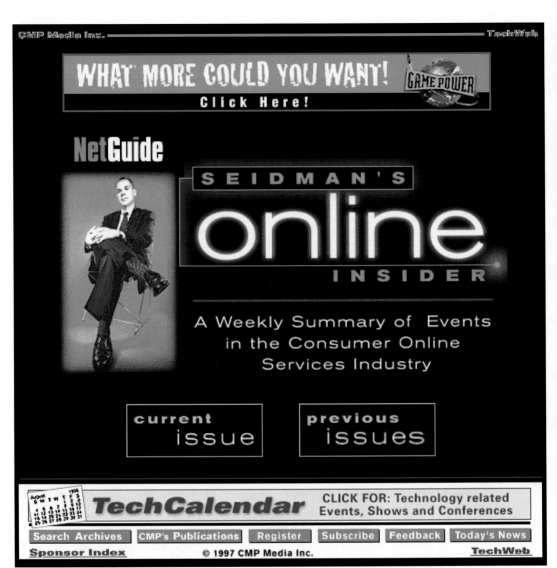

Éste es uno de los vínculos de hipertexto menos informativo que hayamos podido ver. Seidman escribe una columna genial, pero el vínculo con la "última columna" prácticamente no tiene utilidad para los usuarios normales. ¿De qué trata la columna que estoy viendo? ¿Es un tema en el que haya que emplear tiempo? ¿Se ha actualizado la columna desde la última vez que se visitó el sitio? El vínculo con el "último número" no responde a ninguna de las preguntas normales del usuario. Un rediseño muy sencillo podría mantener los botones gráficos, pero los complementaría con un breve resumen textual de la columna y de su fecha de publicación (y, posiblemente, un vínculo directo con la columna anterior, evitando así que los usuarios que se hayan perdido una columna tengan que descargar una lista completa de usuarios).

RESOURCES
Subscribe
Member Services
Contact Us
Help

CNET SERVICES
CNET.COM
BUILDER.COM
BROWSERS.COM
GAMECENTER.COM
SEARCH.COM
DOWNLOAD.COM
SHAREWARE.COM
ACTIVEX.COM
MEDIADOME

MARKETPLACE
CNET Store
How to advertise

update Work meant to increase Net capacity causes a three-hour slowdown this morning, especially for those trying to connect to and from West Coast Web sites.
July 11, 4:30 p.m. PT in The Net

Hitachi plays the blues on DVD
Hitachi will reportedly use blue laser technology to triple the data capacity of DVD-ROMs and DVD-RAMs by the year 2001.
July 11, 12:15 p.m. PT in Computing

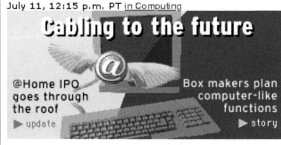

Cabling to the future

@Home IPO goes through the roof
▶ update

Box makers plan computer-like functions
▶ story

UPDATE ▶ story
Bug may be worse than thought
JavaScript hole exposes information

more news from around the web

Is technology rendering conversation obsolete?
Computer Currents Interactive

Netscape stalks the enterprise
Computerworld

Surfing up the '60s
Netly News

Dennis Rodman and AOL: What do they have in common? They're both rude
Inc. Online

Gamers face new charges
PC Magazine

It's Pretty Good, new . . . and free
Internet News

A critical shortage of programmers has prompted a worldwide labor hunt
Business Week

short takes

The House Commerce Committee Subcommittee on Telecommunications, Trade, and Consumer Protection will begin hearings July 11 on the Internet Tax Freedom Act, which would ban state and local taxes that target the Internet. The goals of the legislation have been endorsed by the White House, although it has not specifically endorsed the act itself.

Microsoft said that a "broad investigation" of New York and New Jersey computer swap meetings has led to the identification of 12 vendors allegedly involved in the illegal distribution of Microsoft software, according to a Reuters report. Microsoft said it filed lawsuits in U.S. District Court for the Eastern District of New York against five companies and reached settlements with seven others.

www.cnet.com

En la parte inferior de su página de inicio, News.com proporciona una lista muy seleccionada de las mejores historias de los demás sitios. Esta lista es una de las opciones más valiosas de News.com y una razón de peso para usar el servicio. Observe en este ejemplo cómo algunas de las descripciones de vínculos han sido mal elegidas. ¿Cómo van a valorar los usuarios si les interesa seguir unos vínculos llamados "Surfing up the '60s" o "Short memories, tall tales"? Creemos que News.com simplemente elige el titular de la página de destino para usarlo como vínculo, pero sería más útil tener más valor añadido editorial en forma de texto escrito explícitamente para ser un buen vínculo.

Títulos de vínculos

Internet Explorer 4.0 y los navegadores más recientes tienen la capacidad de mostrar una breve explicación de un vínculo antes de que el usuario lo seleccione. Tales explicaciones pueden dar a los usuarios una visión preliminar de dónde va a llevarles el vínculo y optimizar así su navegación.

Los vínculos deficientes no se suelen seguir, y los usuarios perderían menos tiempo omitiéndolos si supieran adónde iban a llegar. Cuando los usuarios deciden seguir un vínculo tras su lectura, entienden más deprisa la página de destino antes de llegar a ella: se reduce la desorientación.

La explicación del vínculo se denomina **título del vínculo**, y es muy fácil de codificar. Por ejemplo, el código HTML necesario para poner mi nombre en un ancla podría ser:

```
<A HREF="http://www.useit.com/jakob/" TITLE="Biografía
del autor">Jakob Nielsen</A>
```

Si posamos el cursor en este vínculo en un navegador, las palabras "Biografía del autor" aparecerán transcurrido un segundo.

El hecho de que aparezca el título "Biografía del autor" cuando los usuarios están pensando en lo que podría estar vinculado a mi nombre, es indicativo del tipo de información que pueden esperar si siguen el vínculo. Entre otras cosas, queda claro que el vínculo no es un vínculo "mailto" que vaya a generar un mensaje de correo electrónico.

Directrices de los títulos de vínculos

El fin del título de vínculo consiste en ayudar a los usuarios a predecir lo que va a suceder si siguen un vínculo. La información adecuada que se puede incluir en un vínculo es:

- El nombre del sitio al que va a llevarnos el vínculo (si es distinto del sitio actual).

- El nombre del subsitio al que va a llevarnos el vínculo (si nos quedamos en el sitio actual, pero nos movemos a una parte distinta de éste).

- Los detalles añadidos acerca del tipo de información que se va a encontrar en la página de destino, así como el modo en que se relaciona con el texto del ancla y con el contexto de la página actual.

Utilice títulos de vínculos sin demora

Normalmente, es mejor no utilizar tecnologías web que no puedan ver todos los usuarios. En la mayoría de los casos, el uso de lo nuevo discriminará a los usuarios que tengan navegadores antiguos.

Vincular títulos constituye una excepción a la necesidad de esperar. En primer lugar, su uso no atenta contra los usuarios provistos de navegadores que no muestren títulos de vínculos (presuponiendo que se siga la directriz de mantener el ancla del vínculo comprensible cuando no aparezca el título del vínculo). En segundo lugar, un navegador que no comprenda los títulos de vínculos simplemente los omitirá. Dado que el título no es una nueva etiqueta ni está pensado para que influencie al diseño de la página, ésta tendrá exactamente el mismo aspecto haga o no el navegador algo con los títulos de vínculos. El único inconveniente es que los títulos de vínculos añadirán aproximadamente una décima de segundo al tiempo de descarga de una página web normal si la conexión se realiza vía modem. Esto es una penalización, pero merece la pena pagarla debido a la mejor usabilidad en el desplazamiento que tendrían aquellos usuarios que vieran los títulos de vínculos.

Value-Added Web Services

Websites will realize that they do not need to do everything themselves. The Web is built on linking, and the Internet is ... well ... a network. These technologies are a perfect match for **letting other sites handle services that you don't want to do** yourself. Two examples that are already in place are outsourcing the acceptance of credit card payments and having a discussion forum hosted on another site. Currently, most large websites install their own search engines, but it would be easier to handle search through a link to an external search engine that was maintained by search experts but could still be configured to display the search [C|net article on discussion groups (and outsourcing of same)]

As another example, all corporate websites need to give visitors directions to headquarters and other company facilities. There is no need for every site to design its own maps since there are sites that specialize in mapping services. Instead, give directions through an appropriate link to a preferred mapping service. Many of these services even provide customized directions from the individual user's starting point to the desired destination. The mapping service would be paid in whatever way it otherwise got paid. Currently, this means advertising, but in the future a micropayment might ensure enhanced maps (paid by the user or by the referring site, as appropriate for the circumstances).

Unfortunately, links to many Web services currently require authors to reverse-engineer the URLs used by the destination sites. Very few sites make it easy for third parties to link to them in programmatic ways to generate desired pages. Since most websites should be interested in getting new customers referred, I encourage them to use **simple linking schemes according to a protocol** that is published on the site. Once specified, such linking schemes must not be changed since that would cause the referring site's services to fail, causing bad will for everybody.

In the future, increased use of XML will allow far more intelligent data interchange between sites and thus for more advanced value-added Web services.

www.useit.com

Windows

Value-Added Web Services

Websites will realize that they do not need to do everything themselves. The Web is built on linking, and the Internet is ... well ... a network. These technologies are a perfect match for **letting other sites handle services that you don't want to do** yourself. Two examples that are already in place are outsourcing the acceptance of credit card payments and having a discussion forum hosted on another site. Currently, most large websites install their own search engines, but it would be easier to handle search through a link to an external search engine that was maintained by search experts but could still be configured to display the search results on pages [C|net article on discussion groups (and outsourcing of same)]

As another example, all corporate websites need to give visitors directions to headquarters and other company facilities. There is no need for every site to design its own maps since there are sites that specialize in mapping services. Instead, give directions through an appropriate link to a preferred mapping service. Many of these services even provide customized directions from the individual user's starting point to the desired destination. The mapping service would be paid in whatever way it otherwise got paid. Currently, this means advertising, but in the future a micropayment might ensure enhanced maps (paid by the user or by the referring site, as appropriate for the circumstances).

Unfortunately, links to many Web services currently require authors to reverse-engineer the URLs used by the destination sites. Very few sites make it easy for third parties to link to them in programmatic ways to generate desired pages. Since most websites should be interested in getting new customers referred, I encourage them to use **simple linking schemes according to a protocol** that is published on the site. Once specified, such linking schemes must not be changed since that would cause the referring site's services to fail, causing bad will for everybody.

In the future, increased use of XML will allow far more intelligent data interchange between sites and thus for more advanced value-added Web services.

www.useit.com

Macintosh

Observe cómo el mismo título con vínculo es distinto en Windows que en Macintosh. Por regla general, no hay que presuponer que un título con vínculo va a tener un aspecto determinado o que se ajuste de una determinada forma. Sencillamente, proporcione un texto sin formato que describa el destino del vínculo.

(Página de enfrente, arriba) Terra utiliza el mismo color en todos los vínculos, los haya visitado el usuario o no. Esto dificulta que los usuarios se desplacen por el sitio, ya que no saben con qué opciones han probado y cuáles quedan por probar.

(Página de enfrente, abajo) Aunque se utilizan distintos colores para vínculos visitados y no visitados, los usuarios podrían no saber qué color se usa en cada tipo de vínculo. Por lo menos, Patagon.com utiliza derivados de los colores de vinculación predeterminados, pero hemos visto sitios que contienen vínculos amarillos y verdes. ¿Cuál es cuál?

- Los avisos sobre los problemas que puede haber al otro lado del vínculo (por ejemplo, "necesario el registro del usuario" al enlazar con *The New York Times*).

Los títulos de vínculo deben tener menos de ochenta caracteres, y raramente deberían exceder de los sesenta. Cuanto más cortos sean los títulos de vínculo, mejor.

Además, no hay que añadir títulos de vínculo en todos los vínculos. Si resulta obvio a la luz del ancla del vínculo y su contexto dónde va a llevarnos el vínculo, un título de vínculo reduciría la usabilidad al ser una cosa más que tendrían que ver los usuarios. Un título de vínculo es superfluo si lo único que hace es repetir el mismo texto que se ve en el ancla.

No presupongamos que el título con vínculo va a tener la misma apariencia para todos los usuarios. Los navegadores parlantes leerán el texto de viva voz y no lo mostrarán visualmente. Los distintos navegadores mostrarán títulos de vínculo de formas muy distintas, como se ve en la figura.

Y, por último, observe que los títulos de vínculo no suplen la necesidad de hacer que el ancla del vínculo y su texto circundante sean comprensibles sin ver el título del vínculo. Los usuarios no deben señalar a un vínculo para saber lo que significa; el título con vínculo deberá reservarse para información complementaria. Además, durante muchos años, seguirá habiendo usuarios que tengan navegadores incapaces de mostrar títulos de vínculo.

Colorear los vínculos

La mayor parte de navegadores emplean dos colores diferentes para mostrar los vínculos: los vínculos con las páginas que el usuario no ha visto antes suelen aparecer en azul, mientras que los vínculos con las páginas que el usuario ha visto antes aparecen en morado o en rojo. Es importante para la usabilidad mantener esta codificación en los colores de sus vínculos. Aunque no es necesario utilizar exactamente la misma tonalidad de azul que el predeterminado del navegador, los vínculos no visitados deberán ser azules y los vínculos visitados deberán ser rojos o morados.

Cuando se usan colores no estándar, los usuarios pierden la facultad de ver con claridad qué partes del sitio han visitado y qué partes quedan por explorar.

www.terra.com

www.patagon.com

El sentido de la estructura y ubicación que tiene el usuario en el sitio queda muy debilitado, y la usabilidad de desplazamiento se resiente como resultado de ello. Algunos usuarios pierden el tiempo seleccionando la misma opción varias veces, mientras que otros usuarios acaban prematuramente, pensando que han explorado todas las opciones cuando en realidad no lo han hecho; y algunos no son capaces de volver a una sección que han leído y que han encontrado útil, porque no se diferencia en la lista.

En un estudio de un gran número de sitios web, Jared Spool y sus colegas de User Interface Engineering encontraron una correlación de r=0,4 entre el uso de colores de vínculo estándar y el éxito de las tareas emprendidas por el usuario (una correlación de 0,4 significa que los colores de vínculo estándar explicaban cerca del 16% de la variabilidad en la capacidad del usuario de hacer cosas en los sitios y cerca del 84% restante se explicaba por todos los demás factores combinados. En otras palabras, los colores de los vínculos no son seguramente el tema más importante en la usabilidad, pero son importantes).

Expectativas de los vínculos

Utilice siempre el mismo URL para hacer referencia a una determinada página. Si un vínculo utiliza un URL y otro vínculo utiliza un URL distinto, el navegador no sabrá que ambos vínculos conducen a la misma página. Así, aunque el usuario haya seguido el primer vínculo, el segundo aparecerá como vínculo no visitado, lo que confundirá a los usuarios, ya que el color del vínculo indicará con claridad que no han visto una página que en realidad sí han visto. Los usuarios nunca aprenderán la estructura de un sitio que cometa este pecado de diseño.

La fisiología del azul

Si tuviéramos que diseñar la Web otra vez, tan sólo unos pocos diseñadores avanzados de interfaces de usuario elegirían el azul como color de los vínculos no visitados. El texto azul es algo más difícil de leer que el texto escrito en otros colores como el negro y el rojo (presuponiendo que los fondos son blancos), porque el ojo humano posee menos receptores para las longitudes de onda azules. A pesar de ese hecho fisiológico, seguimos recomendando el uso del azul como color predeterminado de los vínculos. La razón es que los usuarios se han acostumbrado al azul como color de vinculación, por lo que saben perfectamente cómo trabajar con una página cuando utiliza el azul para los vínculos no visitados. Los pocos milisegundos perdidos en la lectura de unas pocas palabras más despacio por el simple hecho de que aparezcan en azul contrarrestan con mucha diferencia el gasto cognitivo que implica recordar una serie no estándar de colores de página y el ahorro de tiempo que supone mejorar la navegación gracias a que los usuarios saben qué vínculos han visitado antes.

nybg events and calendar

July 1997 Calendar of Events

Spring 1997
Summer 1997
Autumn 1997
Winter/Holidays 1997-1998

The Enid A. Haupt Conservatory
A World of Plants
Opened May 3, 1997

Photographer: Alan Rokach

[NYBG | About | Gardens | Education | Research | Events | Plant Info | Shop]

www.nybg.org

Observe cómo el uso de los colores de vínculos estándar hace que sea trivial el hecho de que los usuarios vean fácilmente qué vínculos de esta página de los Jardines Botánicos de Nueva York han seguido ya. En este sitio, los usuarios sólo siguen la ruta del jardín cuando lo desean.

Un vínculo de hipertexto posee dos extremos: la página de salida y la página de destino. Los vínculos deben observar dos principios para aumentar su usabilidad relativa a estos dos extremos:

- La retórica de la salida. Explique claramente a los usuarios la razón por la que deben abandonar el contexto actual y qué van a obtener en el otro extremo del vínculo.

- La retórica de la llegada. Haga que la página de llegada (de bienvenida) sitúe a los usuarios en el nuevo contexto y ofrézcales valores relativos a sus puntos de origen.

Vínculos externos

Algunos diseñadores web evitan los vínculos con los sitios externos con la teoría de que hay que conservar los usuarios en el sitio propio y no ofrecerles la posibilidad de escapar. No me gusta esta visión de la vinculación, ya que contradice la naturaleza básica de la Web: los usuarios controlan sus propios destinos. No le pertenecen. Y, por otra parte, no hay forma de atrapar a un usuario, ya que siempre es posible escapar por medio de un marcador o escribiendo otro URL.

Algunos sitios proporcionan advertencias de que está a punto de dejar el sitio, como es el caso de Sitebuilder de Microsoft, pero esto no es aconsejable. Con este sitio en concreto,

---

Vínculos personales

Cuando se pone el nombre de una persona en un vínculo, recomendamos que su salida sea una página biográfica de esa persona. En interés de las descargas rápidas, la página personal debe contener una fotografía relativamente pequeña (posiblemente vinculada con fotografías más grandes o variadas de la persona). La página personal también debe describir brevemente la experiencia de la persona y tener vínculos apropiados con información más detallada. Si la persona es el autor de una columna habitual o de otro tipo de contribución al sitio, es razonable que haya un vínculo con una lista completa de las páginas escritas por esa persona en el sitio. Una lista de todos los escritos de la persona también podría estar vinculada desde la página. Por

último, la página personal deberá enumerar todos los mecanismos de contacto que la persona desea que estén disponibles públicamente. En la medida de lo posible, aquí se debe incluir una dirección de correo electrónico, con un vínculo mailto, que abra automáticamente un programa de correo con un mensaje apropiado.

Recomendamos que no coloque el nombre de una persona en un vínculo para contactar por correo electrónico con esa persona. Hacer esto violaría las expectativas de la Web, ya que un vínculo suele llevarle a la información de lo que se ha pulsado, en vez de comunicarse con alguien. Además, desentona hacer clic en un vínculo normal de hipertexto y ser transferido a una aplicación de correo electrónico.

Abrir nuevas ventanas de navegador es como el vendedor de aspiradores que empieza una visita vaciando un cenicero en la alfombra del cliente. No contamine mi pantalla con más ventanas, gracias (porque los sistemas operativos actuales poseen una administración de ventanas miserable). Si quiero una nueva ventana, ¡ya la abriré yo!

Los diseñadores abren nuevas ventanas de navegador con la teoría de que mantienen a los usuarios en el sitio. Pero, aunque no consideremos el mensaje hostil que va implícito en la apropiación de la máquina del usuario, la estrategia se acaba en sí misma, ya que desactiva el botón Atrás, que es la forma normal en que los usuarios vuelven a los sitios anteriores. Los usuarios no suelen darse cuenta de que se ha abierto una nueva ventana, especialmente cuando utilizan un monitor pequeño, donde las ventanas están maximizadas para rellenar la pantalla. Así, un usuario que trata de volver a los orígenes, quedará muy confundido con la presencia de un botón Atrás atenuado.

www.eresmas.com

tengo tres problemas. El primero es que, ya que los glifos no son estándares de Internet, puede ser que los usuarios no entiendan siempre lo que quieren decir. En segundo lugar, el aprendizaje se complica debido a la necesidad de diferenciar tres clases de vínculos en vez de dos; en concreto, pienso que muchos usuarios no entenderán la razón por la que algunos vínculos internos de Microsoft están marcados y otros no. En tercer lugar, los glifos hacen que los vínculos externos parezcan más importantes que los vínculos internos; el ojo se concentra en los glifos multicolores, lo que distrae de la lectura. Una de las cosas que sí me gusta de esta página es la buena categorización que se ha hecho de la lista de referencias de lectura adicional, con subencabezados que facilitan la búsqueda.

Mejorar el diseño del sitio sería muy fácil. Lo primero consiste en que el puntero cambie el color cuando éste esté en un vínculo saliente. Esta idea podría ampliarse al uso de distintos colores en función de si el usuario hubiera visitado previamente el sitio. También sería posible cambiar la forma del puntero dependiendo del nivel de calidad del sitio a partir de un servidor conocido (añadiendo, por ejemplo, estrellas tipo Michelín por debajo de la mano).

SiteBuilder
n e t w o r k

more or hess

Robert Hess

Made for Each Other? Making Your Site Browser Compatible

Posted June 2, 1997   To be archived July 2, 1997

I often find myself talking with people about the new features coming in the next version of Internet Explorer, or available from Windows NT Server, for serving up Web pages. After I've showed them the cool new features, and described how they might be used in a Web document, people usually get anxious to try a new feature on their own sites.

Then *the* question always comes up:

"How do I get this to work on the browsers currently available?"

I just look at them with a blank stare. If you could do this with a current browser, it wouldn't be a *new* feature, now would it? It always amazes me how, on one hand, Web developers clamor for some special, whizzy feature that they think would really improve their Web site, yet they want it to work on every browser their audience might be using.

Creating a "generic" but representative site is a pretty good exercise to check the quality of your message and information.

It can't be ignored that compatibility, however frustrating for Web designers and browser developers, is an important issue that needs to be considered carefully. It can also be a very, very difficult problem to solve. At some point in your Web design, you will have no choice but to alienate some faction of your potential audience, either by adding a feature they can't see, or by making a site so simple looking that surfers seeking "entertainment" will ignore it.

There are several ways to create a Web site that provides an appropriate level of compatibility from platform to platform, and browser to browser. Let's take a look at a few different approaches; perhaps one will be appropriate for your projects.

Start simple

Create a Web site focused on the "Lowest-Common-Denominator" approach. This means the site doesn't use any fancy HTML, or rely on embedded applets, or client-side scripting. It's just information, simply presented but well structured. Actually, creating a "generic" but representative site is a pretty good exercise to check the quality of your message and information. Far too many sites rely so heavily on special effects and fancy graphics that their creators don't realize how little real information they provide.

Once you have set up an HTML 2.0 version of your pages, then you can start adding some visual features that allow newer browsers to utilize some of their functionality. This can easily be done in a compatible manner with things such as the <FONT> element, for affecting the color and typeface of the text, and the <TABLE> element, for helping fine-tune the layout of the page. And, of course, there is always the <IMG> element, but remember that some surfers still use

Robert Hess *is an evangelist in Microsoft's Developer Relations Group. Fortunately for all of us, his opinions are his own and do not necessarily reflect the positions of Microsoft.*

more:
from the archives

Further Reading:

Simple HTML
     Authoring for
     Multiple Platforms

     How can I use inline
     images without
     alienating my users
     MS

Cascading Style Sheets
     Style Sheets: A
     Brief Overview for
     Designers

     W3C: Cascading
     Style Sheets **MS**

Client-side scripting
     W3C: Client Side
     Scripting **MS**

     Microsoft JScript
     Web site

     Microsoft VBScript
     Web site

Browser sniffing
     JavaScript example
     MS

www.msn.com

El subsitio SiteBuilder de Microsoft clasifica los vínculos en tres grupos, que reciben un tratamiento visual distinto: los vínculos de SiteBuilder se muestran tal cual, los vínculos con otras partes de Microsoft aparecen con un glifo de "vínculo externo", y los vínculos con los sitios externos aparecen con el glifo "abandonar MS".

Site**Builder**
n e t w o r k

more or hess

Robert Hess

Made for Each Other? Making Your Site Browser Compatible

Posted June 2, 1997   To be archived July 2, 1997

I often find myself talking with people about the new features coming in the next version of Internet Explorer, or available from Windows NT Server, for serving up Web pages. After I've showed them the cool new features, and described how they might be used in a Web document, people usually get anxious to try a new feature on their own sites.

Then *the* question always comes up:

Robert Hess *is an evangelist in Microsoft's Developer Relations Group. Fortunately for all of us, his opinions are his own and do not necessarily reflect the positions of Microsoft.*

"How do I get this to work on the browsers currently available?"

I just look at them with a blank stare. If you could do this with a current browser, it wouldn't be a *new* feature, now would it? It always amazes me how, on one hand, Web developers clamor for some special, whizzy feature that they think would really improve their Web site, yet they want it to work on every browser their audience might be using.

Further Reading:

Simple HTML
Authoring for
Multiple Platforms

How can I use inline
images without
alienating my users

Cascading Style Sheets
Style Sheets: A
Brief Overview for
Designers

W3C: Cascading
Style Sheets

Client-side scripting
W3C: Client Side
Scripting

Microsoft JScript
Web site

Microsoft VBScript
Web s

Browser sniff
JavaScript example

Creating a "generic" but representative site is a pretty good exercise to check the quality of your message and information.

It can't be ignored that compatibility, however frustrating for Web designers and browser developers, is an important issue that needs to be considered carefully. It can also be a very, very difficult problem to solve. At some point in your Web design, you will have no choice but to alienate some faction of your potential audience, either by adding a feature they can't see, or by making a site so simple looking that surfers seeking "entertainment" will ignore it.

There are several ways to create a Web site that provides an appropriate level of compatibility from platform to platform, and browser to browser. Let's take a look at a few different approaches; perhaps one will be appropriate for your projects.

Start simple

Create a Web site focused on the "Lowest-Common-Denominator" approach. This means the site doesn't use any fancy HTML, or rely on embedded applets, or client-side scripting. It's just information, simply presented but well structured. Actually, creating a "generic" but representative site is a pretty good exercise to check the quality of your message and information. Far too many sites rely so heavily on special effects and fancy graphics that their creators don't realize how little real information they provide.

Browser Detection (→ Newbies Net Guide)
http://www.newbies-netguide.com/web_pa~1/ndetect.html

.0 version of your pages, then you can start allow newer browsers to utilize some of their functionality. This can easily be done in a compatible manner with things such as the <FONT> element, for affecting the color and typeface of the text, and the <TABLE> element, for helping fine-tune the layout of the page. And, of course, there is always the <IMG> element, but remember that some surfers still use

Este ejemplo hipotético muestra dos formas para que un navegador informe a los usuarios de que están abandonando un sitio, con los glifos especiales de "vínculo saliente". Una forma consiste simplemente en que el puntero cambie la forma o el color cuando esté sobre un vínculo saliente, o que muestre un menú desplegable con información adicional sobre el vínculo.

Una segunda opción sería la de mostrar un desplegable con información adicional sobre el vínculo. En la imagen de ejemplo que sigue, se muestra el título de la página de destino (recuperada de un servidor *proxy*), así como el nombre del sitio remoto (posiblemente recuperado de una definición de sitio o del título de la página de inicio). La flecha que señala al nombre del sitio puede cambiar el color dependiendo de si el usuario ha visitado antes alguna de las páginas del sitio. Tal y como muestran estos dos ejemplos, los navegadores todavía tienen un largo camino por recorrer con respecto al comportamiento de navegación de los usuarios. ¡Qué pena que las principales marcas dediquen sus esfuerzos a lanzar inútiles opciones multimedia!

La razón más importante para la inclusión de vínculos salientes en un sitio es que conforman una parte muy barata de valor añadido del contenido. En un momento dado, es deber del diseñador web proporcionar a los usuarios los mejores vínculos con los destinos más valiosos y de más utilidad para los usuarios. Cualquier valor que el usuario derive del sitio externo se repercutirá positivamente en su sitio, ya que ha sido usted quien le ha guiado a ese sitio. Si los usuarios sienten que consiguen buenos resultados al visitar su sitio, volverán más veces. Los vínculos se volverán contenido y se convertirán en el motivo de que los usuarios aprecien su sitio y que lo utilicen.

Al seleccionar minuciosamente buenos sitios externos con los que establecer vínculos, se equilibra el trabajo hecho por millones de creadores de contenido. Evidentemente, en principio, los usuarios podrían buscar estos destinos externos por sí solos e ir a ellos sin detenerse en su sitio. Sin embargo, en la práctica es muy difícil controlar información útil en Internet para que los usuarios le aprecien por los vínculos que ha colocado en su sitio.

Los vínculos externos deben seleccionarse con cautela. Es mejor enlazar con un número reducido de páginas externas muy importantes que enlazar con todos los sitios alternativos que pueda haber en la Web. Como ocurre con la mayoría de los aspectos del diseño, más es menos: cuantos más sitios se enumeren, menos usuarios podrán concentrar su atención en los que merezcan la pena. Los usuarios suelen tener tiempo para explorar únicamente el 10% de los vínculos con los que se encuentran. Algunos usuarios prefieren tener la opción de visitar un gran núcleo de información relacionada y, para servir a esos usuarios, es una buena idea incluir un vínculo con un buen supersitio relacionado con su tema. Un **supersitio**

(Página de enfrente) Las anotaciones breves, como las que proporciona IBM, pueden realzar mucho una serie de vínculos externos. En vez de decir, "he aquí una serie de cosas que puede consultar", la lista de anotaciones permite a los usuarios que estimen cuáles son los distintos vínculos que merece la pena seguir.

Usabilidad. Diseño de sitios Web

Impresoras láser de **IBM**

Buscar

Todo IBM ⌄ →

Recursos para:
→ Sistemas personales
→ PYMES
→ NetGen
→ Euro

Otros recursos:
→ Desarrolladores
→ Business Partners
→ Empleo
→ Inversores

→ **IBM en el mundo**

Inicio | Productos | Consultoría | Sectores | Noticias | IBM en España

Este verano,
descanse tranquilo.

Descubra por qué →

Lunes, 3 de julio
→ IBM construye el superordenador más rápido del mundo

→ Acuerdo entre la Universidad Autónoma de Madrid e IBM

→ El Microdrive de IBM alcanza 1 Gb de capacidad

e-business

Solutions
Más eventos →

Sydney 2000

Promoción
Pantallas planas
Más promociones →

¿Dónde trabajar?

www.ibm.com

Resources

- Download this article and the complete source code as a gzipped tar file
  /javaworld/jw-08-1997/images/step/jw-08-step.tar.gz
- Download this article and the complete source code as a zip file
  /javaworld/jw-08-1997/images/step/jw-08-step.zip
- Download the latest BDK from JavaSoft's JavaBeans Web site
  http://splash.javasoft.com/beans/
- The JavaBeans specification
  http://splash.javasoft.com/beans/spec.html
- The "Glasgow" JavaBeans specification
  http://splash.javasoft.com/beans/glasgow.html
- Late-breaking advice for the JavaBeans developer from the *JavaBeans Advisor*
  http://splash.javasoft.com/beans/Advisor.html
- Online training from the Java Developer Connection
  http://developer.javasoft.com/developer/onlineTraining/
- Read *Intermediate & Advanced Java Programming Material* by Richard G. Baldwin
  http://www.phrantic.com/scoop/Java000.htm

Previous Step by Step articles

- "Chart your way to custom graph components" -- Learn to build a graph framework and custom graph components.
- "Scale an application from two to three tiers with JDBC" -- Learn how we can use JDBC to convert our Forum server application into a middleware layer.
- "Moving to JDK 1.1: Using the delegation event model to create custom AWT components" -- Learn how a move to JDK 1.1 affects the way you create custom components.
- "Creating custom components" -- Learn how easy it is to create specialized components, reuse them, and keep your application-level code cleaner with internal event handling.
- "Write your own threaded discussion forum: Part 2" -- Learn how to implement a simple communications protocol to get a forum discussion group up and running.
- "Write your own threaded discussion forum: Part 1" -- Use a forum to make your Web site more interactive, provide customer support, and more.
- "Stepping through a site navigator applet" -- Enhance your Web site with a convenient, hierarchical interface.
- "Stepping through an image map applet" -- Spice up any Web site with this reusable Java code.

If you have problems with this magazine, contact webmaster@javaworld.com
URL: http://www.javaworld.com/javaworld/jw-08-1997/jw-08-step.html
Last modified: Monday, July 14, 1997

www.javaworld.com

Al final de la mayoría de artículos, JavaWorld tiene una sección sobre recursos recomendados que son de importancia para aquellos lectores que se hayan interesado por el artículo. Dado que sólo los lectores interesados en el tema de un artículo son los que acaban leyéndolo, este emplazamiento es ideal para las referencias cruzadas con fuentes externas. Los usuarios suelen pensar que estas referencias cruzadas son muy valiosas y las usan como forma de obtener información adicional. Desafortunadamente, el diseño de la página guía los ojos del usuario a los URL, ya que éstos han sido convertidos en vínculos de hipertexto, con el color y subrayado correspondientes. Es muy difícil buscar la lista de recursos para que un usuario pueda elegir el que más le interese.

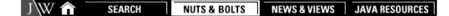
Resources

- Download this article and the complete source code as a **gzipped tar** file
  /javaworld/jw-08-1997/images/step/jw-08-step.tar.gz
- Download this article and the complete source code as a **zip** file
  /javaworld/jw-08-1997/images/step/jw-08-step.zip
- Download the latest BDK from JavaSoft's JavaBeans Web site
  http://splash.javasoft.com/beans/
- The JavaBeans specification
  http://splash.javasoft.com/beans/spec.html
- The "Glasgow" JavaBeans specification
  http://splash.javasoft.com/beans/glasgow.html
- Late-breaking advice for the JavaBeans developer from the *JavaBeans Advisor*
  http://splash.javasoft.com/beans/Advisor.html
- Online training from the Java Developer Connection
  http://developer.javasoft.com/developer/onlineTraining/
- Read *Intermediate & Advanced Java Programming* *Material* by Richard G. Baldwin
  http://www.phrantic.com/scoop/Java000.htm

Previous Step by Step articles

- "Chart your way to custom graph components" -- Learn to build a graph framework and custom graph components.
- " Scale an application from two to three tiers with JDBC" -- Learn how we can use JDBC to convert our Forum server application into a middleware layer.
- "Moving to JDK 1.1: Using the delegation event model to create custom AWT components" -- Learn how a move to JDK 1.1 affects the way you create custom components.
- "Creating custom components" -- Learn how easy it is to create specialized components, reuse them, and keep your application-level code cleaner with internal event handling.
- "Write your own threaded discussion forum: Part 2" -- Learn how to implement a simple communications protocol to get a forum discussion group up and running.
- "Write your own threaded discussion forum: Part 1" -- Use a forum to make your Web site more interactive, provide customer support, and more.
- "Stepping through a site navigator applet" -- Enhance your Web site with a convenient, hierarchical interface.
- "Stepping through an image map applet" -- Spice up any Web site with this reusable Java code.

If you have problems with this magazine, contact webmaster@javaworld.com
URL: http://www.javaworld.com/javaworld/jw-08-1997/jw-08-step.html
Last modified: Monday, July 14, 1997

www.javaworld.com

Aquí hemos hecho un trabajo de rediseño en la lista de recursos de JavaWorld. Dado que los URL constituyen la parte menos importante de la lista, se presentan en tipos de letra más pequeños y con colores menos prominentes. Dado que el vínculo le conduce automáticamente al URL, no siempre es necesario incluir la dirección en formato de texto. Una buena razón para incluir el URL es si éste añade credibilidad al vínculo. Por ejemplo, si está enlazando con un sitio sobre reparación de automóviles, ford.com podría ser un vínculo con más autoridad que, digamos, fredshappysite.com. Al mover los vínculos de hipertexto a las descripciones de lenguaje natural de los vínculos, los ojos del usuario se dirigen a la información que indica mejor qué vínculos hay que seguir. La búsqueda se mejora aún más no resaltando toda la línea, sino resaltando únicamente las palabras más prominentes que describen el destino. Como detalle final, la única diferencia que hay entre los dos primeros vínculos es si el código fuente está en formato .tar o .zip, por lo que se ha puesto el acento en la explicación del formato, con el fin de ayudar a los usuarios a entender rápidamente el motivo de que haya dos vínculos.

es un sitio que trata de indexar, clasificar y hacer comentarios de muchos otros sitios de un sector determinado.

Vínculos internos (o entrantes)

Los vínculos internos (o entrantes) pueden constituir uno de los medios principales de generar tráfico en su propio sitio. Cuando los demás crean un vínculo con su sitio, le proporcionan publicidad gratuita y aprueban su sitio (recuerde que el autor de la página externa probablemente haya seguido mi consejo en el sentido de ser extremadamente selectivo a la hora de proporcionar vínculos externos). En consecuencia, deberá agradecer la existencia de vínculos entrantes y hacer lo posible por admitirlos. Algunos sitios poseen programas afiliados que pagan por este tipo de vínculos.

La manera más fácil de permitir los vínculos entrantes consiste en que haya URL permanentes con cada una de sus páginas. Siempre que los usuarios vean un URL de una de sus páginas, podrán copiarlo como vínculo de hipertexto en sus propias páginas, en la creencia de que el vínculo funciona indefinidamente. Si tiene páginas que "desaparecerán" en una determinada fecha, dígalo; los usuarios que lleguen a su sitio no se verán decepcionados.

A veces, una página puede tener un URL temporal, así como uno permanente. Por ejemplo, la versión "actual" de una columna puede ser un URL virtual que termina yendo a la página específica, que se convierte entonces en la columna actual. Si esto es así, ambos URL deberán ponerse a disposición de los vínculos entrantes, ya que algunos autores puede que quieran crear un vínculo con el concepto de la columna actual, mientras que otros puede que quieran crearlos con columnas específicas sobre temas específicos. Véase también la sección sobre el diseño URL, en el Capítulo 4, "Diseño del sitio".

La mejor forma de alentar los vínculos entrantes consiste en disponer de un contenido tan bueno que los demás quieran crear un vínculo con él. Además, la vinculación se facilita cuando las páginas se centran en temas específicos hasta el punto de que otros autores quieran usarlas como referencia de información específica que quieren que sus lectores conozcan. Un creador es menos proclive a seleccionar una página como destino de un vínculo si mezcla demasiados temas; al fin y al cabo, la página violaría la retórica de la llegada de los lectores de ese autor, que no entenderían por qué han señalado a la página.

(Página de enfrente) En la parte inferior de cada página, Encarta Online incluye una opción para que el usuario pueda generar un vínculo válido con esa página. Esta opción es necesaria, ya que el URL utilizado para llegar a la página puede haberlo generado un servidor de búsquedas y no funcionar en el futuro. Obviamente, sería preferible utilizar URL sencillos que seguirían funcionando sin este paso adicional, pero dado que los usuarios utilizan vínculos con URL temporales en distintas partes del servicio, es una opción muy buena permitir que los usuarios descubran con facilidad un URL permanente. Los servicios que contengan información estructural deben animar a todos los usuarios que puedan a que se vinculen con ellos. La acción de generar un vínculo con la página lleva este código:

```
<A  HREF=http://encarta.msn.com
/concise/default.asp?vs=x97&la=n
a&ty=1&vo=1B&ti=0330d000>
```

Presuponemos que la parte "vs=x97" del URL implica crear un vínculo con la edición de 1997. Si esto es así, probablemente sea un error incluir este parámetro en el vínculo. Normalmente, es mejor crear un vínculo con la versión más reciente del artículo en vez de quedarse siempre con la edición de 1997.

Usabilidad. Diseño de sitios Web

| About Encarta | Find Article | Encarta Help | Microsoft **Encarta Concise Encyclopedia** |

Geography: Countries

Tonga

Tonga, country in the southern Pacific Ocean, southeast of Fiji and northeast of New Zealand. Tonga is the only remaining Polynesian monarchy. Its total land area is about 750 sq km (about 290 sq mi). Nuku'alofa is the capital and largest town.

Land and People

Tonga consists of more than 150 islands. The eastern islands are coral formations, while well-vegetated islands of volcanic origin lie in the west. The climate is tropical with high humidity.

The population is 105,600 (1995 estimate), with about two-thirds living on Tongatapu, the largest island. More than 99 percent of the people are Polynesians. Almost everyone is Christian; most are Methodists. Tonga's literacy rate, nearly 100 percent, is among the highest in the Pacific.

Economy and Government

Agriculture and fishing are the chief economic activities in Tonga, and about half the population works at the subsistence level. Because of a shortage of land, many Tongans seek employment overseas. Trade deficits are offset by tourism, money sent by Tongans working abroad, and foreign aid. The national currency is the *pa'anga* (1.27 pa'anga equal U.S.$1; 1995).

Tonga is a constitutional monarchy. King Taufa'ahou Tupou IV is the head of state, and the prime minister serves as head of government. The parliament consists of an 11-member cabinet, nine representatives elected by Tonga's 33 nobles, and nine representatives elected by the people. Elections are held every three years.

History

Tonga's first inhabitants probably arrived from Fiji about 3500 years ago. In 1616 Dutch explorers visited, and British explorer Captain James Cook made three visits between 1773 and 1777. Methodist missionaries arrived in the 1820s and converted the islanders to Christianity. George Tupou I founded the monarchy in 1875. In 1900 Tonga became a British Protected State, and in 1970 it achieved independence. The Pro-Democracy Movement, organized in 1992, faced strong opposition from the monarchy and the government.

Click here to generate a link to this page

How to Contact Us

Other Microsoft Products

best experienced with

Click here to start

encarta.msn.com

Crear vínculos con suscripciones y registros

También puede despedirse de los vínculos entrantes como fuente de nuevos usuarios si obliga a que haya suscripciones o registros de los usuarios. No hay forma de que los autores creen un vínculo con una página si lo usuarios van a tener que pagar una suscripción antes de poder leer la página. El registro del usuario es un impedimento para la navegación del usuario al reducir los vínculos entrantes; un usuario que siga solamente un vínculo y que se le lleve a una pantalla de registro no va a estar muy contento.

Si su sitio exige pagos de suscripción o registro del usuario, es aconsejable que haga que ciertas páginas de URL especiales tengan vínculos gratuitos (es decir, los usuarios que lleguen a esos URL pueden entrar sin ser molestados por una pantalla de inicio de sesión). Si hace que sus páginas gratuitas sean representativas de su servicio y del interés de autores remotos, probablemente pueda atraer a muchos usuarios, algunos de los cuales se pueden llegar a convertir en clientes permanentes. Sin embargo, hay que comunicar la condición de "vínculo gratuito" de las páginas seleccionadas y establecer un mecanismo sencillo para que los autores descubran el URL que pueden usar en sus vínculos.

Aunque las suscripciones y el registro del usuario constituyen serios impedimentos a los vínculos entrantes, en los micropagos esto no es así. Cuando los micropagos se generalicen en los próximos años, se cobrará unos cuantos centavos de dólar a los usuarios en ciertas páginas, a través de un mecanismo que es tan transparente como la factura de teléfono; sencillamente, tiene lugar, y el cobro aparece en la declaración mensual sin intervención alguna o autorización especial del usuario. Los autores tienen que considerar el precio de una página antes de establecer un vínculo con ella, y es más probable que un autor cree un vínculo con una página gratuita que con una página de microcobro, en el caso en que ambas páginas tengan idéntico valor. Pero un cobro de unos cuantos centavos de dólar no debe hacer que nadie se abstenga de crear un vínculo con una buena página. Si el vínculo no vale esos pocos centavos, nunca deberá incluirse.

También puede despedirse de los vínculos entrantes como fuente de nuevos usuarios si obliga a que haya suscripciones o registros de los usuarios.

Vínculos publicitarios

La publicidad es un caso especial de vínculos entrantes, ya que uno mismo controla los vínculos. Es muy aconsejable crear vínculos directos con páginas que sigan el mensaje del anuncio en vez de crear vínculos directos con su página de inicio.

Los estudios de publicidad web han descubierto que entre el 20 y el 30% de los usuarios web que hacen clic en un *banner* y comprueban que están conectados con una página de inicio corporativa hacen clic en el botón Atrás casi inmediatamente. La única sorpresa es que el porcentaje no sea mayor. Al fin y al cabo, si manda a los usuarios a su página de inicio, estará dejándola a su suerte para que encuentre la información relacionada con el motivo por el que hicieron clic en el anuncio. Si consideramos lo difícil que es navegar por la mayoría de sitios web, esta idea no es nada buena.

Algunos creadores web vinculan sus *banners* publicitarios con sus páginas de inicio, ya que quieren tentar a potenciales clientes a que naveguen por sus sitios. Bueno, esto puede desearse todo lo que se quiera, pero los usuarios no están lo suficientemente motivados como para luchar con su sitio. Su sitio no es el centro del universo para el usuario. Los usuarios web desean la información ahora y no cinco clics después. Si la página de destino proporciona una información interesante relacionada con el anuncio que atraiga al usuario, éste podría recompensar su sitio con una visita amplia.

En lo que respecta al propio *banner* publicitario, debe ser diseñado como vínculo de hipertexto. Es decir, tiene que dar a los usuarios expectativas sobre el contenido que verán al otro lado y responder a la pregunta de por qué deben molestarse en recorrer el vínculo. Hay demasiados anuncios que gritan "¡Míreme!" con animaciones molestas y que no proporcionan ninguna motivación para seguir el vínculo más allá de un imperativo "Haga clic aquí".

Infoseek Home

infoseek®

Yellow Pages Search

UPS
■ UPS** Services

You searched for **DVD manufacturing**

Sites 1 - 10 of 339,429

WHY BUY DVD? 10 reasons here.

Click Here for 10 Reasons Why You Should Buy DVD!

• news center

Desktop PCs From
Gateway 2000 Are
Latest to Select Mpact
DVD

• smart info
People & Business
Stocks/Companies
Street Maps
Shareware/Chat
Desk Reference
Infoseek Investor

company capsules:

Simpson
Manufacturing Co.,
Inc.

Lindsay
Manufacturing Co.

Hunt Manufacturing
Co.

KIT Manufacturing
Company

Related Topics
CD-ROM
CD-ROM vendors

[   ] (seek) Tips
◉ Search **only** these results   ○ Search **the whole Web**

Sites 1 - 10 of 339,429   Hide Summaries   next 10

The Technology Of DVD
New DVD Analysis Equipment - One Manufacturer's View As the
specification for DVD unfolds, so do new developments, considerations and
requirements for test equipment. By Mark ...
100% http://www.kipinet.com/tdb/tdb_jul96/feat_dvdinspect.html (Size 5.6K)

**Nimbus Begins DVD Production; Company is First Independent CD
Manufacturer**
to Offer DVD Manufacturing Nimbus Begins DVD Production; Company is
First Independent CD Manufacturer to Offer DVD Manufacturing Source:
PR Newswire CHARLOTTESVILLE, Va., Sept. 13 ...
100% http://www.digitaltheater.com/news/archive/sep145.html (Size 4.5K)

ALOM Technologies
ALOM Technologies offer disk/CD-ROM/DVD replication, assembly, logistics
management, warehousing and fulfillment
100% http://www.alom.com/ (Size 2.8K)

www.infoseek.com

Es una buena idea que Infoseek muestre un anuncio de DVD siempre que el usuario busque Infoseek para "productos DVD". Los
usuarios que busquen palabras clave relacionadas con el tema de
un anuncio a menudo estarán motivados para seguir el vínculo.
Este anuncio motiva mucho, ya que promete un resultado específico (mucho mejor que una etiqueta general "haga clic aquí para
visitarnos").

www.convergencepoint.com

Desafortunadamente, el vínculo de destino es una página de inicio genérica de Convergence Point que no enumera "diez razones para comprar un DVD" como se promete en el anuncio. Los usuarios de Internet son muy capciosos, y cuando se incumple una promesa, presuponen que el sitio no merece la pena y dejan de investigar. El botón Atrás nos obliga…

www.economist.com

(Página contingua) Compare estos dos *banners* de Citibank, que se ejecutan en el sitio de *The Economist*. ¿Cuál puede tener la facultad de distraerle de la lectura de artículos interesantes sobre la economía mundial? El anuncio general "visítenos" sólo ayuda a los usuarios que no sepan que Citibank ha asegurado www.citibank.com como dominio para su sitio. El anuncio con los cinco botones coloreados proporciona una idea mejor de algunos de los servicios que va a encontrar el usuario. Además, el usuario puede ir a la página de inicio general haciendo clic en el logotipo Citibank o ir directamente a una página relacionada con un servicio específico haciendo clic en un botón.

Hojas de estilos

Las hojas de estilos en cascada (CSS) constituyen una de las grandes esperanzas para recuperar el ideal que tiene la Web de separar la presentación del contenido. La Web es el último sistema de plataforma cruzada, y el contenido puede presentarse en tal variedad de dispositivos que las páginas deben especificar el significado de la información y dejar los detalles de la presentación a una cascada de hojas de estilos específicas del sitio y a las preferencias del usuario. Si la introducción de la WebTV rompió sus páginas, apreciará la capacidad de introducir nuevos diseños de página creando una sola hoja de estilos en vez de modificar miles de páginas de contenido.

Utilice una sola hoja de estilos para todas las páginas de su sitio (o posiblemente unas pocas coordinadas si posee páginas con necesidades muy distintas: documentación técnica frente a páginas de marketing, por ejemplo). Una de las principales ventajas de las hojas de estilos es la de asegurar la continuidad visual a medida que el usuario navega por el sitio. Las publicaciones saben desde hace mucho tiempo el valor de fundamentar productos de impresión en un solo tipo de letra: independientemente de que se abra una revista o un periódico, el texto y el diseño básico tendrán el mismo aspecto. Los sitios web tendrán la misma cohesión cuando todas las páginas del mismo se vinculen con la misma hoja de estilos.

Existen dos formas de implementar las hojas de estilos:

- Una hoja de estilos incrustada se incluye como parte de la página web en forma de líneas de código adicionales.
- Una hoja de estilos vinculada se mantiene en un archivo separado, y cada página web que desee usar ese estilo posee un vínculo de hipertexto en su encabezado que señala a la hoja de estilos.

Utilice siempre hojas de estilos vinculadas, en vez de incrustadas. La simple referencia a un archivo externo le proporcionará la ventaja de poder actualizar la apariencia de todo el sitio con un simple cambio. Además, al no incluir las definiciones de estilo en las páginas, éstas se hacen más pequeñas y rápidas de descargar. Si utiliza una sola hoja de estilos para todo el sitio, ese archivo se descargará una sola vez.

Estandarizar el diseño a través de las hojas de estilos

En cada sitio, las hojas de estilos deben ser diseñadas por un grupo de diseño específico y centralizado. Hay dos razones para ello: la primera es que el diseño centralizado es la única forma de asegurar un estilo coherente y de aprovecharse así de una de las ventajas de las hojas de estilos. En segundo lugar, la mayoría de los creadores de contenido web no serían capaces de diseñar o escribir buenas hojas de estilos.

La experiencia con los procesadores de textos que soportan hojas de estilos indica que la mayoría de los autores destrozan sus hojas de estilos. Comprender el efecto del estilo es relativamente fácil en el diseño asistido por computadora, ya que se trata de un entorno WYSIWYG provisto de un solo formulario canónico de salida. Pero la Web no es WYSIWYG, debido a la variabilidad de plataformas que se soportan. Además, las hojas de estilos web son en cascada, lo cual significa que la hoja de estilos del sitio viene combinada con la hoja de estilos del usuario con el fin de crear la presentación final. Estas diferencias dan importancia al hecho de que las hojas de estilos web sean diseñadas por especialistas que comprendan las muchas razones por las que el resultado final puede ser distinto del que ven en sus pantallas.

WYSIWYG

Antes del advenimiento de las interfaces de usuario gráficas, era habitual que el procesamiento de textos se hiciera mezclando códigos de formato crípticos con el texto. Por ejemplo, el texto en negrita podría venir indicado por un código .bf. Un usuario que editase el archivo no vería la palabra en negrita, pero vería la palabra precedida por .bf y seguida por .nbf. El usuario no vería el formato hasta que se imprimiera. Esta interfaz de usuario condujo a muchas impresiones fallidas, porque los usuarios descubrían tarde que habían utilizado códigos con formatos erróneos.

Las interfaces gráficas de usuario introdujeron la edición WYSIWYG, donde "Lo que se ve es lo que hay". En otras palabras, el documento aparecía de la misma forma en pantalla que impreso, por lo que los usuarios no necesitaban imprimir el documento, sólo depurar el formato. Una gran ventaja en la usabilidad.

En la Web, tenemos que abandonar WYSIWYG, ya que las páginas presentan una apariencia ostensiblemente diferente en los distintos dispositivos: un gran monitor posee cien veces más *pixels* que un dispositivo de mano, mientras que una línea rápida T3 transporta datos mil veces más rápido que un modem. Parecer distinto es una función y no un fallo, porque una experiencia de usuario óptima requiere realizar ajustes en las características de cada dispositivo. Cuanto más especializado o inferior sea el dispositivo, más severas serán las exigencias del contenido web de transformarse en algo adaptado a la plataforma. La única forma de hacer que esto ocurra es que los diseñadores abandonen el control total y permitan que la presentación de sus páginas se determine por especificaciones de página y por parámetros de preferencia y otras características del dispositivo cliente: las hojas de estilos en cascada.

En una intranet, a menudo es posible evitar la complejidad añadida de alimentar una serie de navegadores y plataformas. Si se ha estandarizado en un solo navegador y en una sola plataforma, su manual de hoja de estilos sólo necesitará incluir las pantallas de las páginas mostradas en la configuración recomendada. Aun así, hay que seguir incluyendo las pantallas de las páginas ofrecidas en distintos tamaños de ventana (a menos que su organización haya estandarizado el uso de monitores pequeños, comprobará que los usuarios ajustan el tamaño de sus navegadores de modos distintos).

Sin embargo, las intranets pueden tener una serie de hojas de estilos centralizadas, debido a las distintas necesidades de los distintos tipos de información de los distintos departamentos. Su manual de hoja de estilos debe enumerar con claridad todas las hojas de estilos disponibles y explicar cuándo usar un estilo (ricamente ilustrado con los ejemplos de contenido habitual).

Para introducir con éxito las hojas de estilos en su organización, deberá fundar un programa activo de evangelización que enseñe a los creadores de contenido a usar la hoja de estilos definida como central. No presuponga que la gente entiende el concepto de estilo y cómo aplicarlo sólo porque conocen un programa de procesamiento de textos que incorpora hojas de estilos. La investigación muestra que la mayoría de usuarios cometen errores irreparables al usar hojas de estilos con procesadores de textos, en parte porque los principales procesadores de textos tienen una usabilidad de hojas de estilos particularmente mala y en parte porque el estilo es difícil. La hoja de estilos debe incorporar un pequeño manual que explique los distintos estilos, así como cuándo usarlos. Necesitará muchos ejemplos, incluyendo el código HTML (los ejemplos de cortar y pegar constituyen la forma principal de usar la documentación) y pantallas de la apariencia de las páginas correctamente codificadas en varios navegadores y en varias plataformas. Las pantallas deben convertirse en mapas de imágenes donde se pueda hacer clic, permitiendo a los usuarios hacer clic en un efecto que deseen conseguir y llegar a la documentación de los estilos requeridos. En concreto, si múltiples estilos tienen apariencias similares, se podrían evitar muchos errores explicando las diferencias y cuándo usar ese estilo.

A pesar de la preferencia que tengo por las hojas de estilos vinculadas y el diseño centralizado, los autores de páginas deben poder crear estilos integrados adicionales en sus propias páginas. Los autores sólo deben hacerlo cuando sea absolutamente necesario, pero siempre habrá casos donde un determinado estilo no venga en la hoja de estilos central. Si muchas páginas necesitan el mismo efecto, deberá añadirse a la hoja de estilos global del sitio, pero sería perjudicial inflar la hoja de estilos vinculada con los estilos que sólo se necesitan una vez. Los estilos de página únicos deben estar incrustados en vez de vinculados; la página deberá seguir vinculándose en la hoja de estilos global y omitir los estilos locales e incrustados. La ventaja de esto es permitir cambios futuros en la hoja de estilos central, con el fin de propagarse lo más posible a la página modificada.

Asegurarse de que las hojas de estilos funcionan

Las páginas deben seguir funcionando cuando el usuario final o su navegador desactive las hojas de estilos. Por ejemplo, no emplee trucos donde se repitan múltiples veces las mismas palabras con pequeños desplazamientos para crear efectos de sombreado: sin el estilo esperado, el texto se vuelve inútil. Retener una presentación decente sin la hoja de estilos es obligatorio si se quieren soportar usuarios con navegadores antiguos, usuarios con discapacidades visuales y usuarios que necesiten desactivar la opción de estilos en sus navegadores (debido a un fallo o por causa de los conflictos de estilo). Por suerte, es fácil comprobar la observancia de esta regla: desactive las hojas de estilos en su navegador y vuelva a cargar la página.

Además, existen otras directrices a retener cuando se trabaja con las hojas de estilos:

- No utilice más de dos fuentes (y quizá una tercera para el texto especial como el código de computadora). Recuerde la lección de los primeros días del diseño asistido por computadora: el uso de muchas fuentes por el hecho de que se puedan utilizar termina por parecer un aviso de secuestro. Normalmente, es posible usar un tipo de fuente para el texto del cuerpo y otro tipo más en negrita para los encabezados. Observe que es recomendable usar una lista extensa de fuentes alternativas en la especificación de la hoja de estilos de una determinada clase de texto. El navegador del usuario seleccionará la primera fuente disponible de la lista y la usará en sus páginas, lo cual significa que el usuario verá una sola fuente, haciendo que el sitio tenga un aspecto tipográficamente unificado. Es importante que las listas de nombres de fuentes tengan éstas enumeradas en el mismo orden, ya que el navegador selecciona la primera que encuentra disponible.

- No utilice tamaños de fuente absolutos. En vez de ello, especifique todo el texto en relación al tamaño de fuente básico definido por el parámetro de preferencia del usuario. Por ejemplo, el texto extenso podría definirse como 200%, lo que significa que se configuraría como 24 puntos si el usuario prefiriera 12 puntos para el cuerpo del texto, y 20 puntos si el usuario prefiriera 10 puntos para el cuerpo del texto. El hecho de que la gente prefiera fuentes grandes o pequeñas depende de una serie de factores, incluyendo el tamaño y la resolución de sus monitores, su capacidad visual y si están mirando a la página ellos mismos

Aunque el botón del logotipo CSS del Web Consortium es atractivo, lo más aconsejable es que no lo coloque por todas partes en su sitio. En concreto, no lo coloque en la página de inicio. A los usuarios no les importa cómo implementa su sitio (excepto si siguen un vínculo "acerca de este sitio", en cuyo caso sería genial colocar un botón CSS en la página "Acerca de"). Una regla para el diseño de páginas de inicio es "más es menos": cuantos más botones y opciones se pongan en la página de inicio, menos usuarios serán capaces de localizar rápidamente la información que necesitan (debido a esta regla, estoy obnubilado por las numerosas páginas de inicio que presentan botones de descarga para las distintas marcas de navegadores. El motivo por el que se podría reducir la usabilidad de un sitio para dar a otra empresa publicidad gratuita queda fuera de mi entendimiento).

o mostrándola a otros. Es muy molesto visitar un sitio web donde el texto es demasiado pequeño como para leerlo cómodamente, pero **extremadamente** molesto hacer clic en el botón "agrandar el texto" y que no ocurra nada porque los tamaños de fuente se definieron como un número de puntos absoluto.

- Las CSS permiten que las hojas de estilos especifiquen que ciertos parámetros deben omitir a los de los demás niveles de la cascada. Esto se hace añadiendo un atributo **¡important** a la especificación. No utilice esta opción. Es difícil imaginar casos en que podría justificarse si ignorara las preferencias del usuario si éste se sintiera lo suficientemente fuerte como para usar su propia clasificación **¡important**, por lo que **¡important** se debe reservar a las hojas de estilos del usuario y nunca a las hojas de estilos del sitio web.

- Si tiene múltiples hojas de estilos, asegúrese de usar los mismos nombres CLASS para el mismo concepto en todas las hojas de estilos. Los creadores de contenido que usen dos o más hojas de estilos se equivocarán si usan distintas clases para lo mismo o si una hoja de estilos posee una clase que falta en otra hoja de estilos, aunque el concepto se aplicara en ambos casos. Si, por ejemplo, hubiera una clase (CLASS) para el nombre del autor de un documento, todas sus hojas de estilos deberían tener esta clase, aunque se mostrara de forma distinta.

Marcos

La recomendación con respecto a los marcos es:

Marcos: diga no.

Los que verdaderamente saben lo que están haciendo a veces pueden usar marcos para conseguir un buen efecto, aunque los diseñadores más experimentados deben usar los marcos de la forma más diseminada posible.

Parte de la genialidad del diseño original de la Web realizado por Tim Berners-Lee fue la unificación total de varios conceptos en una sola idea, la página:

- La visión de la información que el usuario tiene en la pantalla.

- La unidad de navegación, o lo que se consigue cuando se hace clic en un vínculo o cuando se activa una acción de navegación, como un marcador.

<NOFRAMES>

Si insiste en usar marcos a pesar de que no es recomendable hacerlo, por lo menos habilite una versión sin marcos para los numerosos usuarios que prefieran evitar los marcos. En concreto, se puede habilitar un contenido alternativo en una sección <NOFRAMES> que aparecerá· a los usuarios que tengan los marcos desactivados o que usen un navegador que no soporta los marcos.

Desafortunadamente, la mayoría de diseñadores no diseñan dos versiones de sus páginas, y reservan <NOFRAMES> para un vínculo "útil" con el sitio de descarga para las versiones de navegador que soporten marcos. Los lectores más sarcásticos observarán que he puesto la palabra "útil" entre comillas. Los usuarios no se sienten motivados para descargar un navegador de 10 MB sólo para ver sus páginas, por lo que un vínculo de descarga es inútil.

- Una dirección de texto utilizada para recuperar información de la red (el URL).

- El almacenamiento de información en el servidor y la unidad de edición del autor, excepto al usar objetos incrustados, como archivos de imagen, que requieren que el autor manipule múltiples archivos en una página.

De hecho, estos cuatro conceptos han sido unificados de tal forma que no se podría pensar que están separados (esto prueba que el diseño original de la Web funciona como debe funcionar). Fundamentalmente, la Web se basa en que la página sea la unidad atómica de información, y la noción de página penetra en todos los aspectos de la Web. La simplicidad de la Web original contribuyó a su facilidad de uso.

Los marcos rompen el modelo unificado de la Web e introducen una nueva forma de ver los datos que no se hayan integrado bien en todos los demás aspectos de la Web. Con los marcos, la visión de la información que tiene el usuario en la pantalla viene determinada por una secuencia de acciones de desplazamiento, en vez de por una sola acción.

El desplazamiento no funciona con los marcos, ya que la unidad de desplazamiento es distinta de la unidad de visión. Si los usuarios crean un marcador en su navegador, puede que no consigan la misma visión cuando sigan el marcador posteriormente, ya que éste no incluye una representación del estado de los marcos de la página.

Aún peor, los URL dejan de funcionar. La información sobre direcciones que aparece en la parte superior del navegador ya no constituye una especificación completa de la información que aparece en la ventana. Si un autor copia el URL con el fin de incluirlo como ancla de hipertexto en una de sus páginas, esa ancla no llevará a los usuarios a la vista deseada, sino al estado inicial del *frameset*. De modo análogo, si un usuario decide enviar un mensaje de correo electrónico a un amigo con la recomendación de que compruebe una página, copiar el URL desde el navegador no funcionará si se usan marcos, ya que el URL apuntará al *frameset* y no a la vista actual (con la información interesante del amigo). Dado que el filtro social es uno de los mecanismos más potentes del descubrimiento de información en Internet, constituye un desastre desactivar el URL como mecanismo de dirección.

Al usar marcos en el diseño, se presupone que el usuario posee una computadora normal con una pantalla razonablemente grande. La figura siguiente muestra el típico ejemplo de una página con marcos que aparece bien en una pantalla grande, pero no en una pequeña. Los marcos reservan una parte del espacio de la pantalla del usuario a información que el diseñador considera de importancia especial. Obviamente, a veces el diseñador puede estar en lo cierto, pero, por regla general, resulta imposible predecir lo que van a necesitar los usuarios y cuál es el espacio más adecuado de la pantalla. Normalmente, los marcos se usan para mantener las barras de desplazamiento permanentemente visibles, pero como muestra la figura, los usuarios que tienen pantallas pequeñas prefieren el uso de todo el espacio para ver contenido. Un solo panel de desplazamiento sin marcos permite más flexibilidad a la hora de acomodar a los distintos usuarios.

Aparte de estos problemas fundamentales, también hay problemas menores con la implementación actual de los marcos. Estos problemas desaparecerán en los próximos años, pero, por ahora, siguen siendo un motivo para reducir el uso de los marcos. Otros motivos son los siguientes:

- Muchos navegadores no pueden imprimir adecuadamente páginas con marcos. Por supuesto, los navegadores actuales no imprimen **casi nada** bien, pero al menos las páginas normales se suelen imprimir por completo. Con los marcos, resulta habitual que el comando Imprimir termine imprimiendo un solo marco. Imprimir toda la página es difícil con marcos con desplazamiento: ¿se debe imprimir solamente la parte visible del marco o se debe permitir al contenido expandirse y ocupar más espacio que lo que ocupa en la pantalla?

- El lanzamiento original de HTML fue lo suficientemente sencillo como para que la gente lo aprendiera sin problemas. Sin embargo, los marcos son otra cosa. Los grupos de noticias, como comp.infosystems.www. authoring.html están repletos de preguntas sobre los autores web que necesitan desesperadamente saber por qué sus marcos no funcionan como esperaban. Los marcos son tan difíciles de aprender que muchos creadores de páginas escriben código con errores cuando tratan de usarlos.

- Los motores de búsqueda tienen problemas con los marcos, ya que no saben qué compuestos de marco incluir en sus índices como unidades de desplazamiento.

Marcos sin borde

El uso de los marcos se puede ver mejorado haciendo que sus bordes sean invisibles. Los usuarios no tienen por qué saber cómo se implementa el diseño. El uso de marcos sin borde posee dos ventajas: hay más *pixels* que se dejan en el contenido, y sólo hay un elemento de interfaz menos en el que los usuarios ya no tienen que pensar.

This site made possible by a grant from ⊛SANITARIUM

Planet Ark World
Environment News
from REUTERS ▯

While you're here, why not also try CNN's excellent 'Earth News', via the button on your left! It's well worth a visit.

today's news headlines

Tuesday June 17, 1997

AUSTRALIA: ERA lodges environmental impact study.
JAPAN: Japan firms seek more spent nuclear fuel storage.
JAPAN: Japan panel calls for new entity to take over PNC.
OMAN: Experts start debate on Middle East water.
NETHERLANDS: Nordics push environment rule in new EU treaty.
ITALY: UN urges global action to stop desertification.
NETHERLANDS: German heating oil use seen falling 2-3 pct per year.
UNITED NATIONS: Issues to be discussed at Earth Summit June 23.
UNITED NATIONS: Last-minute jitters hit environmental conference.
FRANCE: France's Cogema admits taking Greenpeace gear.

recent headlines

Monday June 16, 1997

AUSTRALIA: Drought-affected Queensland has recent rains.
UK: British MP proposes controversial fox-hunting ban.
UK: UK electricity firms offer gree power-at a price.
UK: Fish oil could be dangerous, environmentalists say.
ROMANIA: Flash floods kill 12 in Western Romania.
MEXICO: Mexico's DDT ban too little, too late - Ecologists.
AUSTRALIA: Australia deputy PM urges quick uranium mine OK.
NEW ZEALAND: NZ report says Mt Ruapehu still a threat.
UK: Greenpeace activists declare new state on Rockall.

Sunday June 15, 1997

CHINA: China to ban ozone-damaging CFCs from year-end.
DUBAI: Saudi sees population rising to 42 mln by 2020.
USA: Farmers to plow on in Ethanol tax war.
USA: Clinton signs disaster bill after week's strife.
BELGIUM: Nordics seen successful in EU reform talks.
SOUTH KOREA: S.Korean groups donate 30,000 tonnes corn to north.
BANGLADESH: Bangladesh gas field ablaze after explosion.
BRAZIL: Strong winds in Brazil kill 3, hundreds homeless.
SOUTH AFRICA: Feature - S.Africa battles invasion of alien water snatchers.

www.planetark.org

Los marcos aparecen bien en un monitor grande. Las barras de desplazamiento son algo pequeñas, pero también ofrecen una ventaja: la posibilidad de poder desplazarse por la lista de temas pudiendo ver al mismo tiempo la barra de desplazamiento y los botones del sitio.

Cuando el mismo sitio es visitado por un usuario que tiene una pantalla pequeña de 480×320 *pixels* como la de la figura, todo cambia mucho y la usabilidad del sitio se desmorona. Ahora, sólo el 25% de la pantalla se usa para mostrar la lista de temas, mientras que el 75% restante queda ocupado por las decoraciones del sitio de poco interés para el usuario. Cuanto más pequeña sea la pantalla, más importante será maximizar el número de *pixels* destinados a la información.

(Página contingua) Cuando se usa TotalNews, los artículos proceden de otros sitios web que aparecen en un *frameset* de TotalNews. Aquí, el usuario ha solicitado noticias de béisbol, que proceden de *USA Today*. A menos que los usuarios sean muy sofisticados en el desmenuzamiento del diseño web, puede que no se den cuenta de qué parte de la ventana procede de qué sitios. Además, debido a la forma impropia en que se manejan los URL en los marcos, la ventana del navegador indica que el usuario está visitando TotalNews, aunque la mayor parte de la pantalla la domina el contenido de *USA Today*.

- Algunos navegadores hacen que sea muy difícil detectar marcos.
- Muchos sitios web que ofrecen a los usuarios una opción entre versiones normales y con marcos han descubierto que muchos usuarios prefieren diseños exentos de marcos.

¿Cuándo se pueden usar marcos?

El tema principal del uso de los marcos es el de asegurar que los URL siguen funcionando. Para hacerlo, todos los vínculos de hipertexto deben tener un atributo TARGET="_top" en su etiqueta de ancla (por ejemplo, <A HREF=foo.html TARGET="_top">). Añadir el atributo de destino _top hace que el navegador borre todos los marcos y que los sustituya por un nuevo *frameset*. El *frameset* de destino puede tener muchos marcos que sean idénticos a los del *frameset* de salida y que permanezcan guardados en el navegador, pero al forzar una recarga completa, el navegador obtendrá un nuevo URL como destino. Esto significa que las acciones de navegación, como los marcadores, funcionan de nuevo y que el URL esté disponible para que otras personas enlacen con él.

La única excepción de la necesidad de usar un atributo TARGET="_top" tiene lugar cuando los marcos se usan como acceso directo para desplazarse por una página. Por ejemplo, un directorio largo u otro listado alfabético podría tener un marco en la parte superior que enumerara las letras del abecedario. Haciendo clic en esas letras el listado podría desplazarse dentro de otro marco manteniendo al usuario en la misma página y, por ende, no afectando a la navegación.

Los marcos también resultan útiles para las "metapáginas" que hacen comentarios de otras páginas. Por ejemplo, un estilo de diseño web puede que requiera mezclar discusiones sobre principios de diseño con ejemplos en vivo de páginas completas que cumplen (o infringen) las reglas. En estos casos, la página incrustada deberá ser tratada como imagen incrustada (aunque se implemente como página independiente) y la información "principal" que los usuarios quieran marcar deberá ser el contenido del marco comentado.

La versión 4.0 de HTML introdujo un nuevo tipo de marcos llamados **marcos incrustados**. Estos marcos se anidan como parte de su página de inicio y no interfieren con el desplazamiento del usuario. En lo que respecta al usuario, el modelo básico de la página se mantiene mientras se usen marcos incrustados; lo único que sucede es que, entre bastidores, parte de la página se rellena con el contenido de un archivo diferente que se desplaza independientemente del contenido principal. Los marcos incrustados son ideales para contener barras o columnas de desplazamiento, ya que el contenido puede que sólo tenga que ser descargado una vez. Por tanto, es muy aconsejable convertir los marcos en marcos incrustados, si decide que necesita colocar marcos en la página.

Credibilidad

"La Web es el gran igualador", como uno de mis usuarios dijera una vez. Cualquiera puede diseñar un sitio, y cada vez lo hace más gente. Como resultado de ello, los usuarios no saben qué hacer con la información recibida de la Web. No hay forma de saber si un sitio web es fiable o no. En el mundo físico, normalmente se sabe que ciertas fuentes, como *The New York Times*, son fiables, y se sabe que si entramos en un concesionario de Toyota, se tendrán las especificaciones del último Corolla como las dictó la dirección de la marca.

Uno de los objetivos principales del buen diseño web consiste en establecer la credibilidad como operación de ejecución profesional. No rellene sus páginas con basura aficionada, como fondos pesados o iconos de letras "envíeme más correo". El diseño gráfico pulido probablemente tenga poca repercusión sobre la usabilidad, en el sentido que los usuarios podrían encontrar la información con la misma rapidez aunque los gráficos fueran un poco toscos y con poca coordinación de colores. Pero no hay duda que la apariencia visual es literalmente lo primero que ve el usuario al entrar en un sitio, y los buenos efectos visuales constituyen una buena oportunidad para establecer la credibilidad.

En el futuro, espero que la credibilidad se establezca en parte a través de un gestor de reputación, es decir, un servicio de Internet que recoja las calificaciones de otros usuarios indicando si están satisfechos con las páginas y otros productos y servicios que hayan recibido de cada uno de los sitios de la Web. El gestor de reputación hará así las veces de un informe de consumo.

Usabilidad. Diseño de sitios Web

Datatrace

Information Services

...your source for land, mortage and title search information.

At Datatrace we service counties in the surrounding areas of our offices located in Tampa, Florida; Ft. Lauderdale, Florida; Mt. Clemens, Michigan; and Cleveland, Ohio.

Our headquarters are based in Richmond, Virginia.

These are the services we offer here at Datatrace.

- What Datatrace is <u>about</u>.
- <u>Automated Title Search System</u>
- <u>Ownership Encumbrance</u> Reports
- <u>Asset Encumbrance</u> Reports
- <u>1099S</u> Services
- Check out <u>career opportunities</u> with Datatrace.

E-mail **Datatrace Information Services**.

www.datatrace.com

---

thank you

Thank you for participating in our survey. Please enter your email address so we can choose our Pilot and t-shirt winners (note: if you are not one of the lucky winners we won't use or store your email address).

email address: _____

[return to NEWS front door]

Again, we appreciate your taking the time to make NEWS.COM a better service.

www.cnet.com

Imprimir

La mayoría de los usuarios que he entrevistado afirman que imprimen mucha información de la Web. En principio, la Web debería haber hecho que la necesidad de imprimir información para fines de archivado quedara obsoleta, pero amargas experiencias han enseñado a los usuarios que no pueden recuperar información cuando la necesiten con posterioridad. A veces, el servidor remoto está caído, a veces el *webmaster* ha retirado la página y, a veces, los usuarios son incapaces de encontrar la página de nuevo. Las impresiones son preferibles si el usuario posee un sistema de archivado con soporte papel, con carpetas y cuadernos que contienen toda la información relacionada con un determinado proyecto.

Dado que es tan poco agradable y lento leer grandes cantidades de texto en las pantallas de las computadoras, los usuarios suelen imprimir largos documentos para leerlos sin conexión. Además, a veces los usuarios imprimen páginas web para que otros las lean, quizá como documentos para reuniones o seminarios. Mejores pantallas reducirían la necesidad de imprimirlas, pero durante los próximos años debemos esperar que siga la tónica de que muchos usuarios quieran imprimir información de la Web.

El diseño web debe implicarse en proporcionar versiones imprimibles de documentos extensos. Los navegadores web van mejorando su funcionalidad de impresión, pero no podemos confiar en las empresas de software para producir buenas impresiones, ya que sus intereses principales estriban en la información en línea. Por ejemplo, casi todos los navegadores utilizan el mismo tipo de letra y tamaño de fuente para la visualización y la impresión en línea, aunque todos los especialistas en tipografía sepan que los dos medios requieren tipos de letra distintos. Además, el diseño de un documento normalmente será diferente: los diseños de una sola columna hacen que el desplazamiento sea más fácil, mientras que los diseños a dos columnas son mejores para el papel con tamaño de letra.

Mi recomendación es la de generar dos versiones de todos los documentos web extensos. Una versión debería ser optimizada para su visualización en línea fragmentándola apropiadamente en muchos archivos que usaran numerosos vínculos de hipertexto y una hoja de estilos orientada a la pantalla. Otra versión debería mantener el documento completo en un solo archivo con un diseño optimizado para la impresión.

Hay que limitar las páginas PostScript a un área imprimible que se ajuste a las hojas A4 y de 8,5×11 pulgadas.

Actualmente, los usuarios necesitan descargar la versión imprimible de forma manual, pero es de esperar que los navegadores empiecen pronto a implementar el estándar recomendado para especificar versiones alternativas de documentos. Una alternativa sería la versión imprimible, y sería inocuo incluir el HTML apropiado en la parte HEAD de los documentos con las versiones imprimibles. El código sería así:

```
<LINK REL="alternate"MEDIA="print" HREF="mydocs.ps"
TYPE="application/postscript">
```

Los navegadores antiguos sencillamente ignoran las especificaciones de las alternativas imprimibles, pero los navegadores del futuro reconocerán este código indicando que todo comando de impresión deberá ser ejecutado en el archivo alternativo y no en la versión abierta de la página.

El archivo imprimible probablemente debería estar en formatos como PostScript o PDF. Es muy importante indicar que estos archivos sólo sirven para impresiones y asegurarse siempre de complementarlos con vínculos con el mismo contenido en HTML para que puedan ser vistos en línea por los usuarios que quieran examinar o buscar una pequeña parte del documento.

Los archivos PostScript nunca deberán ser leídos en línea. Los visores PostScript son ideales para comprobar la naturaleza de un documento, con el fin de determinar si merece la pena imprimir, pero no se debe engañar a los usuarios con la dolorosa experiencia de dedicar un largo periodo de tiempo al PostScript en línea. PostScript y PDF son lenguajes de descripción de páginas que especifican el modo exacto en que debe aparecer el texto al imprimirlo. Tales descripciones no tienen la flexibilidad o posibilidades de plataforma cruzada necesarias para la visualización e interacción en línea. Por ejemplo, un diseño a dos columnas en PDF parecerá perfecto cuando se imprima, pero será casi ilegible en una pantalla que sea más pequeña que la hoja de papel para la que estaba destinada la página.

Lo repito: no atormente a los usuarios poniendo a su disposición documentos importantes exclusivamente en formato PostScript. Cree siempre un vínculo con una versión HTML para su lectura en línea.

Todo archivo que sirva para la impresión deberá ser capaz de aceptar los dos formatos de página internacionales más comunes: A4 y 8,5×11 pulgadas (carta americana). Para hacerlo, el ancho de la página deberá ajustarse a una hoja A4, mientras que el alto de la página se deberá ajustar a una hoja de 8,5×11 pulgadas, ya que A4 es el formato más estrecho y 8,5×11 pulgadas el más corto. Se recomienda dejar un margen de al menos media pulgada (13 mm) en los cuatro lados de la página, para asegurarse de que se imprimirá en todas las impresoras y para facilitar su fotocopiado. Con márgenes de 13 mm, el área de impresión será de 18,5 cm de ancho por 25,4 cm de alto; con márgenes de 26 mm (aproximadamente una pulgada), el área imprimible sería de 15,9 cm × 22,9 cm. Ésta es la mejor opción.

Conclusión

La simplicidad debería ser el fin del diseño de páginas. Los usuarios no suelen ir a un sitio para disfrutar del diseño; prefieren centrarse en el contenido (que veremos en el próximo capítulo). También es importante asegurar que los diseños de página funcionan en una amplia gama de plataformas y a ellas puede acceder gente que todavía utiliza tecnología antigua.

Es recomendable asegurarse de que todas las páginas funcionen en navegadores de más de dos años y en versiones de más de dos años de todos los *plug-ins* y demás software. Además, asegúrese de que el diseño de la página funciona en monitores pequeños y que tiene tiempos de respuesta aceptables al usar modems analógicos.

Algunas personas pueden decir que estas limitaciones imponen una dureza desmedida en los diseñadores y que sólo el 10% de los usuarios emplean software viejo y hardware de gama baja. Esto puede ser así, pero no es bueno quitarse de un plumazo el 10% de la clientela.

3 Diseño de contenido

Al final, los usuarios visitan el sitio
web por su contenido. Todo lo demás
es accesorio. El diseño existe para
permitir a la gente acceder al contenido.
La vieja analogía es un grupo de amigos
que va a ver una función de teatro:
cuando salen del teatro, de lo que
hablan es de la obra, no de lo bonitos
que eran los trajes.

Evidentemente, las buenas costumbres en el diseño contribuyen mucho a hacer que todo se disfrute más y a traer a escena las visiones del autor y del director. Pero, al final, lo que importa es la obra.

Los estudios sobre usabilidad indican que los usuarios centran su interés en el contenido. Cuando llegan a una nueva página, miran inmediatamente en el área de contenido principal de la página y buscan los titulares y otras indicaciones para saber de qué trata la página. Sólo después, si deciden que el contenido no les interesa, buscarán en el área de navegación de la página para ver si encuentran ideas sobre dónde ir.

El contenido es lo primero.

Escribir para la Web

Es raro que un libro acerca de la Web trate sobre cómo escribir directrices, razón por la que lo hacemos aquí. Al escribir para la Web, no sólo se está afectando al contenido, sino también a la experiencia del usuario, ya que los usuarios prime-

---

El valor de un editor

¿Cuál es la repercusión que tiene la violación de las directrices al escribir el titular de una noticia en una página de inicio de una intranet? En una empresa que tenga 10.000 empleados, el coste de un solo titular mal escrito en la página de inicio de la intranet es de casi 5.000 dólares. Bastante más que el coste de que un buen editor de página de inicio vuelva a escribir el titular antes de que suba ese precio.

Hemos fundamentado la estimación anterior en las presunciones siguientes:

- Todos los empleados dedican cinco segundos más de los necesarios a pensar sobre el titular, ya que no es lo suficientemente comunicativo.

- El titular mal escrito hace que el 10% de los empleados hagan clic en él aunque el tema no sea de su interés.

- La gente dedica un promedio de treinta segundos a leer la historia antes de decidir que no les es útil.

- La empresa tiene más de 10.000 empleados que usan la intranet.

- El precio del tiempo de un empleado es de 50 dólares por hora (observe que el precio del trabajo de un empleado debe ser mucho más alto que su salario, sin pensar sólo en las ventajas y costes, sino también en las comisiones. En consecuencia, una persona que cobre 25 dólares por hora suele costarle a la empresa el doble, lo que basta para imaginarse el coste del tiempo perdido).

Este pequeño ejemplo también muestra los principios básicos de la ejecución del análisis sobre temas de usabilidad. Hay que estimar las distintas formas por las que el diseño hace que la gente pierda el tiempo (o evita compras, si hablamos de diseño de comercio electrónico) y multiplicar ese valor por el porcentaje de usuarios que afrontan el problema, así como el número total de usuarios y el valor de su tiempo (o compras, en el caso del comercio electrónico).

---

ro miran al texto y a los titulares. Aunque es importante ser gramaticalmente correcto, también es importante presentar el contenido de un modo que atraiga a los lectores.

Las tres directrices principales para escribir en la Web son las siguientes:

- Ser sucinto. Escribir no más de la mitad del texto que se habría usado para cubrir el mismo material en una publicación impresa.

- Escribir para poder encontrar las cosas. No obligar a los usuarios a leer bloques de texto extensos; en vez de ello, utilizar párrafos cortos, subencabezados y listas con viñetas.

- Utilizar hipertexto para dividir la información extensa en múltiples páginas.

Una cuarta directriz es más un proceso de reglas de gestión: contratar editores web. Un buen contenido requiere un equipo dedicado que sepa cómo escribir en la Web y cómo tratar las contribuciones de contenido en el formato necesario para los estándares de diseño.

Haga que los textos sean breves

La investigación demuestra que leer en pantallas de computadora es cerca de un veinticinco por ciento más lento que leer en el papel. Incluso los usuarios que no conocen esta investigación sobre factores humanos suelen decir que no se sienten a gusto cuando leen texto en línea. Como resultado de ello, la gente no quiere leer mucho texto en pantalla. En

---

Actitud Web

Aunque el texto web debe ser breve, no debe estar exento de personalidad. Los estudios sobre *usabilidad* denotan que los usuarios aprecian cierto nivel de humor y actitud en las páginas web. Observe que "actitud" no significa gritar a los lectores. Lo que se respeta es la presencia de una voz clara, perspectiva y personalidad en la exposición. Los escritores irascibles se escriben entre sí, pero la mayor parte de la audiencia web los desconecta.

A los usuarios no les gusta todo lo que huela a marketing superfluo. La Web es un medio bas-

tante "audaz" que alienta el uso de hechos con vínculos a hojas de datos duplicadas y números detallados. No se puede salir adelante con la hipérbole superficial, apta para los anuncios de televisión o de las revistas. Cuando los usuarios ven páginas provistas de muchas tonterías en lugar de hechos, enseguida le retiran la credibilidad al sitio.

La cantidad correcta de actitud de una página web es: no demasiado, pero tampoco muy poco.

M :nsaTel | MENSAJERÍA DIGITAL

Bienvenido al espacio web de MensaTel

Información es cualquier diferencia que constituye una diferencia
Gregory Bateson, 1984

www.mensatel.es

Iniciar una página web con el titular "Bienvenido" es una señal de aviso. Los usuarios no quieren leer este tipo de mensajes inútiles.

consecuencia, hay que escribir un 50% menos de texto (y no un 25%), ya que no sólo es cuestión de la velocidad de lectura, sino también una cuestión de sentirse bien. También sabemos que a los usuarios no les gusta desplazarse: razón de más para que las páginas sean breves.

El problema de la legibilidad de la pantalla se resolverá en el futuro, ya que se habrán inventado pantallas con 300 dpi de resolución, con lo que se podrá leer como en el papel. Este tipo de pantallas son actualmente muy caras (los monitores de gama alta tienen cerca de 110 dpi), y estarán disponibles para las computadoras de gama alta en el año 2002 y para su uso generalizado cinco años después.

Revisión de los textos

Todas las páginas web deben pasarse por un revisor ortográfico. Las palabras mal escritas nos desconciertan y pueden resultar confusas. Muchas de las faltas no serán detectadas por la revisión ortográfica y gramatical, por lo que se recomienda revisar las páginas cuidadosamente para que no haya errores gramaticales y palabras que podrían estar en el diccionario (afecto y efecto, por ejemplo), pero que no son las que intenta transmitir el autor.

Pase siempre un revisor ortográfico por sus páginas. Las faltas suelen aparecer cuando menos se espera, como en la optimización de páginas web de "Area". Evidentemente, un revisor ortográfico no detectaría faltas como las que aparecen en el primer párrafo, donde debería decir "gráficos" en lugar de "gráficas".

Las organizaciones web de alto nivel deben sin embargo ir más allá de la revisión y contratar correctores profesionales que revisen el texto de las páginas. Un corrector no sólo puede localizar muchas faltas detectables automáticamente, sino que también puede mejorar un lenguaje deficiente. Lo más importante es que los correctores tienen el don de ampliar la escritura. Mucha gente (entre los que yo me incluyo) tiene la tendencia de amar sus propias palabras. Aun en los casos de materiales impresos, un buen corrector puede hacer que un lenguaje ambiguo se convierta en algo muy conciso y argumentado. En lo que respecta a la Web, el instinto de caza del corrector debe ser puesto de manifiesto, con el fin de eliminar las palabras raras.

Facultad de hojear

Debido a que es muy molesto leer texto en pantalla y debido a que la experiencia en línea parece fomentar cierta impaciencia, los usuarios tienden a no leer por entero los flujos de texto. En vez de ello, los usuarios hojean el texto y seleccionan las palabras clave, las frases y los párrafos de interés, saltándose esas partes del texto que no tienen tanta importancia.

En un estudio que hice junto a John Morkes, encontramos que el 79% de los usuarios siempre hojeaban las páginas nuevas con que se encontraban; sólo unos pocos usuarios las leían palabra por palabra.

La tabla siguiente muestra cinco formas distintas de escribir el mismo contenido web en un sitio sobre turismo en Nebraska (véase la página contigua). John Morkes y yo probamos la usabilidad de los cinco sitios, y la tabla muestra cómo se comparaba cada variación con el texto original, lo que sirvió como condición de control para el estudio.

Hojear en vez de leer es algo fáctico en la Web, y esto ha sido puesto de manifiesto por innumerables estudios sobre usabilidad. Los que escriben en la Web deben reconocer este hecho y escribir para facilitar el hojeado:

- Estructure los artículos con dos (o incluso tres) niveles de titular (un encabezado de página general más subencabezados, y subencabezados donde proceda). Los encabezados anidados también facilitan el acceso a los usuarios visualmente discapacitados con lectores de pantalla.

Versión del sitio	Párrafo de ejemplo	Mejora de la usabilidad (relativa a la condición de control)
Escritura promocional (condición de control) Utiliza un lenguaje excesivamente comercial que se encuentra en muchos sitios web comerciales	Nebraska está repleto de atractivos internacionalmente reconocidos que atraen un gran número de personas anualmente. En 1996, algunos de los lugares más visitados fueron el Parque Estatal de Fort Robinson (355.000 visitantes), el Monumento Nacional Scotts Bluff (132.166), el Museo y Parque histórico de Arbor Lodge (100.000), Carhenge (86.598), el Museo de la Pradera de Stuhr (60.002) y el Parque histórico del Rancho de Buffalo Bill (28.446).	**0%** mejor (ésta era la condición de control)
Texto conciso Cerca de la mitad del recuento de palabras de la condición de control	En 1996, seis de los lugares más visitados de Nebraska fueron el Parque Estatal de Fort Robinson, el Monumento Nacional Scotts Bluff, el Museo y Parque histórico de Arbor Lodge, Carhenge, el Museo de la Pradera de Stuhr y el Parque histórico del Rancho de Buffalo Bill.	**58%** mejor
Diseño con la facultad de hojeado Utiliza el mismo texto que la condición de control con un diseño que facilita el hojeado	Nebraska está repleto de atractivos internacionalmente reconocidos que atraen un gran número de personas anualmente. En 1996, algunos de los lugares más visitados fueron: • Parque Estatal de Fort Robinson (355.000 visitantes) • Monumento Nacional Scotts Bluff (132.166) • Museo y Parque histórico de Arbor Lodg (100.000) • Carhenge (86.598) • Museo de la Pradera de Stuhr (60.002) • Parque histórico del Rancho de Buffalo Bill (28.446)	**47%** mejor
Lenguaje objetivo Utiliza un lenguaje neutral en vez de subjetivo o exagerado (si no, sería lo mismo que en la condición de control)	Nebraska tiene varios atractivos. En 1996, algunos de los lugares más visitados fueron el Parque Estatal de Fort Robinson (355.000 visitantes), el Monumento Nacional Scotts Bluff (132.166), el Museo y Parque histórico de Arbor Lodge (100.000), Carhenge (86.598), el Museo de la Pradera de Stuhr (60.002) y el Parque histórico del Rancho de Buffalo Bill (28.446).	**27%** mejor
Versión combinada Utiliza las tres mejoras del estilo de escritura: texto conciso, diseño con la facultad de hojeado y lenguaje objetivo	En 1996, seis de los lugares más visitados de Nebraska fueron: • Parque Estatal de Fort Robinson • Monumento Nacional Scotts Bluff • Museo y Parque histórico de Arbor Lodge • Carhenge • Museo de la Pradera de Stuhr • Parque histórico del Rancho de Buffalo Bill.	**124%** mejor

- Utilice encabezados significativos en vez de "atractivos". La lectura de un subencabezado debe indicarle al usuario la página o sección en la que se encuentra, ya que es muy molesto verse obligado a leer el texto del cuerpo. Por ejemplo, *USA Today* exhibió el siguiente titular en el periódico impreso: "Dos personas le ofrecen al mundo cibernético las noticias". Atractivo, pero inútil como titular web. Afortunadamente, su sitio web rescribió el titular para leer "Trayendo noticias al mundo cibernético". Mejor, aunque no perfecto. Yo me hubiera decantado por algo así como "Edición de noticias para las páginas de inicio de los portales web".

- Utilice listas con viñetas y elementos de diseño similares para detener el flujo de bloques de texto uniformes.

- Utilice resaltado y énfasis para hacer que las palabras importantes retengan la atención del usuario. El texto coloreado también se puede usar para enfatizar, y las anclas de hipertexto deben ser azules e ir subrayadas. Los colores de resaltado o de fondo deben elegirse para que parezcan distintos de los colores de los vínculos; si no, los usuarios quedarían confusos y tratarían de hacer clic en las palabras resaltadas en la creencia de que son vínculos.

¿Por qué hojean los usuarios?

Es necesario investigar más para saber a ciencia cierta por qué el 79% de los usuarios hojean en vez de leer, pero he aquí cuatro posibles razones:

- Leer en pantalla es cansado para la vista y cerca del 25% más lento que leer directamente en el papel. La gente trata de reducir el número de palabras que lee. Esta razón explica el comportamiento del usuario; los usuarios seguramente leerán más cuando, dentro de cinco años, existan monitores de alta resolución y alto nivel de hojeado.

- La Web es un medio conducido por el usuario, donde los usuarios sienten que tienen que moverse y hacer clic en las cosas. Un usuario dijo una vez: "Si tengo que ponerme a leer todo el artículo, entonces no seré productivo". La gente desea sentirse activa cuando está en la Web.

- Cada página tiene que competir con millones de otras páginas para atraer la atención del usuario. Los usuarios no saben si esta página es la que necesitan o si otra página sería mejor. Y no están dispuestos a leer la página por la mera esperanza de saber si merecerá la pena. La mayoría de las páginas no merecen ocupar el tiempo del usuario, por lo que la experiencia les anima a apoyarse en el suministro de información. En vez de dedicar mucho tiempo a una sola página, los usuarios se mueven entre muchas páginas y tratan de elegir los segmentos más apetecibles de cada una de ellas.

- La vida moderna es agitada y la gente no tiene tiempo de buscar la información. Como dijo un usuario: "Si esto [página larga con bloques de texto] me ocurriera en el trabajo, donde recibo setenta correos escritos y cincuenta de voz cada día, sería el fin. Voy a acabar con esta situación".

PROGRAMS & SERVICES

RATES & RESERVATIONS

WORLDWIDE LOCATIONS

FLEET GUIDE

POLICIES & PROCEDURES

SPECIAL OFFERS

PARTNERSHIPS

HERTZ COMPANIES

TRAVEL AGENTS

HOME

United States Products

How Protected <u>Are</u> You?

Hertz wants you to know the facts. The Hertz representative will provide you with information on our optional protection services at the counter.

Making sure you travel with peace of mind is one of our main concerns. For this reason, in the U.S. Hertz offers these optional services: <u>Loss Damage Waiver</u> will protect you against loss and damage to the Hertz car, Liability Insurance Supplement provides supplement liability protection and <u>Personal Accident Insurance</u> and <u>Personal Effects Coverage</u> offers medical benefits, accidental death benefits, and protection for your personal belongings. Ask your Hertz Representative for more information about these services.

Credit Card Coverage

If you have an accident with a Hertz car and you've declined the Hertz Optional Loss Damage Waiver (LDW) Protection because you thought your credit card insurance covered you, consider these facts:

- Some cards only reimburse you for your deductible after your own insurance pays.

www.hertz.com

Los usuarios web que deseen ver esta página pensarán que Hertz ofrece tres tipos de seguros: la suspensión de daños por pérdida, el seguro de accidentes personales y la cobertura personal de efectos. La gente se fija en el texto coloreado y no lee los bloques de texto del cuerpo. Todo el que tenga tiempo de leer palabra por palabra descubrirá que Hertz posee un cuarto tipo de seguro: el complemento de seguros de responsabilidad. Pero muy poca gente lo hace. Además, observe que el titular de la página viola el principio de la descripción hablada del contenido de la página. Hubiera sido mejor usar un titular del tipo "Optional Insurance Coverage" y reducir el tamaño relativo de la línea que indica que la información se aplica a los productos de los EE UU. Por último, hubiera sido inteligente no ilustrar los productos de los EE UU con una foto de la Ópera de Sidney.

(Página de enfrente)   El objetivo de la página de una categoría de productos como ésta consiste en permitir que los usuarios eviten mirar algunos de los productos. Algunos especialistas de marketing se horrorizarían ante esta afirmación, pero si presuponemos que los usuarios tienen el tiempo de leer los detalles de todos los productos, quedaríamos muy decepcionados. Un sitio que no ayuda a los usuarios a centrarse en unos cuantos productos importantes se verá confuso y no lo suficientemente útil. En vez de dedicar horas a la contemplación de productos irrelevantes, muchos usuarios se llevarán su dinero a otra parte. El nexo y el titular combinados en cada producto es su número de producto. Esto sirve para gente que conozca mucho el producto y quiera, por ejemplo, un ThinkPad 570 en vez de un 390.

Para usuarios menos avezados, los números de producto son inútiles; tienen que apoyarse en los encabezados de subcategoría de las barras coloreadas, así como en las descripciones abreviadas del producto que hay junto a cada fotografía. Los encabezados de subcategoría son razonablemente descriptivos, aunque no queda clara cuál es la diferencia entre "Ultraportable" y "Mini-Notebook". ¿Cuál de los dos es el más pequeño? ¿Cuál de ellos debo comprar para satisfacer mis necesidades? De forma análoga, ¿cuál es la diferencia entre "All-in-One Value" y "Personal Computing"?

La usabilidad de esta página mejoraría si se clarificaran las subcategorías y se ordenasen de acuerdo a un principio comprensible: por ejemplo, los productos se podrían ordenar así: los más pequeños arriba y las máquinas mayores abajo. La esperanza final del usuario (las descripciones de producto) también es inútil (aparte de tener un tamaño de fuente tan pequeño que es muy difícil de leer). Cuando se sabe que 240 es un mini-notebook, sobra la frase "The mini-notebook with full-sized convenience". O, ¿cuál es la diferencia entre "Extreme performance mobile computing" y "The ideal balance of performance and portability"?

Search [ ] Go

Notebooks
and PC Companions

ThinkPad

Overview
How to buy
Support
News & Awards
Accessories
 & upgrades
Library
Software
Mobile resource center
Spec sheets

Assistant
Year 2000

Worldwide

United States
1-888-411-1WEB

click here
for more
details

Privacy | Legal | Contact

ThinkPad
A better place to think

Ways to Buy
Buy from an online dealer | Buy online from IBM

intel inside
pentium II

Performance

   ThinkPad 770
Extreme performance mobile computing
Visual Tour

   ThinkPad 600
The ideal balance of performance and portability
Visual Tour

Ultraportable

   ThinkPad 570
The next generation of the ultraportable
Visual Tour

All-in-One Value

   ThinkPad 390
Affordable, all-in-one notebooks
Visual Tour

Mini-Notebook

   ThinkPad 240
The mini-notebook with full-sized convenience
Visual Tour

Personal Computing

   ThinkPad i Series 1400
Ingenious notebooks for mobile individuals
Visual Tour

Small Business Computing

   ThinkPad i Series 1500
Customized solutions for small business
New
Visual Tour

Find a dealer

Register your IBM product

What's New:
▸ Compute Now, Pay Later!
▸ Beware of 'chain letters' promising free IBM PCs
▸ Government Solutions
▸ PC Data Vaulting
▸ CASH BACK on selected Mobile products

Related Links:
▸ Small Business Center
▸ IBM PC Lifecycle Care program
▸ IBM & Microsoft Windows NT
▸ Microsoft Windows NT for Small Business

www.pc.ibm.com

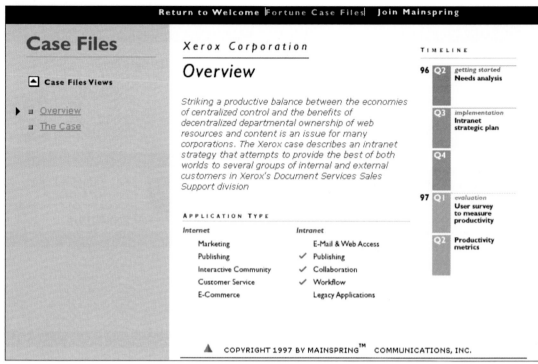

Case Files

Case Files Views

▶ Overview
The Case

Xerox Corporation

Overview

Striking a productive balance between the economies of centralized control and the benefits of decentralized departmental ownership of web resources and content is an issue for many corporations. The Xerox case describes an intranet strategy that attempts to provide the best of both worlds to several groups of internal and external customers in Xerox's Document Services Sales Support division

APPLICATION TYPE

Internet	*Intranet*
Marketing	E-Mail & Web Access
Publishing	✓ Publishing
Interactive Community	✓ Collaboration
Customer Service	✓ Workflow
E-Commerce	Legacy Applications

TIMELINE

96 **Q2** *getting started* **Needs analysis**

Q3 *implementation* **Intranet strategic plan**

Q4

97 **Q1** *evaluation* **User survey to measure productivity**

Q2 **Productivity metrics**

▲ COPYRIGHT 1997 BY MAINSPRING™ COMMUNICATIONS, INC.

www.mainspring.com

Los diagramas sencillos, como la agenda (*timeline*) de esta página de Mainspring, mejoran la facultad de hojeado, ya que proporcionan un descanso para los ojos del usuario cuando éstos miran a la página. Los diagramas tan limpios como éste pueden enmarcar un flujo de información y transmitir la estructura de un argumento al usuario. A los usuarios les gusta la idea de hacer clic en diagramas para obtener más información acerca de un elemento específico, por lo que, idealmente, el diagrama debe estar vinculado a las distintas subpáginas de cada elemento.

Lenguaje claro

Dado que los usuarios no tienen tiempo de leer mucho material, es importante empezar cada página por la conclusión. Presente el material más importante al principio, utilizando el llamado "principio de la pirámide". Los usuarios deberán ser capaces de saber a simple vista de lo que va la página y lo que puede hacer por ellos.

A menudo, los usuarios que hojean texto sólo leen la primera frase de cada párrafo. Esto sugiere que las frases temáticas son importantes, como lo es la regla "una idea por párrafo". Si aborda múltiples temas en un solo párrafo, muchos usuarios nunca llegarán a ver la segunda idea si la primera no detiene su vista cuando hojean la página. Además, utilice estructuras de frases sencillas. La forma de escribir enrevesada con palabras difíciles es aún más difícil de entender cuando se está en línea.

El uso de las metáforas también se debe limitar, especialmente en los encabezados. Los usuarios podrían tomárselo al pie de la letra.

El sentido del humor debe ser utilizado con gran cautela en la Web. Dado que los usuarios quizá estén hojeando el texto, puede ser que no sepan diferenciar cuándo está siendo divertido y cuándo sarcástico, y pueden equivocarse a la hora de hacer apreciaciones. Además, los usuarios tienen objetivos tan

Uno de los peores mensajes de error vistos en la Web. Excepto, obviamente, los muchos errores que ni siquiera generan un mensaje de error, sino que dejan al usuario colgado o terminan en una pantalla en blanco. Los mensajes de error siempre deberán escribirse con un lenguaje conciso y centrado en el usuario, y no deberán enseñar la ropa sucia del sistema. El único aspecto positivo de esta página es la sugerencia de lo que hay que hacer. Los mensajes de error siempre deberán ser constructivos y ayudar a los usuarios a solucionar el problema, en vez de señalar sencillamente que ha habido problemas.

www.southwest.com

3: Diseño de contenido

definidos que prefieren "sólo los hechos, gracias" sin tener que emplear más tiempo en leer material que no les ayude a resolver sus problemas lo más rápido posible. Al mismo tiempo, los usuarios también suelen creer que los sitios web se tienen por muy serios. Así, un poco de humor nunca va mal, si se hace con cuidado. No obstante, evite los juegos de palabras, ya que no funcionan con los usuarios internacionales, que puede que no estén tan familiarizados con el idioma.

Fragmentación de las páginas

Haga que el texto sea breve sin sacrificar la profundidad del contenido dividiendo la información en múltiples nodos conectados por vínculos de hipertexto. Cada página puede ser breve, y el hiperespacio puede contener mucha más información de lo que sería factible en un artículo impreso. La información larga y detallada puede ser relegada a páginas secundarias; de forma similar, la información que sea de interés a una minoría de lectores puede ponerse a disposición a través de un vínculo sin penalizar a aquellos lectores que no la deseen.

El hipertexto no se debe utilizar para segmentar una historia lineal extensa en múltiples páginas. La acción de descargar varios segmentos ralentiza la lectura y dificulta la impresión. La estructura de hipertexto adecuada no es un solo flujo de "continúa en la página 2"; en vez de ello, divida la información en fragmentos coherentes y que cada uno se centre en un determinado tema. El principio rector debe ser el de permitir a los lectores seleccionar estos temas de su interés y descargar únicamente esas páginas. En otras palabras, la estructura de hipertexto debe basarse en un análisis de audiencia.

Además, cada página de hipertexto debe escribirse de acuerdo con el principio de la "pirámide invertida", que se suele enseñar en las escuelas de periodismo. Empiece con una breve conclusión, de forma que los usuarios puedan captar la idea de la página aunque no la lean entera; después, gradualmente, añada los detalles. El principio rector debe ser que el lector pueda detenerse en cualquier momento y poder seguir leyendo las partes de la información que sean más importantes.

En los estudios de usabilidad que hice sobre los primeros usuarios web en 1994 y 1995, pocos de ellos se desplazaban alguna vez por la página. Quizá el 10% o así de los usuarios se desplazaba más allá de la información que estaba visible en la ventana en el momento de aparecer la página. La única excepción la constituían aquellos usuarios que habían llegado a la página de destino con un artículo que encontraron interesante o importante para su trabajo. La gente se despla-

(Página de enfrente) Esta página muestra un artículo muy extenso, que ha sido dividido en dos partes. Al final de la parte 1, un vínculo pequeño llamado "Continued" señala a la parte 2. Este vínculo no está optimizado para la Web, ya que no hay forma de que el usuario sepa qué le espera al otro lado. Un tratamiento mejor hubiera proporcionado un breve examen del contenido de la parte 2 con el fin de motivar al lector a que continúe. El mejor diseño habría supuesto escribirla de nuevo para centrar el texto en un argumento independiente en la primera página y luego habría utilizado hipervínculos para señalar a argumentos secundarios o ejemplos en profundidad. Además, observe en esta página cómo los sumarios añaden interés visual al diseño y ayudan a los usuarios a hojear la página para seleccionar las partes del tema que más les interesen.

Perspectives

◀ back to

Data phones: The way it should be
May 15, 1997
by Jakob Nielsen

A recent NEWS.COM story reported that data phones have not sold well so far. The executives quoted seemed mystified. By all accounts, their so-called data phones--usually cellular phones with built-in data options like paging, faxing and email--should be a hit. Still, they're not doing all that well. I think I know why: It's the interface.

I do believe in the integration of telephony and computing, but data phones will not take off as long as they are designed from the wrong conceptual model. So far, all these devices have been designed as telephones with a data add-on. They'd probably be more usable, and more successful, if they were designed as computers with voice capabilities added on.

DATA PHONES ARE BEING DESIGNED FROM THE WRONG CONCEPTUAL MODEL.

The difference lies in the user interface. Telephone user interfaces are horrible, which is why nobody can figure out how to use services like call waiting, much less how to forward a call to another extension in the office. Computer interfaces aren't perfect, but the usability and the design of multiple features is better done based on computer thinking. Users need an integrated interface rather than one that is half-telephone and half-kludge.

This is not to say that Windows CE is the solution: It is not appropriate to take a user interface that was optimized for large-screen desktop devices and use it for small-screen handhelds. The smaller the device, the more strict the requirements to optimize the interface for its specific characteristics.

Some people claim that the telephone is an example of perfect usability that should be emulated by software designers. After all, it's easy: you pick up the handset, punch in the number, and you are connected.

If only it were that easy in the real world. Of the three steps, only picking up the handset is truly easy. Turning on the device and "logging in" to your account are both accomplished by the simple action of picking up the handset. There is no "boot time," and the dial tone is always there. Computers (and in particular the Web) can definitely learn something from the up-time requirements of the phone system. The Internet should supply users with "Web tone" at the same level of reliability as the telephone supplies dial tone.

USERS NEED AN INTEGRATED INTERFACE, RATHER THAN ONE THAT IS HALF-TELEPHONE, HALF-KLUDGE.

But, let's debunk the myth that punching in a number is an easy-to-use user interface that should be emulated. First, these numbers are actually hard to learn and remember. Quick, what's the number of your dentist?

Second, they are hard to type, and there is no forgiveness if you miss a digit. You have only one choice: hang up and start over. To make a long distance call from a typical office in the United States requires the user to type in 12 digits: This is cumbersome and takes a long time. International calls are even harder.

Continued

Back Issues
Companies
Products
TalkBack
Forums
Don't GoThere
Get MAD!
Home
Help?

8 ¡

JESSE BERST'S
ANCHORDESK
Your source for tech intelligence

NEXT ►
STORY ▼

Berst Alert

MONDAY, JULY 21, 1997

The Bad Guys Behind the Internet Brownout

Jesse Berst, Editorial Director
ZDNet AnchorDesk

They don't wear black hats. But they may be as close to bad guys as we have on the Internet.

Last week, human error triggered one of the worst Internet outages in years. An employee of Network Solutions, Inc. (NSI) accidentally sent bad information to the Internet's major routers. As one Internet security expert told the *Wall Street Journal*: "Imagine if all the phone books disappeared and directory assistance didn't work."

It was a scary reminder how dependent we all are on NSI, the company that administers domain names (Web site addresses). A growing group of protesters claims NSI is putting the Internet at risk out of greed.

That's right, a single organization (NSI) controls the addressing system for the entire Internet. It's a badly run company that has made a series of stupid mistakes in the past few months. Canceling domain names by mistake. Failing to collect millions of dollars in fees. Last week's fiasco. It goes on. Even worse, the company is trying to go public. In their greed to become instant millionaires, NSI executives are making selfish claims. Dangerous claims.

Like claiming ownership of the domains ".com," ".org" and ".net," which they were supposed to be running in the public trust. As a result, protests and legal actions have sprung up all over the Internet. An alternative naming service call AlterNIC actually rerouted NSI's Web site last week in a mild form of cyber terrorism. Another rival, PGMedia, filed a lawsuit this spring. The Justice Department has initiated an investigation into NSI's claim that it deserves monopoly control over domain names. And a presidential task force is looking into the issue.

EMAIL THIS STORY TO A FRIEND

READ TALKBACKS

INTERNET LINKS:
ZDNet AnchorDesk Forums:
Should NSI Be Replaced?

Internet:
Network Solutions White Paper

Internet:
AlterNIC Protest Page

Internet:
PGMedia Legal Page

ZDNN:
Net Survives a Bad Week

ZDNN:
Jul 17 '97: Net Snafus a Real Hoedown

ZDNN:
Jul 17 '97: Webmasters Limit Impact of InterNIC Snafu

DISCUSSION GROUPS:
AnchorDesk Forums
COMPANIES:
Network Solutions Inc.
TOPICS:
Internet

www.anchordesk.com

zaba mientras leía esos largos artículos. Sin embargo, en las páginas de navegación, la regla era que los usuarios eligieran entre las opciones visibles.

Estudios más recientes han confirmado parcialmente este hallazgo, pese a que cada vez hay más usuarios que han empezado a desplazarse por la página. Diríamos que algunos usuarios son renuentes a desplazarse por las páginas, pero esto no es como antes. Mi opinión al respecto es que la prevalencia de páginas largas y mal diseñadas en la Web ha acostumbrado a muchos usuarios a desplazarse.

Aunque estuvieran dispuestos a desplazarse, muchos usuarios realizan sus selecciones entre las opciones visibles, si es que hay una que les interesa. Las dos conclusiones principales que se desprenden de este hallazgo es hacer las páginas relativamente cortas para asegurarse de que los vínculos más importantes estén visibles en los monitores más comunes, sin llegar a ningún tipo de desplazamiento.

Las páginas de navegación con desplazamiento son perjudiciales para los usuarios, ya que hacen que sea imposible ver todas las opciones disponibles a la vez. Siempre habrá partes de la página de navegación con desplazamiento que permanezcan invisibles, por lo que los usuarios tendrán que elegir su opción en la siguiente acción, sin poderlo comparar directamente todo. Aumentar la carga de memoria del usuario es siempre negativo para la usabilidad e incrementa el riesgo de errores.

Las páginas de destino que presentan contenido y que tienen pocas opciones de navegación resultan menos dañadas por el desplazamiento que las que tienen muchas. Cuando el usuario ha llegado a la página de destino, los estudios muestran que éste se desplaza por unas cuantas pantallas si la primera parece menos prometedora. Sin embargo, los usuarios casi nunca se desplazarán por páginas que sean muy largas. Como dijimos antes, los textos web tienen que ser cortos.

(Página contigua) AnchorDesk hace un uso ejemplar del hipertexto. La página de inicio posee resúmenes de un párrafo de cada historia, con un vínculo con un artículo más largo, como el que vemos aquí. En realidad, la página de inicio posee dos niveles de detalle acerca de cada una de las historias: un breve titular, seguido por un resumen de un párrafo. Las páginas de los artículos suelen contener tratamientos relativamente cortos de cada tema, y caben más o menos en una sola pantalla de un monitor grande. Estos breves artículos tienen muchos vínculos de hipertexto con otras partes del sitio de ZDnet y con otras partes de la Web. En esta página, observe también una opción única de AnchorDesk: el botón "email this story to a friend" (envíe por correo esta historia a un amigo). Pulsando este botón, el usuario va a una nueva página provista de campos, donde se puede introducir la dirección de correo electrónico del amigo y un breve comentario. El artículo lo reenvía inmediatamente el servidor de AnchorDesk, junto a una pequeña explicación de cómo suscribirse a las alertas de futuras historias.

Limite el uso de los vínculos dentro de la misma página

HTML proporciona un tipo especial de vínculos para desplazarse dentro de la misma página. Los vínculos pueden parecer una solución al problema de las largas páginas con desplazamiento, pero tienen sus propios problemas de usabilidad y deben ser evitados en la medida de lo posible.

El peor problema de usabilidad que presentan los vínculos dentro de la misma página es que los usuarios pueden esperar que los vínculos les lleven a una página diferente. Los usuarios no suelen darse cuenta de que han saltado para caer en el mismo lugar, por lo que los vínculos dentro de la misma página pueden crear mucha confusión, especialmente cuando el usuario hace clic en el botón Atrás y sigue estando en la misma página.

El diseño original de la revista *Slate* de junio de 1996 tenía una altura de 2.154 *pixels*, lo que requería que un usuario con pantalla pequeña se desplazara por cuatro ventanas (esta página). Después de dos meses, *Slate* cambió a una página de inicio con una altura de 1.516 *pixels* (página de enfrente). Por último, en febrero de 1997, *Slate* creó su primera página de inicio aceptable con una altura de 793 *pixels*. Esta última página de inicio cabe entera en una pantalla de tamaño medio, y permite a los usuarios ver los vínculos más importantes sin desplazarse, ya que las historias principales están en los 550 *pixels* superiores de la página.

Desafortunadamente, en 1999 el diseño se tornó en un modelo de desplazamiento muy largo (con una altura de 1.450 *pixels*), como vemos en la página de enfrente. Definitivamente, los 215 *pixels* inferiores contenían un pie de navegación MSN estándar, que sería ignorado por la mayoría de lectores de *Slate*, por lo que se consideró que la altura real de la página de inicio de *Slate* debía tener 1.235 *pixels*.

Observe que los recuentos de *pixels* de este título hacen referencia al tamaño de la página de mi computadora, con las fuentes que tengo instaladas. El número exacto sin duda será diferente en las demás configuraciones. Lo importante no es el número exacto de *pixels*, sino que los usuarios provistos de pantallas pequeñas y medianas puedan usar el sitio.

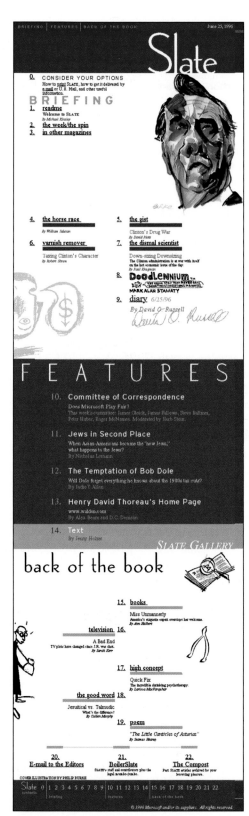

www.slate.com

Diseño original: altura de 2.154 *pixels*.

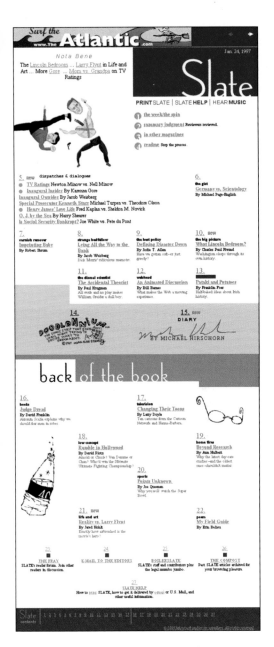

Primer rediseño: altura de 1.516 *pixels*.

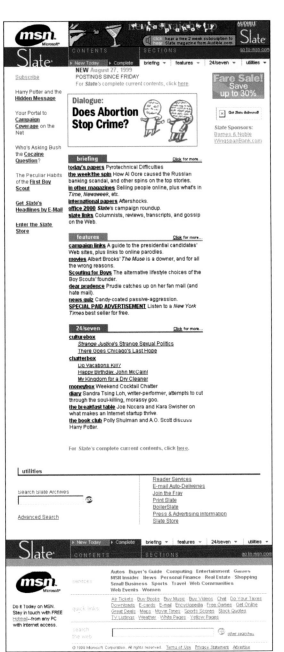

www.slate.com

Rediseño de 1999: altura de 1.450 *pixels*.

Feb. 19, 1997

Slate

PRINT SLATE | SLATE HELP | Contents by: PAGE NUMBER DATE |

BACK OF THE BOOK

www.slate.com

Diseño con mejor usabilidad (1997): altura de 793 *pixels*.

Un ejemplo aceptable de la revista *Time*. Esta imagen tiene una altura de 1.577 y requiere que un usuario con pantalla pequeña se desplace por tres o cuatro ventanas, y sólo es una de las páginas de las doce que tiene el artículo. Ejemplo inmejorable de por qué no funciona la redeterminación.

The Gates Operating System

IN SEARCH OF THE REAL BILL GATES

It's a rainy night, and Gates is bombing around in his dark blue Lexus. He loves fast cars. When Microsoft was based in Albuquerque, New Mexico, in its early years, he bought a Porsche 911 and used to race it in the desert; Paul Allen had to bail him out of jail after one midnight escapade. He got three speeding tickets--two from the same cop who was trailing him--just on the drive from Albuquerque the weekend he moved Microsoft to Seattle. Later he bought a Porsche 930 Turbo he called the "rocket," then a Mercedes, a Jaguar XJ6, a $60,000 Carrera Cabriolet 964, a $380,000 Porsche 959 that ended up impounded in a customs shed because it couldn't meet import emission standards, and a Ferrari 348 that became known as the "dune buggy" after he spun it into the sand.

Despite this record, Gates is not wearing a seat belt. (A dilemma: Is it too uncool to use mine?) He rarely looks at you when he talks, which is disconcerting, but he does so when he's driving, which is doubly disconcerting. (I buckle up. As his mother and others have learned, it's not always prudent to compete.) He turns into a dark drive with a chain-link fence that slides open as the Lexus approaches. It's nearing midnight, and the security guard looks a bit startled.

Gates' home of the future has been under construction for more than four years, and is not expected to be completed until this summer. Built into a bluff fronting Lake Washington, it has 40,000 sq. ft. of space and will cost about $40 million. Looming against the night sky are three connected pavilions of glass and recycled Douglas fir beams, looking a bit like a corporate conference center masquerading as a resort.

Gates swings into a vaulted 30-car garage carved into the hillside. In the corner, like a museum piece, sits his parents' red Mustang convertible that he drove as a kid. "The first pavilion is mainly for public entertaining," he says as he picks his way past construction debris down four levels of stairs. Despite the hour, three technicians are working in the ground-floor reception hall, with its view of the Olympic Mountains across Lake Washington, adjusting two dozen 40-in. monitors that will form a flat-screen display covering an entire wall. "When you visit, you'll get an electronic pin encoded with your preferences," he explains. "As you wander toward any room, your favorite pictures will appear along with the music you like or a TV show or movie you're watching. The system will learn from your choices, and it will remember the music or pictures from your previous visits so you can choose to have them again or have similar but new ones. We'll have to have hierarchy guidelines, for when more than one person goes to a room." Like Gates himself, it's all very fascinating, fun and a little intimidating.

Moving into the center pavilion, Gates shows off what will be the library. A mammoth carved wooden dome hangs just above the floor, waiting to be raised into the cupola. (I wonder: Does this grand chamber dispel my fear that he will relegate print to museum status? Or inadvertently confirm it?) He has hired a New York rare-books dealer to stock the library for him. His current reading is eclectic. "On a recent trip to Italy," he says, "I took the new Stalin biography, a book about Hewlett-Packard, Seven Summits [a mountaineering book by Dick Bass and the late Disney president Frank Wells] and a Wallace Stegner novel." He's also a fan of Philip Roth's, John Irving's, Ernest J. Gaines' and David Halberstam's, but his all-time favorite novels are the schoolboy standards The Catcher in the Rye, The Great Gatsby and A Separate Peace. A nearby room will be filled by an enormous trampoline; at the office he sometimes surprises colleagues by joyfully leaping to touch the ceiling, and he finds bouncing on a trampoline as conducive to concentration as rocking.

The only completed part of the house is the indoor pool under the family quarters. A sleek lap pool reflecting images from a wall snakes through glass into an outdoor Japanese bath area. The security guard reappears and warns, "Be careful of what you do in there, since the boats on the lake can see inside." As the door to the pool room closes, Gates doubles over in laughter. Does he come in here often at night? "Sometimes with Melinda," he says.

We wander out to the deck, and the wind slams the door shut. It's locked. Gates tries to call the guard, but he's disappeared to a distant part of the estate. So he leads the way past bulldozers into trenches that will someday become an estuary and stocked trout stream. At the moment, however, it's a quagmire that proves impassable. Remarkably, Gates is able to avoid looking sheepish. After a few more minutes of shouting, he attracts the guard's attention.

Gates chose the austere and natural architectural style before he got married, but Melinda is now putting her own imprint on it. "The exposed concrete is going to have to go," he says, expressing some concern about how the architect might take this.

TIME

www.pathfinder.com

The Gates Operating System

Bill Sr. and Mary Gates

STEVE FIREBAUGH

Rebellion

Filial Disobedience

Already at war with his mother, Mary, by sixth grade, Gates was sent to a psychologist. She would call him up to dinner from his basement bedroom and he wouldn't respond. "What are you doing?" she once demanded over the intercom. "I'm thinking," he shouted back. "You're thinking?" "Yes, Mom, I'm thinking," he said fiercely. "Have you ever tried thinking?"

The counselor's conclusion for Mary: "You're going to lose. You better just adjust to it, because there's no use trying to beat him."

Aptitude v. Attitude

"In ninth grade," Gates says, "I came up with a new form of rebellion. I hadn't been getting good grades, but I decided to get all A's without taking a book home. I didn't go to math class because I knew enough and had read ahead. I placed within the top 10 people in the nation on an aptitude exam. That established my independence and taught me I didn't need to rebel anymore."

Harvard Dropout

"Bill lived down the hall from me at Harvard sophomore year," says classmate Steve Ballmer. "He'd play poker until six in the morning, then I'd run into him at breakfast and discuss applied mathematics." In 1975, Gates quit Harvard to start the company he first called Micro-Soft with Paul Allen.

Steve Ballmer in Redmond, Washington
DAVID BURNETT-CONTACT

www.pathfinder.com

Los editores de *Time* deben haberse dado cuenta de que la mera acción de colocar el texto de la revista impresa en una serie de páginas HTML no hacía que el contenido web fuera muy bueno. También proporcionaban una serie de páginas alternativas con contenido fragmentado, así como vínculos con contenido multimedia, que sacan partido de las posibilidades únicas que ofrecen las computadoras. Yo hubiera preferido que hubiera también vínculos con más contenido de texto. También habría sido posible tomar fragmentos más grandes del artículo original y convertirlos en destinos complementarios en vínculos que hubieran sido seguidos por los lectores que tuvieran un interés especial en uno o más de los temas que se tratan aquí.

Napoleon Bonaparte

CORBIS-BETTMAN

Muse

Role Model

Having read about Napoleon's military strategies in junior high, Gates devised a computer version of Risk, a favorite board game in which the goal is world domination.

audio
Gates on what he would do if not in the software business.
Audio courtesy of CNN: Larry King Live, August 21, 1995

Anti-Hero

The photo of Henry Ford in Gates' office serves to remind the Microsoft magnate about the dangers of success. As Gates sees it, Ford slipped up by allowing Alfred Sloan's GM to seize leadership of the auto industry in 1927.

Henry Ford and his quadricycle in Detroit, 1896

HENRY FORD MUSEUM-REUTERS

www.pathfinder.com

Media Rant by Jon Katz

back to synapse   1 of 5

In the spring of '96, when this column was in its youth, an enlightening, if ultimately inconsequential, thing happened. It was the result of this columnist's oft-misunderstood sense of humor being yet again misinterpreted.

In response to US Attorney General Janet Reno's announcement of a US Justice Department commando task force to fight lawlessness on the Internet, I jokingly suggested the creation of what I called Media Rant's anti-bullshit delta bravo cyberteam, an anti-politician and media-trained cadre at the ready to counter lies, distortions about, and efforts to censor the Net and the Web. My sci-fi-inspired fantasy included a cadre recruited to "read and monitor waves of nuclear bullshit from the mainstream media about perverts, hackers, thieves, pornographers, and terrorists online," as well as such unlikely comrades as Rosie O'Donnell and the Sucksters.

Send email to Katz

Speak your mind in Threads

▶▶

Printing? Get the text-only version.   Grab border to resize frames.

Media Rant by Jon Katz

back to synapse   2 of 5

I envisioned this geek force answering the dunderheaded editorial writers railing about new media and the demise of civilization, helping fend off censorious politicians and supporting embattled librarians. Members could point out in their own communities the new opportunities for community, education, and politics the Net presented.

I had meant the column to be humorous and thought-provoking, but I was shocked to find thousands of earnest volunteers writing from across the globe, ready to fight for their medium and proudly claim their identity as geeks. They wanted patches and IDs.

The idea of a fight-back digital force was immensely appealing to these brainy - if gullible - volunteers, as was the idealistic notion of telling the truth about the Net. They were eager to take on the people in authority who had been tormenting them their whole lives and misrepresenting their culture.

Speak your mind in Threads

◀◀   ▶▶

Printing? Get the text-only version.   Grab border to resize frames.

Títulos de página

Escribir para la Web a menudo significa escribir para ser encontrado. A los usuarios les encantan los motores de búsqueda, tanto para navegar por un sitio como para descubrir recursos en Internet. Para la gente que está buscando, su sitio web sólo existe en forma del título de la página que aparece en la página de resultados de la búsqueda.

En HTML, cada página tiene un título que se especifica en la sección de encabezado de la página. Es importante especificar buenos títulos de página, ya que éstos se suelen utilizar como las referencias principales de las páginas. Los títulos de página también se usan en muchos menús de navegación, como, por ejemplo, en las listas de marcadores y en las listas de antecedentes. Muchos de estos usos de los títulos de página se sacan de contexto, por lo que es importante que el título tenga las suficientes palabras como para existir por sí mismo y tener sentido cuando se lee en un menú o listado de búsqueda. Por otra parte, los títulos largos ralentizan a los usuarios, por lo que conviene más centrarse en títulos que tengan de dos a seis palabras. Las páginas de inicio pueden incluso tener una sola palabra en sus títulos (por ejemplo, "Excite").

Un título de página es microcontenido, y necesita ser una perla de claridad. Se necesitan de 40 a 60 caracteres para explicar lo que la gente encontrará en su página. A menos que el título deje muy claro sobre qué versa la página, los usuarios nunca la abrirán.

Páginas diferentes necesitan títulos diferentes. Es muy desagradable visitar, pongamos, siete páginas que tengan el mismo título y tratar de volver a la página específica desde la lista de historial. Además, evidentemente, marcar más de una página desde ese sitio supone un problema de *usabilidad*, ya que el menú de marcadores o favoritos contiene varias entradas idénticas con resultados distintos.

Un punto final consiste en optimizar los títulos para una búsqueda rápida. Esto implica mover los términos provistos de información hacia el comienzo del título y empezar preferiblemente con una palabra que coincida con las necesidades de los usuarios al buscar un menú o listado de títulos. Un típico error consiste en usar un título como "Bienvenido a mi empresa" . Sería mucho mejor llamar a la página "MiEmpresa". Para facilitar aún más la búsqueda, elimine los artículos del principio del título. Hacer esto es muy importante, ya que algunos listados de títulos se alfabetizan. No es necesario que los títulos sean frases gramaticales; tienen que estar más en la naturaleza de los eslóganes.

(Página contigua) Si tiene un artículo largo, el mejor consejo es el de rescribirlo y abreviarlo, o fragmentarlo en páginas de hipertexto más pequeñas. Si necesita mantener una estructura lineal por alguna razón, es mejor mostrar todo el artículo en una página. Aunque a los usuarios no les gusta desplazarse, les gusta menos aún tener que esperar a que se descargue la página siguiente mientras están en medio de la lectura de una historia. Este ejemplo de Hot-Wired muestra lo que hay que hacer, que es dar a la gente pequeños retazos de la historia, página por página. Estas páginas están marcadas con un "1" y un "2", como si a los usuarios les importara. Si es una unidad lineal, no añada estructura de navegación para que los usuarios se preocupen de los recuentos de página. Hubiera sido más útil tener un vínculo con el artículo anterior.

Escribir titulares

Los requisitos de los titulares en línea son muy diferentes de los titulares impresos, ya que también se usan de modo distinto. Las dos diferencias principales en el uso de los titulares son:

- Los titulares en línea suelen mostrarse fuera de contexto: como parte de una lista de artículos, en una lista de *hits* de un motor de búsqueda, o en un menú de marcadores de navegador o en otros tipos de ayuda a la navegación. Algunas de estas situaciones están muy alejadas del contexto original. Los *hits* de los motores de búsqueda pueden relacionarse con cualquier tema aleatorio, por lo que los usuarios no obtienen la ventaja de aplicar una comprensión de fondo a la interpretación del titular.

- Aun cuando un titular aparezca con contenido relacionado, la dificultad de leer en línea y la reducida cantidad de información que se puede ver a simple vista dificultan a los usuarios el estudio de los datos. En el soporte papel, un titular está muy asociado a las fotografías, a las cubiertas, a los subencabezados y al cuerpo total del artículo, todos ellos interpretables a simple vista. En línea, la cantidad de información que aparece en la ventana es mucho menor, y esa información es mucho más difícil de leer, por lo que la gente no lo hace. Mientras buscan la lista de historias en una página de inicio o en una nota de prensa, los usuarios suelen mirar sólo los titulares resaltados y saltarse la mayoría de los resúmenes.

Debido a estas diferencias, el texto en línea tiene que tener sentido aunque el resto del contenido no esté disponible. Los usuarios pueden hacer clic en el titular para acceder al artículo completo, pero están muy ocupados para hacerlo con cada titular que ven en la Web. Preveo que los usuarios van a estar muy pronto tan desbordados por el correo electrónico que empezarán a eliminar mensajes no vistos si el asunto carece de sentido.

Si crea listados del contenido de otras personas, casi siempre es mejor rescribir sus titulares. Muy poca gente entiende el arte de escribir microcontenido en línea que funcione cuando se coloca en cualquier otra parte de la Web. Por tanto, para servir mejor a sus usuarios, tendrá que hacer el trabajo usted mismo.

Las principales directrices para escribir titulares para la Web son:

- Explique claramente de qué va el artículo en términos que se relacionen con el usuario. El microcontenido debe ser una abstracción muy breve de su macrocontenido.

Usabilidad. Diseño de sitios Web

- Escriba con un lenguaje claro: sin juegos de palabras ni titulares "graciosos" o "ingeniosos".

- Evite los que tratan de seducir a la gente para que haga clic y descubrir de qué va la historia. Los usuarios a menudo se queman esperando a descargar una página, a menos que tengan expectativas claras de lo que van a obtener. En soporte papel, la curiosidad puede tentar a la gente a pasar de página o a empezar a leer un artículo. En línea, la gente no actúa así.

- Sáltese los artículos (un, el, etc.) en los asuntos de correo electrónico y títulos de página (pero inclúyalos en los titulares que van incrustados en una página). El micro-contenido es más hojeable y, dado que las listas suelen estar ordenadas alfabéticamente, no hay que enumerar el contenido que empieza por "E" liado con las demás páginas que empiezan por "El".

- Convierta la primera palabra en algo importante, lo que deriva en una mejor posición en las listas ordenadas alfabéticamente y facilita la búsqueda. Por ejemplo, empiece por el nombre de la empresa, la persona o el concepto que se discute en un artículo.

- No haga que todos los títulos de página empiecen por la misma palabra. Será difícil diferenciarlos al hojear una lista. Desplace los marcadores habituales al final de la línea.

Legibilidad

Todo lo demás (diseño, velocidad, contenido) falla cuando los usuarios no pueden leer el texto. Existen unas cuantas reglas básicas que todos los sitios web tienen que seguir para asegurar la legibilidad:

- Utilice colores que tengan mucho contraste entre el texto y el fondo. La legibilidad óptima requiere texto negro sobre fondo blanco (llamado texto positivo). El texto blanco sobre fondo negro (texto negativo) es casi igual de bueno. Aunque el nivel de contraste es el mismo que en el texto positivo, la combinación de colores invertida ralentiza un poco la lectura. La legibilidad sufre mucho más en las combinaciones de colores con textos más claros que el negro puro, especialmente si el fondo es más oscuro que el blanco puro. Lo peor son las combinaciones de colores como el texto rosa sobre fondo verde: muy poco contraste e imposible que lo lean los usuarios daltónicos.

(Página de enfrente) El texto de bajo contraste es muy difícil de leer, especialmente si éste es muy pequeño y se ofrece en cursiva, como la explicación principal de esta página. Es una opción atractiva poder acotar la búsqueda a los comercios que tengan un producto específico, pero el sistema debería haber indicado un nombre de producto legible aparte de su número de modelo. Las computadoras son buenas en matemáticas. La gente no suele serlo.

- Utilice fondos de colores claros o patrones de fondo extremadamente sutiles. Los gráficos de fondo interfieren con la capacidad visual de ver las líneas en los caracteres y de reconocer las formas de las palabras.

- Utilice fuentes lo suficientemente grandes como para que la gente pueda leer el texto, aunque no tengan una visión perfecta. Los tamaños de fuente diminutos deben ser relegados a notas de pie de página y en la letra pequeña que la gente no suele leer.

- Haga que el texto esté quieto. Mover el texto, hacer que éste sea intermitente o aumentarlo dificulta mucho la lectura.

Casi todo el texto debe estar alineado a la izquierda. Al tener un punto de partida fijo para que el ojo empiece a hojear, el usuario puede leer mucho más rápido que si se encuentra con texto alineado a la derecha o centrado. Evidentemente, es aceptable centrar o alinear a la derecha unas cuantas líneas para lograr un efecto visual, pero no hay que hacer esto con bloques de texto. De manera análoga, las listas son mucho más fáciles de hojear cuando la primera palabra de cada elemento está alienada a la izquierda a lo largo de la misma línea.

Debido a la baja resolución de las pantallas de las computadoras actuales, el texto pequeño es más legible en tipos de letra sans-serif, como Verdana. Sencillamente, no hay suficientes *pixels* disponibles para resolver el fino detalle necesario para las fuentes serif en un tipo de letra de 10 puntos. Paralelamente, casi todo el mundo prefiere leer el tipo serif, por lo que nos quedamos con la paradoja. La legibilidad debe primar en todo texto que sea realmente pequeño (digamos, 9 puntos o menos). Tales textos tienen que ir en una fuente sans-serif. El texto más grande puede usar una fuente serif si sigue mejor la tipografía del sitio.

UNA ÚLTIMA DIRECTRIZ SOBRE LEGIBILIDAD CONSISTE EN EVITAR EL USO DE LAS MAYÚSCULAS EN EL TEXTO. LOS USUARIOS LEEN EL TEXTO COMO EL DE ESTE PÁRRAFO UN 10% MÁS DESPACIO DE LO QUE LEEN EN LOS DEMÁS CASOS, YA QUE ES MÁS DIFÍCIL PARA LA VISTA RECONOCER LA FORMA DE LAS PALABRAS CON LA APARIENCIA UNIFORME Y DE BLOQUE QUE TIENE EL TEXTO EN MAYÚSCULAS. NO LO HAGA.

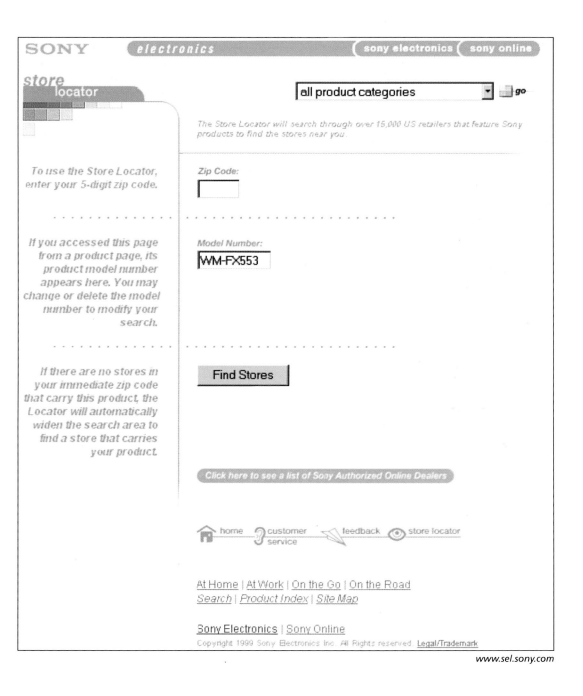

SONY *electronics* sony electronics sony online

store
locator

all product categories ▾ 🔲 *go*

The Store Locator will search through over 15,000 US retailers that feature Sony products to find the stores near you.

To use the Store Locator, enter your 5-digit zip code.

Zip Code:

If you accessed this page from a product page, its product model number appears here. You may change or delete the model number to modify your search.

Model Number:

WM-FX553

If there are no stores in your immediate zip code that carry this product, the Locator will automatically widen the search area to find a store that carries your product.

Find Stores

Click here to see a list of Sony Authorized Online Dealers

🏠 home customer service feedback store locator

At Home | At Work | On the Go | On the Road
Search | Product Index | Site Map

Sony Electronics | Sony Online
Copyright 1999 Sony Electronics Inc. All Rights reserved. Legal/Trademark

www.sel.sony.com

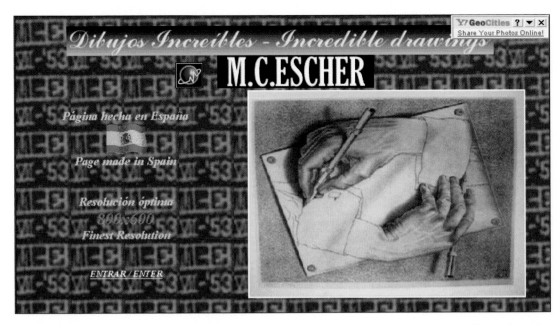

No utilice patrones de fondo como éste de M.C.Escher. Leer en pantallas de computadora es lo suficientemente lento sin interferir con la capacidad del usuario de reconocer las palabras y los colores con una simple ojeada. Los fondos generalmente se tienen que evitar o tener un solo color que tenga un alto contraste con el color de texto elegido. Si no puede evitar usar un fondo con textura, al menos haga que ésta sea suave, en vez de una que destaque más que el contenido.

Usabilidad. Diseño de sitios Web

Documentación en línea

Siempre es mejor diseñar interfaces de usuario que sean tan fáciles de aprender que nadie necesite la documentación, y es una derrota afirmar que "bueno, los usuarios sólo tendrán que leer acerca de esto en las páginas de ayuda". En la mayoría de los casos, los usuarios de Internet son tan impacientes que no quieren leer documentación alguna. Esto no es aceptable en los sitios web que incorporen manuales.

Aun así, los usuarios tendrán que remitirse en determinadas ocasiones a la información de ayuda. Y, dado que los usuarios de intranets utilizarán las mismas páginas una y otra vez, puede que no les importe dedicar algún tiempo a leer cómo hacerlo de forma más eficiente. Las interacciones sofisticadas o complejas también pueden requerir manuales o ayuda en línea.

Dado que los usuarios de extranets son elegidos entre sus socios establecidos, están más motivados para leer cómo utilizar mejor el diseño de su extranet. En lo que respecta a la motivación de los usuarios y a su buena voluntad de aprender, las extranets quedan más cerca de las intranets que de Internet, donde los usuarios navegan libremente y no quieren dedicar tiempo a aprender acerca de sitios web individuales, ya que hay muchos. Los diseños de extranet pueden abarcar aplicaciones sensiblemente más complejas, donde los usuarios pueden necesitar acudir a las páginas de ayuda o a manuales impresos que se envían a los socios que tienen acceso a la extranet. Evidentemente, toda información contenida en material impreso también debe estar disponible en línea, ya que muchos usuarios descartarán los documentos en papel o no podrán encontrarlos cuando los necesiten.

Aunque algunas aplicaciones web pueden incluir ayuda y documentación en línea, es importante tener presente la primera ley de los Manuales de Computación de Nielsen:

> La gente no lee la documentación voluntariamente.

De hecho, el único momento en que los usuarios tocan el manual es cuando tienen problemas y no pueden usar el sistema. En la mayoría de sitios web, esta situación supondría que el usuario habría abandonado el sitio para no volver más. En aplicaciones web de alto nivel o en intranets o extranets, los usuarios podrían verse motivados a seguir un hipervínculo con una página de ayuda y leer lo mínimo necesario para llevar a cabo la tarea.

Capturas de página

Las capturas de un sitio se suelen usar en la documentación, notas de prensa y en muchos otros contextos. Suele ser más conveniente recortar esas capturas para que el navegador no aparezca. Hay que centrar la atención del lector sobre el diseño de la página y no en la versión del navegador que esté usando en ese momento.

Si permite que el navegador permanezca en una captura o si hay otros elementos de la pantalla que muestran el URL de la página en cuestión, es importante asegurarse de que este URL sea el mismo que el que ven los usuarios. Esto significa que hay que hacer capturas de la versión de producción del sitio y no del servidor interno o la máquina de desarrollo. Si aparece un URL interno en la captura, es posible arreglar el problema con un editor de gráficos.

AltaVista Search
OnSite Knowledge   Advanced | Simple | Products | Help

FEELING TRAPPED INSIDE YOUR OLD CAR?
ESCAPE HERE. @

Search [the Web ▼] and Display the Results [in Standard Form ▼]
(Submit)
Tip: To find good food in Chicago try: **pizza "deep dish" +Chicago**
Find files this fast on your PC!

AltaVista Today
Hot job openings: join AltaVista!
FREE: Download the best, AltaVista Firewall 97, free for 30 days!
HOT: Spain's Telefonica to run an AltaVista Search Mirror Site for Iberia, Latin America.
COOL: Partners - May OnSite Summits: Greenbelt, MD, USA, 13-15th; Berg, Germany 21st-23rd.
DILBERT: Are you smarter than your boss? Prove it! Play The Dilbert Trivia Game & win signed Dilbert
art & other cool stuff!

Visit These Sites Powered By AltaVista
Yahoo · CNET's SEARCH.COM · 100hot Websites · LôôkSmart · InfoSpace's Directories · BlueWindow · LawCrawler ·
PeekABoo · WorldPages · Internet Sleuth · TechWeb · Carrefour.net International · THE ANGLE · Netcreations ·
WhoWhere · Bigfoot · Webreference.com · Austronaut · 123Link · The Mining Company · Netway Austria · Samara
Zimbabwe

AltaVista: Using AltaVista Search software on Digital Unix, Digital Alpha and Digital StorageWorks
AltaVista gives you access to the largest Web index: 31 million pages found on 627,000 servers
(1,158,000 host names), and four million articles from 14,000 Usenet news groups. It is accessed
over 31 million times per weekday.

Surprise . Legal . FAQ . Add URL . Feedback . Help . Text-Only
AltaVista Software . Buy THE Book! . Advertising Info
Mirror Sites: Australia . Northern Europe

www.altavista.com

La página de búsqueda de AltaVista emplea la "ayuda justo a tiempo" inmediatamente debajo del campo de entrada de texto, con el fin de dar a los usuarios una sugerencia acerca de su sintaxis de búsqueda. A pesar de la apariencia abigarrada de la página, los usuarios se podrán dar cuenta fácilmente de esta sugerencia si están interesados en aprender acerca de las búsquedas avanzadas, debido a que la pista está justo en el punto donde el usuario está mirando.

Las palabras utilizadas en esta sugerencia son demasiado bonitas para mi gusto, y probablemente confundan más que ayuden. En general, es aconsejable utilizar ejemplos serios en vez de ejemplos frívolos, si se quiere ayudar a los usuarios a entender el modo de aplicar el ejemplo a su caso práctico. Otro problema con este diseño es que el botón de ayuda está colocado muy lejos de la sugerencia de búsqueda. Habría sido mejor colocar un hipervínculo que rezara "más sugerencias de búsqueda" junto a la sugerencia. Debido a los muchos otros elementos de diseño que hay en esta página, muchos usuarios no verán el botón de ayuda y no comprenderán que podrían haber conseguido más ayuda de la que contiene esta sugerencia.

Escribir documentación es una tarea especial, y es aconsejable que contrate los servicios de un escritor técnico profesional que cree las páginas de ayuda, la documentación en línea y las instrucciones impresas. Los proyectos más grandes deben tener un escritor técnico en el equipo desde el principio, ya que la planificación de la documentación debe estar integrada con todas las fases del diseño. Los proyectos más pequeños pueden subcontratar la documentación.

Las reglas básicas de la documentación en línea son:

- Dado que los usuarios sólo consultan la documentación cuando tienen problemas específicos, resulta esencial hacer que las páginas de documentación sean susceptibles de ser localizadas.

- En la documentación en línea deben abundar los ejemplos: los usuarios consideran que es más sencillo seguir los ejemplos y modificarlos de acuerdo con sus propias circunstancias que leer una descripción generalizada para determinar qué tiene que hacer.

- Las instrucciones deben estar orientadas a la tarea y resaltar cómo hacer las cosas paso a paso. Hay que usar mucho menos espacio en la información de fondo, ya que los usuarios se la saltan.

- A pesar de la regla anterior, es una buen idea proporcionar un modelo conceptual breve del sistema, incluyendo un diagrama que explique cómo funcionan las distintas partes.

- Los vínculos de hipertexto se deben usar para vincular los conceptos que sean difíciles, o los términos orientados por el sistema, con un glosario.

- Como siempre en la Web: sea breve.

No me cansaré de insistir en la necesidad de ejemplos. Todos los usuarios encuestados acerca del tema de la documentación sobre computación pidieron que hubiera más ejemplos.

Multimedia

La multimedia se está popularizando en la Web con varias tecnologías que soportan el uso de la animación, el vídeo y el audio para complementar los medios tradicionales de texto e imágenes. Estos nuevos medios proporcionan más opciones de diseño, pero también requieren una buena disciplina de diseño. El uso no restringido de la multimedia

(Página de enfrente) El Hunterian Museum, en www.gla.ac.uk/
Museum, proporciona varios interesantes clips de vídeo conectados con una exhibición acerca de la presencia de los romanos en
Escocia. Observe cómo cada vínculo de vídeo se anota con una
indicación de su duración, para permitir a los usuarios estimar el
tiempo de descarga. Probablemente tendrían que haber añadido
el tamaño del archivo en megabytes (el vídeo es de 2,1 MB y me
llevó once minutos descargarlo con un enlace trasatlántico). Los
fragmentos de las escenas de los vídeos ayudan a los usuarios a
determinar si les interesa algún vídeo determinado. Chris Johnson,
de la Universidad de Glasgow, hizo un estudio basado en los niños
de 12 a 13 años que utilizaron distintas versiones del sitio web del
museo, y les preguntó sus opiniones sobre los tiempos de descarga.
Su respuesta fue "insatisfactorio" cuando usaron una página que
sencillamente listaba los títulos de los vídeos disponibles (por
ejemplo, "llevar una armadura romana" y "vestiduras romanas"),
pero la respuesta fue "muy satisfactorio" cuando usaron páginas
como la que se muestra aquí, que también les proporcionaba
información preliminar de cada uno de los vídeos. Por tanto, aun
teniendo los mismos tiempos de respuesta, los usuarios preferían
el sitio cuando se les daba más asistencia para la selección de los
vídeos deseados. La Web es tan lenta que no es posible esperar que
la gente se dedique a explorar sin una guía de los obstáculos con
los que se pueden encontrar.

Multimedia del lado del cliente

El diseño de la multimedia del lado del cliente
posee dos límites adicionales de tiempo de respuesta que hay que considerar:

- La sensación de manipular directamente
objetos en la pantalla requiere un tiempo de
respuesta de una décima de segundo. Así, el
tiempo que transcurre desde que el usuario
pulsa una tecla en el teclado o mueve el ratón
hasta que se produce el efecto deseado tiene
que ser inferior a una décima de segundo, si
el objetivo es el de permitir que el usuario
controle un objeto de la pantalla (por
ejemplo, girar una figura en 3D o conseguir
cuadros desplegables mientras nos movemos
por un mapa de imágenes).

- Si los usuarios no tienen que sentir una conexión física directa entre sus acciones y los
cambios de la pantalla, los tiempos de respuesta de un segundo serán aceptables. Las
respuestas más lentas harán que el usuario
empiece a pensar que está esperando a la
computadora en vez de trabajar libremente
sobre los datos. Así, por ejemplo, saltar a una
nueva página o recalcular una hoja de cálculo
tiene que tener lugar en un segundo. Cuando
los tiempos de respuesta sobrepasan el segundo, los usuarios empiezan a cambiar su
comportamiento a un uso más restringido del
sistema (por ejemplo, no probarán tantas opciones o no irán a tantas páginas).

Have a look at a couple of these video clips and answer the following questions.

- 1. What do Romans soldiers call their shields?
- 2. Where do Romans get their clothes?
- 3. What do Romans use, to wash, instead of soap and water?
- 4. Between which two towns in Scotland does the Antonine wall stretch?

All you have to do is select the hypertext link. The clip running time is shown beside each clip title. Each video takes some time to 'load', the download time is displayed at the bottom of the screen. You can stop a movie loading by selecting the 'stop' button on the Netscape toolbar. Select another if you wish.

 Hands On Workshop

Join Cumbernauld Primary school pupils as they dress up as Roman soldiers, senators and slaves on a visit to the museum.

(clip length 22 secs)

 Roman Armour

See for yourself the armour of a Roman soldier and why it was so effective. Also includes his shield and sword.

(clip length 50 secs)

 Roman Dress

A Roman dress has an interesting design. See what this is and how the Roman ladies used a broach.

(clip length 34 secs)

www.gla.ac.uk

conduce a la existencia de interfaces de usuario que confunden a los usuarios y que dificultan la comprensión de la información. No toda página web tiene por qué bombardear al usuario con el equivalente de Times Square en impresiones y movimiento.

Tiempo de respuesta

Muchos elementos multimedia son grandes y su descarga lleva mucho tiempo, debido al horriblemente pequeño ancho de banda que tienen la mayoría de los usuarios. En consecuencia, es recomendable que el formato y el tamaño de archivo se indiquen entre paréntesis tras el vínculo, siempre que se señale a un archivo que tarde más de diez segundos en descargar. Si no sabe el ancho de banda que están utilizando sus usuarios, deberá hacer una encuesta para saberlo, ya que esta información es importante para otras cosas. En este momento, la mayoría de los usuarios domésticos tienen como mucho 56 Kbps, lo cual significa que los archivos superiores a 50 KB necesitan un aviso de tamaño. Los usuarios no domésticos suelen tener un ancho de banda superior, y probablemente tenga que marcar los archivos que ocupen más de 200 KB. Además, asegúrese de indicar el tiempo de ejecución del clip, así como el formato de archivo en caso de que esté usando un formato no estándar.

Antes de que los usuarios se decidan a invertir en una descarga multimedia larga, es necesario que sepan lo que van a obtener. No harán clic en algo por el mero hecho de que esté disponible; hoy en día hay demasiadas cosas en la Web.

En lugar de ello, proporcione avances de todos los objetos multimedia en páginas HTML claras. En el caso de los vídeos, suele ser bueno incluir una o dos fotografías estáticas. Además, tanto para audio como para vídeo, escriba un breve resumen de lo que el usuario va a oír o ver.

Imágenes y fotografías

La cantidad de gráficos de las páginas web debe reducirse, debido a los prolongados tiempos de descarga necesarios. Los gráficos superfluos tienen que quitarse, incluyendo todos los casos de texto mostrado como imágenes (con la excepción de los títulos que estén tan integrados con un gráfico comercial que tengan que formar parte de la propia imagen).

Aun así, los usuarios quieren ver fotografías de los productos que están adquiriendo, para saber cómo son. En una página biográfica conviene incluir una fotografía de la persona en

---

Esperar a que el software se desarrolle

Independientemente de las tecnologías multimedia (o de vídeo) que use, siempre es mejor estar un año por detrás de la evolución del software. Actualmente, transcurre al menos un año antes de que las nuevas versiones de software sean lo suficientemente estables para que sea seguro depender de ellas. Evite el uso de formatos de codificación que no funcionen en software antiguo, ya que es posible que muchos de los usuarios aún no se hayan actualizado. Si los usuarios tienen que descargar un nuevo *plug-in* o instalar nuevo software para ver su sitio, la mayoría de ellos abandonará.

En vez de pedir a los usuarios que instalen software especial para acceder a su sitio, es mejor mostrar un avance del contenido multimedia al que se puede acceder con un navegador estándar (con una antigüedad de dos versiones). Cuando los usuarios hayan visto este avance, pueden estar motivados a dedicar tiempo y esfuerzo (y riesgo de colapsar) para conseguir el software necesario. Si no tienen idea de lo que van a obtener, ¿por qué se iban a molestar?

---

cuestión. También existen casos donde el dicho "Una imagen vale más que mil palabras" encaja tan bien que supera al corolario "Una imagen vale dos mil palabras de tiempo de descarga".

La forma de superar la tensión que hay entre estas dos directrices de diseño consiste en sacar partido de las opciones de hipertexto de la Web. Las páginas de alto nivel deben reducir el número de ilustraciones, ya que el usuario todavía no ha indicado un interés concreto en un objeto que tenga que ser representado. Entonces, mientras el usuario sigue los vínculos con las páginas más específicas, puede añadir más imágenes. Una página de productos de gama alta tiene que llevar aparejada una pequeña fotografía del producto, pero tiene que constar más que nada de texto y tablas. Si el usuario está realmente interesado en el producto, seguirá los vínculos desde la página del producto con las fotografías adicionales. Tales fotografías deben ser lo suficientemente grandes como para hacer que el usuario pueda tomar una decisión de compra.

Reducción de la imagen

La forma tradicional de hacer versiones pequeñas de las imágenes consiste en crear fragmentos en un programa gráfico por medio de su comando de cambio de tamaño.

Desafortunadamente, el escalado reduce la imagen de tal modo que las fotografías que tengan mucho detalle estarán demasiado repletas como para ser orientativas. El recorte conserva los detalles que queden dentro del nuevo *viewport*, pero a costa de perder el contexto de la imagen como un todo. Es aconsejable el uso de una combinación de recorte y escalado, lo que supone una técnica que llamamos **reducción de imagen de importancia mejorada**. Por ejemplo, para obtener un fragmento que ocupe el 10% de la imagen original, recorte la imagen al 32% del tamaño original y escale el resultado al 32%. La imagen final será 0,32x0,32 = 0,1 del original.

(Página siguiente) La fotografía principal del Walkman es correcta, aunque sería mejor complementarla con un vínculo con una captura más grande del producto (posiblemente desde varios ángulos, incluyendo una imagen mejor de los auriculares). La larga columna de fragmentos es inútil como forma de dirigir a los usuarios a modelos adicionales; no es posible hacerse una idea de las diferencias que hay entre estos productos viendo estas diminutas imágenes. Para empeorarlo, no es posible ver los precios de los productos alternativos sin pasar el ratón por la columna. Mostrando un solo precio, las comparaciones son aún más difíciles de hacer, y los usuarios tienen que dedicar tiempo a mover el ratón: los buscaminas no forman parte del diseño web. Dos problemas adicionales de esta página son el uso de un color de bajo contraste en la descripción principal del producto y el énfasis que se hace en el mercado en vez de un resumen útil de la finalidad del producto.

all product categories ▾ go

walkman® stereos——(digital tuning/cassette walkman® players)

additional models:

WM-FX553
msrp $179.95

worldwide Digital synthesized am/fm stereo tuner

cassette-size case

Feather Touch Controls

wired Remote Control

29 hours extended battery life (1 "AA" battery)

24 station preset tuning (16FM/8AM)

Dolby® B noise reduction

16x fast forward/rewind

Auto Reverse tape playback

Mega Bass® sound system with "Groove Sound" position

automatic music sensor™ (AMS) up to 3 songs

Blank Skip

1 song repeat

Advanced Anti-Rolling Mechanism

FM local/distant (DX) switch

Automatic shut-off (Play/FF/Rew)

Digital LCD Display

AVLS (Automatic Volume Limiter System)

Stereo headphones supplied

More Specifications

W M - F X 451
$59.95

★ *You live in the real world... A world of work... of play... of travel... Sony adds life to your world, whether you're: At Home... At Work... On the Road... On the Go...*

Your world... Your Sony.

🕐 *Scroll for Store Locations...*

latest promotions

SONY Buy Now, Pay Later Financing

Add an Accessory: MDR-G52LP Street Style Headphones

all prices are msrp

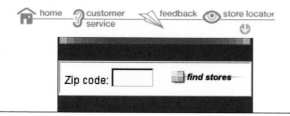

🏠 home　customer service　feedback　store locator

Zip code: [　　　] ▪find stores

www.asktog.com

Dos ilustraciones que diseñé en febrero de 1995 para un sitio web de la película "Starfire", de Bruce Tognazzini, que dirigió para Sun Microsystems. Ambas ilustraciones se basan en la misma instantánea de la película. La primera fotografía se usa en la página de inicio y sólo ocupa 13 KB como JPEG (aunque el sitio original en 1995 utilizaba una versión GIF grande de 90 KB de la fotografía, puesto que Mosaic no entendía los JPEG). La imagen pequeña está vinculada con una fotografía más grande (241 KB). Mis pruebas de usuarios mostraron que la gente hacía invariablemente clic en las anotaciones, en un intento de obtener información adicional de los distintos elementos de la fotografía.

A veces, una imagen de tamaño completo es demasiado grande como para incluirla en la página web principal. Aquí, una instantánea de la película "Starfire", de Sun.

Las dos soluciones tradicionales para reducir las imágenes son el recorte (izquierda) y el escalado (derecha). Desafortunadamente, el recorte nos lleva a una pérdida del contexto, especialmente cuando las imágenes se recortan mucho, mientras que el escalado hace que se pierdan los detalles, dificultando la visión de lo que la imagen representa.

La reducción de imagen de importancia mejorada supone una imagen que conserva el contexto y el detalle, incluso en tamaños muy pequeños. En estos ejemplos, la mitad de la reducción se ha conseguido recortando la imagen (manteniendo el centro de la acción en el centro del *viewport* resultante), mientras que la otra mitad se ha conseguido con el escalado.

Mi primer intento de hacer una representación de tiras cómicas en un clip de la película "Starfire", de Sun. Este diseño no funciona, ya que requiere desplazarse para ver toda la escena y porque las imágenes instantáneas son demasiado grandes y, en consecuencia, se descargan muy lentamente. En las pruebas de usabilidad también comprobé que los usuarios en realidad no querían leer resúmenes de argumentos detallados, como los que se facilitan aquí. Sabemos que la gente no desea leer textos largos en la Web. Y, evidentemente, esto también se aplica a los elementos de texto de los diseños multimedia.

Meeting of the Board of Directors

Click here for the *soundtrack* that goes with these film stills.

After Julie's multimedia presentation to the Board of Directors, her rival, Mike, springs a surprise on her. He claims that Julie's car will not sell well since a previous attempt at a similar car failed. You cannot launch a sportscar in the spring.

Faced with this surprise, Julie uses her laptop computer to search a remote information base on the spot. Note how the laptop uses a chorded keyboard.

In the database, Julie finds several relevant articles that explain the reason for the disappointing sales of the previous car. Her computer automatically searches further.

Julie interrupts Mike and explains that his assumptions were wrong. To bolster her claims, she brings information over from her laptop to the big multimedia screen where it can be seen by everybody.

In the news archives, Julie's laptop has found a newspaper story that explained the disappointing sales of the previous car: It had been released just before a major earthquake that caused people to temporarily stop buying cars.

Boardroom Meeting

Click here for the *soundtrack.*

The Plot

Julie is giving a multimedia presentation to the Board of Directors (where some of the members are attending remotely). She is proposing that the company start manufacturing a car designed by her division. Her rival, Mike, springs a surprise during the meeting and claims that Julie's car will not sell well since a previous attempt at a similar car failed. Julie uses her laptop computer to search a remote information base on the spot and discovers that an earthquake was the reason for the disappointing sales of the previous car.

(Página contigua) Un diseño mucho más apropiado de tira cómica sobre el mismo clip de vídeo. Aquí, las imágenes más pequeñas se descargan más rápidamente y ocupan menos espacio, permitiendo que haya dos imágenes por fila. El diseño resultante puede verse sin desplazarse por un monitor grande. Además, observe la opción de reproducir la pista de audio que va con las imágenes. Muchos usuarios obtienen muchas ventajas de ver la tira cómica y de oír el audio como lo harían si reprodujeran el vídeo completo.

Animación

Mover imágenes tiene un efecto potenciador de la visión periférica humana. Esto es instinto de supervivencia desde los tiempos en que tenía vital importancia saber dónde andaba el tigre de colmillos afilados antes de que saltara sobre uno.

En nuestros días, ya no se trata de evitar al tigre, pero todo lo que se mueva en su visión periférica sigue dominando: es muy difícil concentrarse en leer texto en mitad de una página si hay un logotipo giratorio en la esquina. Las animaciones tienen su lugar en el diseño web, y el uso apropiado de la información se tratará más adelante en esta sección, pero, por regla general, es mucho más conveniente reducir el uso de la animación. Pregúntese a sí mismo si su punto de vista se comunicaría igual de bien con un gráfico no animado. Si la respuesta es afirmativa, acabe con la animación. Además, no haga nunca que la animación tenga un bucle infinito: haga que se ejecute unas cuantas veces y deténgalo.

Muy pocos usuarios afirman que la animación es estupenda o valoran que le han dedicado muchos esfuerzos al diseñar un sitio. Las animaciones pueden servir para una función parecida a las columnas de mármol de los bancos: para demostrar el estatus y la influencia. Sin embargo, la mayoría de usuarios dicen que las animaciones les molestan. En concreto, casi todos los usuarios odian el texto que se mueve y las marquesinas en movimiento.

Uno de nuestros usuarios de prueba dijo: "He dejado de leer este tipo de texto, porque la experiencia me ha enseñado que nunca encierra información útil". De hecho, es mejor que el texto con movimiento no contenga información útil, ya que es muy difícil de leer y porque parte del texto suele estar fuera de la pantalla en un momento dado. Los indicadores de Bolsa constituyen una técnica de interacción necesaria por las limitaciones técnicas del primer telégrafo: lo único que podrían hacer era echar cinta hacia fuera.

La animación es buena para siete fines, cada uno de los cuales se trata con más detalle más adelante:

- Mostrar continuidad en las transiciones.
- Indicar la dimensionalidad en las transiciones.
- Ilustrar el cambio en el tiempo.
- Multiplicar la pantalla.
- Enriquecer las representaciones gráficas.
- Visualizar estructuras tridimensionales.
- Atraer la atención.

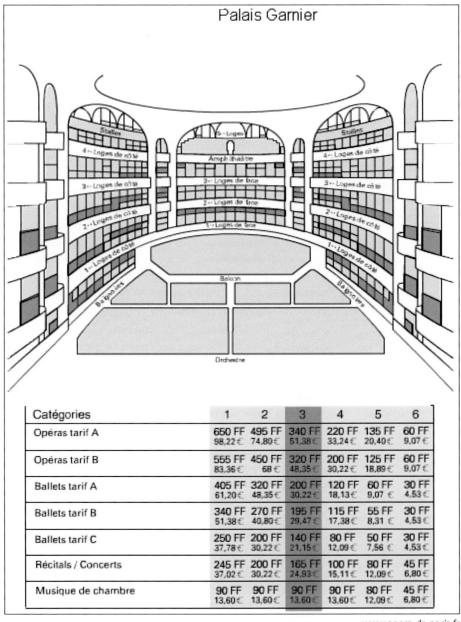

Palais Garnier

Catégories	1	2	3	4	5	6
Opéras tarif A	650 FF 98,22 €	495 FF 74,80 €	340 FF 51,38 €	220 FF 33,24 €	135 FF 20,40 €	60 FF 9,07 €
Opéras tarif B	555 FF 83,36 €	450 FF 68 €	320 FF 48,35 €	200 FF 30,22 €	125 FF 18,89 €	60 FF 9,07 €
Ballets tarif A	405 FF 61,20 €	320 FF 48,35 €	200 FF 30,22 €	120 FF 18,13 €	60 FF 9,07 €	30 FF 4,53 €
Ballets tarif B	340 FF 51,38 €	270 FF 40,80 €	195 FF 29,47 €	115 FF 17,38 €	55 FF 8,31 €	30 FF 4,53 €
Ballets tarif C	250 FF 37,78 €	200 FF 30,22 €	140 FF 21,15 €	80 FF 12,09 €	50 FF 7,56 €	30 FF 4,53 €
Récitals / Concerts	245 FF 37,02 €	200 FF 30,22 €	165 FF 24,93 €	100 FF 15,11 €	80 FF 12,09 €	45 FF 6,80 €
Musique de chambre	90 FF 13,60 €	90 FF 13,60 €	90 FF 13,60 €	90 FF 13,60 €	80 FF 12,09 €	45 FF 6,80 €

www.opera-de-paris.fr

Un caso raro de *rollovers* JavaScript. Cuando el usuario mueve el cursor por la lista de precios, los correspondientes asientos se iluminan en el diagrama del teatro. Un efecto de animación sencillo que indica visualmente la conexión que hay entre lo que ocurre en las dos partes de la pantalla.

Mostrar continuidad en las transiciones

Cuando algo tiene dos o más estados, los cambios entre estados serán mucho más fáciles para los usuarios que comprendan que las transiciones son animadas en vez de instantáneas. Una transición animada permite al usuario controlar la asignación entre las distintas subpartes a través del sistema perceptivo, en vez de implicar al sistema cognitivo para deducir las asignaciones. Un ejemplo magnífico lo constituye el ganador del primer concurso de programación Java: probar el teorema de Pitágoras animando el movimiento de varios cuadrados y triángulos para demostrar que dos áreas tienen el mismo tamaño.

Indicar la dimensionalidad en las transiciones

A veces, se pueden usar transiciones animadas opuestas para indicar el movimiento a lo largo de una dimensión de navegación. Por ejemplo, paginar por una serie de objetos puede mostrarse con una escoba animada de derecha a izquierda para pasar de página (si se usa un lenguaje donde los lectores empiezan por la izquierda). Volver a una página anterior podría mostrarlo la animación inversa (barriendo de izquierda a derecha). Si los usuarios se mueven ortogonalmente a la secuencia de las páginas, se podrán usar otros efectos animados para visualizar la transición. Por ejemplo, seguir un vínculo de hipertexto con una nota al pie podría mostrarlo una animación "hacia abajo", mientras que ir por un túnel en el hiperespacio hacia un conjunto distinto de objetos podría mostrarse con una animación de "arco iris".

Un ejemplo utilizado en varias interfaces de usuario consiste en hacer un zoom para indicar que un nuevo objeto "sale" de uno anterior (por ejemplo, una vista detallada o una lista de propiedades que se abra haciendo clic en un icono) o que un objeto se cierra o minimiza en una representación más pequeña. Reducir la imagen del objeto pequeño a la ampliación es una dimensión de navegación, mientras que volver a hacer zoom de nuevo mientras se cierra la ampliación es la dirección contraria a esa dimensión.

Ilustrar los cambios en el tiempo

Dado que una animación es algo que cambia con el tiempo, proporciona una asignación de uno a uno con los fenómenos que cambian con el tiempo. Por ejemplo, la deforestación de la selva amazónica puede ilustrarse mostrando un mapa provisto de una animación de la evolución temporal del área.

Multiplicar la pantalla

La animación también se puede emplear para mostrar múltiples objetos de información en el mismo espacio. Un ejemplo típico lo constituye un mapa de imágenes del lado del cliente provisto de explicaciones que aparecen a medida que el usuario mueve el cursor por las distintas anclas de hipertexto. También es posible indicar las áreas activas haciendo que éstas reluzcan o rodeándolas de una marquesina con "hormigas marchando". Como siempre, los objetos sólo deben moverse cuando sea apropiado; por ejemplo, cuando el cursor esté sobre la imagen.

Enriquecer las representaciones gráficas

Algunos tipos de información son más fáciles de visualizar con movimiento que con imágenes estáticas. En el diseño de iconos, siempre es más fácil ilustrar los objetos (una caja) que las operaciones (eliminar *pixels*), pero la animación proporciona el soporte perfecto para ilustrar todo tipo de operación de cambio. En un experimento concreto, Ron Baecker y sus colegas aumentaron la comprensión de un conjunto de iconos del 62 al 100%, mediante la animación. Evidentemente, un icono debe animarse solamente cuando el usuario indique un interés especial en él (por ejemplo, colocando el cursor del ratón en él mirándolo durante más de un segundo). Distraería mucho si todos los iconos tuvieran que animarse todo el tiempo.

Visualizar estructuras tridimensionales

Dado que la pantalla de la computadora es bidimensional, los usuarios no pueden comprender una estructura tridimensional con una sola ilustración, independientemente de lo bien diseñada que esté. La animación puede utilizarse para acentuar la naturaleza tridimensional de los objetos y facilitar a los usuarios la tarea de visualizar su estructura espacial. La animación no tiene por qué hacer girar el objeto en un círculo completo; normalmente, bastará con hacerlo girar un poco. El movimiento debe ser lento, para hacer que el usuario se centre en la estructura del objeto.

Los objetos tridimensionales pueden ser movidos bajo el control del usuario, pero suele ser mejor si el diseñador determina de antemano cómo animar mejor un movimiento que proporcione una comprensión óptima del objeto. Esta animación predeterminada puede activarla el usuario colocando el cursor sobre el objeto, mientras que los movimien-

---

Fallos en la animación

Antes de que se extingan los *banners* publicitarios, habrán mantenido una lucha a muerte contra una técnica de diseño que es bastante útil. En un intento de vencer a las tarifas de publicidad en línea, los publicistas utilizan gráficos de animación que parpadean, se encienden y se mueven sin cesar. Este tipo de animaciones no aporta ninguna ventaja de usabilidad para el usuario, pero se usa para atraer la atención sobre algo irrelevante y que los usuarios no quieren ver. Los usuarios se han dado cuenta de esto y ahora evitan los elementos de diseño que se mueven, en la creencia de que probablemente no tendrán ningún interés. Es triste, pero cierto. A menudo, cuanto más animado sea el elemento de diseño, menos lo mira la gente. Además, se está convirtiendo en norma no incluir nunca elementos de interfaz que tengan el aspecto de un *banner* publicitario, porque los usuarios lo ignorarán.

Dos formas distintas de visualizar la herramienta utilizada para eliminar *pixels* en una aplicación de gráficos. El icono canónico es un borrador (goma), como se ve a la izquierda, pero en las pruebas con usuarios a veces me he dado cuenta de que la gente piensa que el icono es una herramienta que sirve para dibujar cajas tridimensionales. En lugar de ello, se puede usar un icono animado, como se muestra a la derecha de la figura; cuando se dota de animación al icono, la goma se mueve por el fondo y los *pixels* se eliminan, mostrando claramente la funcionalidad de la herramienta.

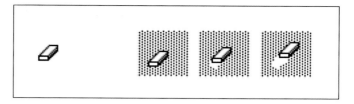

tos controlados por el usuario requieren que éste comprenda cómo manipular el objeto, lo que es muy difícil con un dispositivo de control bidimensional, como el ratón que se usa en la mayoría de las computadoras. Para ser honesto, los objetos en 3D nunca serán algo especial en las interfaces de usuario hasta que se consoliden los dispositivos de control 3D.

Atraer la atención

Por último, existen algunos casos en los que la capacidad que tiene la animación de dominar la percepción visual del usuario puede volverse una ventaja en la interfaz. Si el objetivo es el de atraer la atención del usuario hacia un solo elemento o alertar al usuario con información actualizada, un titular animado sería ideal. El texto animado debe ser dibujado con una animación única (por ejemplo, el texto deslizándose desde la derecha, creciendo desde el primer carácter o agrandándose suavemente) y nunca con una animación continua, ya que el texto en movimiento es mucho más difícil de leer que el texto estático. El usuario debe ser atraído hacia el nuevo texto por la animación inicial y dejar que lea el texto sin más distracciones.

A primera vista, podría parecer que toda animación debería ser racionalizada bajo la máxima de "atraer la atención". La diferenciación que existe entre la atención legítima o falsa procede del hecho de que la animación tenga o no valor para un usuario determinado. Analice la interacción desde el punto de vista del usuario medio para determinar si éste recibiría alguna ayuda al realizar una tarea habitual. En otras palabras, no es apropiado que haya cinco anuncios que exclamen "Míreme". Esto valdría para el anunciante y no para el usuario.

Un ejemplo de valor derivado del usuario sería un sitio personal con una fotografía de clase del instituto que tuviera un vínculo con algo así como "Vea mi fotografía del instituto". Si el usuario siguiera el vínculo, sería adecuado tener un círculo animado que señalara al autor en la fotografía. Otro

Es un milagro que este botón constituya un ejemplo de una animación que atrae la atención, pero inicialmente pensé que lo era. El diseño del botón constaba de tres líneas de texto, y sólo la de en medio estaba animada, por lo que es posible que los usuarios leyesen el texto importante de las dos líneas exteriores. El primer intento (arriba) utilizaba un efecto de desplazamiento hacia la línea de en medio, pero tuvimos que abandonar esa idea, debido a la hostilidad del usuario. Cerca de la mitad de los usuarios de prueba que empleamos tuvieron reacciones mordaces con el texto en movimiento y un usuario lo ignoró, porque pensó que se trataba de un anuncio. El segundo intento (en medio) utilizaba una animación mucho más sutil y no instigaba al odio, pero al final acabamos con un botón no animado para el diseño final (abajo).

El objetivo del botón era el de atraer a los usuarios para hacer una encuesta de usuario que mostrara las distintas páginas del sitio. Inicialmente se pensó que la animación era necesaria, ya que el botón no era parte integrante del diseño de la página, no tenía un lugar lógico en la página, ya que sólo estaba presente de forma temporal. En el análisis final, la animación provocaba sensaciones negativas en los usuarios y no se utilizaba. Nos quedamos con un botón estático que, si bien no se movía, indicaba el dinamismo en su diseño gráfico y una actividad por parte del usuario en su texto, con lo que se fomentaba la participación.

Usabilidad. Diseño de sitios Web

ejemplo sería una página con muchas cosas, donde un elemento en medio fuera nuevo o particularmente importante. Estaría bien atraer la atención del usuario hacia ese elemento con una animación sin bucle.

Normalmente, la página debe ser diseñada para colocar el contenido importante arriba (por tanto, la mayoría de las páginas no necesitarán este tipo de animación), pero, a veces, la estructura lógica de la información impone un cierto orden. Otras veces, la información sobre las preferencias o intereses del usuario permitirían presuponer la importancia que tiene para éste la información que no viera, a menos que su atención fuera requerida por la animación.

Vídeo

Debido a las restricciones de ancho de banda, el uso del vídeo debe minimizarse en la Web. Al final, el uso del vídeo se generalizará, pero, durante los próximos años, la mayoría de vídeos serán cortos y utilizarán áreas de visión pequeñas con una calidad de imagen deficiente y velocidades terriblemente lentas. Con estas limitaciones, el vídeo tiene que servir como complemento del texto y de las imágenes, más que proporcionar el contenido principal del sitio.

Actualmente, el vídeo sirve para:

- Promocionar *shows* de televisión, películas u otros medios no computacionales, que tradicionalmente usan *trailers* en su publicidad.

- Ofrecer a los usuarios la personalidad de un orador. Desafortunadamente, la mayoría de los ejecutivos corporativos proyectan mucho menos personalidad que, por ejemplo, el Capitán Janeway de *Star Trek*, por lo que no es bueno mostrar una cabeza parlante, a menos que el clip de vídeo verdaderamente sirva para apoyar la experiencia del usuario. Cuando la gente ve un vídeo, inmediatamente piensa en la televisión, y alguien que tenga menos presencia fotogénica que Tom Borkaw indudablemente será igual de aburrido.

- Mostrar cosas en movimiento, como un clip de un baile. Las demostraciones de productos físicos, como un contador de monedas, también sirven para el vídeo, mientras que las demostraciones de software presentan mejor algo donde el cliente potencial puede estudiar con detenimiento sus características.

Un problema muy importante con la mayoría de vídeos en la Web es que sus costes de producción son muy bajos. Los estudios sobre los usuarios reflejan que éstos esperan producciones de calidad siempre que ven un vídeo, y que los usuarios se impacientan mucho cuando la calidad no es acorde a sus expectativas.

Una consideración especial para vídeo (y audio hablado) es que cualquier narración puede llevarnos a dificultades para los usuarios internacionales, así como para los usuarios que tengan discapacidades auditivas. La gente puede entender el texto escrito en un idioma extranjero, puesto que tienen el tiempo suficiente para leer a su propio ritmo y porque pueden consultar las palabras que no sepan en el diccionario.

Además, las palabras habladas suelen ser más difíciles de entender, especialmente si el orador es descuidado, tienen un fuerte acento, habla sobre una banda sonora o, sencillamente, habla muy deprisa. Una calidad de audio deficiente puede contribuir a la dificultad de comprender el texto hablado, por lo que es recomendable que se use un equipo de audio y micrófonos con calidad profesional al grabar la voz de un narrador. La típica solución a estos problemas pasa por usar subtítulos, pero, como se ve en las figuras, éstos requieren una atención especial en la Web.

Streaming video frente a vídeo descargable

Debido a la deficiente calidad del *streaming video*, suele ser mejor digitalizar una versión de calidad más alta del vídeo y ponerlo a disposición para su descarga. Si el vídeo tiene valor, a los usuarios no les importará esperar, pongamos, cinco minutos para descargar un vídeo de un minuto de duración.

Las reproducciones lineales son muy pacificadoras: no se puede hacer nada, excepto esperar el vídeo a través de una secuencia predeterminada de escenas. Esta falta de interacción entra en conflicto con la experiencia básica del usuario web, que es la de tomar el control y moverse. Como tales, la mayoría de clips de audio y de vídeo deben tener una duración inferior al minuto. Estar sentado mirando algo que dure más de cinco minutos debe ser una rara excepción en la Web.

Por ejemplo, en vez de poner una conferencia de treinta minutos en la Web como *video streaming* o audio, coloque archivos de texto que incorporen una transcripción. En la medida de lo posible, emplee un editor que sirva para modificar la transcripción en algo que sea más legible que la

(Página de enfrente) Los subtítulos tradicionales aparecen bien en una cinta de vídeo (he aquí una instantánea de la película "Starfire", de Sun).

Desafortunadamente, los subtítulos son prácticamente ilegibles cuando el vídeo se reduce al que se suele transmitir por Internet (imagen izquierda). Se produce una legibilidad mucho mayor si se colocan los subtítulos en un cuadro y se adapta su tamaño para su visualización en la computadora (imagen derecha). Haciendo esto no se aumenta el tamaño de archivo proporcionalmente, ya que el área en negro se comprime muy bien.

En el futuro, es de esperar que se consiga el ancho de banda para vídeo de tamaño completo. En lo que respecta al ancho de banda, es posible ahorrar tiempo de descarga transmitiendo los subtítulos como ASCII (o Unicode) y dejarlos en el buzón de la máquina cliente: una tarea perfecta para un *applet*. También debe ser posible hacer que el usuario seleccione el lenguaje de los subtítulos a través de una configuración de preferencia o un menú desplegable.

mayoría de las conferencias. Luego, complemente el texto con algunas fotografías del orador y de la audiencia, así como versiones de alta calidad de lo que se vea. Por último, puede comunicar la personalidad del orador y el espíritu del evento enlazando con un clip de audio de un minuto de los bytes de audio más atractivos. Alternativamente, use un clip de vídeo si el orador ha estado suficientemente animado.

Para mantener la sensación de control del usuario, incluso cuando se presenta multimedia, trate de segmentar las presentaciones más largas en capítulos cortos que se puedan elegir en un menú. Al convertir un programa de noticias de televisión a la Web, por ejemplo, no cree una sola cinta de vídeo de sesenta minutos que no pueda ser controlada por el usuario. En vez de ello, divida el programa en un segmento para cada noticia. Luego, prepare una página web estándar que enumere las historias con un breve resumen y un solo fragmento de las fotografías más atractivas. Permita que los usuarios enlacen con historias individuales desde esta página.

The Queen's Speech
The Christmas Broadcast

The Programme	Royal Watch	Links	Archive

The Speech

Bridging the generation gap: the theme of a speech in which the Queen spoke of the inspiration of the young, and the experience and wisdom that can be learned from the old

Watch the whole programme

Headlines

Bridging the generation gap
The Queen acknowledged it was sometimes hard for younger people to understand their elders could have valuable experience worth learning from – and then revealed she drew much day-to-day inspiration from the Queen Mother

Video

Memories of war and sacrifice
The memories of sacrifice and war – poignantly underlined by commemorations this year – were a theme of the Monarch's speech. The Queen also paid tribute to the British forces who saw recent action against Iraq

Video

Prince Charles: a birthday to remember
The Queen spoke of her son's 50th birthday as "a moment of great happiness and pride." She paid tribute to his public work and achievements.

Video

www.itn.co.uk

El discurso de la Reina se segmenta en temas que se pueden obtener en esta página del sitio de la red ITN británica. Los espectadores no tienen que ver todo el programa como cuando ven la televisión, aunque todo el discurso constituya una opción para aquellos que desean verlo todo. El hecho de si es apropiado poner publicidad en la cabeza de Su Majestad es un tema que queda pendiente.

Audio

La principal ventaja del audio es que proporciona un canal que está separado del de la pantalla. Se puede usar la voz para ofrecer comentarios o ayuda sin oscurecer la información de la pantalla. El audio también se puede usar para proporcionar una sensación de placer, como en el juego Myst. El audio que pretenda transmitir un estado de ánimo deberá emplear sonidos de fondo placenteros para no competir con la información principal a la hora de llamar la atención del usuario.

La música es, probablemente, el uso más evidente del sonido. Siempre que tenga que informar al usuario acerca de una pieza musical, tiene más sentido reproducirla que mostrar las notas o tratar de describirla con palabras. Por ejemplo, si tiene que vender entradas para la Ópera de Milán, es una estratagema obvia hacer que los usuarios escuchen un fragmento de la ópera. De hecho, los clips de audio son mejores que los clips de vídeo de las mismas óperas, que son demasiado nerviosos para impresionar al usuario y su descarga muy prolongada.

Otro uso del sonido son las grabaciones de voz, que se pueden usar en vez del vídeo para indicar cómo es la personalidad del orador. Las ventajas estriban en que son archivos más pequeños, requieren una producción más sencilla y el hecho de que la gente suele parecer más interesante cuando habla aunque su aspecto en televisión sea aburrido. La voz también es perfecta para enseñar a los usuarios la pronunciación de las palabras, como en un sitio de vinos franceses; se podía comprar barato buen vino yendo a un *chateau* que era difícil de pronunciar (porque nadie se atrevía a pedirlo en las tiendas o en los restaurantes). No en el mundo cibernético.

Los efectos de sonido sin voz se pueden usar como dimensión adicional en la interfaz de usuario para informar a los usuarios acerca de los eventos de fondo. Por ejemplo, la llegada de nueva información podría señalarse por el sonido de un periódico cayendo al suelo, y el progreso de una descarga de archivo se podría indicar por el sonido de agua vertiéndose en un vaso que se llenara gradualmente. Sin embargo, estos tipos de sonidos de fondo deben ser tranquilos. Además, siempre tiene que haber una configuración de preferencias de usuario para desactivarlas.

El sonido de buena calidad mejora sustancialmente la experiencia del usuario, por lo que merece la pena invertir en un sonido de calidad profesional. El típico ejemplo es el estudio del vídeojuego, donde los usuarios afirmaban que los gráficos mejoraban cuando mejoraba el sonido, aunque se usaran exactamente los mismos gráficos en los experimentos con sonido bueno y deficiente. Ejemplos de interfaces de usuario web son el uso de un sonido de tecla que se acentúa cuando los usuarios hacen clic en un botón, así como el uso de sonidos opuestos (tris tras) cuando vamos por direcciones contrarias en un espacio de navegación.

Permitir a los usuarios con discapacidades usar contenido multimedia

Siempre que usemos un formato que no sea texto simple y HTML estándar, nos arriesgamos a privar a los usuarios con discapacidades de poder usar nuestro sitio. Éste es un motivo más por el que limitar el uso de la multimedia a los casos en que aporta un valor sustancial a un sitio.

Los usuarios sordos pueden usar títulos en vídeos y transcripciones de presentaciones de audio. Estas alternativas de texto también hacen que el contenido sea más accesible para los motores de búsqueda, y facilitan la traducción.

Siempre que usemos un formato que no sea texto simple y HTML estándar, nos arriesgamos a privar a los usuarios con discapacidades de poder usar nuestro sitio.

Los usuarios con discapacidades visuales son más difíciles de tratar. La solución tradicional de hacer que las imágenes sean accesibles consiste en proporcionar una descripción de texto que pueda ser leída por un navegador parlante, pero si lo hacemos en un vídeo podríamos entrar en conflicto con la pista de audio. WGBH, una estación PBS de Boston, recomienda el uso de DVS (Servicio de Vídeo Descriptivo) con una narrativa de audio separada que se ejecute entre las pausas en la pista de audio principal para los usuarios que no puedan ver las imágenes. En algunos vídeos, esto puede funcionar. Otras veces, puede que sea necesario proporcionar una alternativa completamente textual que integre la información encontrada en las pistas de audio y visuales del vídeo.

Para aquellos usuarios discapacitados que no sean completamente invidentes (sino que tengan la visión reducida) puede ser posible proporcionar una imagen de vídeo más grande o limpia, aunque su descarga lleve más tiempo. O se podría proporcionar una presentación con diapositivas con imágenes estáticas y simplificadas como alternativa a una presentación con imágenes en movimiento.

Imágenes tridimensionales

Casi siempre es mejor tener 2D que 3D, ya que las personas no son ranas. Si hubiéramos sido ranas con ojos a ambos lados de la cabeza, la historia hubiera sido distinta, pero somos seres humanos con ojos en la parte frontal de la cabeza.

La evolución mejoró al Homo sapiens para que recorriera la sabana (planicie), sin saltar por los árboles. Hoy en día esta predisposición evolutiva queda patente en la comparación entre la gente que conduce un coche y la que pilota un helicóptero: la navegación 2D (por el suelo) frente a la navegación 3D (por el aire).

El uso de 3D en una computadora añade una serie de dificultades:

- La pantalla y el ratón son dispositivos 2D, por lo que no obtenemos verdadero 3D, a menos que compremos murciélagos (ratones voladores) muy caros.

- Es difícil controlar un espacio en 3D con las técnicas de interacción que se suelen usar, porque fueron diseñadas para su manipulación 2D (arrastrar y desplazarse, por ejemplo).

- En la vista tridimensional, los usuarios tienen que prestar atención al desplazamiento, aparte del desplazamiento del modelo subyacente; los controles adicionales para volar, aumentar, etc., van antes que la tarea principal del usuario.

- Una resolución de pantalla deficiente hace que sea imposible ofrecer objetos remotos con el suficiente detalle como para ser reconocibles; todo el texto que haya en el fondo será ilegible.

- El software necesario para 3D no suele ser estándar y requiere una descarga adicional (que los usuarios no suelen esperar).

Mal uso de las imágenes tridimesionales

La mayor parte de los espacios informativos abstractos funcionan mal en 3D, ya que no son físicos. Tienen un mínimo de 100 dimensiones, por lo que visualizar un espacio de información significa lanzar 97 dimensiones en vez de 98: una mejora muy insuficiente como para justificar la complejidad añadida de la interfaz.

En concreto, el desplazamiento por un hiperespacio (como un sitio web) suele confundirse en 3D, y los usuarios suelen perderse. El desplazamiento tridimensional puede parecer atractivo en una demostración, pero esto se debe a que no está volando por el hiperespacio. Como tal, no hay que recordar lo que tiene detrás o preocuparse por qué objetos quedan ocultos detrás de los objetos cercanos (la persona que ofrece la demostración sabe dónde está todo). La primera ley de las demostraciones es: nunca trate de usar el sistema. En lugar de ello, escriba un guión bien ensayado que no toque nada para no causar daños.

Además, evite los trucos de realidad virtual (por ejemplo, un mercado de compras virtuales) que imiten al mundo físico. El objetivo del diseño web consiste en ser mejor que la realidad. Si pide a los usuarios que "caminen por el mercado", estará poniendo la interfaz en mitad de su objetivo. En el mundo físico, hay que ir de una tienda a otra; en la Web, nos teletransportamos por el ciberespacio directamente al destino elegido por medio de topologías de navegación adaptadas a las necesidades del usuario (presuponiendo que la arquitectura de información es buena).

Una de las razones principales para no incorporar muchas imágenes en 3D es la legibilidad reducida del texto giratorio. Evidentemente, no ayuda el uso de los colores con contrastes bajos, como se hace aquí en los títulos de los productos.

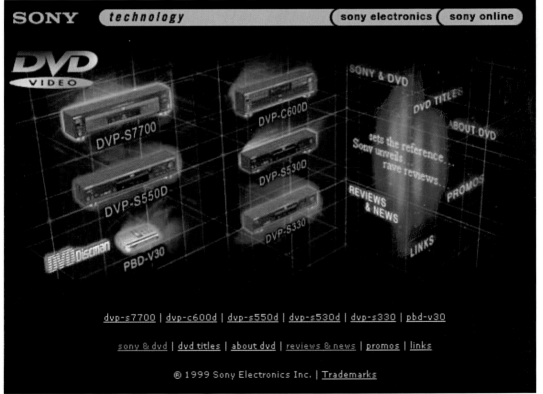

www.sel.sony.com

Vista global de PlanetOasis

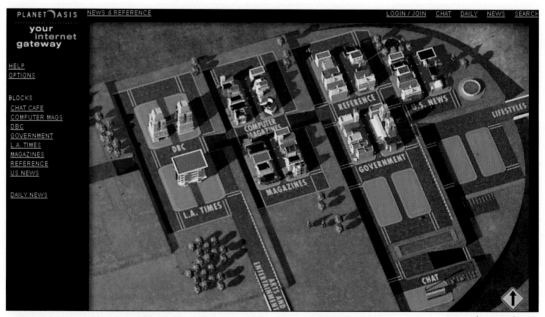

www.planetoasis.com

Vista de distrito de PlanetOasis

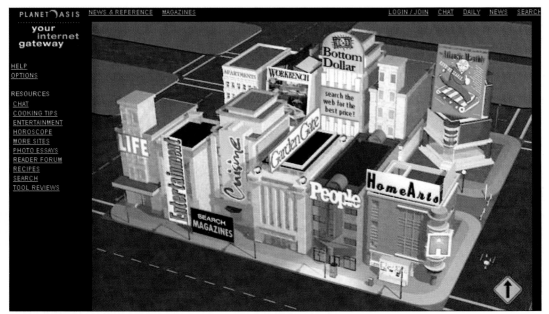

Vista de bloque de PlanetOasis

Desplazamiento por PlanetOasis desde la vista de toda la isla (página contigua) pasando por la vista de un distrito hasta una vista de un bloque individual (arriba). Un camino muy lento para llegar a la revista *People*. Puro truco visual. ¿En verdad tiene la sensación de que si se va, *Los Angeles Times* irá tras sus pasos? Lo más importante: ¿Puede acordarse de esto?

Cuándo usar imágenes tridimensionales

El uso de 3D puede ser apropiado cuando necesite visualizar objetos físicos que necesiten ser entendidos en su forma sólida. Los ejemplos podrían ser:

- Cirujanos planificando dónde realizar una incisión al paciente. El cuerpo es 3D, y la localización del tumor posee una ubicación tridimensional que es más fácil de entender a partir de un modelo en 3D que de los rayos en 2D.

- Ingenieros mecánicos diseñando un *widget* que necesite entrar en un *gadget*.

- Investigadores químicos tratando de comprender la forma de una molécula.

- Planificar el diseño de una feria.

A veces, los objetos físicos funcionan mejor en 2D. Un sistema de ayuda que explique cómo sustituir un disco duro en el chasis de una computadora puede ser mejor con un dibujo esquemático desde la perspectiva apropiada que resalte el punto correcto. O bien la utilización de un vídeo de un técnico de reparaciones que elimina el disco antiguo e inserta el nuevo. El vídeo es 2D con respecto a las imágenes, pero utiliza el sonido para realzar la comprensión de los eventos (por ejemplo, la instantánea de satisfacción cuando el disco ya está acoplado). El sonido proporciona una dimensionalidad adicional sin costes de desplazamiento, ya que está sincronizado con el vídeo.

Los conjuntos de datos abstractos que tengan exactamente tres atributos son muchas veces más fáciles de entender en una visualización en 3D. Primero, trate de simplificar el problema y experimente con las vistas 2D, incluyendo el diseño tipo tira cómica de múltiples gráficos, de los que Edward Tufte es tan amante en su libro **The Visual Display of Quantitative Information**.

Por último, las aplicaciones de entretenimiento y algunas interfaces educativas pueden verse beneficiadas de la naturaleza divertida de las imágenes en 3D, como pone de manifiesto la cantidad de juegos de disparar que hay. Observe que las imágenes en 3D funcionan en los juegos, ya que el usuario no quiere llevar a cabo otra tarea que la de divertirse. Sería trivial diseñar una interfaz mejor que DOOM si el fin fuera el de matar a los malos lo antes posible. ¿Me dan un mapa en 2D del área con iconos de las tropas enemigas y me dejan tirar bombas sobre ellas haciendo clic en los iconos? Vale. Fin del juego en unos pocos segundos, y los buenos ganan siempre. Es el diseño que se quiere si se está en el Pentágono, pero, en realidad, es un juego muy aburrido.

Conclusión

El contenido es el centro de atención de los usuarios web. Es la razón por la que se conectan, y es lo primero que ven cuando cargan una nueva página. El contenido de calidad es uno de los determinantes más importantes de la usabilidad; el otro es si los usuarios pueden encontrar la página deseada (que es el tema del próximo capítulo: el diseño del sitio).

En la Web, "contenido de calidad" tiene un significado algo distinto al que tienen los medios tradicionales. Las calidades de producción son relativamente menos importantes; se aprecia escribir bien y tener imágenes atractivas, pero éstas ya no son las características determinantes de la calidad. En vez de ello, las principales preguntas formuladas por el usuario al juzgar el contenido incluyen "¿Qué hay para mí?" y "¿Cómo va a ayudarme a resolver el problema?".

Dado que los usuarios web son tan impacientes, el contenido tiene que estar mucho más orientado a dar respuestas rápidas que a ser útil para el usuario.

La economía de la atención

La Web potencia la economía de la atención, donde la moneda es el tiempo de los usuarios. ¿Dónde miran?, ¿dónde deciden quedarse? y ¿dónde van a volver más tarde?

En los medios tradicionales, estas cuestiones están resueltas. Si el usuario está leyendo una revista, el coste de obtener otra revista es muy alto, tanto en términos de dinero como de tiempo. Paralelamente, el beneficio esperado de conseguir una revista distinta es relativamente pequeño, ya que el usuario ya se está suscribiendo a sus revistas preferidas.

La Web invierte esta ecuación: el coste de ir a un sitio web diferente es muy bajo, y el beneficio esperado de quedarse en el sitio no es muy alto. Los diferentes principios conducen a un énfasis distinto en la economía de la atención. El contenido web debe dar beneficios inmediatos a los usuarios, que de otra forma ofrecerán su tiempo a otros sitios.

4 Diseño del sitio

El diseño de página a veces monopoliza toda la atención. Después de todo, con los navegadores web actuales, sólo es posible ver una página a la vez. El sitio en sí nunca viene representado explícitamente en la pantalla. Pero, desde el punto de vista de la usabilidad, el diseño del sitio es más importante que el diseño de la página.

Cuando los usuarios llegan a una página, no les suele resultar difícil hacerse una idea de lo que pueden hacer, si dedican un cierto tiempo a ello (bueno, los usuarios no dedican tiempo a estudiar las páginas detenidamente, razón por la que tenemos tantos problemas de usabilidad a nivel de la página). Pero llevar al usuario a la página adecuada no es fácil.

Según un estudio de Jared Spool y sus colegas, cuando los usuarios empezaban en la página de inicio y tenían un problema sencillo para resolver, sólo podían encontrar la página adecuada el 42% de las veces. En un estudio de Mark Hurst y mío, el número era incluso menor; sólo el 26% de los usuarios eran capaces de llevar a cabo una tarea algo más difícil que, en el caso de nuestro estudio, consistía en localizar una oferta de trabajo y ofrecerse para el puesto (en seis sitios corporativos representativos con listados de ofertas).

El motivo del bajo nivel de éxito que reflejaba nuestro estudio, en relación con el estudio de Jared Spool, no era debido a que hubiéramos elegido sitios particularmente deficientes en cuanto a su diseño; por el contrario, buscamos sitios de compañías grandes y respetadas. La diferencia en los niveles de éxito era debida a las diferencias en la complejidad de las tareas. El nivel de éxito del 42% era el resultado medio en una serie de tareas en las que se pedía a los usuarios que encontraran respuestas a preguntas específicas en un sitio web; en otras palabras, la tarea exacta para la que la Web es ideal. En contraste, el nivel de éxito del 26% era el promedio de los usuarios que tuvieron que acometer una serie de pasos para llevar a cabo la tarea de localizar y solicitar un puesto de trabajo. Si un usuario no era capaz de superar uno de los pasos, no podía llevar a cabo la tarea. A fin de cuentas, no es posible solicitar un trabajo si no se encuentra. Pero tampoco es bueno encontrar una oferta de trabajo si el formulario de candidatura es demasiado difícil.

El problema es que la usabilidad sufre mucho cuando sacamos a los usuarios de la página de inicio y hacemos que empiecen a navegar o resolver problemas. La Web fue diseñada como un entorno de lectura de documentos, y su usabilidad no ha mejorado al compás de los altos niveles de complejidad que se piden a los usuarios. Por tanto, el diseño de sitios debe orientarse ante todo a la simplicidad, con las mínimas distracciones posibles y con una arquitectura de la información muy clara y con herramientas de navegación adecuadas.

(Página de enfrente) Pensaba que las señales "en construcción" (completadas con alguna animación) habían muerto en 1995, después de que quedara claro que todos los sitios web están **siempre** construyéndose. Pero, lamentablemente, siguen existiendo, aunque con formas más sofisticadas.

No comunique a los usuarios lo que no tiene; es algo frustrante. No deje un sitio web sin terminar; manténgalo oculto hasta que tenga la suficiente utilidad para los usuarios. Puede ser conveniente incluir un artículo pequeño que hable acerca de los planes o atracciones futuras previstas, pero la entrada principal del sitio debe centrarse en lo que el usuario puede hacer.

¿Qué piensa de la finalidad del signo de interrogación? No utilice nunca ese tipo de elementos de interfaz tan crípticos. La única interpretación razonable sería una función de ayuda, ya que es normal usar un icono de signo de interrogación para acceder a la ayuda. Pero el signo de interrogación tipo "saturno" nos conduce al motor de búsqueda: nadie espera esto, por lo que nadie lo encontrará.

Hi. Welcome to our (partially) redesigned Web site. Over the next few weeks, we'll be updating every section of the site to look and work just like the one you see here. And since these new sections will be coming online almost daily, please be sure to come back every so often. Until then, please pardon our cyber dust. And thanks for stopping in.

A Different Kind of Car

www.saturn.com

 Think different.

The Apple Store

The Apple Store is closed for the holidays while the computer-making elves work diligently to make the online Apple Store better than ever. Please come back again January 5 to place your order through the Apple Store.

If you don't want to wait, you still have time to start the new year off right by visiting a local Apple reseller who can supply you with all you need to get started.

If you've already placed your order and want to check on the status,
call 1-800-795-1000.

store.apple.com

La página de inicio

La página de inicio es el estandarte del sitio, por lo que debe ser diseñada de forma distinta al resto de las páginas. Obviamente, las páginas de inicio y las páginas interiores deben compartir el mismo estilo, pero existen diferencias. Por ejemplo, la página de inicio no debe tener un botón Inicio, ya que es muy molesto hacer clic en un botón que enlace con la misma página. Además, la página de inicio normalmente debe tener un logotipo más grande y una mejor colocación del nombre de la compañía o del sitio. El primer objetivo que debe tener una página de inicio es el de responder a las preguntas "¿Dónde estoy?" y "¿Qué hace este sitio?", las cuales requieren una versión directa y grande del nombre. Las respuestas no deben ser las típicas declaraciones a las que nos tienen acostumbrados algunos sitios burocráticos. En vez de ello, viendo el diseño debe quedar patente el objetivo que tiene el sitio cuando un usuario lo visita por primera vez.

Para este tipo de visitante, responder a la pregunta "¿Qué hace este sitio?" puede que sea la función más importante de la página de inicio, pero, para la mayoría de los usuarios, la función más importante de una página de inicio es la de servir como punto de entrada al esquema de navegación del sitio. A menudo, esto será una lista de los niveles superiores

¿Qué hace esta empresa? La simplicidad es algo bueno, pero una página de inicio necesita cierta información.

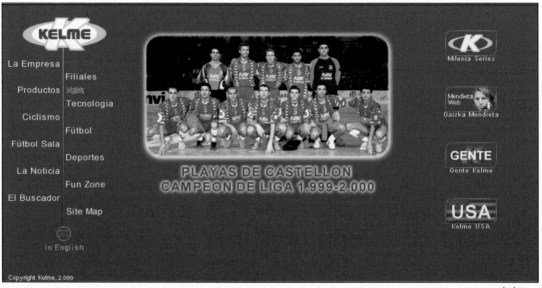

www.kelme.es

Tuesday, August 24, 1999

batteryplanet.com

Welcome!

□ Organic Coffee □ Earth-Friendly Products
□ Books □ Plush Toys & Puppets
□ Unique Gifts □ Natural Baby & Personal Products

Earth Dream
Click Here

LinkExchange

Power Hungry?
eBatts.com

Wireless Connection

CHEAP CellPhones.Com

Online Wireless SuperStore
▶ FREE Shipping!
Order NOW!

Battery Planet is where you will find the finest companies that offer batteries and accessories for everything wireless. Each site is rated so you can easily choose a company to buy from.

We make it easy to shop online. With our unique rating system, you'll know which sites offer toll free customer support, secure online ordering, whether or not we have test shopped them, the rating we gave them, and what their warranty/return policy is.

To begin your search, just click on a category, or search by company with the search form.

Does your company sell batteries and accessories for wireless products? Would you like to be listed on Battery Planet? Then click here!

Choose a category

Camcorder
Cellular Phone
Cordless Phone
Laptop/Notebook
Medical/EMS
Sealed Lead Acid
Two-Way Radio
UPS Batteries

Or search by company name

Search

Click For Answers   Why do things appear darker when they're wet?

Download FREE Software!

utilities games screen savers Internet ZDNet Exclusives

SuperStats.com   **The webmaster's network**   [click here]

Microsoft Internet Explorer

www.batteryplanet.com

La primera impresión sobre esta página de inicio es que podría ser un lugar para comprar café o conseguir software gratuito, cuando, de hecho, es un lugar para comprar pilas. Pero no hay ni una sola imagen de pilas en la página de inicio, ni la palabra aparece resaltada por ningún lado. El nombre del sitio es adecuado y se deduce que es un sitio que tiene relación con las pilas, por lo que el diseño no es una pérdida total. Además, las categorías de navegación son fáciles de encontrar y muy lógicas. Pero, ¿por qué dedicar espacio a una banda en color en la parte superior con la fecha de hoy? En un sitio que se actualizara esporádicamente, podría haber ventajas en la inclusión de un pie que mencionara la fecha de la última actualización, pero nadie utilizaría nunca la fecha en curso.

(Página de enfrente) Hay demasiadas cosas que sobran en esta página de inicio, especialmente si consideramos que sólo estamos viendo la mitad superior. Pero la página sigue funcionando, porque la mayoría de los usuarios se verán atraídos inmediatamente a la parte interactiva de la página, donde podrán introducir la información de su viaje e ir inmediatamente a una lista de los vuelos disponibles.

de un directorio jerárquico, pero, en función de la arquitectura de la información, puede que tengan sentido distintas formas de ayudas a las entradas de nivel superior.

Por ejemplo, la gente que visita un sitio de viajes normalmente querrá hacer una reserva de vuelo, por lo que una forma de introducir las ciudades de origen y de destino de un viaje pueden constituir un buen punto de entrada de nivel superior.

La página de inicio también es el lugar donde presentar las noticias o promociones especiales. Pero recuerde que la mayoría de la gente acude a su sitio para llevar a cabo algo específico. Sólo muy de vez en cuando alguien entra para comprobar qué está pasando en la empresa o qué productos se ponen a la venta. En consecuencia, el área de noticias debe ser limitada y dejar una gran parte de la página disponible para la navegación (la excepción a esta regla es la de los sitios centrados en noticias). En tales sitios, el fin del usuario será "ver lo que ocurre" sin pensar de antemano en noticias específicas. Incluso en los sitios de noticias, sigue siendo importante recordar que algunos usuarios los visitan para buscar temas específicos o sucesos de actualidad, y que la gente también querrá localizar artículos antiguos que ya se han retirado de la página de inicio. La navegación sigue siendo una prioridad.

Casi todas las páginas de inicio necesitan una opción de búsqueda, ya que muchos usuarios no quieren desplazarse vínculo a vínculo hasta su destino. En sitios donde la búsqueda sea un mecanismo de acceso principal, conviene incluir un cuadro de búsqueda en la parte superior de la página de inicio. En otros sitios, podría bastar con un vínculo sencillo (pero importante) con la página de búsqueda.

En resumen, una página de inicio debe ofrecer tres características: un directorio de las principales áreas de contenido del sitio (navegación), un resumen de las noticias o promociones más importantes y una opción de búsqueda. Si se hace bien, el directorio y las noticias le ayudarán a responder a la necesidad del usuario primerizo de saber de qué trata el sitio. Aun así, formule siempre esta pregunta: "¿En qué me puede ayudar este sitio?". Y recuerde el nombre y el logotipo.

  **FREE shipping!**
Click Here.

eBags
Get Carried Away!

| Home Page | My Travel | Deals | Places to Go | Interests & Activities | Maps | Find | Help |

go to msn.com

 **Fare Sale!** Save up to 30%

Service Notice
Read a quick update on new features to make trip planning easier

Customer Support
• Privacy and security
• Credit Card Guarantee
• Join now. It's free!
• Agents on call 24 hrs.
• New on the site!

Non-U.S. residents
Use our sites in Australia, Canada, Germany, UK, Other.

 **eBags** Need a bag?

Get the dirt on buying a home with your honey!

Book a flight   **Reserve a room**   **Rent a car**

Try our fast Roundtrip Fare Finder: New? Register first

Leaving from   Departing (MM/DD/YY) Time
[   ]   [9/19/99]   [evening ▼]

Going to   Returning (MM/DD/YY) Time
[   ]   [9/21/99]   [evening ▼]

[1 adult ▼]   More search options...   [Go]

This search is limited to adult roundtrip coach fares.

 Shop for vacations

 Shop for cruises

Special Deals
Resorts
Accommodations
Sports & Adventure
Casino Destinations
Family Vacations
Travel Merchandise

Fare Compare: Are you getting the most for your money? Check out the airfares that other customers are finding on our most popular routes.

IN MY TRAVEL

My Itineraries
View or update your purchased, reserved, or planned trips.

My Profile
Update your travel preferences and account information.

▪ Flight Info: See up-to-the-minute status on flight arrivals and departures.
▪ Fare Tracker: Receive a free weekly update on low fares to your favorite cities.
▪ MileageMiner: Track your frequent flyer accounts and maximize your miles.

FEATURED DESTINATION

Florence, Italy: A 360° tour of Firenze, the art-filled city along the Arno

Find the latest info on hundreds of other great travel destinations
[Select a region ▼]

CURRENT HIGHLIGHTS

▪ Up to 30 percent off flights worldwide
▪ One-way fares for $99 and up
▪ Been there, done that? Send a trip tip
▪ More headlines...

TRAVEL READ
Plan your next summer road trip with the most popular guidebooks at barnesandnoble.com.

www.expedia.com

Every Rental – $3.49!
& LOW shipping prices! (Find out more.)

NETFLIX.COM
The easiest way to rent a DVD!

• Preview FREE and Purchase Smart with DVD Test Drive!
• Save with Flix Value Paks! As low as $2.99 per movie!

▶ **Shopping Cart**
▶ **Your Account**
▶ **Customer Service**

| HOME | DVD REVIEWS | ACTION | COMEDY | SCI-FI | NEW RELEASES | BROWSE THE AISLES | FAVORITES |

FlixFinder: [Movie Title ▼] [_____] [Go!] Tips   Wednesday, August 25, 1999

Now with over 3,700 DVD titles to rent!

A Simple Plan

[Add to Cart]
[Remind Me]

See more excellent ensemble acting in The Big Chill and Ronin.

8MM

[Add to Cart]
[Remind Me]

Go into the darkness with Ransom, Seven and Bad Lieutenant!

Enemy of the State

[Add to Cart]
[Remind Me]

Get more "intelligence" entertainment in our Covert Action Collection.

Patch Adams

[Add to Cart]
[Remind Me]

Is there a doctor in your house? We prescribe At First Sight and Awakenings.

Who Said That?

You know the quote, "Do I feel lucky? Well, do ya punk?" Can you name the movie it's from? Test your movie IQ with our 10 Unforgettable Quotes matching game. Try it now.

Interview: Rushmore's Wes Anderson

There's real-life and reel-life inspiration behind the success of the hot comedy Rushmore. For the inside scoop, read our exclusive interview with Rushmore director Wes Anderson.

Editors' Choice: Crime Doesn't Pay!

Want more top picks? We'll digitally dispatch our favorites to your inbox every Monday. Sign up now!

Out of Sight

[Add to Cart]
[Remind Me]

In the most underrated movie of 1998, George Clooney and Jennifer Lopez dazzle and sizzle.

Ronin

[Add to Cart]
[Remind Me]

Take it home and close the windows, 'cause Robert DeNiro and Jean Reno rock the house.

Welcome to NetFlix.com!
The Easiest Way to Rent a DVD!
Returning Visitor? Sign In

Your First DVD Rentals are FREE!
Shopping with a Special Offer? If you have a Special Offer Code from a coupon, advertisement or email, enter it below and click "Redeem." Get more information about Special Offers here.

[_____] [Redeem]

3 FREE Rentals!
Don't have a Special Offer code? Referred by a friend? Click here to rent your first 3 DVDs for FREE!

Every DVD Rental -- $3.49!
It's as easy as 1-2-3!

1. Pick the DVDs you want to watch. (Safe shopping guaranteed!)
2. They'll arrive in your mailbox within 2 to 3 days. Keep them for a full week!
3. Then use the pre-paid mailer to drop them back in the mail.

Preview Movies Before You Buy Them!
Take the guesswork out of your next DVD purchase with our new DVD Test Drive program! Find out more.

Need to Know More?
Want to know more about the NetFlix.com store? Click here!

Find Movies Instantly!
NetFlix.com makes it a snap to find movies you like, even when you don't know what you are looking for!

Incredible Value and Convenience!

www.netflix.com

(Página contigua) ¿En qué sitio estamos? Queda muy claro que es Net-Flix. En segundo lugar, ¿cuál es la finalidad del sitio? Queda razonablemente claro que es un lugar para alquilar DVD. Pero si miramos la parte superior de la página y vemos directamente su parte central (como hacen muchos usuarios), también se podría pensar que se trata de un sitio con crónicas de películas. El elemento de diseño que más destaca probablemente sea el cuadro de texto de entrada "Redeem", que sólo sirve para los usuarios que tengan un cupón especial. Todo el proceso de cupones ocupa demasiado espacio en la página de inicio: hubiera sido mucho más sencillo proporcionar un vínculo con una página especial que hubiera explicado mejor el proceso. Además, el campo de búsqueda desaparece en el fondo de la barra de navegación, aunque sea más importante que el cupón. No obstante, un problema más grave que afecta a esta página de inicio es la pequeña cantidad de espacio destinada al directorio de contenido relativo a las especialidades. El verdadero volumen del sitio (3.700 productos) no está bien representado. El diseño tiene un añadido en el área "1-2-3": un contenido sencillo que resume el proceso de cómo funciona el sitio.

(Página siguiente) Estos dos sitios de líneas aéreas muestran distintos enfoques con respecto al diseño de página de inicio. United Airlines se centra en el acceso sencillo a las numerosas utilidades del sitio, mientras que American Airlines se centra en el acceso fácil a dos funciones importantes: conectarse a la cuenta de viajero frecuente y localizar un vuelo entre dos ciudades. El enfoque de United Airlines funciona mejor si se usa de forma distribuida en las distintas utilidades. La página de inicio deja claro lo que se puede hacer con el sitio, aunque los "atajos" no estén bien diferenciados y no destaquen las utilidades más importantes del sitio. El uso de dos niveles de categorías libera a los usuarios de tener que buscar por todas las utilidades. Hubiera sido mejor utilizar tres categorías de nivel superior en lugar de dos: las categorías "Reservations" y "Mileage Plus" (el programa de vuelos frecuentes) deberían combinarse en una sola categoría de nivel superior, ya que ambas hacen referencia a los datos y viajes específicos del usuario individual. Las dos categorías restantes contienen información genérica sobre los vuelos y sobre la corporación.

El enfoque de American Airlines reduce la inmensa mayoría de las utilidades del sitio a una serie de menús desplegables, ya que sólo puede aparecer un menú al mismo tiempo. Y muchos de los menús son tan largos que nos obligan a desplazarnos, lo cual implica que los usuarios ni siquiera pueden ver la lista de opciones de un menú a simple vista. Por tanto, el enfoque de American Airlines sólo funciona si las dos utilidades resaltadas contasen como las más utilizadas del sitio.

En ambos sitios, observe cómo se ha combinado satisfactoriamente la información tradicional corporativa con las utilidades de comercio electrónico. No existe conflicto entre tener un sitio que sirva a ambas funciones, siempre que los usuarios puedan localizar los vínculos con los productos. United Airlines falla algo en este punto, aunque haga que sea "Reservations" la primera categoría (y la más destacada) de su esquema de navegación.

Shortcuts   Award Travel | E-Fares | Flight Status | Mileage Summary | Reservations

New UAL.COM Features and Registration Information
Award Travel Redemption is here, along with faster updates to your Mileage Plus account! Learn how to register under our new feature release.

Earn 4,000 Bonus Miles!
Purchase your first roundtrip flight at ual.com and receive 4,000 Mileage Plus miles when you complete your travel on United, United Express or United Shuttle.

United E-Fare Specials for Hawaii
Aloha! Special discounts for travel to and from Honululu, Maui and Kona are available until September 12. Click on the link for more details.

———— Traveler Section ————   **———— Airline Section ————**

Reservations
Award Travel
E-Fares
Flight Search
Flight Status
Packing Tips
Reservations
Route Maps
Special Services
Ticket Offices
Travel Resources
United Connection
United Vacations

In the air
Duty Free
Entertainment
Food Service
High St Emporium
Laptop Power
Route Maps
Seat Maps
Service Classes

Mileage Plus
Contact Index
FAQ
Mileage Summary
New Members
Partners
Premier Scene
Program Info
Special Offers

Products
Alliances
Business One
Concierge Service
Electronic Tickets
Red Carpet Club
Service Classes
Silver Wings Plus
United Cargo
United Connection
United Express
United Ground Link
United Services
United Shuttle
United Vacations

At the airport
Airport Maps
Baggage Info
Business One
Concierge Service
Electronic Tickets
Red Carpet Clubs
Special Services
Time to go!

Upon arrival
3 Perfect Days
Airport Maps
Baggage Info
City Guides
Currency
Embassies
Foreign Languages
Hotels/Lodging
Maps
Mileage Summary
Visa/Customs
Weather

Our company
Addresses

Annual Report
Community Support
Contact Us
E-mail
Employment
Investor Relations
Phone Book
Press Releases
Speeches
Worldwide Sites
Year 2000 (Y2K)

History
Current Fleet
Past Planes
United History

Site Search | Privacy/Copyright | Contact Us   Shortcuts GO

www.ual.com

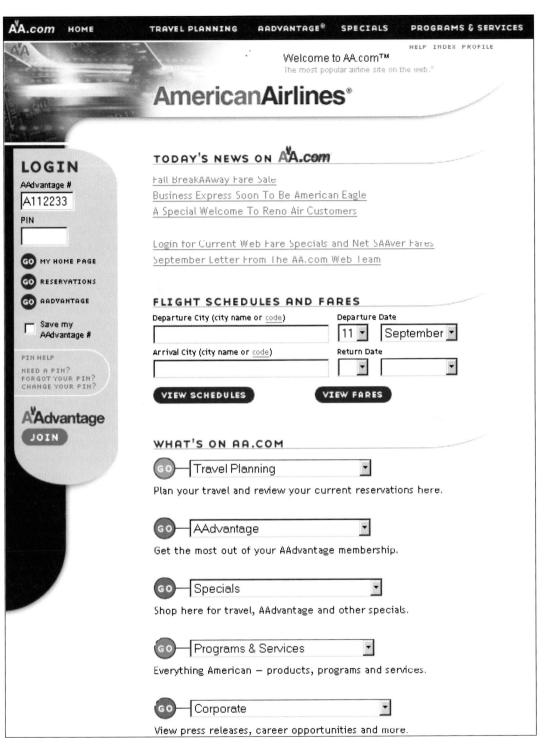

¿Qué tamaño debe tener la página?

La pregunta más formulada en todos los seminarios web que imparto es "¿Para qué ancho de pantalla debo diseñar?". La gente suele querer saber si 640 *pixels* u 800 *pixels* es el objetivo. La respuesta normal es que no hay que diseñar para ningún ancho estándar; es mucho mejor crear diseños de página que funcionen para una gama de tamaños de ventana. Los usuarios no sólo tienen tamaños de monitor con resoluciones variadas, sino que puede que no siempre tengan sus ventanas maximizadas para ocupar toda la pantalla.

A esos usuarios con pantallas pequeñas no se les puede obligar a desplazarse horizontalmente para ver la página de inicio (el desplazamiento vertical ya es lo suficientemente molesto), y los usuarios que tenga pantallas grandes deben poderse aprovechar de su inversión. Aun así, muchos diseños de página de inicio ocupan un tamaño específico, y si se opta por esta solución, es aconsejable que se quede con un ancho de 600 *pixels*, a menos que esté diseñando algo para una intranet donde se sepa que los usuarios tienen monitores grandes. El uso de 600 *pixels* en vez de 640 es importante, ya que en todas las pantallas los bordes de ventana del navegador engullen varios *pixels*; en consecuencia, el contenido de la página no puede usar todo el ancho del monitor.

Ancho de la página de inicio

Durante los primeros años de la Web, las páginas de inicio fueron creciendo a medida que los diseñadores iban colocando más opciones y utilizando gráficos más amplios. En distintas ocasiones estudié la Web y calculé el ancho medio de las páginas de inicio que encontré:

Abril de 1995:	525 *pixels*
Enero de 1996:	568 *pixels*
Agosto de 1996:	598 *pixels*
Mayo de 1997:	586 *pixels*

En 1998 y 1999, algunas páginas de inicio llegaron a 775 *pixels* (para caber en un monitor de 800 *pixels*), pero la mayoría se quedaron en 600 *pixels*.

Ahora es raro ver páginas de inicio estrechas (con un ancho de, digamos, 300 *pixels*), aunque algunos sitios utilizan diseños "líquidos" que no tienen un ancho específico. En principio, es mejor diseñar este tipo de página de inicio independientemente de la resolución, que puede adaptarse a varios tamaños de pantalla. Si no es posible, mi consejo es el de presuponer que muchos usuarios seguirán empleando 640 *pixels* durante varios años.

Newsweek trata de satisfacer ambos tamaños de pantalla con esta página de inicio: con un ancho de 800 *pixels*, vemos todo (como se ve aquí), y con 640, seguimos viendo la parte principal de la página y sólo nos falta por ver la columna que queda más a la derecha con noticias secundarias. El logotipo de la página está diseñado para funcionar con ambos tamaños de pantalla. Este diseño es muy inteligente, pero no es recomendable. Los usuarios que tengan pantallas con 640 *pixels* querrán saber lo que se

están perdiendo, por lo que a menudo se verán forzados a desplazarse horizontalmente (una de las técnicas de interacción más odiosas de un navegador web). Además, los usuarios que tengan otros tamaños de pantalla tendrán problemas, por ejemplo, al usar WebTV (más pequeña que 640) o al usar un gran monitor para PC con varias ventanas que tengan un tamaño de, por ejemplo, 700 *pixels* (con lo que se cortaría la columna derecha de la página de inicio por la mitad).

Hay que acabar con las pantallas de bienvenida

Hemos tratado la página de inicio como si ésta fuera lo primero que un usuario ve al entrar en un sitio. Y así es como debe ser. Desafortunadamente, algunos sitios emplean pantallas de bienvenida completamente inútiles, que lo único que hacen es ralentizar al usuario en su intento de llegar a la página de inicio.

La teoría de las pantallas de bienvenida es que pueden preparar al usuario para ver la página de inicio mostrando algún saludo o, simplemente, el nombre o logotipo aislados sin las distracciones de los elementos de navegación de la propia página de inicio.

En realidad, las pantallas de bienvenida son molestas y los usuarios se las quitan de encima con la mayor rapidez posible. Es mucho mejor diseñar una página de inicio que unifique el mensaje de situación con algunas noticias útiles y con un directorio de información. El propio contenido puede utilizarse para indicar a los usuarios dónde están y de qué trata el sitio.

Uno de los usos más indicados de las pantallas de bienvenida es el de filtrar usuarios y advertir a ciertos usuarios sobre el contenido que se van a encontrar en la página de inicio.

www.laurana.es

¿Qué ventaja se desprende de obligar al usuario a ver primero la pantalla de bienvenida? Algunos usuarios pueden acabar desesperados. A muy poca gente le interesa entrar con cada clic en el "misterio de Internet", donde tengan que imaginarse cuál va a ser el paso siguiente, en vez de decirles directamente dónde han llegado.

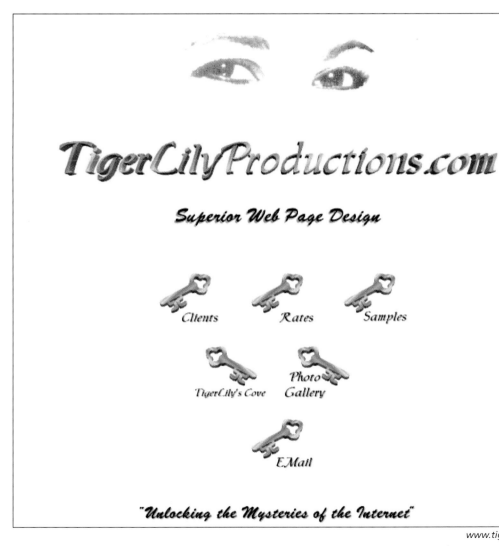

La página de inicio frente a las páginas interiores

El elemento de diseño más importante de la página de inicio debe ser el nombre de la compañía o del sitio. El nombre no tiene por qué ser el elemento de diseño más grande, pero al menos debe estar en la esquina superior izquierda de la pantalla o en cualquier otro sitio que sea fácil de ver. Además, el nombre del sitio debe repetirse en todas las páginas interiores, ya que los usuarios pueden entrar en el sitio en cualquier página, y no sólo en la página de inicio. Los que proceden de motores de búsqueda o que siguen vínculos con otros sitios necesitan una forma clara y sencilla de saber a qué sitio han llegado. Paralelamente, las páginas interiores tienen que centrarse más en el contenido específico que en ofrecer una bienvenida general o una panorámica del sitio. Estos dos objetivos deben ser reservados para la página de inicio.

Existe un conflicto entre la necesidad de conciliar a la gente que puede entrar en cualquier página con la necesidad de limitar la información general y las ayudas a la navegación de nivel superior de la página de inicio. La solución de este problema depende de la frecuencia con que se espera que la gente entre en el sitio por sus páginas de nivel inferior, así como de lo diferente y famoso que sea su sitio. Si los usuarios reconocen el sitio a simple vista, no se moleste en poner muchas generalidades en las páginas interiores. Sencillamente, coloque un vínculo coherente con la página de inicio desde cada una de las páginas. Recomendamos colocar este vínculo en la esquina superior izquierda de la página, que es también donde conviene colocar el nombre del sitio y/o su logotipo. Obviamente, los sitios con idiomas que se leen de derecha a izquierda deberán usar para este fin la esquina superior derecha de la página.

Lo importante es hacer que la página de inicio sea un punto conocido al que se pueda acceder con un simple clic desde cualquiera de las páginas interiores del sitio, independientemente de cuántos usuarios hayan entrado. En todas las páginas interiores, el logotipo deberá estar vinculado con la página de inicio. Desafortunadamente, no todos los usuarios entienden la utilidad del logotipo como vínculo con la página de inicio, y pasará algún tiempo antes de que esto lo sepa todo el mundo. Así que, durante los próximos años, también será necesario tener un vínculo explícito llamado "inicio" en cada página.

Los sitios que son menos reconocibles puede que necesiten proporcionar una pequeña cantidad de identificación adicional en cada página. También deben hacer que sus nombres o logotipos sean más grandes de lo normal en los sitios más famosos.

Vinculación profunda

Es una estrategia errónea obligar a los usuarios a entrar en el sitio por la página de inicio. La así llamada **vinculación profunda** permite que otros sitios señalen a los usuarios el punto exacto de su sitio que sea del interés de esos usuarios. Un sitio web es como una casa con mil puertas: hay muchas formas de entrar. Un sitio muy acogedor, sin duda.

Con una sola entrada principal y todos los demás accesos bloqueados, los usuarios no tienen más remedio que entrar por la página de inicio si quieren entender cómo su sitio se relaciona con sus fines o con el punto de partida. Esto es cierto, ya que la página de inicio nunca puede ser tan específica o útil para un problema concreto como la página que describe el producto o responde a la cuestión. Un punto en su contra. Está obligando así a los usuarios a aprender su sistema de navegación y las convenciones del mismo antes de poder llegar al punto donde quieren llegar. Segundo punto en su contra. ¿Quedan algunos clientes? Probablemente no.

Es mucho mejor permitir vínculos profundos. De hecho, hay que fomentar su uso, que es precisamente lo que se proponen los programas afiliados dedicados al comercio electrónico.

Programa afiliado

Un programa afiliado es una forma de pagar por el tráfico entrante. Si el sitio A se vincula con el sitio B, este segundo sitio pagará una pequeña tasa de referencia a aquellos usuarios que sigan el vínculo. Casi todos los programas afiliados sólo pagan comisiones por tener usuarios que acaben comprando algo en el sitio de destino, pero, en principio, sería posible que hubiera una estructura de comisiones por niveles y pagar menos por tener usuarios que simplemente visiten el sitio sin comprar nada (con la teoría de que pueden volver más tarde a comprar algo).

Símiles

El símil se suele usar con demasiada frecuencia en el diseño web. Posiblemente, el punto más débil de los símiles es que parece que quieren seducir a los diseñadores a ser muy listos y orientan el sitio hacia aspectos que parecen divertidos y apropiados, pero que dejan de lado los verdaderos objetivos de los usuarios. Los usuarios no viven en el mundo de los símiles, sino en el mundo real.

Si éste es el caso, suele ser mejor tratar de ser muy literal y describir cada uno de los elementos de la interfaz por lo que es y por lo que hace en vez de tratar que todo entre en un solo símil.

Dicho esto, el símil puede ser útil por dos razones. En primer lugar, puede ofrecer una estructura unificada para el diseño, que hará que éste sea algo más que un conjunto de elementos individuales. En segundo lugar, puede facilitar el aprendizaje permitiendo a los usuarios servirse de los conocimientos que ya tienen acerca del sistema de referencia.

Por ejemplo, el uso del símil "cesta de la compra" en el comercio electrónico hace que los usuarios entiendan inmediatamente la funcionalidad básica. Es posible colocar productos en la cesta, donde quedan listos para su adquisición, pero sin haber sido comprados. Puede colocar muchos productos en la misma cesta. Puede quitar artículos de la cesta siempre que no los haya pagado todavía. Y puede llevar la cesta a la caja.

Las cestas de la compra también acentúan las debilidades del símil. El conocimiento del sistema de referencia indicaría a los usuarios que la forma de comprar cinco copias de algo consiste en repetir la acción de colocar un artículo en la cesta cinco veces. Además, la forma de quitar objetos de la cesta sería colocándolos de nuevo en la estantería. Por el contrario, la mayoría de cestas de la compra en el comercio electrónico permiten a los usuarios modificar el número de un artículo que desean comprar y quitar un elemento comprando cero unidades. Esta última acción es un error de usabilidad bien conocido, que se comete con mucha frecuencia.

(Página de enfrente) Un símil con un canal de televisión utilizado para la navegación viste mucho, pero su uso es prácticamente nulo. En vez de aparecer estático la primera vez que el usuario ve la página, sería mejor mostrar un resumen de lo que se puede hacer aquí. Y aunque el uso de canales numerados para elegir opciones pueda ser metafórico, su usabilidad es exigua. Es imposible predecir con qué se va a corresponder un determinado número, y es difícil recordar dónde volver para ver información que ya se ha visto. Los números de los canales también son malos en la televisión, y sólo funcionan porque las cadenas se han gastado ingentes cantidades de dinero en dar entidad a algo tan impersonal como el número cuatro.

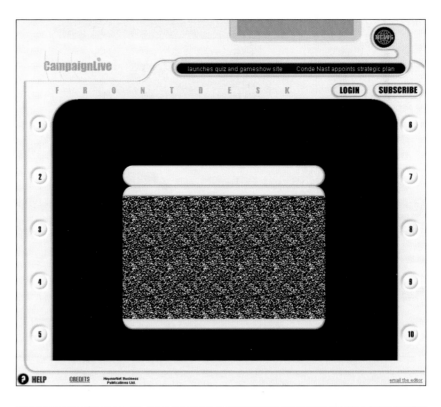

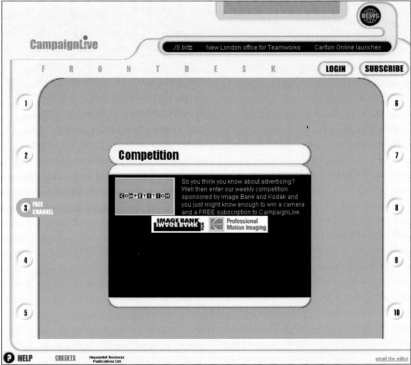

www.iflyswa.com

El diseño de 1995 de Southwest Airlines era muy metafórico y sobrevivió hasta mediados de 1999, cuando fue sustituido por un diseño mucho más literal. Aunque el diseño antiguo trataba de parecer un mostrador de aeropuerto, el nuevo diseño se acercaba más a la idea de sitio de unas líneas aéreas. Y, desde el punto de vista de la usabilidad, hacer cualquier cosa sería mucho más fácil con el nuevo diseño. El diseño antiguo claramente destaca una de las principales desventajas del símil: que no suele abarcar lo suficiente como para abordar todas las utilidades necesarias del sistema. En este caso, los diseñadores quisieron incluir un mensaje del presidente (lo que es una mala idea, pero vamos a aceptarla por el momento) y tuvieron que adaptar este vínculo colgando su retrato en la pared. Un verdadero diseño de Embajada de China.

SOUTHWEST AIRLINES
A SYMBOL OF FREEDOM®

Now $99 or less will take you anywhere Southwest flies from Las Vegas, Phoenix, Chicago, St. Louis, and Houston.

WHAT'S NEW

- Click 'n Save℠ Internet Specials

- Southwest offers $30 fares for 30 days between St. Louis and eleven destinations.

- Earn double Rapid Rewards credit when you plan and purchase Ticketless Travel Online and fly by December 31, 1999.

- Visit the Site Index for help navigating our newly remodeled site.

www.iflyswa.com

WELCOME TO THE BEMARNET TRADE FAIR GROUNDS

BemarNet·... Makes Business Easier

[Français | Español | Deutsch]

BemarNet Fast Find

| BemarNet Sites | ▾ |

THE MOST INNOVATIVE BUSINESS SITE ON THE NET

BemarNet Tour

With Flash 2.0

Thank you for visiting our website ... the future of exhibition technology. You are entering the BemarNet Virtual Wholesale Trade Fair, and admission is free.

BemarNet Management is inaugurating a completely new concept in the use of the internet for international trade, blending the virtual with real-time services through the use of real-time offices in each country that has been licensed to a responsible Country Partner.

This network of Country Partners gives businesses around the world the power to do business in real-time with manufacturers, shippers, customers and collaborators from a single platform.

We have taken the technology of the internet to the next level, by adding the human intervention so necessary for international commerce. BemarNet solves this problems by having human representatives in every country where it does business, giving businesses what they need most ... world - class technology and a human face.

www.bemarnet.es

Los símiles geográficos casi nunca suelen resultar, excepto cuando se trata de geografía. En este caso, vemos la imagen del centro de negocios, donde estamos en su tercera planta (lugar donde las empresas de transporte tienen sus oficinas).

THIRD FLOOR

Second Floor ←   Fourth Floor →

Transport Companies-Customs

HOME TEXTILES
FURNITURE FAIR
GIFTS & STATIONERY
MUSIC TRADE FAIR
SAVE MONEY
MARKETING
PRESS RELEASE
REAL ESTATE
WEB SITES
HOW TO BE EXHIBITOR
OFFER & DEMAND
BUY On-Line
INFO @ BEMARNET.ES
DIRECTORY - INDEX

demasiado ☀   [ ] Buscar
[Seleccione país ▼]

▷ **Transnatur, S.A.**

International transport by road, air and sea. Fair services all over the world. Customs agent. Service door to door. Storage, "picking and distribution". Insurance agent.

▷ **Indigo Online**

INTERNATIONAL: measures/weights. SHIPPING: abbreviations

▷ **The Chartering Handbook**

▷ **FSU Freight (HK) Limited**

▷ **Everything about Shipping**

▷ **Cargolaw**

Cargolaw is full of useful Links for the Cargo-Community!

▷ **Transena**

International transport (Spain). Trucking (including ADR). Sea - and Airfreight. Storage and Logistic. Custom clearance.

▷ **Cempaka S.L.**

International Transport Services

▷ **Arnedo Medina Valencia, S.A. "ARMESA"**

International and national transports. Frigo-trailers and frigo-tilts. Complete cargo or partial cargo. Specialists in distribution and logistics of delicate goods: fruits, vegetables, frozen food, meat, ... , to all of Europe. Storage en freeze stores or deep freeze stores. 24h at your service.

▷ **Aduana USA**

Servicios de aduana en Estados Unidos

▷ **WCO Home Page**

World Customs Organisation

consigue dos altavoces para tu equipo multimedia **GRATIS** ????e

Enter your e-mail address if you want to be notified when new companies are added to this page

E-mail: [ ]   Submit e-mail

IF YOU WANT TO BE A BEMARNET PARTNER IN YOUR COUNTRY
>> CLICK HERE <<

www.bemarnet.es

El sistema de navegación incluye enlaces con la segunda y cuarta plantas, pero trate de imaginarse lo que hay ahí. Estas plantas albergan servicios de negocios y empresas de software, pero saber por qué estas empresas están ubicadas más cerca de las empresas de transporte que, por ejemplo, de las empresas de telecomunicaciones (planta decimoséptima) es un enigma. Ir desde transportes hasta telecomunicaciones es muy difícil: hay que "subir" desde la cuarta planta hasta la planta decimoséptima. Al menos le sentará bien un poco de ejercicio.

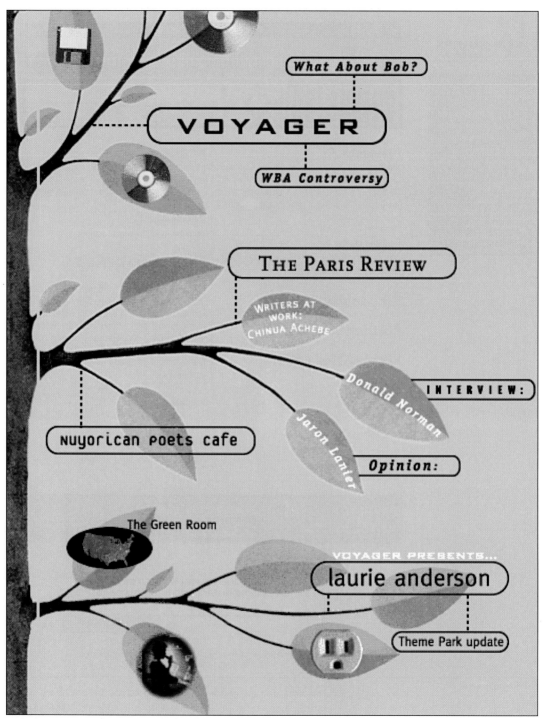

What About Bob?

VOYAGER

WBA Controversy

THE PARIS REVIEW

WRITERS AT WORK: CHINUA ACHEBE

Donald Norman

INTERVIEW:

Jaron Lanier

nuyorican poets cafe

Opinion:

The Green Room

VOYAGER PRESENTS...

laurie anderson

Theme Park update

www.voyagerco.com

En 1995, la empresa de CD-ROM Voyager utilizó un símil de árbol para estructurar una interfaz de navegación. Aunque aceptable dadas sus ambiciones artísticas, no supone ni una forma informativa de utilizar un espacio de pantalla ni una estructura útil para la información. ¿Por qué hay algunas cosas en la misma rama? Es libre de imaginárselo.

Imagínese el potencial que tiene el símil enloquecedor del Monster Board: la guarida del monstruo (los secretos de la búsqueda de empleo), los huesos sobrantes (puestos que han permanecido durante algún tiempo en el sistema), la casa encantada (empleadores con problemas) y el monstruo del Lago Ness (puestos de trabajo en el extranjero). En vista del nombre, el sitio se limita a un dibujo que le dota de cierta personalidad. Siempre se puede argumentar que un nombre como "Monster" puede funcionar en un sitio que no trate sobre monstruos, pero es memorable y deja al sitio al margen de nombres tales como CareerPath, CareerWeb, Career Central, Career Connector, Career Exposure, Career Avenue, CareerMart, CareerSite, CareerExchange, CareerCity, Career Shop, etc.

Las cestas de la compra como estándares de interfaz

Las cestas de la compra son tan habituales en el comercio electrónico que se han visto transformadas desde el símil hasta el estándar de interfaz. Cuando los usuarios se encuentran con una cesta de la compra web, no se imaginan un supermercado físico como sistema de referencia. En vez de ello, se imaginan todos los demás sitios web donde han visto otras cestas de la compra. Cuando el uso de algo se generaliza, se convierte en una convención de interfaz y la gente sabe cómo funciona.

La normalización de las cestas de la compra es algo bueno y malo a la vez. La ventajas proceden de la consistencia, que es más fuerte que el símil como herramienta de aprendizaje. De hecho, el usuario no tiene que aprender nada mientras el elemento de interfaz se comporte exactamente como el usuario espera. Paralelamente, las cestas de la compra constituyen una interfaz inapropiada en muchas aplicaciones, y los diseños se ven obligados a usarlas, en vista de que es esto lo que los usuarios esperan.

Navegación

La Web es un sistema de navegación: la interacción básica del usuario consiste en hacer clic en los vínculos de hipertexto para moverse por un amplio espacio de información provisto de cientos de millones de páginas. Dado que el espacio es tan grande, la navegación es difícil, y se hace necesario ofrecer a los usuarios un soporte de navegación que vaya más allá de los hipervínculos "vaya a".

Las interfaces de navegación tienen que ayudar a los usuarios a responder a tres preguntas fundamentales relacionados con la navegación:

- ¿Dónde estoy?
- ¿Dónde he estado?
- ¿Dónde puedo ir?

¿Dónde estoy?

La pregunta más importante de la navegación probablemente sea "¿Dónde estoy?", ya que los usuarios nunca podrán llegar a entender la estructura del sitio si no saben dónde están. Si no sabe dónde está, tampoco tendrá la capacidad de interpretar el significado del vínculo que acaba de seguir.

La ubicación actual del usuario debe mostrarse a dos niveles diferentes:

- En relación con la Web como un todo.
- En relación con la estructura del sitio.

Es necesario que identifique el sitio en todas las páginas, ya que forman un subconjunto de la Web. Todas las páginas web se parecen mucho desde la perspectiva del usuario; comparten técnicas de interacción, se descargan (lentamente) en Internet y tienen diseños parecidos. Estas similitudes son buenas, ya que permiten a los usuarios una forma de transmitir las habilidades desde un sitio a otro. Mis estudios de usabilidad indican que los usuarios se quejan mucho cuando un sitio trata de usar interfaces de navegación muy distintas de las que utilizan la mayoría de los sitios.

La Web en su conjunto domina la experiencia del usuario, ya que éste no suele ver más de cinco páginas a la vez. La desventaja potencial es que los usuarios no sabrán en qué sitio están a menos que se les indique. Por tanto, la primera regla de navegación consiste en incluir el logotipo (u otro identificador del sitio) en cada página. El logotipo deberá tener una colocación coherente (preferentemente, la esquina superior izquierda si la página está en un lenguaje que se lea de izquier-

Soporte de desplazamiento en navegadores

Cuanto menos, los navegadores web deberían mejorar el soporte para la navegación estructural. Deberían incorporar utilidades que sirvan para ascender uno o más niveles en la arquitectura de la información desde la página de que se trate, así como utilidades que sirvan para ver la relación que hay entre las páginas que visita el usuario. Deberían tener utilidades especiales que permitieran desplazarse hasta el elemento siguiente y previo de una secuencia de objetos (lo que es distinto del botón Atrás de los navegadores, que no nos desplaza hasta el objeto colindante, sino al objeto visto justo antes). Además, los vínculos deberían ser distintos, dependiendo de si se quedan en el sitio o apuntan hacia otra parte de Internet.

También resultaría útil que hubiera integración entre el conocimiento del lado del cliente de lo que un usuario está haciendo y el conocimiento del lado del servidor de la estructura del sitio. Un mapa del sitio activo podría resaltar la ubicación del usuario, así como ver su rastro por el sitio. Y, evidentemente, la búsqueda podría integrarse con este mapa del sitio y mostrar las áreas principales de los sitios que coincidiesen con la consulta del usuario.

Los motores de búsqueda de Internet deben integrarse con el navegador para permitir búsquedas que se limiten a sitios que le interesen al usuario o a páginas específicas que el usuario ya haya visto. ¿Con qué frecuencia trata de buscar algo que cree que ya ha visto antes en la Web? Bueno, si sólo le pudiera indicar este extremo al motor, el problema de la búsqueda se simplificaría enormemente (todo usuario ha visto varios miles y, como mucho, un millón de páginas de los miles de millones que existen).

"A mutual commitment for increased sales and profit."

AT&T Global Alliance
Marketing Program – Domestic

"To satisfy the **global messaging** needs of our customers."

AT&T Global Alliance
Member Program –
International

Calendar Comments Documentation GAM Web Sites EasyLink Search EasyCommerce

[Calendar | Comments | Documentation | GAM | Web Site Services | EasyLink | Search | EasyCommerce]

AT&T · (AT&T HOME) · · (HELP · SEARCH) · · (WRITE TO US) · · (AT&T SERVICES) ·

www.att.com

(Página contigua) Esta página permite a los usuarios saber dónde están en tres niveles:

- Están en el sitio de AT&T, como lo indica el logotipo de la esquina superior izquierda, que se dobla como vínculo con la página de inicio de AT&T (yo hubiera suprimido el icono doble de la esquina inferior derecha, especialmente porque su color es erróneo).

- En AT&T, están en la sección de servicios EasyCommerce.

- En EasyCommerce, están en una página sobre Global Alliance Marketing.

El flujo natural de la vista del usuario desde arriba entiende la relación jerárquica que hay entre estos tres niveles de ubicación.

Por desgracia, la barra de iconos de la parte final de la página no resalta la ubicación actual del usuario. El icono "GAM" tendría que haberse dibujado más grande, con un color distinto, que apareciera desde el fondo o en otra forma visual que indicara que representa la opción actual de la lista.

También induce a error que haya dos botones de búsqueda (en realidad, hay tres botones de búsqueda si contamos la copia textual de la barra de iconos, pero la mayor parte de los usuarios estarán acostumbrados a ver la lista de iconos y la lista textual como dos cosas idénticas).

da a derecha) y deberá convertirse en un vínculo de hipertexto con la página de inicio, de forma que los usuarios puedan llegar a su página de inicio desde cualquier otra página.

La ubicación relativa a la estructura del sitio suele darse mostrando estructuras del sitio y resaltando el área donde se encuentra la página. También es importante tener un titular principal claro en la página que indique su nombre o contenido principal. Por último, el título de la página de la definición de encabezado HTML debe utilizarse para generar un nombre significativo en cada una de las páginas, de forma que los usuarios puedan localizarla fácilmente en su lista de marcadores (si marcan la página).

¿Dónde he estado?

Dado que la tecnología web estándar no tiene estado, es posible que sea arduo para los diseños de página contestar directamente a la pregunta "¿Dónde he estado", ya que el sitio no lo sabe sin acudir a *cookies* u otras medidas de control del usuario. Por suerte, algunos de los mecanismos de desplazamientó de los navegadores actuales despejan ciertas dudas sobre esta cuestión. El botón Atrás lleva al usuario directamente a la página anterior, la lista de historial incluye una lista de las páginas recientemente visitadas, y los vínculos de hipertexto aparecen en un color diferente si señalan a las páginas anteriormente visitadas.

No es recomendable cambiar los colores de vínculo estándar, ya que los usuarios sólo entenderán su significado si tienen el color habitual. Probé muchos sitios que tenían colores de vínculo no estándar donde los usuarios acababan sin entender qué vínculos habían estado siguiendo.

Saber los vínculos que conducen a las páginas anteriormente visitadas es útil por dos motivos: ayuda a los usuarios a aprender la estructura del sitio y les impide perder el tiempo yendo a la misma página muchas veces.

¿Dónde puedo ir?

A esta pregunta responden las numerosas opciones de navegación y todos los demás vínculos que pueda haber en la página. Además, si presuponemos que el usuario ha entendido medianamente la estructura del sitio, se habrá hecho una idea general de otros sitios a los que ir. Dado que es imposible mostrar todos los destinos posibles en todas las páginas, resulta obvio que una buena estructura de sitio constituye una ventaja muy importante a la hora de ayudar a los usuarios a responder a la pregunta "¿Dónde puedo ir?".

www.salvat.es

(Arriba)   Indicación muy sutil de la ubicación actual del usuario. La barra de navegación debería resaltar la sección actual, pero, en lugar de ello, el icono pulsado sale de la barra.

(Página de enfrente)   He aquí un bonito ejemplo de cómo resaltar la ubicación actual del usuario en el sitio. Observe cómo el uso de colores de vínculos estándar con las páginas vecinas facilita mucho al usuario la tarea de ver dónde ha estado ya. En este ejemplo, el usuario ya ha visitado la página de introducción, así como la sección "portfolio" del sitio.

INFORMATION: **visioning**

Visioning purposely ignores realistic technical and budget limitations and tries to imagine unrealistic, futuristic, "what if" scenarios. Why? Because one of these scenarios might suggest new and different kinds of solutions to a particular long-term communications project.

For example, let's say that we wanted to create a healthcare-oriented corporate web site and were looking for a central metaphor to use to help users orient themselves to our site.

We might envision using things like a single cell or the entire human body, a bathroom medicine cabinet or a basic first-aid kit, a huge hospital or just a simple pharmacy as organizing models for our ultimate "what if" site. Cross-referencing the inherent features of each model with a list of long-term goals for the project might lead us to conclude that the hospital model offers the best structure to mimic. Thus we might also consider using the pharmacy model in the short-term as an early evolutionary phase of the project, creating a situation where the simpler pharmacy model expands over time to become a virtual hospital.

People propose, science studies, technology conforms.

—Donald Norman;
Things that Make Us Smart

We might not be able to predict the future, but we can make it seem intentional.

---

welcome	information ▼	portfolio ▶	personal ▶

- ▢ introduction
- ▢ marketing
- ▣ **visioning**
- ▢ hierarchies
- ▢ widgets
- ▢ templates
- ▢ rates

TOBY BRAUN information design

350 W. Oakdale, Suite 411 Chicago, IL 60657-5623
phone: (773) 549-4476 fax: (773) 549-9802
http://www.tbid.com/ utobia@tbid.com

- ▢ what's new?
- ▢ site search
- ▢ site statistics

www.tbid.com

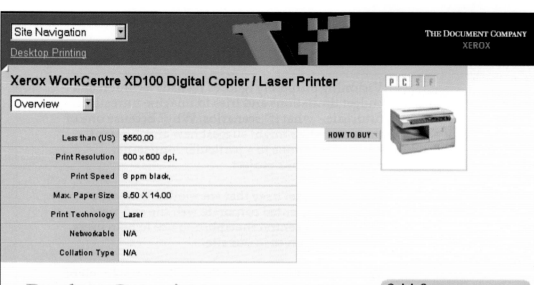

Site Navigation
Desktop Printing

THE DOCUMENT COMPANY
XEROX

Xerox WorkCentre XD100 Digital Copier / Laser Printer

Overview

P C S F

HOW TO BUY

Less than (US)	$550.00
Print Resolution	600 x 600 dpi,
Print Speed	8 ppm black,
Max. Paper Size	8.50 X 14.00
Print Technology	Laser
Networkable	N/A
Collation Type	N/A

Product Overview

Everything you want in a copier, including a printer

Key Features and Benefits

- Superior Digital Laser Quality
- Digital Copying
- 8 ppm Printing
- 10 Copies per Minute
- 250-Sheet Paper Capacity
- Printer Cable Included
- 3 Year Warranty

WITH-OUT-WORRY
XEROX SUPPORT

Quick Compare

These products have a price that is identical or close to the price for the product you are viewing.

Xerox WorkCentre XE82 Digital Copier / Laser Printer $450.00

Xerox WorkCentre XD102 Digital Copier / Laser Printer $530.00

Xerox WorkCentre XD100 Digital Copier / Laser Printer $550.00

Xerox DocuPrint P12 $600.00

Xerox WorkCentre 385 Laser All-in-One $600.00

All Desktop Printing

Related Links

Subscribe
Receive product information via E-Mail

Warranty Registration
Register your warranty online

www.xerox.com

(Izquierda) Los menús desplegables, como el llamado "site navigation" (navegación por el sitio) de esta pantalla, pueden crear muchos problemas de usabilidad, ya que los usuarios no pueden ver el conjunto completo de opciones sin acometer acciones específicas. En mi caso, prefiero tener un pequeño conjunto de opciones de navegación que puedan aparecer siempre. Otro de los problemas que presenta este sitio es la colocación tan pequeña e impropia del nombre de la empresa.

Esta página de producto proporciona un interesante ejemplo de navegación local en forma de vínculos "véase también" con productos similares, englobados bajo el encabezado "Quick Compare". Con demasiada frecuencia, la navegación web se basa en la creencia de que los usuarios van directamente al destino exacto que necesitan. En realidad, los usuarios normalmente llegarán a algo que se aproxime mucho, sin ser lo preciso. Sin una navegación local con productos parecidos, los usuarios no tendrán opciones de empezar desde el principio y esperarán que se produzcan mejores resultados la siguiente vez.

La utilidad Quick Compare de este ejemplo podría haber sido mejorada con una indicación de las dimensiones de navegación subyacentes que hicieran que los productos fueran distintos. En otras palabras, ayudar a los usuarios a entender por qué y bajo qué condiciones podrían estar interesados en otros productos. Reflejar el precio proporciona esta dimensión (si no se puede permitir el producto actual, será más fácil localizar uno más barato), pero no queda claro qué otras diferencias hay entre los productos. Podríamos imaginarnos en qué impresora deberíamos hacer clic para hacer copias en color, o en qué otra para hacer muchas copias al día, pero con el diseño actual los usuarios no saben (ni tienen ninguna ayuda para decidirse) en qué dirección ir si quisieran abandonar la página actual.

Existen tres tipos de vínculos de hipertexto que se pueden usar en una página:

- Los **vínculos incrustados** constituyen el texto subrayado normal que indica que hay "más cosas" acerca de algún tema que se menciona en el cuerpo del texto.

- Los **vínculos estructurales** son vínculos que señalan sistemáticamente a otros niveles de la estructura del sitio, además de a los iguales o secundarios de una jerarquía. Es importante tener los mismos vínculos estructurales en todas las páginas, de modo que el usuario entienda qué opciones de navegación estructural puede esperar.

  Evidentemente, los destinos exactos señalados por los vínculos estructurales diferirán de página a página. Por tanto, normalmente es mejor usar anclas de vínculo que llamen a los destinos específicos, aparte de dar la relación estructural genérica que hay entre la página actual y la de destino. Por ejemplo, es mejor tener un vínculo donde se lea "Subir a la familia de productos *widget*" que un vínculo que rece "Subir un nivel".

- Los **vínculos asociativos** se usan para dar a los usuarios pistas "véase también" acerca de las páginas que les puedan interesar, ya que se parecen o están relacionadas con la página actual.

Suele ser mejor representar los vínculos como texto subrayado, manteniendo el color azul estándar para los vínculos con páginas no visitadas, y el color morado para los vínculos con páginas que el usuario ya ha visto antes. Todo el mundo aprende el significado de esta convención desde la primera vez que ven la Web, y no hay duda de que el texto subrayado significa "Haga clic aquí". Dado que el subrayado presenta estos rasgos, es mejor no subrayar texto en el que no se pueda hacer clic.

Los problemas de usabilidad también están asociados a los vínculos que no tengan la forma de texto subrayado. Los menús desplegables y los gráficos para la navegación sólo se pueden usar con sumo cuidado, ya que no se comportan de la misma forma que el texto subrayado. En concreto, no avisan a la gente si enlazan con sitios que el usuario ya ha visitado.

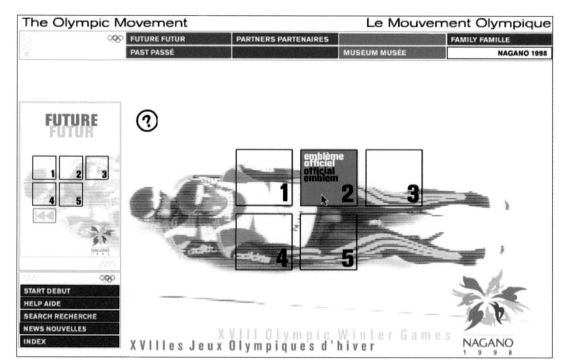

www.olympic.org

Una de las ayudas a la navegación más inútiles que he visto en la Web. El usuario tiene cinco posibilidades diferentes, pero no hay forma de saber cuáles son las posibilidades sin posar el ratón en cada uno de los botones. Quizá el Comité Olímpico quiere asegurarse de que ejercita un poco el ratón (uf, ya siento cómo aumenta el tamaño de mi bíceps).

Una interfaz de navegación tiene que mostrar todas las alternativas disponibles al mismo tiempo, de forma que los usuarios puedan tomar una decisión informada de qué opción va a satisfacer mejor sus necesidades. No sólo es molesto tener que mover el ratón para ver las opciones, sino que es contraproducente obligar a los usuarios a mantener las opciones vistas anteriormente en su memoria mientras consideran otras opciones.

El toque final en la muerte del diseño de navegación olímpico está en el panel de la izquierda de la pantalla. Este panel permite a los usuarios un acceso rápido a las opciones principales de navegación de las pantallas posteriores, pero sólo si se acuerdan de que un cuadrado azul significa "emblema oficial". No es exactamente una asociación de colores natural, por lo que los usuarios se verían obligados a estudiar este sitio web durante horas para guardar la combinación de colores en la memoria si fueran a usarla de forma eficiente. Y algo que sabemos de la Web es que nadie siente tanto apego a un sitio como para recibir clases especiales para conocer su funcionamiento.

Usabilidad. Diseño de sitios Web

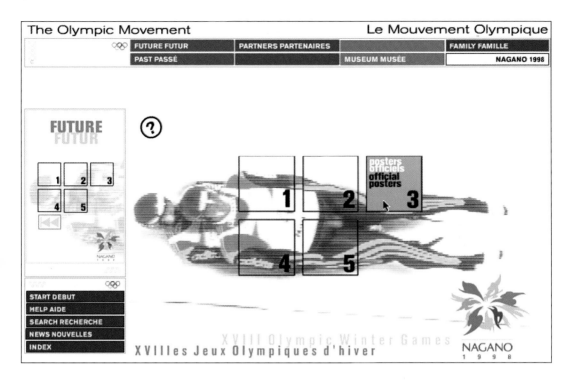

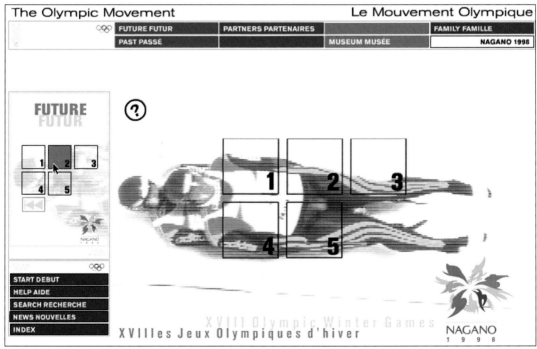

www.olympic.org

4: Diseño del sitio

Estructura del sitio

Independientemente del diseño de navegación que elija para su sitio, existe un tema común a toda navegación: lo único que hace es visualizar la ubicación actual del usuario y sus movimientos alternativos relacionados con la estructura del espacio de información subyacente. Si la estructura es un desastre, no habrá diseño que la repare. Una arquitectura deficiente de la información siempre llevará a una deficiente usabilidad.

La mayoría de los sitios poseen una estructura jerárquica provista de detalles de información más detallados. Otros sitios tienen una estructura tabular en la que las páginas se clasifican en relación con una serie de atributos o parámetros. Por ejemplo, el sitio de los Juegos Olímpicos de 1996 clasificaba los eventos en relación con el deporte y su ubicación, de forma que los usuarios podían, si lo deseaban, ver todas las páginas relacionadas con el fútbol o todas las páginas relacionadas con los eventos de una determinada ciudad. Una estructura lineal tiene sentido en aplicaciones web que constituyan una serie de pasos.

Las dos reglas más importantes acerca de la estructura de un sitio son: tener una estructura y hacer que ésta refleje el punto de vista del usuario sobre el sitio, de la información o de los servicios. Tener una estructura de sitio puede parecer evidente, pero muchos sitios se desarrollan sin una estructura planificada y terminan en un caos total como conjunto de directorios aleatorios sin relación sistemática alguna entre las distintas partes del sitio. Un segundo error habitual consiste en dejar que la estructura del sitio refleje la estructura organizativa de la empresa en vez del punto de vista del usuario. A los usuarios no les importa cómo está organizada su empresa, por lo que no deben ser capaces de deducir la estructura organizativa que tiene a partir de la estructura de su sitio web. Es más fácil distribuir responsabilidades en el sitio a divisiones y departamentos en función de cadenas ya establecidas de categorías de comando y de presupuesto, pero esto hace que el sitio se oriente hacia el interior en vez de hacia el cliente.

La estructura del sitio debe estar determinada por las tareas que los usuarios desean llevar a cabo en su sitio, incluso si esto significa tener una sola página de información procedente de dos departamentos distintos. A menudo es necesario distribuir información de un solo departamento por dos o más partes del sitio, y muchos subsitios tendrán que gestionarse en colaboración con múltiples departamentos.

El botón vicepresidencial

Un signo típico de sitio web mal gestionado es cuando la página de inicio tiene un botón para cada uno de los vicepresidentes de la empresa. Recuerde, no hay que diseñar para los vicepresidentes, sino para los usuarios. Por tanto, será muy habitual que no pueda indicar a sus vicepresidentes dónde está "su" botón en la página de inicio.

Usabilidad. Diseño de sitios Web

Una estructura de información lineal suele ser un signo de advertencia de una mala usabilidad, ya que la Web es por naturaleza no lineal. Los usuarios no desean recorrer todos los elementos del sitio uno a uno. En este ejemplo, resulta difícil imaginarse a un usuario buscando en una lista de 753 películas en orden alfabético. Sería mejor disponer de una serie de principios de estructuración, incluyendo una forma de ordenar por nivel de calidad y una forma de filtrar ciertos tipos de películas. Aunque un listado alfabético sea lo mejor que se les haya ocurrido, al menos deberían abandonar los vínculos numéricos para saltar por la lista. Tiene sentido saltar a películas que empiecen por la letra G, pero no saltar a la película número 451.

(Página de enfrente)   **En abril de 1998, el Christian Science Monitor** experimentó con una estructura de sitio e interfaz de navegación que reflejaba su periódico impreso. Los usuarios podían recorrer las imágenes reducidas de las páginas del diario y hacer clic en la imagen de un artículo para que apareciera el texto completo en la mitad derecha de la ventana.

El problema principal con el diseño es que es extremadamente lento para desplazarse por él. Cada una de las miniaturas de página tiene cerca de 60 KB, lo que supone una descarga de cerca de 20 segundos con un modem de 28,8. Sabemos que diez segundos es el tiempo de respuesta máximo para obtener páginas web antes de que se rebelen los usuarios; la navegación óptima requiere tiempos de respuesta aún más reducidos.

Navegar entre las páginas se hace a través de un menú desplegable que sólo lista números de página. Dado que los usuarios no saben qué artículos hay en cada página, se quedan tratando de imaginar este punto y saltándose las páginas al azar. Hubiera sido mejor proporcionar un menú de títulos de sección o titulares principales. Por ejemplo, hubiera sido más significativo ir a la sección sobre alimentación que a la página 14, presuponiendo que los artículos de alimentación estuvieran en la página 14. Los números de página cobran sentido en la impresión, donde los usuarios hojean un producto físico, pero, en la Web, todo está igual de lejos (a un clic del ratón). Por tanto, la estructura de un sitio muy raramente será lineal.

Además, este diseño no permitía a los usuarios tener una idea clara de las noticias o centrar su atención en las partes que les interesaran en especial. Era un desplazamiento puramente lineal que se anulaba por su reducida velocidad a la hora de "pasar la página". Mientras se estaba viendo una página, no era posible leer los subencabezados, titulares u otros componentes del diseño de una noticia que ayudaran a la gente a decidir qué leer.

Cuando un usuario encontraba un artículo de su interés, el diseño fallaba de nuevo, ya que sólo la mitad de la ventana podía mostrar el verdadero artículo, con lo que se requería más desplazamiento del habitual y el texto era más difícil de leer. Además, el uso de marcos dificultaba el marcado de artículos de interés o el envío por correo electrónico de URL de noticias recomendadas a los amigos y a la familia (una forma ideal de que un sitio web aumente su utilización por la interacción social).

The Christian Science Monitor

THE CHRISTIAN SCIENCE MONITOR
ELECTRONIC EDITION

CLICK HERE
TO SEE FOR
YOURSELF

Page 13 | ◀ page | page ▶ | 🖿 page | Last 2 weeks' editions

The Trick of Predicting the Random

BOSTON - THURSDAY, APRIL 2, 1998

Computers for the rest of us

As CD-ROM Books Mature, They Become Full Teaching Tools

Laurent Belsie

The information explosion happens here not with a new breakthrough but another bell and whistle.

I'm talking about those computerized encyclopedias.

Long packed with text, sound, and pictures, the latest crop has expanded onto two or even three CD-ROM disks. More sound and video. More special features. And, surprisingly, more uniformity.

As CD-ROM encyclopedias mature, they're getting to look more alike. All four programs reviewed here sport various search mechanisms and links to thousands of Internet sites. Even stodgy Encyclopedia Britannica has seen the writing on the multimedia wall, revamped its interface, and become more visually oriented.

www.csmonitor.com

Irónicamente, aunque no recomiendo este diseño para ningún periódico, podría resultar ideal para el *Monitor* en concreto. La mayoría de sus páginas no contienen más de uno o dos artículos. Por tanto, el diseño de página da muy pocas pistas acerca de la relación existente entre los artículos o los atributos determinados de las noticias. Otros periódicos pueden tener diseños más intrincados, donde la colocación relativa de las noticias en cada página incluya más información.

4: Diseño del sitio

201

Como ejemplo de estructura jerárquica, un sitio corporativo puede dividirse en categorías de nivel superior, como información sobre el producto, información sobre los puestos de trabajo e información reservada a los inversores. Dado que la página de inicio es el nivel superior de la jerarquía, estas categorías principales conforman el segundo nivel de la estructura. La información sobre el producto podría dividirse en dos familias de producto distintas (el tercer nivel de la estructura) y cada familia de productos se podría dividir en información sobre los productos individuales (el cuarto nivel de la estructura). Por último, cada producto podría tener páginas para especificaciones, opciones de precios y de configuración, noticias de los clientes e información sobre servicios (el quinto nivel de la estructura).

Imaginemos una página con opciones de precios y de configuración del producto SuperWidget. Esta página pertenece a cinco niveles de la jerarquía estructural del sitio:

1. El sitio web de la compañía (en contraposición a estar en otro sitio).
2. La categoría "productos" (en contraposición a, pongamos por caso, información sobre puestos de trabajo).
3. La familia de productos Widget.
4. El producto SuperWidgets.
5. Precios y configuración.

Importancia de la estructura centrada en los usuarios

En un proyecto de comercio electrónico en el que trabajé, el borrador de la página de inicio tenía tres formas de conseguir los productos: una función de búsqueda y dos esquemas de navegación, que se presentaban como simples listas de opciones. Uno de los esquemas de navegación estaba estructurado en función del modo en que la mayoría de los usuarios veían el dominio; el otro esquema de navegación estaba estructurado a partir de la idea que muchos de los miembros del propio equipo del fabricante tenían sobre sus líneas de producto.

Los resultados de las pruebas de usabilidad mostraban que el nivel de éxito era del 80% cuando la gente utilizaba el esquema de navegación estructurado en función del modelo mental de la mayoría de los usuarios y sólo del 9% cuando se utilizaba el esquema de navegación estructurado en función de la forma de pensar interna de la empresa.

Conclusión: el segundo esquema de navegación fue eliminado del diseño, aunque esto dañara a algunos de los miembros del proyecto. El segundo esquema tenía ventajas para la gente que lo usara correctamente, pero causaba problemas a muchos usuarios, por lo que era más malo que bueno.

La comparación de los dos niveles de éxito del 80% y del 9% nos lleva a la conclusión de que la arquitectura de la información centrada en el usuario tenía unas nueve veces más usabilidad que la arquitectura de la información orientada internamente. Evidentemente, la diferencia exacta entre las dos soluciones varía de proyecto a proyecto, pero la diferencia es grande. Aquí no estamos hablando de pocos puntos de porcentaje, sino de la diferencia entre el éxito y el fracaso para alguien que trate de vender algo en la Web.

Mis preferencias pasan por mostrar los cinco niveles de la interfaz de navegación, ya que son muy útiles para tratar de entender la ubicación actual del usuario. Aún mejor es un diseño que muestre también opciones alternativas en uno o más de los niveles; tales alternativas dejan claro a los usuarios no sólo lo que están viendo, sino también cómo se podrían interpretar en relación a las demás opciones del sitio. Además, evidentemente, listar las alternativas facilita a los usuarios la tarea de ir directamente a una de las alternativas.

En mi ejemplo, listando las opciones alternativas del cuarto nivel de la estructura del sitio se mostraría al usuario que la familia de productos Widget contiene MiniWidgets y WidgetClassic, aparte del SuperWidget. Si el usuario quisiera un MiniWidget, podría ir directamente a la página del producto en cuestión e ir desde ahí a la página de precios y de configuración.

Anchura frente a profundidad

Actualmente, el diseño de navegación más habitual consiste en enumerar todos los niveles superiores del sitio, normalmente con una banda en la parte izquierda de la página, como se hizo al principio en el diseño original de news.com. La ventaja de este diseño que acentúa la anchura es que se recuerda constantemente a los usuarios el alcance completo de los servicios disponibles en el sitio. Esto es particularmente útil para los usuarios que no entren en la página de inicio, sino que vayan directamente a otra página dentro del sitio. Aunque esto constituya una ventaja, no considero excesivo dedicar un 20% de una página interior a un listado de las opciones de nivel superior, a las que se puede acceder desde la página de inicio a costa de un clic adicional.

La banda coloreada sirve como mecanismo de identificación del sitio, con lo que se facilita a los usuarios la tarea de reconocer que se encuentran en este sitio en concreto. En consecuencia, la banda se dobla como logotipo que ayuda a los usuarios a identificar su ubicación con respecto a la Web.

Mientras que news.com posee un diseño de navegación que acentúa la anchura, la barra de navegación de useit.com acentúa completamente la profundidad. Muestra la ruta jerárquica completa desde la página de inicio hasta los niveles de la página actual. Por tanto, los usuarios saben dónde se encuentran en relación a la estructura del sitio, y pueden saltar a cualquiera de las páginas de nivel superior con un solo clic. Este esquema de soporte a la navegación suele llamarse "migas", en recuerdo al cuento Hansel y Gretel.

El aparato de navegación del diseño original de news.com incluía tres elementos: una lista de destinos de nivel superior en la parte izquierda, una lista de las noticias de actualidad en la parte derecha y una lista de las noticias relacionadas en la parte inferior. Estas referencias cruzadas son muy útiles y permiten a los usuarios localizar noticias que podrían haber pasado por alto al principio.

Menos interesante es el amplio espacio destinado a proporcionar vínculos con las noticias de actualidad no relacionadas. Hubiera preferido que se enumeraran las noticias relacionadas en la parte superior de la columna derecha, ya que así aumentaría la probabilidad de que los usuarios viesen estos vínculos. Si a un usuario le interesara el tema del artículo que han elegido de la tabla de contenido, sería muy probable que el usuario siguiera interesado en leer algunas de las noticias relacionadas. Esto también es aplicable a los usuarios que comprueban que no están lo suficientemente interesados en los detalles de esta determinada noticia, por lo que nunca se desplazarán hasta el final de la página.

www.news.com

Usabilidad. Diseño de sitios Web

El diseño revisado de 1999 de news.com es mejor que el diseño original. En concreto, la banda amarilla ha desaparecido, lo que significa que un gran porcentaje del espacio está destinado a la noticia. En la parte inferior del artículo se encuentra una ayuda a la navegación muy innovadora: "See Story in Context", que enlaza con las noticias relacionadas. Si se lee una noticia antigua, el vínculo de contexto incluye listados de artículos más recientes que describen lo ocurrido con posterioridad.

Una navegación "de migas" posee la ventaja de ser muy sencilla y de ocupar muy poco espacio en la página, dejando la mayor parte de los preciosos *pixels* para el contenido. Al fin y al cabo, el contenido es el rey, y mis estudios de usabilidad reflejan que los usuarios tienden a ignorar las opciones de navegación y mirar directamente el cuerpo de la página cuando se dirigen a una nueva página. Las migas sólo sirven para las arquitecturas jerárquicas de información, ya que requieren niveles anidados de subsitios progresivamente más pequeños. Pero, en tales estructuras, la lista de todos los niveles superiores muestra el contexto de la página en curso y ayuda a los usuarios a comprenderlo, además de ayudar a los usuarios a salir rápidamente de la página en caso de que no fuera la adecuada.

La barra de navegación de mi sitio muestra la ubicación actual del usuario en relación con una estructuración jerárquica del contenido del sitio. Observe cómo es mucho más fácil leer el diseño jerárquico mediante el rastro de migas que tener que descodificar un URL y sus nombres de directorio en el campo de dirección del navegador.

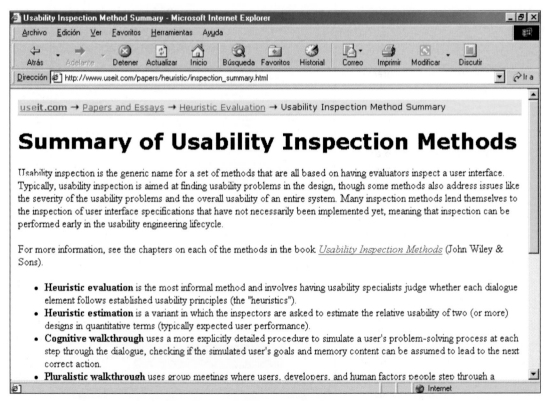

www.useit.com/papers/heuristic/inspection_summary.html

El diseño LookSmart combina la profundidad y la anchura mostrando muchos niveles de jerarquías de navegación (profundidad) y listando todas las opciones alternativas en cada uno de los niveles (anchura). El principal inconveniente de este planteamiento es que ocupa mucho espacio en la pantalla. Por consiguiente, una muestra de anchura-profundidad combinadas probablemente se ajuste más a una presentación dinámica que abandone el HTML sencillo. Se puede usar HTML dinámico para combinar la visibilidad permanente de todos los niveles (profundidad) con un despliegue temporal de las alternativas (anchura) de cualquier nivel, cuando el puntero esté sobre el nombre de ese nivel.

Un último ejemplo lo constituye la plantilla de la página de Sun Microsystem, que proporciona una anchura de navegación en los niveles superior e inferior de la estructura del sitio. La anchura de nivel superior aparece en la parte superior de la página que muestra todas las categorías de nivel superior del sitio. La anchura de bajo nivel aparece en la parte izquierda, con vínculos con todo el contenido que hay a nivel de la página en curso, incluyendo unos cuantos vínculos asociativos con material "véase también". Por último, el diseño proporciona una cierta dosis de profundidad, indicando los nombres de algunos (no todos) los niveles de la estructura que hay por encima de la página en curso.

Recomendaría que sólo usara esta elaborada serie de mecanismos de navegación en sitios muy grandes provistos de un contenido muy heterogéneo (actualmente, clasificaría los sitios que tienen más de 10.000 páginas como "muy grandes"). Los sitios que tienen menos páginas son más fáciles de usar con un diseño de navegación sencillo. Los sitios más grandes funcionarían mejor con una navegación sencilla si su contenido fuera lo suficientemente homogéneo como para que los usuarios pudieran comprender con facilidad la estructura de la información. Por ejemplo, un sitio que tuviera los archivos financieros de todas las empresas públicas de los EE UU podría tener una estructura muy sencilla que admitiera la navegación por cientos de miles de documentos, por el hecho de que tuvieran todos ellos atributos parecidos.

Por desgracia, algunos sitios combinan un material muy disparatado y acaban teniendo una estructura muy compleja que necesita mucho soporte para la navegación. Éste suele ser el caso de las grandes empresas que tienen múltiples líneas de productos dirigidas a clientes distintos.

(Página siguiente) **Dos implementaciones distintas de las "migas" (respectivamente, los diseños de 1997 y de 1999 de LookSmart). Ninguna es perfecta. El diseño antiguo es más limpio y deja muy claro cómo están relacionados los distintos elementos del rastro de migas. La colocación de un signo > entre cada nombre denota una jerarquía o secuencia entre los elementos. Sin embargo, los elementos están separados por un signo – en el diseño más reciente. Este carácter no tiene las mismas connotaciones de jerarquía. Por el contrario, el rastro de migas se parece más a un listado de alternativas carentes de estructura. Lamentablemente, el diseño antiguo no enumeraba todos los niveles de navegación y eludía los niveles superiores a los que se podía acceder haciendo clic en el triángulo oscuro. El nuevo diseño posee la ventaja de que enumera todos los niveles de la jerarquía de desplazamiento que están por encima de la ubicación actual, desde la parte de más arriba (el mundo) hasta el nombre de la página actual (la usabilidad). Obviamente, es un error convertir el nombre de la página actual en un vínculo de hipertexto; no coloque nunca un vínculo que señale al lugar donde ya está el usuario.**

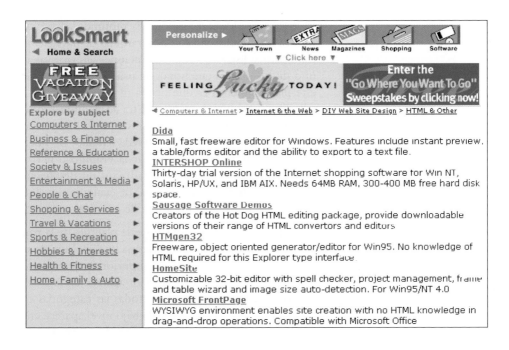

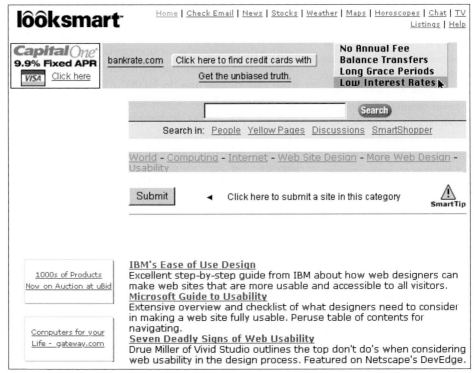

Vista de ojo de pez de cuatro niveles de contenido del sitio de LookSmart en el diseño de 1997. Una presentación de ojo de pez proporciona más detalles a niveles próximos al foco de atención del usuario. En este ejemplo, me interesaban los programas de televisión de ciencia ficción, y un clic en esa opción me proporcionaba un listado de los programas. Pero la pantalla me proporciona una anchura adicional, mostrándome también otros tipos de programas de televisión tratados en el sitio. Un nivel más arriba nos lleva más allá de los intereses actuales del usuario, por lo que se proporciona menos anchura. La pantalla indica que hay más información sobre actores de televisión, cable y redes, así como otros temas, pero éstos no se describen con tanto detalle como los programas de televisión. Subiendo un nivel más se informa al usuario acerca de los demás tipos de entretenimiento y medios (por ejemplo, libros, películas, música), pero este nivel se describe con muy poca granularidad.

lôôksmart categories

Home | Email | Help

Search the Web [   ] (Search)

internet

Business on the Net	Guides & Directories	Audio Compression
Communicating Online	Accessibility	Audio Streaming
Email	ActiveX	Editors & Players
For the Industry	Audio Tools	MIDI Archives
Fun & Games	CGI Scripts	MIDI & Sequencing
Getting Started	Colors	Sound Archives
Going Online	Graphics Tools	
ISPs by Region	HTML	
In the Classroom	Java	
Publications	JavaScript	
Search Tools	Multimedia Tools	
Site Administration	Publications	
Web Site Design	More Web Design	

Need more search help?
Our LookSmart Live! search editors will help you find it.

More below ...

@ LookSmart
ISP Locator - Compare Internet service providers in your area
Beginners Guides - Learn your way around the Net with these primers
Search By Media - Find audio, video and images on the Web

Related Content and Services
Cyber Dating - Meet a potential mate on the Net

City Guides
Localize your search in more than 70 US cities:
Atlanta, Chicago, Denver, Los Angeles, Miami, New York,
San Francisco, more ...

www.looksmart.com

El diseño de LookSmart de 1999 sólo ofrece una vista de ojo de pez de tres niveles de contenido. El nivel superior no aparece en absoluto, y el segundo nivel sólo aparece con el titular "Internet". No hay forma de saber que la categoría de nivel superior en curso es "Computing" o qué otras categorías de segundo nivel podría haber dentro de Computing. Es preferible el diseño de 1997 sobre este diseño (además, ¿cómo podría alguien poner un anuncio como "brand-name bargains starting at $7" (precios desde siete dólares) sin decirnos qué marcas o tipos de productos se venden? No me puedo imaginar que haya mucha gente que se vea atraída por la promesa de que algo desconocido puede valer siete dólares).

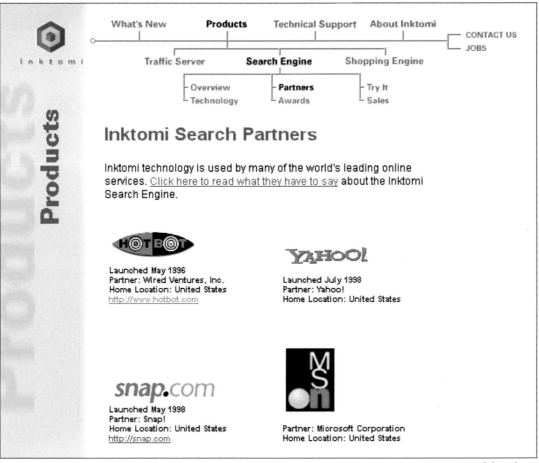

www.inktomi.com

Soporte de navegación de ojo de pez de Inktomi. El gráfico de la parte superior de la página muestra claramente que estamos contemplando su producto de motor de búsqueda (y que los demás productos son el servidor de tráfico y el motor de compras). En esta serie de páginas de productos estamos viendo los socios, y hay una forma muy sencilla de saltar a las otras cinco páginas que hablan sobre este producto.

HOME • BUY

Java Computing | Products & Solutions | Support, Education & Consulting | Technology & Research | For Developers | Corporate Information

SEARCH SUN

Search Tips • [Search]

CONTENTS OF
PRODUCTS & SOLUTIONS

Hardware And Networking
Software And Networking
Solutions And Applications
Markets And Industries

Contents
Product Overview
Key Technologies
Features & Benefits
Product Specifications

Desktop Sitemap
Desktop Products
Hot News
Desktop Solutions
Press Releases
Desktop Promotions
Whitepapers
Support Services
Photo Gallery

See Also
Server Products
Other Sun Products

Hardware And Networking
Desktop Family

Sun™ Ultra™ 4000 Creator3D Workstation

Product Overview

Sun Ultra 4000 Creator 3D workstation provides unbeatable price/performance for high-end visual computing.

- Multiple processors.
- Multiple monitors.
- On-chip multimedia technologies
- High-speed interconnects.
- Accelerated graphics.
- High-bandwidth networking.

Add it all up and you get super computer performance for simulation, modeling, analysis, design automation, medical imaging, animation, and more.

Visualize Affordable High-Performance

We call this merger of advanced technologies UltraComputing™, and these workstations take it to a new level of power and capacity Ultra 4000 workstations offer fast, realistic graphics at a price that is equally realistic.

www.sun.com

El diseño normal de página de Sun está integrado dentro de una plantilla de navegación con forma de L provista de un elaborado soporte para la navegación. Es muy edificante observar cómo se admiten los dos tipos distintos de funciones de navegación en dos versiones distintas del diseño.

El diseño de 1998 del sistema de desplazamiento proporciona varios niveles de jerarquía. Las opciones del nivel más alto quedan en la parte de arriba, la ubicación actual se muestra con dos niveles de anidación en la segunda barra horizontal, y las opciones de los niveles más bajos se ofrecen en la parte inferior. El cuadro de búsqueda aparece justo debajo del logotipo: una ubicación prominente, pero que se demostró que la utilizaban poco los demás sitios cuando empezaron a añadir cuadros de búsqueda a sus páginas más tarde (1998 y 1999).

Sun microsystems

| SELECT A TOPIC ▾ | Go | | Search |

⌄ Sun Ray 1 Enterprise
  Appliance
  - Hot Desk
    Architecture
  - Features & Benefits
  - Specifications
  - Enterprise Server
    Software
  - Interconnect
  - Technical
    Information
  - ISV Solutions

Related:
- White Papers

SUN RAY™ 1 ENTERPRISE APPLIANCE

🎥 Event Rebroadcast

The ideal appliance solution for enterprise workgroups.

- Easy to use, easy to administer, easy to like
- Your work is always there -- when you want it, where you want it
- Your data is safe
- Improved productivity and lower costs go hand-in-hand.

Are you looking for centralized administration and a rich user experience? Look no further. The "plug-and-work" Sun Ray™ 1 enterprise appliance requires no client administration or upgrades while at the same time putting the power of the server on your desktop. On top of that, you get the unique capability of "hot desking" -- the ability to instantly access your computing session from any appliance in your workgroup -- exactly where you left off.

The Sun Ray 1 enterprise architecture is made up of the appliance itself, Sun Ray enterprise server software, and Hot Desk technology. The first true appliance for the Service Driven Network, the Sun Ray 1 enterprise appliance is ideal for your enterprise workgroup environment's business-critical applications -- including customer management, call centers, training and education, government, financial services, and ERP -- and never needs upgrading.

Easy to use, easy to administer, easy to like.

With Sun Ray 1 enterprise appliances, you get a greatly simplified environment that offers the benefits of client-server computing without the costs of maintaining fat clients. So you can gain greater control over your desktop -- significantly reducing purchase, service, and support costs, while still securely accessing your favorite applications. In fact, you can access applications on

www.sun.com

El diseño de 1999 queda muy simplificado desde el punto de vista de los gráficos y con respecto al tiempo de descarga. Las opciones de nivel superior quedan principalmente relegadas a un menú desplegable, aunque las más importantes siguen apareciendo en la parte de arriba. La ubicación actual aparece ahora con un rastro de migas, lo cual tiene la ventaja de mostrar todos los niveles (lo que es particularmente útil en un artículo muy anidado, como el de la figura), pero la desventaja de no mostrar las demás alternativas. Por último, las opciones de nivel inferior siguen apareciendo en la parte de abajo. El cuadro de búsqueda ha sido trasladado a la esquina superior derecha: una ubicación que se convirtió en habitual durante 1999.

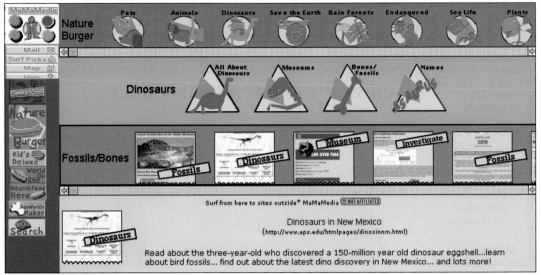

Vista de ojo de pez del sitio para
niños MaMaMedia.

El usuario controla la navegación

En el diseño tradicional de interfaces de usuario, el diseñador puede controlar dónde puede ir el usuario y cuándo. Así, es posible atenuar opciones de menú que no sean aplicables en el estado actual, y también es posible mostrar un cuadro de diálogo modal que suplante a la computadora hasta que el usuario haya respondido a la cuestión. Sin embargo, en la Web el usuario controla su navegación por las páginas. Los usuarios pueden tomar caminos que nunca fueron concebidos por el diseñador. Por ejemplo, pueden llegar a las entrañas de un sitio desde un motor de búsqueda sin pasar por la página de inicio. Los usuarios también controlan su propio menú de marcadores y pueden usarlo para crear una interfaz personalizada de un sitio.

Los diseñadores web tienen que adaptar y soportar la navegación controlada por el usuario. A veces es posible obligar a los usuarios a que tomen caminos preestablecidos e impedir que accedan a ciertas páginas, pero los sitios que hacen esto se consideran severos. Es mejor diseñar para que haya libertad de movimientos y una navegación flexible que soporte muchas formas distintas de moverse por un sitio. El usuario es quien tiene el ratón, y no se puede hacer nada al respecto.

Usabilidad. Diseño de sitios Web

Desktop Printing

Xerox desktop printers and multifunction systems are designed to meet the needs of individual users or a small group of users in a shared environment.

How to Use

Use this table to view and compare these products based on their functions and key features. The table currently displays key features based on the primary function of these products (e.g. printing). To see key features of these products based on their additional functions, click one of the four function tabs below. To compare products according to one of these features (e.g. price), click a feature and the table will re-sort. Select an individual product for more detail.

Printing Copying Scanning Faxing

Product	Price $	Print Resolution (dpi)	Print Speed	Max. Paper Size	Print Technology	Networkable	Collation Type
Xerox DocuPrint XJ6C P C S F	$130.00	600 × 600 dpi B/W 600 × 600 dpi Color	5 ppm B/W 2 ppm Color	8.00 X 14.00	Xerox Color Inkjet	N/A	N/A
Xerox DocuPrint XJ8C P C S F	$200.00	1200 × 1200 dpi B/W 1200 × 1200 dpi Color	8 ppm B/W 4 ppm Color	8.50 X 14.00	Xerox Color Inkjet	N/A	N/A
Xerox DocuPrint P8 P C S F	$300.00	1800 × 600 with image enhancement, True 600 × 600 dpi B/W only	8 ppm B/W only	8.50 X 14.00	Laser	N/A	N/A
Xerox WorkCentre 450cp All-in-One P C S F	$300.00	600 × 600 dpi B/W 600 × 600 dpi Color	7 ppm B/W 2 ppm Color	8.50 X 14.00	Inkjet	N/A	N/A
Xerox DocuPrint P8e P C S F	$349.00	600 × 600 dpi B/W only	8 ppm B/W only	N/A	Laser	Not Available	N/A
Xerox WorkCentre XE80 Digital Copier / Laser Printer P C S F	$450.00	600 × 600 dpi B/W only	8 ppm B/W only	8.50 X 14.00	Laser	N/A	N/A
Xerox WorkCentre XE82 Digital Copier / Laser Printer P C S F	$450.00	600 × 600 dpi B/W only	8 ppm B/W only	8.50 X 14.00	Laser	N/A	N/A

www.xerox.com

Los usuarios siempre piden formas sencillas de comparar los productos o los demás artículos que se tratan en el sitio. Siempre que la información se limite a las páginas de producto individuales, resultará difícil que los usuarios se formen una idea del espacio y sepan dónde tienen que ir. Una tabla de comparación es una forma muy adecuada de reducir la navegación y de facilitar a los usuarios la posibilidad de ir a los productos que verdaderamente les interesen.

AutoTrader .com
Your car is waiting.

Find Your Car Now

Sell Your Car Free

New Car Info

Finance And Insurance

Reviews & Info

Find A Dealer

Decision Guide ▪

Help

Home

Decision Guide

Compare Cars

Remove   Remove

Choose Another Car

1999 Mercedes-Benz E430 4-Door Sedan 4.3

2000 BMW 540 i 4-Door Sedan 4.4

This color highlights information you might find important.

General Information

Model Year	1999	2000
Car Type	Sedan	Sedan
Number of Doors	4-doors	4-doors
Seating Capacity	5	5
Model	E430	540i
Manufacturer	Mercedes-Benz	BMW
Country of Manufacturer	Germany	Germany
Origin of Assembly	Germany	Germany

Price

MSRP	$51,300	$51,100
Dealer Invoice	$44630	$46150
Destination Charge	$595	$570

Fuel Economy

☞ *The 1999 Mercedes-Benz E430 4-Door Sedan 4.3 gets at least 10 percent more overall miles per gallon than the 2000 BMW 540 i 4-Door Sedan 4.4.*

City Mileage	19 mpg	18 mpg
Highway Mileage	26 mpg	24 mpg
Fuel Tank Capacity	21.1 gallons	18.5 gallons

Safety

Safety Features

Anti-Lock Brakes	Yes	Yes
Driver-Side Airbag	Yes	Yes
Passenger-Side Airbag	Yes	Yes

☞ *These cars come with passenger-side airbags. Children in rear-facing car seats should not be placed in the passenger side unless the airbag can be disabled.*

Traction Control	Yes	No

☞ *This electronic control system prevents drive wheels from spinning on a low-traction surface by automatically applying brakes or reducing engine power.*

Child Safety Locks	No	Yes
Integrated Child Seat	No	No
Child Seat Anchors	Yes	Yes

www.autotrader.com

Además, una aplicación tradicional es una experiencia de interfaz de usuario velada. Aunque los sistemas de ventana permiten el cambio de aplicación y permiten que se vean múltiples aplicaciones a la vez, el usuario normalmente está "en" una sola aplicación en un momento determinado, y únicamente están activos los comandos de esa aplicación y las convenciones de interacción. Los usuarios dedican periodos prolongados de tiempo a cada aplicación y se familiarizan con sus utilidades y con su diseño.

En la Web, los usuarios se mueven entre sitios rápidamente, y los límites que hay entre los distintos diseños (sitios) son fluidos. Es raro que los usuarios dediquen más de unos pocos minutos a la vez en un momento determinado, y la navegación de los usuarios frecuentemente los lleva de sitio en sitio mientras siguen los hipervínculos. Debido a este rápido movimiento, los usuarios creen que están usando el conjunto de la Web, en vez de un determinado sitio. Los usuarios no desean leer manuales o información de ayuda para un sitio en concreto, sino que reclaman la posibilidad de usar un sitio sobre la base de las convenciones web que han ido conociendo como resultado de su experiencia en el uso de otros sitios. En los estudios de usabilidad, los usuarios se quejan amargamente siempre que se ven expuestos a sitios provistos de formas muy distintas de actuar. En otras palabras, el conjunto de la Web se ha convertido en un género, donde cada sitio se interpreta en relación con sus reglas.

Las GUI también forman parte de un conjunto y conviene seguir la guía de estilos del fabricante, debido al equilibrio que hay entre el diseño individual y el conjunto del diseño. Al mismo tiempo, todavía no tenemos ninguna guía establecida de diseño web que pueda dictar cómo los diseñadores deben usar su vocabulario de interfaz para construir sitios que se adapten a este conjunto. Yo soy partidario de crear una serie oficial de convenciones de diseño web; pero, mientras no tengamos una, mi consejo a los diseñadores web es diseñar y reconocer que su sitio no es el centro del universo. Los usuarios se van a mover entre sitios, y tenemos que facilitarles la tarea de usar cada nuevo sitio.

Ayudar a los usuarios a gestionar grandes cantidades de datos

La navegación web constituye un reto debido a la necesidad de gestionar miles de millones de objetos de información. Ahora, la Web "sólo" tiene más de mil millones de páginas, pero en poco tiempo, habrá más de diez mil mi-

(Página contigua) Las tablas de comparación dinámica constituyen una forma inmejorable de realzar el control del usuario en un espacio de información que sea grande y complejo. Al permitir a los usuarios enumerar con exactitud los automóviles que les interesa comparar antes de comprar, el sitio puede incluso destacar las diferencias más importantes o las opciones a las que un usuario debe prestar atención al contemplar estos automóviles. No creo que en mi caso hubiera resaltado los *airbags* del pasajero al comparar dos automóviles que tuvieran esta opción.

llones de páginas en línea a las que se podrá llegar desde cualquier dispositivo conectado a Internet. Las interfaces de usuario actuales no sirven tan bien para tratar con tal cantidad de datos. Prácticamente toda interfaz de usuario es más o menos un clónico de la interfaz de usuario Macintosh de 1984 (la cual a su vez era una copia muy parecida de Xerox PARC de finales de los setenta y principios de los ochenta). Mac estaba optimizado para manejar unos cuantos documentos que un usuario individual crearía y almacenaría en el disco. La investigación PARC estaba centrada principalmente en la automatización de oficina, donde el objetivo era soportar un grupo de trabajo y unos miles de documentos. La Web, por contra, es un entorno de información compartida que sirve a millones de usuarios (pronto serán cientos de millones) con muchos más documentos.

Los navegadores web son aplicaciones en la línea del paradigma de interfaz de usuario que domina en la actualidad, por lo que no sirven para examinar la Web. Consideremos, por ejemplo, cómo un menú desplegable (incluso con submenús) es una forma muy débil de organizar los marcadores de un usuario. Llamar al menú "favoritos" en vez de "marcadores" no cambia sus limitaciones básicas.

El software actual es extremadamente débil a la hora de afrontar los problemas de navegación de la Web, lo que significa que los diseñadores de contenido web tienen que ayudar a resolver el problema. En realidad, los problemas de navegar por un espacio de datos tan grande como la Web probablemente son tan difíciles de resolver que necesitaremos toda la ayuda que podamos obtener, tanto de un software mejor como de un contenido mejor diseñado.

Los primeros días de la Web estuvieron dominados por vínculos de hipertexto simplistas: todo el mundo señalaba al otro de una forma muy poco estructurada. De hecho, era muy normal tener listas muy largas de vínculos recomendados sin explicar por qué deberían interesarle estos vínculos a un usuario. La creencia era que la Web era tan interesante y los usuarios tan curiosos, que comprobarían todos los vínculos y agradecerían los nuevos que consiguieran.

Las listas extensas cada vez abundan menos. Hoy en día, se vuelve a apreciar el valor de la vinculación selectiva, donde los vínculos han adquirido valor, puesto que un autor los ha seleccionado cuidadosamente como los más importantes para su audiencia.

Usabilidad. Diseño de sitios Web

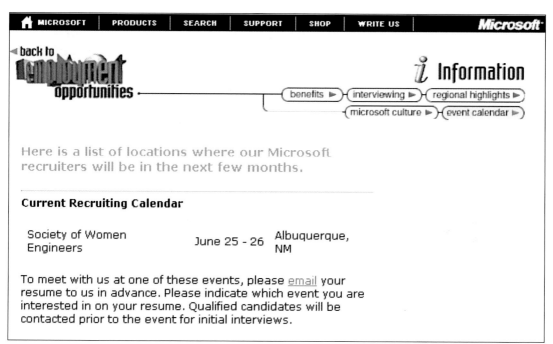

La fila superior de botones negros es igual en todo el sitio y proporciona un sentido muy claro de identificación del sitio en relación al resto de la Web, así como una forma sencilla de llegar a la página de inicio y a la página de búsqueda. Hubiera preferido una colocación más prominente del botón de búsqueda, que parece algo perdido entre una serie de botones menos importantes. El verdadero problema con esta página es la barra de navegación de segundo nivel, que induce a error. El diseño de las cinco opciones que hay bajo "Information" hace que parezca que el espacio de información local tenga dos pistas, cada una de ellas con su secuencia lógica de páginas. La página actual está resaltada (bueno), pero es extraño que sea heredera de la "cultura Microsoft" y no de la "entrevistadora", ya que alude a la programación de entrevistas. Por regla general, un diseño de diagrama sólo se puede usar cuando el espacio de información esté estructurado como secuencia ordenada.

El vínculo "back to" constituye una ayuda valiosa a la navegación, que permite que los usuarios asciendan un nivel sin dificultad, pero la frase clave "employment opportunities" se ofrece como desorden tipográfico que no guarda coherencia con el resto del sitio, haciendo que sea difícil leer la segunda palabra más importante de la página, "employment" (la palabra más importante de la página es, obviamente, el nombre del sitio, aunque no haya necesidad de atestar la barra de navegación enumerándolo dos veces). La página pierde una oportunidad de servir mejor a su audiencia: un vínculo con la página de inicio del evento organizado por la *Society of Women Engineers* hubiera sido muy útil para una audiencia potencial que estuviera pensando en entrevistarse con los cazatalentos de Microsoft.

Un último comentario que voy a hacer es que capturé esta pantalla tres días después de la finalización de la conferencia de la *Society of Women Engineers*. Los sitios necesitan tener procedimientos establecidos para eliminar inmediatamente la información anticuada.

ZDNet

Jesse Berst's
ZDNet **AnchorDesk**
Get Ahead. Stay Ahead.

NEXT STORY ▶

Get your daily
technology fix
[enter email]
Subscribe Now
See a sample issue

Briefing Centers
Companies
Products
KillerDownloads
Shopping
Top 10 Stories
Search
Week in Review

Community
TalkBack
Help
Home

Berst Alert

FRIDAY, AUGUST 27, 1999

Just-Add-Water Web Stores

Jesse Berst, Editorial Director
ZDNet AnchorDesk

Go to Page 2 >
Web Store Resources

My boss is coming to town next week. First time he's actually graced our doorstep. And in a lot of ways that's a good thing. Nothing like being 3,000 miles from corporate headquarters.

There are millions of small businesses and Web entrepreneurs who think the same way. They like their independence. They don't mind being 'small' -- long as they're in control of their destiny.

But you know what I think? I think they dream of the day the CEO of Amazon.com or CDnow acknowledges their presence. The day they're no longer just a niche site with a small but loyal following. New technologies and new product offerings make it easier than ever to be a cyberstore. Some companies will even do all the work for you -- and put your name on it. I'm not here to give you an exhaustive list -- I've linked more resources on Page 2. But here are ways the just-add-water storefront trend is shaping up:

All-in-one-kits: Affinia.com just launched a service enabling any Web site to quickly and easily create a customized shopping portal with products relevant to their audience -- for free. Site owners go to the Affinia site, choose products they want to promote from a database of over 1,000 merchants, pick a site design template they like -- then wait for their portion of the sale proceeds to arrive. The transaction processing, shipping and customer service chores are all handled by the merchants. Click for more.

●Find more stories like this
●Email this story to a friend
●Print this story
●Post TalkBack to this story
●ACROMANIA (What's that?)

BRIEFING CENTER:
• Ecommerce

READ MORE:
Storefront Software Market Consolidation Continues - *PC Week*

Microsoft Targets Web Hosting Outfits - *Smart Reseller*

Open an Online Store: It's Easy - *ZDTV*

Rule the Web Through Affiliate Marketing - *ZDTV*

SUBSCRIBE:
Get AnchorDesk's Email Summary in Your Inbox! - *ZDNet AnchorDesk*

DISCUSS:
Jesse's Berst Alerts

TODAY ON ANCHORDESK:
Just-Add-Water Web Stores

A Leaner, Meaner PointCast Debuts

www.anchordesk.com

(Página contigua) AnchorDesk, de Jesse Berst, coloca vínculos con noticias relacionadas y ampliadas en el margen derecho. La banda de la izquierda está destinada a la navegación por el sitio, siguiendo una convención bastante común. Los usuarios a menudo no ven totalmente la columna de la izquierda (excepto si desean deliberadamente localizar una parte distinta del sitio). Pero los vínculos de la derecha constituyen una excelente forma de que Berst recomiende artículos adicionales que sean de importancia para su tema.

El futuro de la navegación

Tenemos que dejar de pensar que la navegación sea responsabilidad del navegador o del servidor. Tiene que ser una responsabilidad compartida entre el cliente, el servidor y los recursos compartidos, como los servidores *proxy*.

Así, por ejemplo, espero que el servidor envíe una definición del mapa del sitio en XML al cliente, de forma que el navegador pueda integrarla con los mapas de las demás zonas de la Web frecuentadas por el usuario y generar un mapa de navegación personalizado para ese usuario individual. Este mapa podría ser anotado con calificaciones de calidad descargadas de un servidor *proxy* que controlara qué páginas y/o sitios los colegas del usuario han encontrado útiles en el pasado. Nos podríamos imaginar un mapa de lugares adonde ir que se hubieran codificado a color en función del número de usuarios que hubieran encontrado útil cada área.

Los mapas de sitios se están convirtiendo en algo así como un cliché. Todos los usuarios dicen que quieren mapas de sitios, y sabemos por la investigación sobre el hipertexto que los diagramas panorámicos ayudan a los usuarios a localizar la información con mucha más celeridad, por lo que no estoy en contra de los mapas de sitios. Pero los mapas actuales parece que no ayudan mucho a los usuarios. Por ejemplo, adolecen de una utilidad que es esencial en un mapa: el indicador "se encuentra aquí". Muchos sitios parece que diseñan sus mapas como una lista sencilla de todo lo que hay. Una solución más acertada sería un mapa de sitio dinámico que indicara la página desde la que se accedió a él y que poseyera formas de resaltar la información de interés a los grupos de usuarios específicos.

Reducir el desorden en la navegación

Obviamente, no podemos representar cada uno de los objetos de información en una interfaz de usuario de navegación (en vista de que hay tantas). En su lugar, los diseños deben emplear una serie de métodos que reduzcan el desorden. Algunos de ellos son:

- Agregación (mostrando una sola unidad que represente un conjunto de unidades más pequeñas). Esto se puede hacer muy fácilmente en un sitio (la noción de "sitio" es un nivel útil de agregación, como lo son los distintos niveles de subsitios), pero puede ser más difícil agregar diferentes sitios.

- Resumen (formas de representar una gran cantidad de datos con una cantidad más pequeña). Los ejemplos son el uso de imágenes más pequeñas para representar otras más grandes y el uso de imágenes abstractas para representar documentos completos. Necesitamos formas de resumir conjuntos muy grandes de objetos de información.

- Filtrar (eliminar cosas enteras que no nos interesan). El filtrado por agregación de opiniones y los filtros basados en la calidad son particularmente útiles (por ejemplo, sólo muestran lo que otra gente ha pensado que es valioso).

- Podar. Cortarlo todo, exceptuando las primeras partes iniciales de la información, y permitir que los usuarios hagan clic en un vínculo "Más…" para el resto.

- Las representaciones basadas en ejemplos. En vez de mostrarlo todo, muestre algunos ejemplos representativos y diga algo así como "tres millones de objetos más".

Cada pocos meses, la prensa comercial informa de la existencia de una nueva tecnología que sirve para navegar por los sitios web en tres dimensiones. En concreto, vemos muchos diseños en los que los usuarios tienen que sobrevolar un espacio tridimensional para poder desplazarse. La mayor parte de estos sistemas daña a los usuarios más que ayudarles, por varias razones:

■ Navegar por un espacio en 3D no es natural para nosotros los humanos. Resulta mucho más fácil aprender a moverse en una superficie que sobre un volumen.

■ Los dispositivos de entrada y salida son en 2D (normalmente un ratón y una pantalla), por lo que las así llamadas interfaces en 3D son en realidad proyecciones fácticas en vez de verdadero 3D, lo cual implica que los movimientos y las manipulaciones son indirectas.

■ El espacio de información es n-dimensional, donde n es un número muy grande, por lo que no hay motivo para que la asignación en 3D deba ser más natural que una asignación en 2D.

■ Gran parte de la información está oculta cuando el usuario tiene que volar por un espacio en 3D, por lo que puede ser más difícil obtener una panorámica (que es la finalidad principal de la ayuda a la navegación).

■ Ninguna de estas interfaces en 3D ha sido sometida a las evaluaciones de interfaz de usuario con el fin de calcular si los usuarios pueden llevar a cabo tareas de navegación más rápidamente que con un diseño más sencillo en 2D. Estos diseños pueden servir para demostraciones atractivas, pero nunca ayudan a los verdaderos usuarios a llevar a cabo tareas reales.

La conclusión es que 3D no es la varita mágica que hará desaparecer el problema de la navegación. Incluso si alguien construye una interfaz en 3D que funciona, seguiremos teniendo los problemas fundamentales de estructurar la información de tal forma que cobre sentido para los usuarios y que coincida con lo que quieren hacer.

Subsitios

Los usuarios web necesitan estructura para dar sentido a los muchos espacios de información por los que navegan. La naturaleza fundamental de la Web no soporta ninguna estructura que vaya más allá de la página individual, que es la única unidad de información que está reconocida.

Las páginas individuales no bastan como mecanismo de estructuración, y desde los primeros días de la Web he defendido el sitio como una unidad de estructuración adicional fundamental. Dado que un solo clic puede llevar al usuario al otro lado del mundo, toda página necesita proporcionar a los usuarios un sentido de la ubicación e indicarles dónde han aterrizado.

El reconocimiento explícito del sitio como mecanismo de estructuración es importante para la usabilidad, pero la mayoría de los sitios web son demasiado grandes para que el nivel del sitio proporcione la única estructura. Se puede organizar jerárquicamente mucha información, por lo que una representación explícita de la jerarquía se puede añadir a la parte superior de la página con el fin de proporcionar contexto adicional y opciones de navegación. Por ejemplo, la intranet de una empresa BigCo hipotética tendría la siguiente lista de la jerarquía anidada que llevaría a la página de inicio de la oficina de Estocolmo:

BigCoWeb → Ventas → Zona Europa → Suecia → Oficina de Estocolmo

Cada uno de los elementos de la lista de la jerarquía debe convertirse en un hipervínculo con la página superior apropiada de ese nivel de jerarquía. Observe que el nombre del nivel más bajo de la jerarquía (aquí, la Oficina de Estocolmo) no debe ser un vínculo cuando aparezca en la página superior de ese nivel. Sin embargo, se debe activar también el nombre del nivel más bajo al aparecer en una página de ese nivel superior.

En lo que se refiere a los espacios de información que no se pueden estructurar jerárquicamente, el subsitio se puede usar como mecanismo de estructuración adicional. Los subsitios también se pueden usar en los espacios de información jerárquicos con el fin de dar una importancia especial a un determinado nivel de la jerarquía, que se puede utilizar como elemento diferenciador del subsitio.

Por subsitio entiendo una serie de páginas web en un sitio más grande a las que se ha dotado de un estilo común y de un mecanismo de navegación compartido. Este conjunto de páginas puede ser un espacio diáfano o puede tener cierta estructura, pero en todo caso probablemente deba tener una sola página que se designe como la página de inicio del subsitio. Cada una de las páginas del subsitio debe tener un vínculo señalando a la página de inicio del subsitio, así como un vínculo con la página de inicio de todo el sitio. Además, el subsitio deberá tener opciones de navegación globales (por ejemplo, con la página de inicio del sitio y con una búsqueda en el sitio), aparte de su navegación local.

Los subsitios constituyen una forma de manejar la complejidad de los grandes sitios web con miles o cientos de miles de páginas. Al dotar de una estructura más local a una esquina del espacio de información, un subsitio puede ayudar a los usuarios a sentirse bienvenidos en la parte del sitio que despierte su interés. Además, un sitio grande suele contener información heterogénea que no se puede comprimir en una sola estructura, por lo que la posibilidad de que haya subsitios con materia y forma algo distintas puede proporcionar una mejor experiencia al usuario. Un subsitio es un entorno de inicio de una determinada clase de usuarios o de un determinado tipo de utilización en un sitio más grande y general.

Existe cierta tensión entre el deseo del diseñador del subsitio de optimizar las necesidades específicas de la información local y la necesidad de ser coherente con el resto del sitio. Los subsitios no deben aspirar a convertirse en sitios independientes que no guarden relación alguna con el sitio del que forman parte.

Un buen ejemplo de un subsitio hecho de la forma correcta es AnchorDesk de ZDNet. AnchorDesk proporciona una plataforma para que el cronista Jesse Berst someta a debate los hechos relacionados con el mundo de la computación y seleccione vínculos recomendados con información adicional del resto del sitio de Ziff-Davis. El subsitio de Anchor-Desk utiliza la edición humana como línea inspiradora y ofrece un valor añadido al uso de los hipervínculos para que proporcionen las bases de los comentarios.

Opciones de búsqueda

Mis estudios sobre usabilidad muestran que algo más de la mitad de todos los usuarios se decantan por la búsqueda, cerca de una quinta parte de ellos siguen los vínculos y el resto exhibe una conducta mixta. Los usuarios que prefieren la búsqueda normalmente van directos al botón de búsqueda cuando acceden a un sitio web. No están interesados en mirar el sitio; están centrados en la tarea y desean encontrar información específica lo más rápidamente posible. Por el contrario, los usuarios que siguen los vínculos prefieren ir directamente a los vínculos del sitio. Aunque quieran encontrar información específica, inicialmente intentarán llegar a ella siguiendo los vínculos desde la página de inicio. Sólo cuando se pierdan, estos usuarios admitirán su derrota y utilizarán un comando de búsqueda. Los usuarios cuya conducta sea mixta alternarán entre la búsqueda y el seguimiento de los vínculos, dependiendo de lo que les parezca mejor en cada momento, pero no tienen una preferencia inherente.

A pesar de la primacía de la búsqueda, el diseño web sigue teniendo necesidad de basarse en un sentido acusado de la estructura y del soporte a la navegación. Todas las páginas deben dejar claro dónde entran en el esquema del sitio. En primer lugar, existe una necesidad patente de dar cabida a esos usuarios que no les guste la búsqueda o que pertenezcan al grupo de conducta mixta. En segundo lugar, los usuarios que usen la búsqueda para llegar a una página necesita-

No busque en la Web

Por motivos desconocidos, muchos sitios web se ven obligados a ofrecer una función de motor de búsqueda que permita a los usuarios elegir entre buscar en el sitio donde se encuentran o en todo Internet. Esta idea no es muy acertada. La gente sabe dónde encontrar un motor de búsqueda en la Web; estos sitios son los servicios más utilizados en la Web. No hay necesidad de atestar la interfaz con una opción más que tenga tan poca utilidad.

Aparte de moverse por la generalidad del sitio, los usuarios también necesitan moverse por una zona concreta del sitio. Necesitan incluso moverse entre las páginas que constituyan un "paquete" único, como un artículo con barras laterales o una página de productos.

rán tener una estructura para comprender la naturaleza de la página en relación con el resto del sitio. También requerirán una cierta capacidad de navegación para moverse por el entorno de la página localizada mediante las opciones de búsqueda. Es poco habitual que una sola página contenga todas las respuestas, por lo que normalmente los usuarios también querrán ver las páginas relacionadas.

La búsqueda debe resultar de fácil acceso desde cada una de las páginas del sitio. Los usuarios que suelen decantarse por la búsqueda normalmente harán clic en un botón de búsqueda situado en la página de inicio, pero otros usuarios puede que se desplacen hasta perderse. Cuando esto ocurra, no hay que dejarles que busquen por buscar, por lo que la opción deberá existir en la página. Esto implica cualquier página, ya que no es posible predecir el momento en que los usuarios van a dejar de navegar y a utilizar el botón de búsqueda.

A veces habrá áreas especiales de un sitio que sean lo suficientemente coherentes y distintas del resto del sitio como para ofrecer una búsqueda dirigida que esté limitada exclusivamente a buscar en ese subsitio. Por regla general, este tipo de búsqueda no es recomendable, ya que los usuarios no suelen entender la estructura de los sitios. Es muy habitual que los usuarios crean que la respuesta está en un subsitio equivocado, razón por la que nunca la encontrarán en una búsqueda dirigida. Otras veces, los usuarios no sabrán dónde están y qué están buscando, por lo que podrían pensar que están buscando en todo el sitio o en un subsitio distinto del que en realidad están.

Al contemplar una opción de búsqueda dirigida, los diseñadores deberán esforzarse en evitar esto. Si el sitio tiene subsitios que necesitan este tipo de búsqueda, todas las páginas de búsqueda deberán hacer dos cosas:

- Declarar explícitamente en qué ámbito se está buscando. Esto se debe indicar en la parte superior de la página de consulta y de la página de resultados de la búsqueda.
- Incluir un vínculo con la página que busque en todo el sitio. Este vínculo también tiene que estar en la página de consulta y en la página de resultados de la búsqueda. En la página de resultados debe codificarse como un vínculo que diga algo así como "¿No ha encontrado lo que estaba buscando? Intente ampliar la búsqueda a todo el sitio Foo.com". Siguiendo este último vínculo se debe activar la búsqueda global con la misma consulta que se utilizó en la búsqueda dirigida, y debe llevar al usuario directamente a la página de resultados de la búsqueda ampliada.

A primera vista puede parecer raro pensar que los discursos y columnas de Bill Gates son un subsitio, pero si tenemos presente sus numerosos adeptos (y opositores) es muy probable que muchos usuarios estén interesados en encontrar las citas de Bill. Esta búsqueda de subsitio está bien diseñada por muchas razones: queda claro que está buscando en un subsitio y éste está bien definido. Dudo que haya usuarios que traten de usar esta página al buscar una solución al último fallo de Excel.

Sólo tengo dos problemas con esta página. Tendría que haber un vínculo explícito con la búsqueda en todo el sitio de Microsoft, y el cuadro de entrada debería ser más ancho, con el fin de animar a los usuarios a que introdujeran más términos. La barra de navegación de arriba incluye un botón para la búsqueda global, pero si consideramos las numerosas ocurrencias de la palabra "search" en esta página, habría preferido que hubiera un vínculo explícito ubicado en el contenido de la página. Muy pocos usuarios mirarán por encima de la barra coloreada "Bill Gates".

Búsqueda global

Lo normal en un motor de búsqueda es que busque en todo el sitio. Los usuarios no se dan necesariamente cuenta de la parte del sitio en la que están, por lo que si la búsqueda actúa solamente en un determinado subsitio, podrían pensar que han buscado en todo el sitio o en un subsitio distinto.

Búsqueda avanzada

La búsqueda booleana deberá evitarse, porque la experiencia muestra que los usuarios no la pueden usar correctamente. Hemos estudiado muchos grupos de usuarios a los que se les han asignado tareas como ésta:

Tiene los siguientes animales:

- gatos
- perros

Busque información acerca de sus animales.

Casi todos los usuarios introducirán la siguiente consulta:

gatos Y perros

En nuestros estudios, los usuarios habitualmente no encuentran nada con esta consulta, ya que nuestro sitio de prueba no incluye página alguna que mencione ambos animales. Al ver un mensaje "no se ha encontrado ninguna coincidencia", la gran mayoría de los usuarios supone que no existe información disponible sobre estos animales. Los programadores más experimentados normalmente emplearán la consulta equivocada. La diferencia principal es que cuando obtengan el resultado negativo, dirán: "Sí, tenía que haber utilizado O en vez de Y".

Lamentablemente, pocos usuarios han aprendido a depurar, por lo que no podrán reformular la consulta. Ésta es la razón por la que recomiendo un uso muy reducido de la búsqueda dirigida y ningún uso de la búsqueda booleana en la interfaz de búsqueda primaria. La búsqueda avanzada está bien si se ofrece en una página que no sea la de las búsquedas sencillas. La búsqueda avanzada puede proporcionar una serie de opciones, entre las que se incluyen las búsquedas booleanas, los ámbitos y distintas búsquedas paramétricas (por ejemplo, encontrar sólo las páginas incorporadas o cambiadas después de una determinada fecha). Es importante usar un nombre intimidatorio como "búsqueda avanzada" para desanimar a los usuarios principiantes a que lleguen a la página y puedan hacerse daño a sí mismos. La búsqueda es uno de los pocos casos donde recomiendo dar forma al comportamiento del usuario mediante la intimidación.

Por regla general, las computadoras llevan a cabo muy bien la tarea de consultar listas extensas y de recordar si hay palabras alternativas que sea necesario buscar. Los usuarios no suelen hacer bien esta tarea, por lo que queda claro lo que debe hacer un sistema de búsqueda bien diseñado. El sistema deberá llevar a cabo comprobaciones ortográficas (tanto

AnswerBook2 · *Personal Library* · *Search Results*

Search install AND printer

● Personal Library ○ Complete Library Tips

Results of search across personal library for: install AND printer

Solaris 2.6 Software Developer AnswerBook Vol 2

Solaris X Window System Developer's Guide

Installing and Managing Fonts

To improve your search results:

- Try different words
- Try the same words, but select **Complete Library**
- Try a more advanced search... Tips

Search install AND printer

● Personal Library ○ Complete Library Tips

docs.sun.com

(Arriba) La interfaz de documentación web AnswerBook2, de Sun, utiliza la búsqueda dirigida: cada usuario puede configurar una "biblioteca personal" con una lista de aquellas partes del espacio de información que normalmente sean de su interés. Por defecto, la búsqueda utiliza esta biblioteca personal como ámbito de la búsqueda. En este ejemplo, sólo se ha encontrado un *hit* (y no muy prometedor) como resultado de la búsqueda.

Debajo de la lista de los *hits* de la búsqueda hay sugerencias sobre cómo mejorar la búsqueda. Probamos con colocaciones muy distintas para estas instrucciones, y la que está justo debajo de los *hits* de la búsqueda resultó ser la mejor. Cuando los usuarios llegan a esta parte de la página, se sienten muy motivados para leer las formas de mejorar sus búsquedas. Sin las instrucciones, muchos usuarios pasaron por alto la opción de buscar en la biblioteca completa, por lo que no encontraron información que no estuviera dentro de su ámbito inicial.

(Página de enfrente) Para llegar a esta página, el usuario de AnswerBook2 repitió la búsqueda, pero esta vez con el ámbito de la búsqueda configurado a la biblioteca completa. Se encontraron muchos más *hits*, incluyendo algunos muy buenos en la colección System Administrator. Aparentemente, el problema sobre el que quería leer el usuario (la instalación de impresoras) era considerada como una tarea del administrador del sistema por los diseñadores de la documentación. Debido a que el conjunto de documentación en línea es un espacio de información estructurado, la lista de resultados de la búsqueda puede presentar los *hits* de la búsqueda en su contexto, lo que evidencia que la mayor parte de los *hits* están en la colección System Administrator.

El uso de iconos de libro (y el nombre de la documentación en línea) indica que hay un símil con un libro que viene resaltado con términos como "biblioteca personal". Por regla general, los símiles con los libros probablemente no sea lo mejor para el hipertexto, pero es una buena coincidencia para este espacio de información en concreto, que está muy estructurado con toda la información acerca de un determinado dominio convertido en un "libro".

AnswerBook2 · *Complete Library* · *Search Results*

Search | install AND printer
○ Personal Library ● Complete Library *Tips*

Results of search across complete library for: install AND printer

Solaris 2.6 System Administrator Collection Vol 1

System Administration Guide

● Managing Printing Services
● Managing Fonts
● Planning for Printer Setup
● Adding a Network Printer
● Setting Up a Print Server

Font Administrator User's Guide

● To Install Fonts

Solaris 1.x to 2.x Transition Guide

○ Preface
○ How This Guide Is Organized
○ Transition Information for Users and System Administrators
○ Printing

Help

Accessing Online Documentation

○ Printing
○ Changing Printing Options
○ Installing Document Server Software

Solaris 2.6 Software Developer AnswerBook Vol 2

Solaris X Window System Developer's Guide

● Installing and Managing Fonts

Solaris 2.6 on Sun Hardware AnswerBook

SunVTS 2.1 Test Reference Manual

○ spdtest Error Messages

docs.sun.com

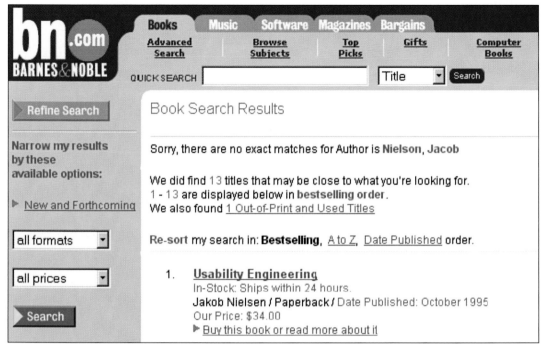

www.bn.com

El motor de búsqueda de Barnes & Noble dirige una revisión ortográfica sobre los términos de la consulta del usuario cuando éste no consigue ninguna coincidencia. En este caso, el usuario podría escribir mal mi nombre (lo que suele suceder con cierta frecuencia) pero encontrar mis libros. Como aparte muy interesante, observe que esta corrección ortográfica también refleja el caso de que el usuario escriba el nombre correctamente, pero que el sitio contenga un error ortográfico en su base de datos.

en las consultas de los usuarios como en los términos del documento) y deberá ofrecer gran número de sinónimos.

La página de resultados de la búsqueda

La página de resultados de la búsqueda debe tener una lista de coincidencias, apareciendo las más importantes en la parte de arriba. Algunos motores de búsqueda enumeran resultados de búsqueda junto a las coincidencias, pero, en vista de que los usuarios no entienden cómo se calculan estos resultados, carecen de utilidad. Siempre que las mejores coincidencias estén en la parte de arriba, los usuarios podrán hojear la lista y ver automáticamente las coincidencias más importantes sin perder tiempo tratando de interpretar los resultados de la búsqueda.

La lista de resultados de la búsqueda debe eliminar coincidencias duplicadas de la misma página. En concreto, es muy habitual ver la página predeterminada en un directorio enumerado múltiples veces con URL algo distintos. En muchos servidores, estos tres URL señalarán a la misma página:

http://www.foo.com/bar

http://www.foo.com/bar/

http://www.foo.com/bar/index.html

Aunque estos URL sean en principio distintos (es decir, podrían señalar a páginas distintas bajo determinadas condiciones), sólo hay que unificarlos y enumerarlos una vez en el listado de resultados de la búsqueda. Los usuarios se pueden confundir si hacen clic en los distintos vínculos y obtienen resultados similares.

Los sistemas de búsqueda también deben reconocer explícitamente la calidad, aparte de la importancia a la hora de dar prioridad a las coincidencias de la búsqueda. Por ejemplo, si el sitio tiene una FAQ sobre el término que está buscando el usuario, la página FAQ también deberá aparecer en la parte de arriba de la página de resultados, aunque las demás páginas tengan resultados más importantes. Al fin y al cabo, es muy probable que la FAQ tenga una calidad superior para responder a las preguntas del usuario. También sería posible construir una base de datos de niveles de calidad en cada una de las páginas del sitio relativas a cada uno de los términos de búsqueda más conocidos. Por ejemplo, siempre que los usuarios siguieran un vínculo desde una página de resultados hasta una página, se les preguntaría qué grado de satisfacción obtienen con esa página, y los niveles se guardarían y usarían para dar prioridad a la lista de resultados para búsquedas futuras.

Tradicionalmente, la unidad de fragmentación de la búsqueda web siempre ha sido la página. En otras palabras, el resultado de la búsqueda es una lista de páginas que coincide con la consulta del usuario. Por desgracia, la mayor parte de estas listas de páginas no indican la relación existente entre las páginas encontradas. Sería más conveniente estructurar los resultados de la búsqueda con arreglo a la estructura del sitio. Por ejemplo, si encontráramos muchas páginas en un solo subsitio, sería mejor agrupar todos estos *hits* en una sola entrada de la página de resultados de la búsqueda. A veces se puede incluso fragmentar la búsqueda con unidades más grandes que la página. Por ejemplo, una búsqueda avanzada en un sitio dotado de muchos subsitios distintos podría utilizar inicialmente los subsitios como fragmentos y enumerar aquellos que, tomados como un todo, fueran buenas coincidencias para la consulta del usuario. El usuario podría entonces buscar en estos subsitios.

Descripciones de página y palabras clave

Algunos de los motores de búsqueda más potentes muestran la abstracción del autor de la página en vez de tratar de generar su propio resumen del texto. En general, estoy de acuerdo con este enfoque, porque los humanos deciden mejor que las computadoras qué páginas son mejores y de qué tra-

(Página siguiente) MaMaMedia integra una panorámica estructural en sus páginas de resultado de la búsqueda. Cuando se realiza una búsqueda del término "bird", el usuario recibe páginas sobre pájaros como animales y pájaros como mascotas (así como páginas sobre dinosaurios). La diferencia entre las distintas páginas queda clara mientras se está en las listas de resultados de la búsqueda, con lo que se evita dedicar tiempo a ir a algunas páginas que no tienen relación alguna con el tema en cuestión.

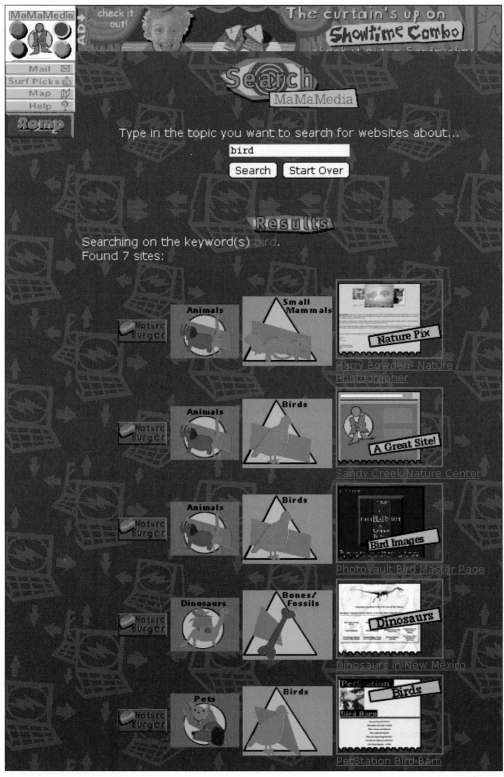

www.mamamedia.com

La mayoría de los motores de búsqueda proporcionan resultados más precisos cuando el usuario introduce más palabras en la consulta. Los usuarios se caracterizan por introducir consultas muy cortas. Quizá el diseño del motor de búsqueda tenga parte de la culpa. Jussi Karlgren y Kristofer Franzén, de la Universidad de Estocolmo, dirigieron un experimento donde los estudiantes utilizaban el mismo sitio web con dos cuadros de entrada de texto distintos en el motor de búsqueda. Como media, los estudiantes introdujeron 2,8 palabras por consulta al usar una versión del sitio dotada de un cuadro de texto pequeño, pero cuando usaron un diseño dotado de un cuadro de entrada de texto mucho más grande, los estudiantes introdujeron 3,4 palabras de promedio.

Este resultado tiene sentido desde el punto de vista de la usabilidad por dos razones. La primera es que a los usuarios no les gusta introducir algo que no ven, por lo que no escriben más del número de caracteres visible en un momento dado en el campo de texto. Así, aunque el campo de entrada se desplace, la gente no escribirá consultas más largas de lo que quepa en el cuadro. En segundo lugar, el propio tamaño del cuadro de consulta establece algunas expectativas en relación al tamaño probable de la cadena de consulta.

tan y cómo escribir texto legible. La abstracción de la página está contenida en una etiqueta META con el nombre "description" en el encabezado de la página. El formato de estas abstracciones es:

```
<META NAME="description" CONTENT="Esto es un resumen del contenido de esta página">
```

Decidir la longitud más apropiada de una abstracción de página en una lista de resultados de búsqueda supone un equilibrio entre proporcionar una buena visión de los posibles destinos y ofrecer una panorámica del conjunto completo de alternativas; las abstracciones largas son más apropiadas a la hora de permitir a los usuarios que valoren cada una de las páginas, pero dificultan a éstos la tarea de comparar los destinos sin un desplazamiento excesivo. En casi todos los casos, cierta dosis de abstracción es necesaria, ya que los títulos de página no bastan para permitir a los usuarios que se imaginen de lo que tratan en realidad las páginas.

Las abstracciones de página deben ser breves. Casi todos los motores de búsqueda sólo muestran los primeros 150 ó 200 caracteres del texto de la descripción, por lo que es mejor permanecer por debajo de este límite a la hora de escribir páginas en Internet. Aunque esté usando su propio motor de búsqueda, sigue siendo mejor tener abstracciones más cortas, ya que es más probable que los usuarios hojeen las abstracciones en vez de leerlas por entero.

Aparte de las descripciones, también es normal añadir una lista de palabras clave en una etiqueta META que vaya dentro del encabezado de página. Normalmente, las palabras clave no aparecen en las listas de resultados de una búsqueda, sino que se usan exclusivamente para determinar la clasificación relativa de las páginas recibidas: se presupone que una página versa principalmente sobre los términos que se incluyen en la lista de palabras clave.

La lista de palabras clave debe incluir términos simples (por ejemplo, "autobús") y términos compuestos (por ejemplo, "autobús de dos pisos"), porque los usuarios buscan mucho los términos compuestos por múltiples palabras. En estudios de investigación realizados con anterioridad al nacimiento de la Web, solíamos comprobar que los usuarios estaban mucho más predispuestos a introducir consultas de una sola palabra. Por ejemplo, en un estudio sobre un sistema de documentación en línea tradicional, Meghan Ede y yo comprobamos que el 81% de las consultas de los usuarios se componían de una sola palabra. Quizá la gran cantidad de información de la Web haya obligado a los usuarios a ser más concisos en sus

Search Results

▶ Home ▶ Search

"International user interfaces [Search]   Search Tips
                                        Search Options

CITY.Net by click here to win a vacation! preview travel
T R A V E L eXcite

Click Here!

Top **40** matches by website   **View by Document**

www.useit.com
    83% Designing User Interfaces for International Use [More Like This]
    80% Jakob Nielsen Biography [More Like This]
    79% Usability Engineering (book) [More Like This]
    75% International Usability (Jakob Nielsen's Alertbox August 199... [More Like This]
www.world-ready.com
    82% Book: International User Interfaces [More Like This]
    78% Nancy Hoft [More Like This]
    78% Table of Contents [More Like This]
    75% WORLD READY: Books [More Like This]
    72% Nancy Hoft's Resume (long version) [More Like This]
    72% Academic Vita for Nancy L. Hoft [More Like This]
www.jacwiley.com.au
    82% International User Interfaces [More Like This]
wksun2.wk.or.at:8000
    80% text: Nielsen J.: International User Interfaces: An Exercise [More Like This]
    75% collection: SIGCHI Bulletin (Volume 21, 1989-1990) [More Like This]
www.sun.com
    80% Jakob Nielsen Biography [More Like This]
www.spartacus.com
    80% LangBox International Last News [More Like This]
    76% LangBox International Customers References [More Like This]
www.cerfnet.com
    80% User Interface Design [More Like This]
www.nomos.se
    79% Nomos news : WWW Design and Evaluation Seminar [More Like This]
www.softproeast.com
    78% Graphical User Interface [More Like This]
netday.iworld.com
    78% iWorld's Book Review of the Week [More Like This]
www.fourthworld.com
    77% Fourth World Products - Books - Usability Engineering [More Like This]
www.stern.nyu.edu
    76% Untitled [More Like This]

www.excite.com

Los sitios constituyen una unidad importante de la jerarquía de la Web, por lo que englobar *hits* de búsqueda por el sitio al que pertenezcan constituye una excelente forma de hacer que los usuarios vean el bosque en los árboles de las páginas de resultados de la búsqueda. En este ejemplo, probablemente habría colocado a www.world-ready.com por encima de www.useit.com, ya que parece más importante tener un 50% más de páginas acerca de la consulta que el hecho de que la página con el resultado más alto del sitio venga en los puestos 83 u 82.

El agrupamiento también funciona en las búsquedas en el interior de un sitio web, aunque el mecanismo de estructuración necesita ser diferente. Por ejemplo, los resultados podrían haberse estructurado por subsitio o por categoría, como se hace en este ejemplo de ZDNet. Observe también el uso de vínculos abreviados con las áreas más importantes del sitio, de relevancia para la consulta del usuario. Lo que no me gusta tanto es el cuadro de búsqueda publicitario: aunque claramente viene marcado como anuncio, se entromete demasiado en la actuación del usuario.

infoseek®

● **news center**
World
Business
Technology
Sports

● **smart info**
People & Business
Stocks/Companies
Street Maps
Shareware/Chat
Desk Reference
Infoseek Investor

● **big yellow**
Find Businesses
Find People
Find E-mail
Global Directories

Related Topics
User interface
Computer science institutes in Georgia

Sites 1 - 10 of 23,981   Hide Summaries   next 10

Usability Laboratories Survey
useit.com Papers and Essays Usability Labs Survey Usability Laboratories: A 1994 Survey.
by Jakob Nielsen Affiliation at time of writing: Bellcore (Bell Communications Research) ..
66% http://www.useit.com/papers/uselabs.html (Size 28.9K)

Discount Usability for the Web
Discount usability engineering is the only solution for the Web's hypergrowth (designing 100
billion intranet pages in four years) to avoid productivity losses of $50 billion per year
65% http://www.useit.com/papers/web_discount_usability.html (Size 6.9K)

Microsoft Usability FAQ
About Microsoft Home Page Usability Home Page Search Microsoft Microsoft Home Page
Frequently Asked Questions What is the Microsoft Usability Group? The usability group was
created in ..
65% http://microsoft.com/usability/faq.htm (Size 8.9K)

Practical Education for Improving Software Usability
John Karat and Tom Dayton IBM T. J. Watson Research Center 30 Saw Mill River Road
Hawthorne, NY 10532 USA +1-914-784-7612 jkarat@watson.ibm.com Bellcore 444 Hoes
Lane, RRC 4A-1112 ...
65% http://www.acm.org/sigchi/chi95/proceedings/papers/jk_bdy.htm (Size 48.3K)

An Example of Formal Usability Inspections in Practice at Hewlett-Packard
Company CHI '95 ProceedingsTopIndexes PostersTOC An Example of Formal Usability
Inspections in Practice at Hewlett-Packard Company Cathy Gunn Usability Engineer
Hewlett-Packard ...
65% http://www.acm.org/sigchi/chi95/proceedings/intpost/cg_bdy.htm (Size 9.7K)

Digital Library Design for Organizational Usability Rob Kling and Margaret
Elliott Computing, Organizations, Policy and Society (CORPS) Department of Information
and Computer Science and Center for Research on Information Technology in Organizations

www.infoseek.com

Observe cómo las páginas que ofrecen descripciones escritas por personas facilitan mucho al usuario la tarea de determinar si la página tiene algún interés. Compare, por ejemplo, los dos primeros *hits* de esta página: el primer *hit* viene representado por un resumen de la página, generado automáticamente por Infoseek, mientras que la segunda página está representada por una abstracción real. Observe también en esta página cómo el motor de búsqueda trata de identificar unas cuantas frases alternativas que podrían

usarse para la reformulación de la consulta. Busqué "usabilidad", por lo que la sugerencia de buscar "user interface" habría sido más acertada y habría encontrado páginas que no se hubieran incluido en la primera búsqueda. Obviamente, la capacidad que tiene el sistema de localizar alternativas importantes está limitada, tal y como lo muestra la segunda sugerencia, "Computer science institutes in Georgia" (aunque exista un instituto dedicado a la investigación sobre la usabilidad, existen alternativas mucho mejores).

consultas. Cualquiera que sea el motivo, las consultas de palabra única no son tan habituales como solían serlo antes. En 1997, analicé 2.261 consultas de WebCrawler y 24.743 de www.sun.com. En ambos casos, comprobé que había muchas más consultas de dos y más palabras.

Distribución del número de términos utilizados en consultas de búsqueda de dos motores de búsqueda tradicionales y de sistema previo a la Web

	Búsqueda previa a la Web	Webcrawler	www.sun.com
Una palabra	81%	43%	46%
Dos palabras	14%	35%	32%
Tres palabras	4%	13%	15%
Cuatro palabras	1%	6%	5%
Cinco o más palabras	0%	3%	2%

Estudie lo que la gente busca

Varios de los principales motores de búsqueda en Internet poseen un servicio en el que se pueden ver ejemplos aleatorios de las consultas introducidas por otros usuarios. Es bastante interesante dedicar unos instantes a saber cómo el público formula las consultas y a tratar de valorar lo que está buscando. Las búsquedas proporcionan ideas de primera mano de los deseos del usuario (el servicio Webcrawler que utilicé para recoger las estadísticas que se tratan en el capítulo está en http://webcrawler.com/cgi-bin/ SearchTicker).

Aparte de estudiar a la gente que busca en Internet, también tendrá que detenerse en el estudio de los registros de su propio sitio. Los términos que se repitan mucho en sus registros de búsqueda obviamente representan información que muchos usuarios desean obtener pero que tienen problemas a la hora de buscar en su sitio.

Aunque la profusión de material en la Web haya favorecido la existencia de consultas largas, es verdad que la gran mayoría de consultas tienen una o dos palabras. Este tipo de consultas tan cortas componía más de las tres cuartas partes de las búsquedas de mi ejemplo. La lección destinada a los diseñadores web es la necesidad de usar palabras clave centradas y muy descriptivas en las etiquetas META, ya que las búsquedas mediante palabras clave constituyen una forma de que la mayoría de los usuarios le encuentren. Además, es necesario que añada palabras clave a todos los sinónimos principales del tema. En concreto, añada palabras clave alternativas a los términos que utilicen sus competidores para hacer referencia al tipo de producto que venda. Por ejemplo, una página sobre discos duros debe llevar el acrónimo DASD como palabra clave, ya que muchos clientes de IBM tradicionales están acostumbrados a llamar a los discos DASD (dispositivos de almacenamiento de acceso directo).

Es una pena que la gente tienda a usar búsquedas cortas, ya que los motores de búsqueda buscan mejor las páginas cuanta más información tengan acerca de las necesidades del usuario. Normalmente, la forma de proporcionar más información acerca de sus necesidades implica especificar términos de búsqueda adicionales, incluyendo sinónimos o frases alternativas. Hacerlo es difícil, y la gente no suele pensar en sinónimos. Además, la pereza natural mueve a los usuarios a escribir lo menos posible. Debido a estos problemas con la búsqueda tradicional de palabras clave, los motores de búsqueda necesitan asumir más responsabilidades para hacer posible que los usuarios mejoren sus búsquedas.

Diseño del destino de la búsqueda

Cuando el usuario sigue un vínculo desde una lista de resultados de la búsqueda, la página de destino deberá presentarse en el contexto de la búsqueda del usuario. Esto requiere emplear un sistema de administración de documentos que pueda construir páginas dinámicas que cambien la presentación en función de la búsqueda específica del usuario. En principio, las páginas de destino deben adaptarse en todo momento a la búsqueda del usuario, pero, en la práctica, sólo es habitual hacerlo en las búsquedas hechas desde el propio motor de búsqueda del sitio. Los usuarios que lleguen desde motores de búsqueda de Internet, como Infoseek, probablemente obtengan páginas estáticas, debido a la falta de integración que hay entre el sitio y el motor de búsqueda.

La forma más habitual de destacar la página de destino de una búsqueda consiste en resaltar todas las ocurrencias de los términos que busca el usuario. Actuando de este modo, los usuarios pueden examinar más rápidamente la página para seleccionar aquellas partes de la misma que describan el tema de interés. Ayudar a los usuarios a localizar sus términos de búsqueda en la página también hace que valoren con mayor celeridad el motivo por el cual el motor de búsqueda ha incluido la página en el listado de resultados y si el uso de los términos de búsqueda en la página coincide con sus necesidades.

(Página de enfrente) En mi opinión, Infoseek tiene la interfaz más sencilla para ampliar la búsqueda del usuario con términos relacionados. El motor de búsqueda selecciona un pequeño número de términos relacionados, lo que implica que el usuario los leerá y considerará si en verdad son alternativas de búsqueda útiles. Además, repetir la búsqueda con un nuevo término es una simple cuestión de hacer clic en el término deseado. Lamentablemente, el deseo de destacar el anuncio conduce a una interrupción visualmente intrusiva entre el término que busca el usuario (en este caso "usabilidad") y los temas relacionados sugeridos. Muchos usuarios probablemente pasen por alto los temas relacionados, ya que tienden a desaparecer en el agrupamiento por las partes superior e izquierda de la página.

Integrar los sitios y los motores de búsqueda

Habría sido mucho más fácil integrar los sitios más de acuerdo con los motores de búsqueda. Si los motores de búsqueda se pusieran de acuerdo con un método normalizado de codificación de los términos de consulta del usuario, muchos sitios probablemente se esforzarían en servir páginas definidas programáticamente que resaltaran las ocurrencias del término de la consulta.

También debería ser posible que los motores de búsqueda presentasen los resultados de un modo más estructurado si descargaran archivos de definición de mapa de sitio y los usaran para derivar la estructura del espacio de información de cada sitio. Si, por ejemplo, un determinado sitio tuviera cinco páginas con *hits* de una determinada consulta, y cuatro de ellos estuvieran en un conjunto estrechamente relacionado de páginas, la lista de resultados de la búsqueda probablemente debería listar dos *hits* en el sitio. El grupo de cuatro páginas debe estar representado por una sola referencia con el centro, o, mejor aún, con las páginas (con un icono que indicara que el *hit* representa una agrupación de páginas).

Infoseek Home

You searched for **Web usability**

Sites 1 - 10 of 4,661,025

● **news center**

Intergraph Announces
Solid Edge Version 3.5;
Sheet Metal Design
Tools Deliver
Unprecedented Usa

● **smart info**
People & Business
Stocks/Companies
Street Maps
Shareware/Chat
Desk Reference
Infoseek Investor

company capsules:

E&D Web, Inc.

Continental Web
Press, Inc.

Instant Web, Inc.

● **big yellow**
Find Businesses
Find People
Find E-mail
Global Directories

Related Topics
Effective web site design
Server logs & marketing
User interface

(seek) Tips
◉ Search **only** these results ○ Search **the whole Web**

Sites 1 - 10 of 4,661,025   Hide Summaries   next 10

webhci List Archive: ideas for Web usability symposium at CHI 97
ACM List Archives webhci List Archive ideas for Web usability symposium
at CHI 97 Keith Instone (instone@cs.bgsu.edu) Thu, 16 May 1996
14:01:17 -0400 Messages sorted by: [date][...
100% http://www.acm.org/archives/webhci/0009.html   (Size 10.3K)

Report on the "Missing Link" Web Usability Symposium
An earlier version of this is published as: The Missing Link: Hypermedia
Usability Research & The Web. Buckingham Shum, S. (1996). Interfaces,
British HCI Group Magazine, Summer, ...
100% http://kmi.open.ac.uk/~simonb/missing-link/ml-report.html   (Size 47.4K)

"Missing Link" Web Usability Symposium
HCI Grp logo A Symposium in Association with The British HCI Group &
Special Issue of the International Journal of Human-Computer Studies
The Missing Link: Hypermedia Usability ...
100% http://kmi.open.ac.uk/~simonb/missing-link/   (Size 6.0K)

Alertbox: Jakob Nielsen's Column on Web Usability
useit.com Alertbox The Alertbox: Current Issues in Web Usability.
Semi-monthly column by Jakob Nielsen, SunSoft Distinguished Engineer
How you can subscribe and get update ...
100% http://www.useit.com/alertbox/   (Size 5.5K)

www.infoseek.com

TIP: queries with two or more words match documents containing **ANY** of the words. You might get better results by using a more focused query, e.g., <u>Web +usability</u> or <u>"Web usability"</u>.

Web usability

> **Submit**
> **Reset**

Include/exclude <u>a few words</u> out of the following topics to refine your query: Usability, Functionality, Interfaces, Usable, Users, Interaction, Testing, Software, Developers, Windows, Environments, Enhancements, Intuitive, Prototype, Ease, Multimedia, Evaluation, Designers, Platforms, Client.

✗ ✓ **Usability**	✗ ✓ **Functionality**	✗ ✓ **Interfaces**	✗ ✓ **Usable**
☐ ☐ usability	☐ ☐ functionality	☐ ☐ interfaces	☐ ☐ usable
☐ ☐ user	☐ ☐ application	☐ ☐ graphical	☐ ☐ prototyping
☐ ☐ design	☐ ☐ robust	☐ ☐ gui	☐ ☐ centered
☐ ☐ interface		☐ ☐ guis	
☐ ☐ designing			

✗ ✓ **Users**	✗ ✓ **Interaction**	✗ ✓ **Testing**	✗ ✓ **Software**
☐ ☐ users	☐ ☐ interaction	☐ ☐ testing	☐ ☐ software
☐ ☐ tasks	☐ ☐ hci	☐ ☐ test	☐ ☐ engineering
☐ ☐ task	☐ ☐ cognitive	☐ ☐ tests	☐ ☐ reliability
	☐ ☐ human		☐ ☐ metrics
	☐ ☐ factors		☐ ☐ maintainability
	☐ ☐ ergonomics		
	☐ ☐ computer		
	☐ ☐ ergonomic		

✗ ✓ **Developers**	✗ ✓ **Windows**	✗ ✓ **Environments**	✗ ✓ **Enhancements**
☐ ☐ developers	☐ ☐ windows	☐ ☐ environments	☐ ☐ enhancements
☐ ☐ developer	☐ ☐ applications	☐ ☐ visualization	☐ ☐ enhanced
☐ ☐ methodology	☐ ☐ desktop	☐ ☐ gvu	☐ ☐ improved
☐ ☐ methodologies	☐ ☐ compatibility	☐ ☐ virtual	☐ ☐ upgrade
☐ ☐ development	☐ ☐ microsoft	☐ ☐ environment	☐ ☐ version
	☐ ☐ operating	☐ ☐ surveys	☐ ☐ release
	☐ ☐ dos	☐ ☐ reality	☐ ☐ versions
			☐ ☐ upgrades

✗ ✓ **Intuitive**	✗ ✓ **Prototype**	✗ ✓ **Ease**	✗ ✓ **Multimedia**
☐ ☐ intuitive	☐ ☐ prototype	☐ ☐ ease	☐ ☐ multimedia
☐ ☐ compliant	☐ ☐ prototypes	☐ ☐ product	☐ ☐ authoring
☐ ☐ easier	☐ ☐ iterative	☐ ☐ flexibility	☐ ☐ interactive
			☐ ☐ interactivity

✗ ✓ **Evaluation**	✗ ✓ **Designers**	✗ ✓ **Platforms**	✗ ✓ **Client**
☐ ☐ evaluation	☐ ☐ designers	☐ ☐ platforms	☐ ☐ client
☐ ☐ evaluating	☐ ☐ programmers	☐ ☐ platform	☐ ☐ relational
☐ ☐ evaluations	☐ ☐ designer	☐ ☐ unix	☐ ☐ server
☐ ☐ nielsen			☐ ☐ databases
☐ ☐ heuristic			☐ ☐ database
☐ ☐ jakob			☐ ☐ servers
☐ ☐ evaluators			☐ ☐ sql
			☐ ☐ odbc

www.altavista.com

AltaVista parece abrumar al usuario con demasiadas opciones y términos alternativos. Algunos usuarios expertos pueden apreciar este amplio listado de términos de búsqueda, pero la mayor parte de los usuarios huirían despavoridos de la muy útil alternativa de reformular sus consultas. Hubiera preferido un diseño con un número más pequeño de opciones que estuvieran vinculadas con esta enorme tabla como una "búsqueda experta".

Últimas NOTICIAS excite

Buscar: [hojas de estilos en cascad|] [Buscar] en [Español ▼] en [Toda la red ▼]

[Buscar Audio/Vídeo - Búsqueda avanzada - Ayuda]

× Resultados de tu búsqueda

Los **10** mejores resultados de **54545**

(Información sobre los resultados)

Ver sólo los títulos
Agrupar por sitios web

62% **PRACTICA #23 HOJAS DE ESTILO CASCADA** [Más de este tipo]
URL: http://members.tripod.com/~karinpaz/practica23.html
"PRÁCTICA 23" HOJAS DE ESTILO CASCADA Aquí habría un reloj si tu navegador soportase
Java Aquí habría un reloj si tu navegador soportase Java

48% **TIMON.COM: diseño, promoción y marketing en la red** [Más de este tipo]
URL: http://www.timon.com/

Servicios Excite

- Comparador
  de Hipotecas *¡Nuevo!*
- Horóscopos
- Mapas
- Rumores en la Bolsa

Envía Postales

Chatea

www.excite.es

Excite también ofrece una forma de añadir sinónimos. En este ejemplo, habría sido muy útil buscar "css" si el usuario hubiera estado interesado por las hojas de estilos en cascada. Más importante es el hecho de que cada *hit* de búsqueda posee un vínculo "más de este tipo" que ofrece información relevante y que proporciona búsquedas de páginas similares a las que quiere el usuario. En principio, habría sido mejor colocar un botón del tipo "buscar más de este tipo" en las páginas de destino, pero obrar así requeriría una integración entre el sitio y el motor de búsqueda. En esta figura, se utiliza un color de fondo razonablemente suave para englobar las opciones de búsqueda disponibles y apartarlas, lo que conduciría a un aspecto menos abigarrado que el de Infoseek o AltaVista. Colocar una pista sobre el significado del botón "más de este tipo" en medio del listado de resultados de la búsqueda es un diseño muy poco común, pero funciona: la vista del usuario se detiene por causa del cambio en el color y en el diseño del fondo, y los colores coincidentes nos llevan a una unificación de la pista con el área principal de búsqueda en la parte superior de la página.

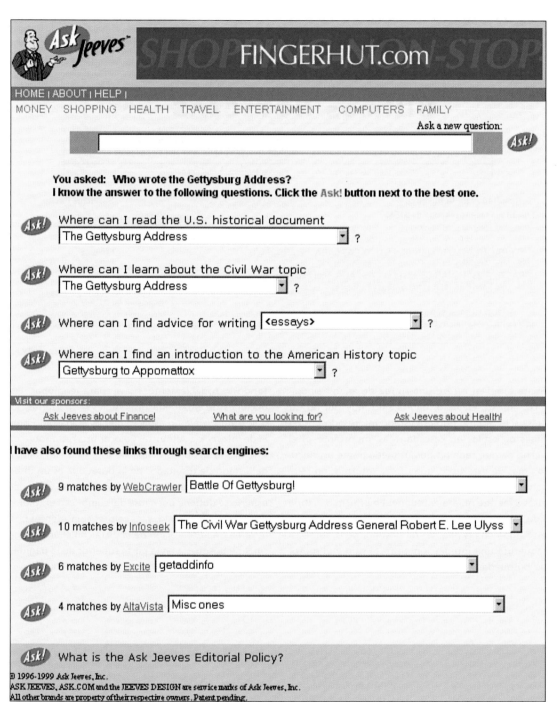

Google! BETA

Gettysburg Address

[10 results ▼] | Google Search | I'm feeling lucky

At least **477** matches for **Gettysburg Address**
Showing results **1-10**, Search took 0.18 seconds
Clicking on a red bar searches for backlinks (citations).
How do I interpret the results?

The Gettysburg Address
...The **Gettysburg Address** Delivered at **Gettysburg** on November...
...survey. Drafts of the **Gettysburg Address** Transcriptions of...
lcweb.loc.gov/exhibits/gadd/ Cached (3k)

lcweb.loc.gov/exhibits/G.Address/ga.html

Other Languages: Gettysburg Address
...The **Gettysburg Address** The **Gettysburg Address** in...
...**Gettysburg Address** in Other Languages **Gettysburg**...
lcweb.loc.gov/exhibits/gadd/4418.html Cached (1k)

REASON: The Gettysburg Address
...The **Gettysburg Address** Transcriptions of Lincoln's...
...These images are of the **Gettysburg Address** in twenty-nine (29)...
lcweb.loc.gov/exhibits/gadd/gtran.html Cached (3k)

jefferson.village.virginia.edu/readings/gettysburg.txt
...THE **GETTYSBURG ADDRESS**: Four score and seven years ago our fathers...
Cached (2k)

The Gettysburg Address by Abraham Lincoln
...The **Gettysburg Address** by Abraham Lincoln "Fourscore and seven...
www.cs.indiana.edu/statecraft/gettysburg.html Cached (2k)

USA: Gettysbur address
...Lincoln The **Gettysburg Address** Text prepared for The...
odur.let.rug.nl/~usa/P/al16/speeches/gettys.htm Cached (5k)

Lincoln's Gettysburg Address
...Lincoln's **Gettysburg Address**, given November 19, 1863 on the...
...1863 on the battlefield near **Gettysburg**, Pennsylvania, USA Four score and...
libertyonline.hypermall.com/Lincoln/gettysburg.html Cached (2k)

www.google.com

Los motores de búsqueda de lenguaje natural acaparan mucha atención, pero no solucionan la usabilidad. El usuario debe llevar a cabo el trabajo adicional de formular una pregunta completa, y la gente prefiere escribir una reducida cantidad de palabras clave. Además, los motores de búsqueda en realidad no son capaces de comprender el lenguaje humano, por lo que no podemos pretender que lo hagan. En este ejemplo, formular la pregunta de lenguaje natural "¿Quién escribió Gettysburg Address?" en AskJeeves supone recibir muchos *hits* que son importantes para el documento, pero no para el autor. Con toda seguridad hubiera sido posible hallar la respuesta a esta pregunta en uno de los vínculos, pero resulta más fácil escribir las palabras clave "Gettysburg Address" en Google, ya que la respuesta está en la página de resultados, en el título de uno de los *hits*. Google coloca el texto entero del documento como primer *hit*, ya que no sabe que estamos interesados específicamente en el autor.

Setting Definitions for Printers

Establishing definitions for the printers on your network is an ongoing task that lets you provide a more effective print environment for users. For example, you can assign parameters for all your site's printers to help users find where a printer is located, or you can define a class of printers to provide the fastest turnaround for print requests.

The **lpadmin** command lets you set all of the print definitions, while Admintool lets you set only some of them when you install or modify a printer. Print Definitions Set With Admintool lists the print definitions and shows whether you can assign the definition with Admintool.

Print Definitions Set With Admintool

Print Definition	Can You Set It With Admintool?
Printer name	Yes
Printer description	Yes
Printer port	Yes
Printer type	Yes
File contents	Yes, but with less functionality than the **lpadmin** command

docs.sun.com

La documentación en línea basada en la Web AnswerBook2, de Sun, destaca los términos de consulta del usuario (aquí "install" y "printer") para facilitar a los usuarios la búsqueda por las largas páginas para encontrar las secciones que les interesen. La parte inferior de la página posee un perfil de los temas relacionados en la misma zona que el espacio de información. Se utilizan círculos rojos para indicar la importancia estimada de cada página en relación con la consulta de búsqueda del usuario.

If you have a NEC® printer, look in the **/usr/share/lib/terminfo/n** directory for your NEC printer model.

```
$ cd /usr/share/lib/terminfo/n
$ ls
ncr7900        ncr7901        netty-Tabs     newhpkeyboard
ncr7900-na     nec            netty-vi       nuc
ncr7900i       net            network        nucterm
ncr7900i-na    netronics      netx
ncr7900iv      netty          newhp
$
```

The entry in this directory for NEC is included in the preceding example.

Next Topic

Other topics in System Administration Guide

- Backing Up and Restoring Data
- Managing Printing Services
  - Planning Printers on Your Network (Overview)
    - Planning for Printer Setup
      - Setting Definitions for Printers
        Selecting a Printer Type
        Selecting a File Content Type
- Working With Remote Systems
- Managing Terminals and Modems

Complete Table of Contents for book

docs.sun.com

Diseño de URL

Tim Berners-Lee dijo que si hubiera sabido que la Web iba a ser tan popular como lo es en la actualidad, habría pensado más sobre una posible alternativa a la doble barra inclinada del URL, que es especialmente molesta al indicar los URL por teléfono. En principio, los URL son código legible por la máquina y no tienen nada que ver con el diseño de la interfaz de usuario. En la práctica, lo cierto es que, por desgracia, los URL tienen una presencia efectiva en muchos aspectos del uso de la Web, por lo que hay que considerarlos como un elemento de diseño.

Considerando la popularidad que tiene la Web, no hay necesidad de indicar la parte "http://" de un URL al comunicarlo por teléfono o al incluirlo en un anuncio de televisión. La mayoría de las empresas sencillamente se refieren a su sitio

---

Nombres de dominios compuestos

¿Cómo podríamos construir un nombre de dominio para que hiciera referencia a un sitio web que tuviera múltiples palabras en su nombre? Por ejemplo, un sitio para Jakob Nielsen podría llamarse jakobnielsen.com, jakob-nielsen.com, jakob.nielsen.com, jnielsen.com, y muchas otras combinaciones de las dos palabras (el carácter de guión bajo no es válido en los nombres de dominio, pero los guiones están permitidos).

La creación de compuestos mediante el uso de puntos (por ejemplo, jakob.nielsen.com) sólo funciona en una empresa que tenga un dominio principal (en este caso, nielsen.com, que se toma de las clasificaciones Nielsen). Y si se tiene el dominio principal, ¿por qué hacer un subdominio más largo y complejo del sitio web? Recomiendo que use las "www" estándar como prefijo de los sitios web, ya que la gente sabe que el hecho de que una dirección empiece por "www" es una clara indicación de que estamos hablando de un sitio web y no de otra cosa (antes, este fin requería el uso de un URL completo, con "http://", pero hoy en día, sólo los que son muy meticulosos se molestan en hacerlo).

Por tanto, los tres candidatos más razonables son:

- Ejecutar las palabras conjuntamente: jakobnielsen.com
- Utilizar una abreviatura: jnielsen.com
- Utilizar un guión: jakob-nielsen.com

La práctica actual en la Web prefiere la primera opción; ejecute las palabras conjuntamente para formar una nueva "palabra de Internet" en el nombre de dominio. En usabilidad, el hecho de que la mayoría de la gente haga algo es motivo suficiente para aplicarlo, ya que la práctica más habitual es lo que esperan los usuarios y lo que encuentran más fácil de usar.

Las abreviaturas funcionan como alternativa a tres o más palabras, o cuando el resultado de ejecutar dos palabras juntas resultaría muy largo y/o difícil de escribir. La recomendación principal que hago aquí consiste en ejecutar las palabras conjuntamente si se está tratando con palabras razonablemente cortas y fáciles de escribir.

Los guiones deben ser evitados, ya que la gente los suele olvidar, porque se pueden confundir con los guiones bajos, y porque son raros (lo que crea un problema de usabilidad).

web como www.empresa.com en vez de http://www.empresa.com/ (la forma sintácticamente correcta). Aunque los puristas de HTML deploren esta forma abreviada de declarar el nombre de un sitio web, me parece perfectamente aceptable, especialmente porque casi todos los navegadores añaden la especificación de protocolo al principio y la especificación de directorio al final, cuando éstas no se han explicitado. Se entiende que todo lo que empieza por www y termina por .com (o .uk, .de, .jp, etc.) es un sitio web.

Recomiendo que tanto empresa.com como www.empresa.com se conviertan en nombres de máquina alias para el servidor web. Actualmente, casi todo el mundo incluye las "www" al escribir los URL, pero a veces las olvidan. Además, al comunicar un URL por teléfono, es mejor tratar de evitar decir estas "www".

El componente más importante de un URL es el nombre de dominio (el nombre de la máquina que sigue a http://). Si los usuarios pueden recordar el nombre de un dominio, al menos podrán llegar a la página de inicio, desde la que la navegación y la búsqueda les bastará para poder localizar la página que necesitan en caso de que no tengan el resto del URL. La mayoría de las empresas tratan de que su nombre de empresa sea su nombre de dominio, y aconsejaría a todo el que abriese una nueva empresa a elegir un nombre que no sólo estuviera disponible como marca comercial, sino también como dominio de Internet. El hecho de tener un nombre de dominio oscuro tiene un alto coste en términos de la pérdida de usuarios que ello conlleva. Los nombres de dominio buenos que son fáciles de recordar y de decir son el equivalente en Internet a tener un piso en la Quinta Avenida de Nueva York.

Especifique en su totalidad el URL en el código HTML

Recomiendo el uso de URL sintácticamente correctos en el código HTML de los vínculos de hipertexto. En concreto, es mejor incluir la barra final de un URL que señale al archivo predeterminado de un directorio. La mayoría de los servidores web pueden pasar por alto la omisión de una barra, pero el hecho de omitirla supone que el servidor redirija la solicitud del navegador desde la versión abreviada hasta la versión correcta, y hacerlo conlleva un cierto tiempo que se suma a la demora del tiempo de respuesta. Por consiguiente, si desea referirse a mi columna Alertbox, debería escribir el URL así:

http://www.useit.com/alertbox

o incluso

www.useit.com/alertbox

Si quisiera incluir un vínculo de hipertexto con la columna de una de sus páginas web, el código HTML se debería codificar así:

```
<A HREF="http://www.useit.com/alertbox/">
Jakob Nielsen's Alertbox</A>
```

Nuestros estudios de usabilidad muestran que los usuarios leen un URL cuando tratan de descifrar la estructura de un sitio o los resultados potenciales del seguimiento de un hipervínculo. Sería mejor si los navegadores tuvieran formas más apropiadas de hacer que las estructuras de los sitios fueran explícitas y previeran los destinos de los hipervínculos, pero por el momento no lo hacen, por lo que los usuarios leen los URL de la misma forma que los antiguos leían en los caparazones de las tortugas: para divinizar un entorno hostil exento de leyes de la naturaleza conocidas.

Dado que conocemos el hecho de que los usuarios tratan de entender los URL, tenemos la obligación de hacer que sean comprensibles. En concreto, todos los nombres de directorio deben ser susceptibles de ser leídos y deben estar formados por palabras simples o palabras compuestas que expliquen el significado de la estructura del sitio. Además, la estructura del sitio debe soportar el desmenuzamiento de los URL cuando los usuarios cortan las partes finales del URL esperando ver una página de la panorámica del sitio situada en una parte más elevada de su jerarquía. Obviamente, es mejor que los usuarios puedan desplazarse por la estructura del sitio por medio de los botones de navegación, pero sabemos que muchos usuarios cortan los URL: estos usuarios deben obtener resultados razonables (normalmente una página tipo tabla de contenido que muestre la información disponible en el nivel deseado de la jerarquía).

Algún día, los navegadores, los servidores y los *proxy* incluirán revisores ortográficos, pero hasta entonces los usuarios no podrán hacer nada si no escriben bien todos y cada uno de los caracteres de un URL. Los diseñadores web pueden reducir la frecuencia con la que los usuarios ven el maldito 404 haciendo que los URL sean más fáciles de escribir. La reglas para este tipo de URL son:

- Haga que el URL sea lo más corto posible (cuanto más largo sea, más posibilidades habrá de cometer errores).

- Utilice en lo posible palabras normales del lenguaje, ya que los usuarios suelen saber cómo escribir estas palabras.

- Utilice sólo letras minúsculas. Si usa la caja MIxTa, algunos usuarios olvidarán las letras mayúsculas y verán errores (dependiendo del servidor). Por regla general, nunca hay que confiar en la diferencia que hay entre letras minúsculas y mayúsculas en una interfaz de usuario, debido a que esta distinción es una receta segura para que haya errores frecuentes. La acción de confundir caracteres en mayúscula y minúscula se denomina **error de descripción**. Dado que los dos objetos son casi iguales y en vista de que la parte más prominente de la descripción de los dos objetos (el nombre del carácter) es exactamente la misma, es muy probable que los usuarios se confundan entre los dos.

- Evite en la medida de lo posible los caracteres especiales (todo lo que no sean letras y dígitos). Si la puntuación es necesaria, quédese con un solo carácter en todos sus URL. Utilice todo subrayados o todo guiones, por ejemplo, pero no una mezcla de los dos.

URL de archivado

Los vínculos con otros sitios web constituyen la tercera forma más habitual de que la gente encuentre sitios (tras los motores de búsqueda y las recomendaciones de correo electrónico); por tanto, construya el sitio para facilitar la atracción de vínculos entrantes.

Asegúrese de que todos los URL perviven y siguen apuntando a páginas importantes. No mueva las páginas, manténgalas en el mismo URL. Es muy molesto para los autores de otros sitios que sus vínculos dejen de funcionar o se conviertan en punteros a algo distinto porque la página original haya sido movida y sustituida por algo nuevo.

El contenido que cambia sobre una base regular suele almacenarse bajo URL temporales. Ejemplos de ellos son el último número de una revista, la portada de un periódico y el programa para una versión de una conferencia anual. Con frecuencia querrá publicitar URL virtuales que señalen al concepto de "portada de CyberTimes", "el editorial de la semana", "lista de notas de la próxima conferencia Internet-World", etc. De hecho, los usuarios suelen preferir marcar este tipo de punteros virtuales, ya que les interesa acceder a la información más actual cuando visitan el sitio en cuestión.

A menudo, este contenido puede tener un interés limitado en el tiempo, y debe ser archivado con URL permanentes, además del URL temporal, que cambiará sobre una base regular para señalar al nuevo contenido. Por ejemplo, muchas veces deseo que se vinculen los lectores de mi columna en línea con artículos de revistas en línea, pero, evidentemente, no deseo crear ese vínculo con "el editorial de la semana", sino con "el editorial sobre el uso excesivo de la animación". Estos dos conceptos puede que temporal-

---

Cuidado con las oes y los ceros

Es peligroso utilizar el dígito 0 (cero) y la letra O (mayúscula de o) en los URL, ya que los usuarios suelen confundirse entre los dos. La letra minúscula no plantea tantos problemas.

Si necesita usar un 0 o una O en un URL, deberá establecer un alias del mismo URL con el carácter erróneo que señale al correcto. En concreto, si reservamos un nombre de dominio como box0.com, deberá comprar también boxO.com y hacer que reenvíe las visitas a box0.com.

mente tengan el mismo URL, pero me es mucho más fácil poder usar el URL permanente de la versión archivada como vínculo de mi propio archivo HTML. Sería muy molesto tener que actualizar el vínculo con posterioridad, y muchos autores se olvidan de hacerlo. Peor aún: los revisores de vínculos a menudo no descubren el error, ya que el URL antiguo sigue siendo válido. Sencillamente, señala a un contenido nuevo e irrelevante.

La forma preferida de tratar con URL virtuales consiste en preasignar un URL de archivado y disponer de un método para comunicar este URL permanente a los autores de otros sitios que desean vincularse con el suyo. Por ejemplo, http://www.foo.com/current/editorial.html podría ser el URL virtual que siempre apuntara al último editorial, y http://www.foo.com/990207/editorial.html podría ser el URL permanente que apuntara al editorial del 7 de febrero de 1999. El URL permanente debe activarse tan pronto como se sube la página, aunque la mayoría de los usuarios utilice el URL virtual para acceder a él al principio. La razón para activar el URL de archivado final mientras la página siga siendo actual es que otros sitios que quieran vincularse con la página tengan la posibilidad de codificar el URL permanente de sus vínculos y olvidarse luego del tema.

Básicamente, existen dos formas de comunicar un URL de archivado a otros autores. Es posible enumerar el URL en un pie de página (por ejemplo, "<SMALL>: la ubicación permanente de esta página será http://www.foo.com/990207/editorial.html</SMALL>"), o puede usar una sencilla convención para generar un URL de archivado. El uso de una convención libera de la necesidad de tener una línea extra en la parte inferior de las páginas (lo que es bueno), pero fastidia a la gente que desea vincularse con su sitio (lo que es perjudicial y puede suponer pérdidas en el tráfico). Sólo use una convención sobre nombres que sea (a) muy conocida, y (b) muy fácil de adivinar a la vista de uno o dos de los ejemplos de las páginas antiguas y sus URL de archivado. Un buen ejemplo sería el uso de la fecha de publicación del URL en una columna normal.

Hacer publicidad de un URL

Para integrar su presencia en línea con las actividades que realiza en el mundo real, todos los anuncios y marketing deben incorporar los URL apropiados que señalen a su sitio web.

Siempre que se reorganiza un sitio o se mueven archivos por otros motivos, hay que asegurarse de que los URL sigan funcionando. Los URL antiguos tienen que permanecer funcionales durante al menos medio año, y preferiblemente durante dos años o más.

Todo producto físico también debe incorporar URL para sus correspondientes páginas de producto estampadas en su parte posterior. Convirtiendo el URL en parte del producto, se asegura que los usuarios obtengan fácilmente el servicio sin tener que buscar en el sitio. También facilita a los clientes la acción de recomendar su producto a nuevas perspectivas y aumenta la probabilidad de que vuelvan a su sitio cuando llegue la hora de hacer una sustitución o realizar una nueva compra.

Soportar URL antiguos

Siempre que se reorganiza un sitio o se mueven archivos por otros motivos, hay que asegurarse de que los URL siguen funcionando. Los URL antiguos tienen que permanecer funcionales durante al menos medio año, y preferiblemente durante dos años o más. De hecho, gente que ha cambiado las estructuras de sus sitios hace mucho tiempo sigue comprobando cómo se producen *hits* en las direcciones URL que dejaron de funcionar dos años atrás.

Los URL antiguos tienen vida propia, y viven en las listas de marcadores de los usuarios a nivel mundial, en documentos impresos y mensajes de correo electrónico y en otras referencias salientes de sitios web. Los motores de búsqueda suelen tardar en actualizar medio año sus bases de datos y en eliminar los URL obsoletos.

La forma recomendada de tratar con los URL antiguos consiste en redirigirlos desde el servidor, con lo que todo el que trate de conectarse con el URL antiguo quede redirigido al nuevo. El protocolo HTTP especifica dos tipos diferentes de mensajes de redireccionamiento: el código 301 y el código 302. Un redireccionamiento 301 indica que la página se ha movido de forma permanente, y es el mensaje idóneo si se trata del caso en cuestión. Un navegador decente actualizará automáticamente su lista de marcadores si recibe un mensaje 301 al tratar de recuperar una página marcada. De forma análoga, los motores de búsqueda deben eliminar automáticamente el URL antiguo de sus bases de datos y sustituirlo por el nuevo cuando reciban un 301. El código 302 indica que la página se ha trasladado temporalmente, y sólo se puede utilizar si se desea volver al URL original con posterioridad.

La imagen de arriba es el resultado de ir a http://www.us.pc.ibm.com/ibmhome, como se especifica en una impresión de un anuncio de IBM de la revista *BYTE* de noviembre de 1997. Vista la forma en que la identidad rediseñada de la empresa conseguía la integración entre la impresión y la Web, me atrevo a decir que este anuncio era eficaz a la hora de atraer clientes al URL mencionado en la copia de publicidad. Por desgracia, la página web a la que apuntaba el anuncio no guardaba relación alguna con el producto que se promovía en el anuncio impreso. Probablemente, la mayoría de los usuarios abandonaba aquí, pensando que nunca más serían engañados por otro anuncio de IBM.

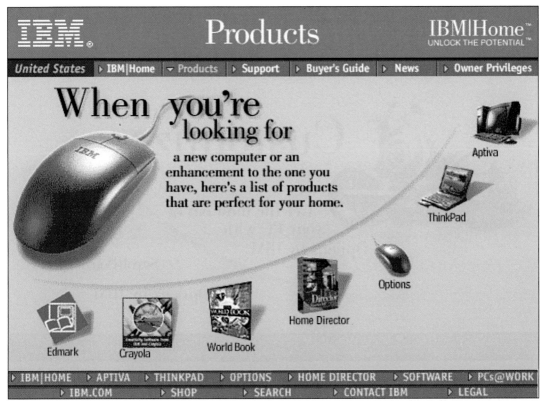

www.us.pc.ibm.com

Un usuario determinado que esté verdaderamente interesado en el anuncio puede buscar más, con la creencia de que se va a describir en el botón "Products". La imagen de arriba es el resultado de hacer clic en ese botón. Por lo menos, ahora vemos el ratón, aunque todavía no haya información alguna sobre el particular. Hacer clic en la fotografía del ratón no tiene efectos: una falta grave de diseño, ya que muchos usuarios hacen clic en los objetos. Algunos usuarios pueden apreciar que el gráfico del botón "Options" tiene el aspecto de una imagen de ratón muy grande. En general, "options" es un término tan general que podría significar cualquier cosa, por lo que es una elección bastante deficiente como término de navegación.

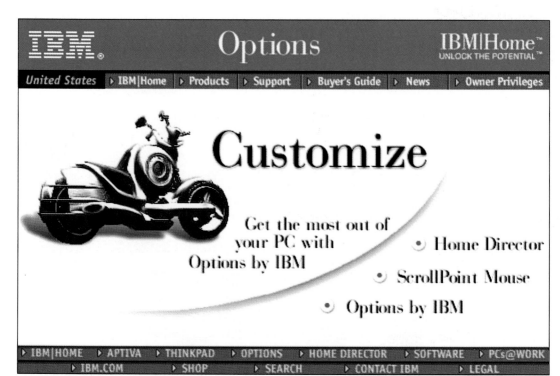

www.us.pc.ibm.com

(Arriba)   Esta página posee una combinación de colores incoherente en comparación con las dos anteriores, por lo que algunos usuarios podrían temer que han sido llevados por mal camino a una parte del sitio de IBM que no tiene relación con lo que buscan. El usuario superficial vería a primera vista la fotografía de la motocicleta y pulsaría inmediatamente el botón Atrás para volver a sitio seguro. Un usuario más avezado vería al final una opción que menciona el ratón, y haría clic en ella.

(Página de enfrente)   Esta página está en http://www.us.pc.ibm.com/ibmhome/, que es el URL que tendría que haberse impreso en el anuncio original. Un usuario que escribiera el URL del anuncio no obtendría la información deseada sobre el ratón hasta la cuarta página. Uno de los aspectos más positivos de esta página: la imagen central utiliza bien la animación para ilustrar cómo se puede usar el ratón para manipular una ventana.

Observe, por cierto, la información sobre navegación tan incoherente que aparece en esta serie de pantallas. En las dos primeras imágenes, la ubicación del usuario se indica dando la vuelta a la barra de navegación y haciendo que el texto del botón sea amarillo. En la tercera imagen, no se aporta información alguna para hacer saber al usuario dónde entra la página en el espacio de navegación (dejar a los usuarios atascados así es la peor opción). Por último, en esta figura, la ubicación actual se indica dando la vuelta al triángulo (un efecto muy sutil) sin cambiar el color del texto del botón.

| United States | ▷ IBM|Home | ▽ Intro | ▷ Features | ▷ FAQ | ▷ Where to Buy |

Power navigation at your fingertip

Scroll Point

Browsing the Web just got EASIER

Presenting the ScrollPoint™ Mouse, with 360° fingertip scrolling that eliminates the hassles of scroll bars.

The ScrollPoint Mouse is a full-function mouse, plus a unique ScrollPoint mini-stick navigator that lets you scroll in any direction without using scroll bars. (Warning: don't try that with a "wheel" mouse).

Scroll web pages, long documents, and spreadsheets without any wasted motion. Find exactly what you want to see - *fast*.

Free yourself from scroll bars using the ScrollPoint mini-stick navigator! Scroll around web pages and large documents with fingertip ease.

Scroll
in any direction without using scroll bars

Browse
web pages and long documents with the touch of your finger

Zoom*
in and out quickly and easily

Next Page ▷

On sale now at your local computer retailer, or directly from IBM. Call 1-800-426-7235 ext. 5201 or visit our online store.

* Zoom operates in Microsoft Office® 97 compatible applications

IBM and ScrollPoint are trademarks or registered trademarks of International Business machines Corporation. All other company, product and service names may be trademarks or service marks of others.

Download Netscape Now!
This site is best viewed with
Netscape Navigator 3.0

| ▷ IBM|HOME | ▷ APTIVA | ▷ THINKPAD | ▷ OPTIONS | ▷ HOME DIRECTOR | ▷ SOFTWARE | ▷ PCs@WORK |
| ▷ IBM.COM | ▷ SHOP | ▷ SEARCH | ▷ CONTACT IBM | ▷ LEGAL |

www.us.pc.ibm.com

Contenido creado por el usuario

Algunos expertos afirman que la capacidad de atraer a una audiencia en una discusión con el personal de un sitio web es una de las ventajas principales de los medios en línea, si lo comparamos con la impresión y la retransmisión. Aunque la información del usuario sea muy valiosa a la hora de mejorar el diseño y dirección de un sitio, es mejor no tratar de empezar un diálogo con los usuarios, a menos que se destinen recursos sustanciales a hacerlo.

(Página de enfrente) Los *chats* posiblemente sean la peor forma de añadir espíritu de comunidad a la Web. Incluso la visualización del diálogo en ComicChat no puede ocultar la naturaleza superficial de las charlas en Internet. La gente no tiene nada que decir. Y lo que dicen no siempre es lo apropiado para algunas audiencias.

Un sitio pequeño que obtiene un comentario o dos al día debe ser capaz de manipular con facilidad una pequeña cantidad de correspondencia con sus fieles e ilusionados usuarios. La cuestión es distinta en lo que respecta a sitios grandes con millones de *hits* diarios y un potencial de miles de mensajes. El personal de estos sitios no podría atender a los usuarios individuales si tuviera que responder a todo el correo electrónico.

En vez de manipular una gran cantidad de comunicación en ambos sentidos entre el personal y los usuarios, es posible invitar a los usuarios a contribuir en los grupos de discusión del sitio. El contenido creado por el usuario suele ser bastante apreciado, especialmente si no tiene que ver con noticias específicas o segmentos del sitio. Algunos sitios poseen áreas de discusión generales, pero tienden a degenerar en confusiones.

Las discusiones moderadas suelen funcionar muy bien, pero son mucho más caras de mantener.

Navegación mediante *applets*

Ya estén implementados en Java o en otros lenguajes, los *applets* son formas de añadir una funcionalidad avanzada a un sitio web permitiendo a los usuarios interactuar con un programa y no con un trozo de texto y con vínculos. Los *applets* se pueden dividir en dos categorías:

- *Applets* de funcionalidad. Son miniaplicaciones independientes por derecho propio, con transiciones de estado y múltiples vistas (por ejemplo, un cuadro de diálogo con etiquetas). Los *applets* de funcionalidad suelen manipular datos "del mundo real" que existen al margen de la página web, por ejemplo, permitiendo a los clientes manipular sus cuentas de comprobación, control de inventario y administración del servidor.

WISH YOU WERE HERE

STARRING

 bob

SpeedFreak

(Imagen editada para el contenido.)

- *Applets* de contenido. Estos *applets* están muy integrados con el contenido de una página web. Ejemplos de ello son los controles de navegación por el sitio (un mapa del sitio activo o intercambiadores que expandan o contraigan un listado jerárquico), un contenido activo (un modelo de motor que se pueda girar, animar y manipular) y funciones menores (convertidores de moneda). Normalmente, ejecutar un *applet* de contenido no tiene otros resultados que el cambio de la apariencia de las páginas web. Los *applets* de contenido deben mostrarse en un navegador junto con la página web a la que pertenecen; mientras que los de funcionalidad deben mostrarse en una ventana nueva (sin navegador) y sin control de navegación web alguno.

Si los *applets* de funcionalidad se muestran en una ventana de navegador, los usuarios confundirán invariablemente las interacciones de los *applets* con las de los navegadores. Los usuarios harán clic con mucha frecuencia en el botón Atrás cuando deseen deshacer una acción en un *applet* o volver a un estado de visualización previo. Evidentemente, volver atrás en el navegador lleva al usuario a la página web anterior y acaba con el *applet*.

El problema es que el símil de la navegación por el hipertexto es muy fuerte en tanto y cuanto el usuario esté en una ventana de navegador. Los usuarios no pueden abstraerse de usar los comandos del navegador para desplazarse, aunque "supongan" que están navegando por el *applet*. La única solución pasa por abrir el *applet* en su propia ventana sin ningún control del navegador. Cuando el *applet* aparezca en otra ventana, los usuarios dejarán de pensar en la "Web" y empezarán a interactuar con el *applet* en sus propios términos.

A largo plazo, la solución pasa por eliminar los navegadores y cambiar a un sistema de navegación completamente integrado que unifique la navegación entre los estados del sistema y los objetos de información y que mantenga una sola interfaz de navegación para todas las acciones de los usuarios, independientemente de que estén en la Web o fuera de ella. Al fin y al cabo, a los usuarios no les tiene que importar si están tratando con HTML o con otro tipo de datos o si se conectan con Internet, con una intranet o con contenido local en sus propios discos duros.

Los *applets* de funcionalidad pueden incluir vínculos de hipertexto con la Web. Los ejemplos típicos son las páginas de ayuda y un sistema de reservas de vuelos que permita a los usuarios leer más sobre los distintos modelos de aviones.

Doble clic

En principio, los *applets* deberían seguir las normas de las interfaces de usuario al uso, por lo que pueden darse casos donde haya que soportar clics dobles. Sin embargo, a largo plazo, hay que acabar con el doble clic, ya que crea muchas dificultades a los principiantes y porque entra en conflicto con el estilo de interacción de clic único de la Web. La razón principal del doble clic es la de permitir que se carguen dos operaciones con un ratón de un solo botón. Los diseñadores de GUI más recientes compuestas de múltiples botones han acrecentado fielmente una debilidad que venía impuesta por las limitaciones de una GUI original de botón único. Vamos a hacerlo mejor en el futuro. Los *applets* de contenido deben ser especialmente cautelosos con el doble clic, ya que la gente creerá que se trata de contenido web de un solo clic.

Usabilidad. Diseño de sitios Web

Tales vínculos de hipertexto deben sacar al usuario del *applet* de funcionalidad y devolverle al navegador web (mientras el *applet* de funcionalidad permanezca visible en su ventana separada).

Un *applet* de funcionalidad que genere sus propias ventanas debe seguir directrices de diseño GUI tradicionales, por lo que un *applet* de contenido que quede en la página debe seguir las directrices y principios del diseño web.

Funcionamiento lento

Los *applets* que se comunican con el servidor deben mostrar un indicador de progreso al hacerlo. Los indicadores de progreso (que suelen aparecer como barras de progreso porcentual) son necesarias en toda interfaz de usuario para toda operación que tenga tiempos de respuesta muy lentos (de más de diez segundos). Los *applets* que se pueden conectar de nuevo con el servidor suelen experimentar demoras muy variables, debido a la debilidad de Internet. Por tanto, es doblemente importante que el indicador muestre el progreso real del funcionamiento y su duración estimada. Por ejemplo, el indicador de progreso podría mostrar la proporción de una base de datos en la que se ha buscado o los pasos de una secuencia que haya terminado (mientras evitan la terminología orientada al sistema). Tales indicadores de progreso deberían solicitar algo de información del servidor al *applet* mientras aquél atiende la solicitud.

Los *applets* también necesitan un botón de cancelación para permitir al usuario interrumpir las operaciones que sean lentas. La interrupción es especialmente necesaria en cualquier conexión del servidor.

Conclusión

Es tentador esperar una solución tecnológica a los problemas del diseño de sitios: un gran motor de búsqueda de lenguaje natural que permita a los usuarios localizar la página deseada al primer intento. O un sistema de administración de documentos perfecto que implemente los estándares de diseño de forma que todas las páginas tengan una materia y forma uniforme, independientemente del departamento del que procedan.

Confío mucho en que la tecnología mejorará, pero los temas más importantes de la usabilidad en los sitios seguirá requiriendo una intervención manual. Un sitio web no parecerá un todo unificado hasta que los diseñadores y escritores se pongan de acuerdo en trabajar activamente para el cliente. Y ninguna búsqueda puede localizar páginas que estén descritas de manera deficiente y que carezcan de la información que busca el usuario.

En cuanto a la arquitectura de la información, supone un gran avance que muchos proyectos reconozcan la necesidad de diseñar la estructura del espacio de navegación y no dejar que se desarrolle aleatoriamente. Siguen siendo necesarios más sitios que cimenten su arquitectura de la información en las necesidades de los clientes en lugar de en la propia manera de pensar que tenga la empresa. Cuando esto ocurra y la gente escriba vínculos mejores que soporten la navegación, y buenos titulares que funcionen en motores de búsqueda, pensaremos que los usuarios al fin ya pueden navegar en condiciones por la Web.

Hoy por hoy, la experiencia dominante entre los usuarios es que, por regla general, se está en la página equivocada. Los usuarios esperan encontrar problemas en la Web y perder tiempo mirando páginas irrelevantes antes de encontrar la que buscan. Poco a poco, esto dejará de ser así. Cuando haya sitios que consigan hacer la navegación más fácil, los usuarios se rebelarán contra los sitios que les hagan perder el tiempo viendo páginas irrelevantes.

5 Diseño de intranets

Diseñar una intranet es prácticamente lo mismo que diseñar un sitio web normal de Internet. Las características básicas de los usuarios siguen siendo las mismas y los temas de interacción básica de la navegación web también. Por consiguiente, casi todos los consejos de este libro son aplicables tanto a los sitios internos como a los externos.

Aun así, el diseño de intranets debe tratarse de un modo distinto al diseño en Internet. La razón más elemental es que el sitio web de intranet y el sitio web externo son dos espacios de información distintos provistos de dos conjuntos de objetivos, usuarios y limitaciones técnicas distintas. Dado que estos dos espacios de información son tan distintos, son necesarias diferentes soluciones para optimizar los diseños de los dos conjuntos de circunstancias.

Así, por una parte, los diseñadores de intranets deben seguir las directrices básicas de todo diseño web, pero, por otra parte, tienen que adoptar medidas especiales para garantizar que el diseño resultante está optimizado para la productividad de los empleados. En los sitios web externos, un diseño "centrado en el usuario" significa un diseño "centrado en el cliente". En las intranets, hay que estar "centrado en el empleado"

El sitio web de intranet y el sitio web externo son dos espacios de información distintos provistos de dos conjuntos de objetivos, usuarios y limitaciones técnicas distintas.

Es mejor disponer de dos diseños de interfaz de usuario distintos para la información web interna y externa, con el fin de facilitar a los empleados la tarea de saber cuándo están viendo información externa (que está a disposición de todo el mundo) y cuándo están viendo información interna (que es confidencial). Para aclarar la distinción entre los dos espacios de información, recomiendo el uso de dos estilos visuales diferentes y dos conjuntos de plantillas tanto para el sitio web interno como para el externo. Obviamente, ambos estilos deberán ceñirse al lenguaje de diseño general de la empresa, pero deben tomar este punto de partida en dos direcciones distintas.

El sitio web de intranet y el sitio externo pueden, en principio, informar a la misma administración, siempre que el departamento entienda que los dos espacios de información tienen que ser tratados de forma distinta. A pesar de la necesidad de tener diseños distintos, existe una cierta sinergia en que la administración sea compartida. Muchas de las mismas tecnologías de servidor pueden emplearse para desarrollar los dos sitios (de hecho, una pequeña empresa puede beneficiarse de que la misma persona sirva como *webmaster* para ambos tipos de sitios). El conocimiento sobre el diseño web y la tecnología web puede compartirse más fácilmente entre el personal que trabaja en proyectos internos y externos si están en la misma empresa. Además, una administración unificada facilita la acción de mover recursos entre proyectos, para suavizar los picos de trabajo que se suelen producir en los proyectos web.

Diferencias entre el diseño de intranets y el diseño para Internet

La diferencia más obvia que hay entre una intranet e Internet es que los usuarios de intranet son sus empleados, mientras que los usuarios de Internet son sus clientes. Los usuarios internos utilizarán la intranet para conseguir la información que necesiten para su desempeño laboral, mientras que los usuarios externos irán a su sitio solamente para ver un tipo de información limitado relacionado con los negocios de la empresa.

Debido a esta diferencia en los objetivos del usuario, la intranet de cualquier empresa suele tener de diez a cien veces más páginas que el sitio web externo de la empresa. Sun Microsystems, por ejemplo, posee cerca de 20.000 páginas en su sitio web externo y cerca de dos millones en su intranet. Además, si exceptuamos las empresas muy pequeñas, una intranet suele estar dividida en múltiples sitios, cada uno de ellos gestionado por un departamento distinto, mientras que un sitio web externo normalmente presenta una imagen propia ante los clientes y se comporta como un sitio único.

Los diseños de intranets pueden soportar un entorno mucho más unificado que los diseños para Internet. En Internet, el conjunto de los usuarios tiene todos los modelos de computadoras que se hayan fabricado, todas las velocidades posibles y todas las versiones de navegadores que se hayan comercializado. Dado que un sitio web no puede ayudar al usuario a instalar una actualización, es perjudicial requerir que el usuario utilice una determinada versión de un determinado navegador sólo para visitar el sitio. Por el contrario, es posible hacer estándares de plataformas y de un navegador en una empresa. Además, también suele ser posible especificar que el navegador tenga que ser de una determinada versión, o al menos de una de dos versiones. Si un usuario tiene una versión de navegador obsoleta, es posible requerirle que se ponga en contacto con un servicio de asistencia para actualizarse a la versión soportada. Hacer esto es aceptable si en verdad existe un departamento de asistencia a disposición del usuario cuando éste lo necesite.

Es posible emplear utilidades para navegador más avanzadas, debido al alto nivel de estandarización en diseños de intranets, una media de un año antes de que los usuarios las puedan usar en Internet. También es posible presuponer que los usuarios tengan instalados ciertos tipos de fuentes en sus computadoras, que tengan una determinada calidad de monitor (quizá todo el mundo tenga al menos una pantalla de 15 pulgadas con colores de 8 bits), y que tengan acceso a ciertas versiones de aplicaciones para oficina. Estas presunciones hacen posible diseñar interacciones menos afectadas por las imposiciones de plataforma cruzada que deben tenerse en cuenta en caso de ser un diseño para Internet.

La mayoría de las empresas medianas y grandes disponen de personal en sus departamentos técnicos que conocen las configuraciones normales del sistema de la empresa. También hay que notificar el diseño de la intranet a este personal para asegurarse de que no sólo se cumplen los estándares oficiales del sistema, sino que también se está al día sobre los distintos departamentos. Además, el que vaya a hacer el diseño de la intranet deberá estar informado acerca de los planes de la empresa de actualizar la configuración estándar. Con frecuencia, lo que no se pueda hacer en un momento dado puede resultar factible tras la siguiente actualización, por lo que es posible planificarlo.

En los sitios web externos hay que evitar a toda costa los diseños que dejan al descubierto el esquema organizativo de la empresa. A diferencia de ello, las intranets suelen beneficiarse de un enfoque interno, ya que a los empleados les importa su empresa y conocen su estructura.

También conviene usar dosis más grandes de terminología interna y acrónimos corporativos en una intranet. Hacer esto en un sitio abierto espantaría a los clientes, pero los empleados se comportan mejor cuando se usa terminología especializada; la precisión del lenguaje les ayuda a entender exactamente sobre qué se está debatiendo. Para ayudar a los nuevos empleados, siempre conviene habilitar vínculos con explicaciones de cualquiera de estos términos corporativos.

Diseño de extranets

Una extranet es una extensión de la intranet diseñada para incorporar usuarios externos que tengan permisos de acceso especiales a ciertos subsitios. Normalmente, el acceso se puede dar a los consultores que necesiten ciertos datos corporativos y planes de producto, a los clientes que deseen introducir sus propios pedidos o comprobar el estado de los pedidos pendientes, y a los proveedores que deseen, por ejemplo, controlar los niveles de inventario con el fin de planificar sus propios programas de producción.

Exceptuando las necesidades de seguridad, el diseño de extranets está más cerca del diseño de Internet que del de intranets. En concreto, una extranet debe imitar el estilo de un sitio web externo, ya que los clientes alternarán entre el sitio público y el sitio privado de la extranet. El sitio de la extranet debe tener un diseño especial que realce visualmente las diferencias entre los dos espacios de información y que garantice a los usuarios de la extranet que su información es privada y que no se va a poner a disposición del público.

Las tres diferencias clave entre las extranets y las intranets son:

- La falta de control sobre el entorno de los usuarios de la extranet. A la variedad de clientes y fabricantes hay que añadir la variedad de equipos y software en sus empresas.

- Un ancho de banda más lento entre el servidor y las computadoras de los usuarios de la extranet, ya que Internet está siendo usado como mecanismo de transporte.

- El hecho de que la extranet raramente sea el centro de la experiencia web de los usuarios remotos. Normalmente, todos los clientes o fabricantes tratan con muchas otras empresas y acceden a muchas otras extranets, aparte de la suya.

A causa de estas diferencias, no es posible obtener las ventajas que ofrece el diseño de intranets en cuanto a diseñar para un determinado navegador, dar ancho de banda libremente y presuponer que los usuarios entiendan su diseño, porque es el único sitio que tiene información sobre la empresa.

También existen algunas diferencias entre las extranets y los sitios web tradicionales:

- La extranet va a ser vista por usuarios o grupos que ya tienen algún tipo de relación con la empresa, por lo que sabrán más sobre usted que el visitante convencional del sitio web.

- La extranet será utilizada por un motivo muy determinado una vez (para el control de los pedidos, por ejemplo) o repetidamente para unas cuantas tareas (como el control de múltiples pedidos).

- Las extranets poseen un modelo integrado de negocio, ya que prestan servicios a los que ya tienen relación económica con usted. Por tanto, no deben llevar publicidad. Tampoco deberán ser muy promocionales. Cuando alguien accede a una extranet es porque verdaderamente le interesa. Ahora es el momento de dar.

Exceptuando las necesidades de seguridad, el diseño de extranets está más cerca del diseño de Internet que del de intranets.

DRIVE(TM) for Your Company

Daily Reporting and Information Via Extranet

Your Company Extranet Home

Shipping

- Searchable tracking information
- Distributor orders
- Submitted problem orders

Inventory and usage

- Daily Inventory
- Latest Month-end inventory report
- Sales Report by month
- Re-Order report

Manufacturing

- Manufacturing order status
- Assembly Instructions
- Submit a new BOM

For comments, suggestions or questions, send mail to Your Account Manager

www.alom.com

Extranet de prueba de ALOM Technologies (una empresa fabricante de servidores). Dado que las extranets casi siempre contienen información confidencial, los nuevos usuarios no podrán acceder a las páginas de extranet existentes, por lo que no podrán valorar este aspecto del servicio de una empresa.

Sin embargo, al añadir un área de prueba con datos genéricos y una contraseña sencilla, es posible mostrar cómo se puede usar la extranet para nuevos proyectos.

DRIVE$^{(TM)}$ for Your Company

Daily Reporting and Information Via Extranet

Other Shipping Reports on DRIVE

- Searchable shipping/tracking reports
- Distributor Orders

SHIPPING AND TRACKING INFORMATION
Shipments on hold

Order #	Recipient Name	Awaiting action from	Remark
56003	Ingram Micro	Test Corp.	Invalid product code
55080	Eric Fromm	Test Corp.	Incomplete shipping address
51007	Fay Cerra	ALOM	Safety stock depleted; building May 20

Tracking
UPS FedEx Airborne RPS Roadway

For comments, suggestions or questions, send mail to Your Account Manager

www.alom.com

Tiene la opción de diseñar interaccciones más complejas en una extranet que en Internet, puesto que los usuarios de extranets tendrán cierta motivación para aprender su diseño. Al fin y al cabo, poseen una relación comercial con su empresa y utilizan su extranet para comerciar con usted o para realizar otras tareas comerciales importantes. Además, cualquier aplicación para extranet normalmente la utilizará un número muy reducido de empleados de sus clientes. Por ejemplo, su sistema de compras será utilizado por el departamento de ventas de su cliente, y su sistema de atención al cliente lo utilizará el departamento de compras de dicho cliente. Dado que casi todo el uso de extranets está especializado, los usuarios conocen bien los temas que tienen entre manos.

Mejorar los objetivos aumentando la productividad de los empleados

Todos los métodos de ingeniería de la usabilidad se aplican tanto a proyectos de intranet como de Internet. De hecho, son más importantes para los proyectos de intranet, ya que toda mejora en la usabilidad es una contribución directa a los objetivos de su empresa.

Algunos diseñadores web creen que tienen licencia para hacer perder el tiempo a los clientes. Dado que usted no paga a sus clientes, deberá intentar mantenerlos en su sitio el máximo tiempo posible, con el fin de exponerles el mayor número de páginas posible. No suscribo esta teoría, ya que creo que los clientes se dan cuenta al final y ven el desprecio con que les están tratando. Los usuarios acabarán yendo a otros sitios que tengan más respeto por su tiempo y que les permitan realizar sus tareas más eficiente y rápidamente. Sin embargo, sigue siendo cierto que el tiempo que pasen los usuarios externos en su sitio es problema de ellos.

En los sitios públicos de Internet, los atributos más importantes de usabilidad probablemente sean la capacidad de aprendizaje y la satisfacción subjetiva. A fin de cuentas, los usuarios no suelen quedarse en un determinado sitio lo suficiente como para convertirse en usuarios expertos, y sus deseos de volver suelen estar determinados por lo que les haya atraído el sitio. La utilización de la Web es completamente discrecional, por lo que los usuarios tienen que estar contentos.

(Páginas siguientes) **Para el rediseño de SunWeb (1997), se utilizó un diseño paralelo con el fin de crear una gran cantidad de estilos alternativos. Estos primeros diseños se colocaron en la intranet y se sometieron a la votación de los usuarios. Normalmente, la votación mayoritaria no es un buen método de diseño, pero había pocas razones para creer que el estilo tendría implicaciones de usabilidad importantes. Por tanto, decidimos aumentar el nivel de implicación de los usuarios y su sensación de formar parte del proceso de diseño, permitiéndoles votar. El ganador fue el diseño provisto de una barra morada clara en su parte superior y un patrón de fondo suave.**

Usabilidad. Diseño de sitios Web

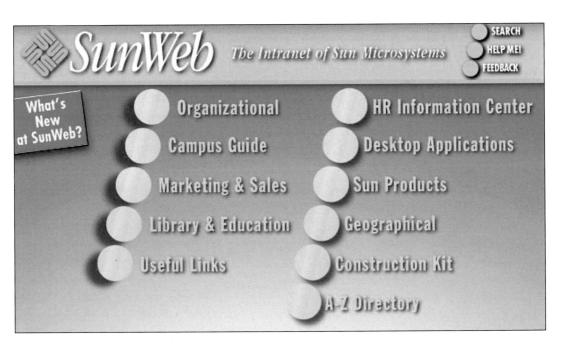

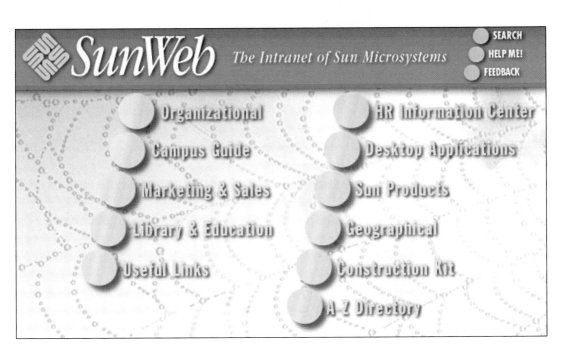

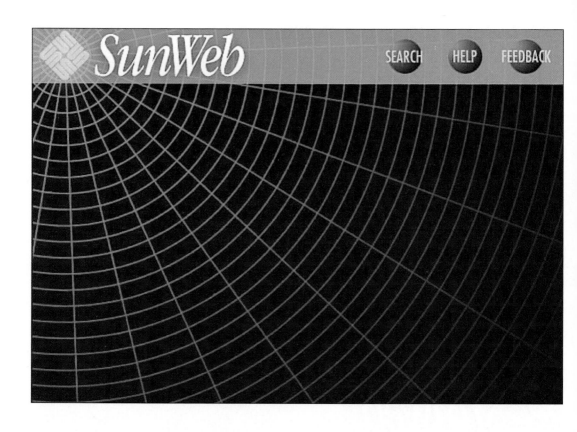

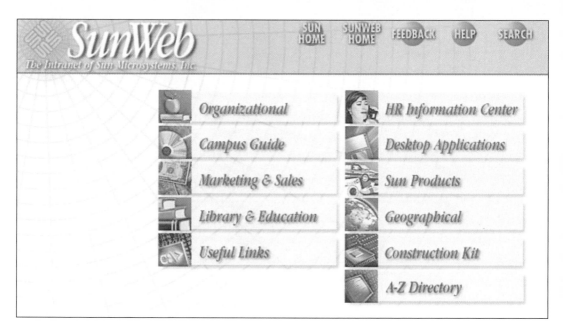

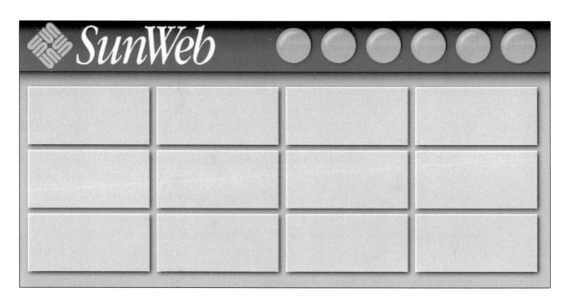

La satisfacción subjetiva no es tan importante para las intranets como para los sitios externos, ya que los empleados tienen que usar la intranet: es lo que tienen. Pero sigue siendo mejor tener un diseño agradable, ya que el estilo de la intranet es una oportunidad de oro para comunicar la actitud y el espíritu corporativos a todos los empleados. Es importante que los empleados entiendan que la interfaz de usuario de la intranet ha sido diseñada con sumo cuidado, porque uno de los objetivos era que se sintieran cómodos con los estándares de diseño propuestos. Si a la gente no le satisface el diseño, no lo utilizarán para sus propias páginas, y se desarrollará una intranet caótica e incoherente.

En los diseños para intranet, la eficiencia, lo perdurable y la reducción de errores se convierten en los atributos de usabilidad más importantes. Dado que los empleados pueden usar la intranet todos los días, pronto se convierten en usuarios experimentados, y la eficiencia con la que navegan por la intranet y realizan su trabajo determinarán su productividad. Cuantas más tareas estén en línea, la eficacia con la que los empleados puedan usar la intranet se convertirá en el determinante de la productividad de la empresa.

Debido a la repercusión de la productividad del diseño para intranets, normalmente puede justificar una inversión bastante grande en la ingeniería de la usabilidad. Como ejemplo de ello, vamos a considerar el valor de un rediseño que reduciría en un minuto el tiempo medio necesario para que un empleado vaya a una nueva parte de la intranet. Dado que los empleados con frecuencia tardan diez minutos o más al tratar de encontrar nuevas páginas en una intranet, una mejora de un minuto es un objetivo de usabilidad bastante modesto, por lo que se puede conseguir en unos cuantos días de pruebas de usuario e intentos de rediseño.

Vamos a suponer que la empresa tiene 1.000 empleados y que cada uno de ellos desea ir a una parte nueva de la intranet una vez por semana. Esto significa que nuestro rediseño ahorraría 1.000 minutos de trabajo por semana, o algo más de dos días de trabajo completos. En el periodo de un año, el rediseño ahorraría el 42% del tiempo de trabajo de un empleado.

Todo análisis de costes/ventajas sobre usabilidad debe valorar el tiempo de la gente basándose en el coste total, no en el coste parcial. El coste total para una empresa de una hora de trabajo de un empleado no sólo cubre la hora de salario de esa persona, sino también los beneficios, las vacaciones, el

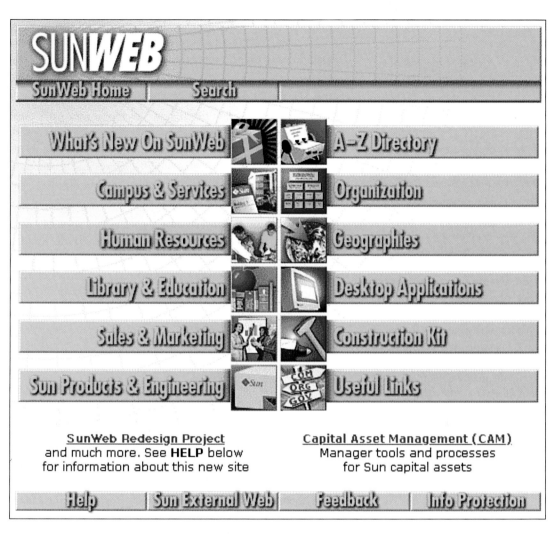

La página de inicio final del diseño SunWeb de 1997. El estilo estaba basado en uno que obtuvo el voto, pero los detalles del diseño se fueron desarrollando a través de las pruebas de usabilidad y del diseño repetitivo, con el fin de asegurar la legibilidad y los iconos fáciles de entender. Observe cómo esta página de inicio tiene más botones que la que normalmente se recomendaría en una página de inicio externa. En una intranet es posible impresionar a los usuarios principiantes, mientras que los experimentados tendrán un mejor rendimiento.

coste del lugar de trabajo (espacio de oficina, limpieza y calefacción, computadoras, etc.), y los otros muchos costes asociados con dicho empleado.

Normalmente, el coste total de un empleado es, por lo menos, dos veces su salario. Ésta es la razón por la que los consultores cobran mucho más que los empleados normales. Sus horas facturables tienen que cubrir los numerosos gastos estructurales implícitos en el caso de los empleados en nómina. De hecho, las tarifas normales de consultoría para un tipo concreto de trabajo sirven para estimar el valor total del tiempo de trabajo de los empleados.

En aras a la simplicidad, vamos a presuponer que el coste total de un empleado de nuestra empresa sea de 80.000 dólares al año (lo que corresponde a algo menos de 40.000 dólares en el salario real del empleado). Si contamos el 42% de ahorro de 80.000 dólares, se llega a la cifra de 33.600 dólares, que sería el ahorro total de la mejora de la navegación por intranet con un minuto por cada nueva página. El trabajo de usabilidad necesario para ahorrar 33.600 dólares costaría varios miles de dólares, lo que nos conduciría a un beneficio muy favorable.

Portales de intranet: la infraestructura de la información corporativa

La intranet debe ser vista como la infraestructura de información corporativa. No es sencillamente una forma de mover bits desde los servidores hasta las computadoras cliente, y no es una forma de que los empleados examinen el menú del restaurante. La intranet puede soportar muchas funciones prácticas y puede ser la forma principal de que los empleados se comuniquen con la gente de otros grupos y de obtener la información necesaria.

Muchas grandes empresas poseen canales de comunicación muy enrevesados, en los que la gente se siente aislada de sus propios departamentos y no sabe lo que ocurre en los demás. El esfuerzo se duplica, puesto que nadie sabe que algo ya se ha hecho, y el otro trabajo se derrocha, ya que está orientado a un objetivo distinto del necesario (sin ser comunicado). La eficacia corporativa aumenta claramente con comunicación más clara, y la intranet puede ser la infraestructura de esta comunicación si (y sólo si) está diseñada con el ánimo de facilitar a las personas que localicen información cuando lo necesiten.

Costes medios frente a costes marginales

En principio, el valor del tiempo empleado para usar una interfaz de usuario deficiente debe ser considerado como tiempo marginal. Por consiguiente, la forma teóricamente correcta de computar el coste de este tiempo no es el coste medio del tiempo de los empleados, sino el coste marginal de sus tiempos, lo que necesita el uso de un modelo llamado hedonista. Con este planteamiento trataríamos de estimar qué valor recibiría la empresa de un empleado que trabaja productivamente una hora más.

En la práctica es muy inusual que los valores marginales sean conocidos o fáciles de estimar, por lo que es muy normal usar valores promedio. La manera más sencilla de derivar el coste medio de un empleado es sumando los gastos totales de la empresa y dividiendo la cifra resultante por la cantidad total de horas productivas trabajadas. Si desea sumar, por ejemplo, las reuniones del personal como tiempo productivo, obviamente será una cuestión de interpretación, pero no se trata de computar el tiempo dedicado a los seminarios de aprendizaje, descansos y actividades que puedan ser necesarias pero que no generan resultados.

La intranet puede soportar comunicación de arriba abajo haciendo que las decisiones ejecutivas y las discusiones sobre estrategias sean fácilmente accesibles. Cuando un empleado de bajo nivel escribe un plan de producto o una propuesta de marketing construida en torno a una estrategia de alto nivel, éste podrá incluir un vínculo de hipertexto con la versión de intranet del documento de estrategia, facilitando así a los demás participantes en el proyecto que se familiaricen con la estrategia. Tales vínculos pueden tener directrices estratégicas más estrechamente vinculadas a la organización que cualquier memorando. La intranet permite que todo el mundo se conecte directamente con la versión original de las declaraciones del director general de una forma más eficaz que cuando el director general hace una presentación a una serie de vicepresidentes, que a su vez notifican lo que ha sido dispuesto para cada departamento, quiénes tienen que comunicarse con sus departamentos, etc.

La ventaja principal de una intranet como infraestructura de información corporativa radica en la comunicación de organización cruzada. Dado que la intranet posibilita la obtención de información de otras organizaciones sin molestar a

Deshágase del correo electrónico

El correo electrónico se está convirtiendo en un inmenso sumidero para la productividad. En algunas empresas hasta supone un día completo de trabajo el ir a la bandeja de entrada y responder a los correos electrónicos. La gente tiene que luchar para dedicar tiempo a hacer algo que no sea el correo electrónico.

El correo electrónico se ha popularizado debido a que aporta muchas ventajas en el sentido de ser capaz de establecer comunicación allende las fronteras del tiempo y del espacio. Es tan rápido y fácil enviar correo electrónico por todo el mundo como enviarlo a su colega de oficina. Puede enviarlo cuando le plazca, las 24 horas del día, y listo para que lo lea el destinatario. No más facturas telefónicas inmensas.

Una pequeña dosis de correo electrónico es buena, pero una gran cantidad es horrible. Uno de los principales objetivos de las intranets debe ser

el de despojarse del correo electrónico inútil. Esto incluiría la mayoría de las listas de envío y, con toda seguridad, el correo dirigido a todos los empleados. Es mucho mejor colocar la información en un directorio de intranet correctamente organizado y vincularlo con la página de inicio mientras ese directorio sea el actual.

La información almacenada en la intranet estará indexada y será fácil de buscar, y todos los empleados sabrán cómo encontrarla cuando la necesiten. Por el contrario, todo lo que se envía por correo obliga a que la información se organice, indexe y almacene para cada uno de los empleados. ¡Qué derroche de energía! Y dado que el software para correo electrónico organiza y recupera la información de manera tan deficiente, los empleados normalmente serán incapaces de administrar la información que reciben por correo electrónico.

nadie, la gente es más proclive a seguir y ver si la información de otros departamentos puede resultarles de utilidad. Si la única forma de obtener la información fuera solicitarla por triplicado o programar una reunión con dos meses de antelación con un jefe quemado que no está motivado para ayudarle, seguro que no habrá mucha comunicación cruzada.

Los vínculos de hipertexto proporcionan mucho soporte a la búsqueda de información en una empresa. Recomiendo que cada empleado tenga su propia página de inicio de intranet y que ésta esté vinculada con el departamento donde trabaje, aparte de estarlo con las páginas del proyecto para el que trabaje o con los que haya trabajado durante los últimos años. Gran parte de la experiencia de las empresas está en forma de vínculos personales y en el hecho de saber que siempre existe alguien a quien preguntar por un determinado tema. Al ir a la página de inicio personal de intranet de esta última persona, el usuario normalmente podrá controlar la información deseada siguiendo los vínculos con los proyectos apropiados. Aparte de los vínculos, las páginas de inicio personales de intranet deben contener casi la misma información que una página de inicio pública, incluyendo una fotografía de la persona (es asombrosa la frecuencia con la que se reconoce el aspecto de alguien sin saber verdaderamente su nombre) y un esquema de su experiencia. Esta información ayuda a la gente a prepararse para las reuniones y permite que haya una experiencia más rica en torno al intercambio de correo electrónico y de mensajes en los grupos de discusión.

De forma análoga, todos los proyectos deben tener una página de inicio provista de vínculos con las páginas de inicio personales de todos los que participen en un proyecto. Las páginas de proyecto obviamente también deben tener vínculos con los planes de proyecto e informes que no sean confidenciales. La información sensible también debe tener un vínculo desde la página, pero con una nota que indique que el acceso sólo se otorga previa autorización. Avisando a la gente sobre el acceso controlado se evitan decepciones a la hora de intentar acceder a determinada información. El control de acceso real puede estar protegido por contraseña o por cualquier esquema de autenticación que esté disponible en la red de su empresa.

Además, todas las unidades organizativas deben tener una página de inicio de departamento provista de vínculos con las páginas de inicio de la gente que trabaje en el grupo (incluyendo el jefe), así como vínculos con las unidades organizativas apropiadas que estén por encima o por debajo de ella en la

Todos los proyectos deben tener una página de inicio provista de vínculos con las páginas de inicio personales de todos los que participen en un proyecto.

jerarquía de la organización. Las páginas de los grupos y departamentos también deben tener vínculos con las páginas de proyecto principales que se gestionen. Todos estos vínculos de referencia cruzada sirven para dos fines: facilitar a los empleados de otros departamentos la tarea de buscar la información que necesitan sin saber con exactitud cómo están estructuradas las cosas, a la vez que mejorar las comunicaciones entre los propios empleados del departamento.

Mantenimiento de las intranets

Las numerosas páginas de inicio que hay en una intranet tienen que estar al día. Esto incumbe tanto a las páginas individuales de empleados como a las de proyecto, a las de departamento y a las de la información corporativa oficial. Si se permite que la intranet se quede rezagada del verdadero progreso de los proyectos, la gente rápidamente dejará de confiar en ella y habrá fallado como infraestructura de información corporativa. Se volverá a la antigua e ineficaz fórmula de comunicarse mediante rumorología. El mantenimiento de las intranets debe ser visto como una parte normal de las tareas de todo el mundo; es la parte del trabajo que garantiza que los demás se puedan aprovechar de lo que usted haya hecho.

Las intranets suelen crecer muy deprisa debido a que los distintos departamentos empiezan a poner todos sus planes de proyecto e informes en línea. Por tanto, un motor de búsqueda en línea es una necesidad absoluta. Los motores de búsqueda de las intranets permiten a la gente buscar cosas aunque no tengan ni idea de quién puede ser el responsable dentro de la organización. Al igual que ocurre en Internet, los vínculos de hipertexto son geniales, pero no bastan. Los directorios y las noticias también son necesarios.

Los tres pilares de la infraestructura: directorios, búsquedas y noticias

Una página de inicio de un portal de intranet debe tener tres componentes:

- Una jerarquía de directorios que estructure todo el contenido de la intranet. Esta parte de una intranet a veces se denomina un "mini-Yahoo". Se puede aprender mucho del diseño de los servicios de directorio, como Yahoo y LookSmart, porque dedican más esfuerzos de usabilidad que cualquier proyecto de intranet, pero es necesario para construir localmente la jerarquía de temas, ya que tiene que reflejar el contenido específico de la intranet.

- Un campo de búsqueda que se conecte con un motor de búsqueda que indexe todas las páginas de la intranet. A diferencia de las búsquedas genéricas en Internet, un motor de búsqueda debe reflejar los conocimientos disponibles acerca de la importancia de las distintas áreas de la intranet. Por ejemplo, podría indicar las páginas oficiales por medio de un icono especial.

- Las noticias de actualidad de la empresa y de sus empleados. Normalmente, la página de inicio de la intranet puede sustituir los boletines tradicionales de los empleados y el flujo de anuncios de correo y memorandos que reducen la productividad en muchas empresas. Emparejando los listados de noticias con un archivo y un buen motor de búsqueda se garantiza que los empleados puedan recibir la información y los libera de tener que almacenar y gestionar copias locales (tareas que son muy costosas si tenemos en cuenta las ínfimas opciones de administración de la información que tiene el software para correo electrónico actual).

Estándares de diseño de intranets

La consistencia es importante para todos los usuarios de interfaz, pero es esencial en la usabilidad de las intranets, ya que los usuarios navegan por un gran número de páginas cada día. Si todas las páginas tienen convenciones parecidas sobre dónde encontrar la información oportuna y cómo usar los vínculos, los empleados utilizarán la intranet de forma más eficiente. Hay que estandarizar la estructura de navegación y la presentación con el fin de facilitar las tareas a los usuarios e impedir que se pierdan.

Lamentablemente, las páginas web no son consistentes por sí solas. El hecho de exhibir un buen diseño no significa que lo vayan a imitar. Por el contrario, la Web parece generar un deseo de hacer algo drásticamente distinto en cada página, lo que conlleva consecuencias desastrosas para la usabilidad. Para que las intranets desplieguen todo su potencial como infraestructura de información corporativa, su empresa necesitará especificar un solo diseño estándar y promocionarlo muy activamente. Además, todo curso web impartido por su empresa deberá incluir instrucciones sobre el estándar de diseño de la intranet.

Como dijimos al principio de este capítulo, el estándar de diseño de una intranet deberá diferir del estándar de diseño de un sitio web. La experiencia muestra que algunos usuarios no entienden esta distinción, por lo que deberá explicarlo muy bien en todas las presentaciones y materiales escritos. No copie los elementos de diseño desde el sitio externo para usarlos en las páginas internas.

El estándar de diseño de una intranet deberá especificar como mínimo una estructura de navegación para el espacio de información. Recomiendo que cada página incluya un logotipo exclusivo de la intranet que aclare el estatus de las páginas internas y que las diferencie de la información disponible públicamente en Internet. Este logotipo deberá convertirse en un vínculo con la página de inicio principal de la intranet. Además, cada una de las páginas de la intranet deberá tener un botón de búsqueda, ya que ésta es tan importante para las intranets como lo es para la Web.

Los elementos de diseño adicionales dependerán de las circunstancias de cada empresa: las empresas más grandes necesitarán más soporte de navegación que las pequeñas empresas. El estándar de diseño de la intranet también deberá incluir la estructura y el diseño recomendados de los tipos principales de páginas. Normalmente, aquí se incluyen las páginas personales de los empleados, las páginas de los departamentos, las páginas de proyecto y las páginas de informes y memorandos, que deben colocarse como plantillas. Es muy probable que muchas empresas utilicen normalmente otros tipos de página, y las convenciones y las plantillas de estas páginas también hay que incluirlas en el estándar.

El estándar deberá ponerse a disposición de la propia intranet, preferentemente con un vínculo directamente desde la página de inicio principal de la intranet. El estándar deberá especificar y explicar los elementos de diseño obligatorios, recomendados y opcionales, proporcionando muchos ejemplos. La experiencia muestra que los usuarios confían más en los ejemplos que en las especificaciones formales a la hora de usar tales estándares de diseño; por tanto, dedique especial atención a todos los aspectos de sus ejemplos. Si no, es posible que encuentre miles de páginas que hayan seguido un ejemplo, no sólo para lo que estaba destinado a ilustrar, sino para otros atributos, lo que no es muy deseable.

Directrices de los estándares

Para que tenga éxito, un estándar de diseño de interfaz deberá:

- Estar bien ilustrado con ejemplos, porque los diseñadores se remiten a los ejemplos mucho más que al cuerpo del texto.

Es importante que haya un depósito central de todos los elementos de diseño de página. No sólo tendrán una mejor apariencia si están hechos por diseñadores web experimentados, sino que también serán consecuentes con el diseño general de la intranet y contribuirán a que sus páginas tengan una materia y forma coherente y profesional. Esta figura muestra el glifo "New" de SunWeb. Observe cómo se complementa bien con los demás elementos de diseño de SunWeb que se muestran en este capítulo.

- Asegúrese de que los ejemplos tienen en cuenta el estándar en todos los aspectos y no sólo el que tienen que ilustrar (los diseñadores pueden sacar pistas de un ejemplo determinado).

- Tenga a mano listas de comprobación amplias y generales (los diseñadores prefieren buscar en una lista en vez de tener que leer texto); por ejemplo, una lista de todos los elementos que deben ir en una página o una lista de la terminología que se prefiera.

- Hacer que un experto en normas revise los nuevos diseños con inspecciones formales y consultas más informales cuando los diseñadores tengan dudas acerca de la interpretación correcta de la norma (si no hay un espacio para las preguntas, cada diseñador aportará su propia respuesta, que normalmente será distinta en cada caso).

- Estar apoyado por un programa activo. No basta con esperar a ser preguntado. Deberá examinar activamente los proyectos y visitarlos para informarles acerca del estándar y para comentar sus diseños y el modo posible de corregir las inevitables desviaciones que pueda haber.

- Crear un documento que esté bajo el control de un supervisor de estándares, que será el que actualice el estándar cuando sea necesario.

- Observar los demás estándares de diseño que sean populares o incluir declaraciones explícitas resaltando las diferencias con respecto a estos otros estándares.

- Estar apoyado por herramientas y plantillas de desarrollo que hagan más fácil implementar los estándares que implementar un diseño no estándar.

- Complementar un buen índice (en caso de que esté impreso) o una buena búsqueda con vínculos de hipertexto con reglas relacionadas (en caso de que esté en línea).

El seguimiento se hace especialmente importante en lo que se refiere a los estándares de las intranets, ya que cada departamento tendrá inclinación a omitir las órdenes de la sede central. Esto se suele hacer con la excusa de que "somos distintos, y los de la sede no conocen nuestra situación". Esto puede ser cierto, pero todo el mundo es especial, por lo que el sistema será un completo caos si se permite que todo el mundo disienta por causa de circunstancias especiales. Generalmente, la usabilidad aumenta cuanto más consecuente se es. Pueden darse algunos casos en los que las circunstancias sean tan especiales que se pueda tolerar una

SunWeb Home | **Search** | **What's New**

> HR > Files > Policies > Sick Leave > Illnesses and Diseases > Colds and Flu >
Other Illnesses Requring Hospitalization

En el rediseño de SunWeb de 1997, abandonamos toda esperanza de controlar el diseño del contenido de la página principal. En principio, un estándar de diseño para intranet debía especificar muchos elementos adicionales, pero nos limitamos a la barra del encabezado. Esta barra consta de tres barras de navegación. La barra superior incluye el logotipo de SunWeb, que identifica la página como una página de intranet en contraposición a una página de Internet. El logotipo también se duplica como un vínculo con la página de inicio de SunWeb. La barra superior también incluye un nombre de subsitio y un icono que identifica la parte de SunWeb que el usuario está visitando en ese momento. El nombre y el icono están vinculados con la página de inicio del subsitio.

La barra de navegación central contiene una serie de botones. Los botones SunWebHome y Search son obligatorios y se vinculan, respectivamente, con la página de inicio y con una página de búsqueda. La finalidad del botón es que hay demasiada gente que no entiende que el logotipo también encierra un vínculo con la página de inicio. El botón Search lleva al usuario a la búsqueda global de SunWeb, a menos que el subsitio disponga de una búsqueda local, en cuyo caso se dirigirá ahí (y la página de búsqueda del subsitio necesitará entonces un vínculo con la página de búsqueda global de SunWeb). Dependiendo de la naturaleza del subsitio, puede haber botones opcionales que incluyan un mapa del sitio (que no se exhibe) y un botón What's New.

Por último, la barra de navegación central puede incluir los iconos de avance de página que aparecen en este ejemplo. El avance de página se emplea para recorrer contenido lineal.

incoherencia, pero las desviaciones deberán limitarse a los casos en los que se argumenten muy buenas razones.

Por último, tenga en cuenta que un estándar tiene sus propios problemas en cuanto a la usabilidad. Esto es así se implemente el estándar como sitio web interactivo con vínculos de hipertexto o se trate de un documento habitual impreso. En consecuencia, el estándar de diseño propuesto deberá ser probado con los diseñadores a fin de garantizar que lo puedan usar.

Ceder el diseño de la intranet

Si se ceden partes del diseño de su intranet a empresas de diseño web externas, resultará vital garantizar a los clientes un acceso total a los estándares y plantillas de diseño de su intranet. La mejor forma de hacerlo es creando una extranet donde los diseñadores autorizados puedan conectarse y leer los estándares y descargar las plantillas. Como alternativa, se puede crear una versión impresa del estándar para cederlo a los diseñadores externos, pero hacer esto sería menos beneficioso. La versión impresa tendería a quedarse anticuada, ya que normalmente no incluiría ilustraciones en color y sería difícil buscar en ella (a menos que se invirtieran recursos para que un indexador profesional creara un buen índice).

Independientemente de lo que haga, estos profesionales deberían poder descargar sus plantillas y cargar las páginas resultantes. Este intercambio de archivos puede hacerse por correo electrónico, pero funciona mucho mejor si se usa una extranet. En uno de mis proyectos, utilicé un artista gráfico externo que puso a disposición de sus clientes el disco duro principal en una extranet. A lo largo del proyecto pude consultar las últimas versiones de todos los iconos sin la demora inherente al envío de datos por correo.

Administrar el acceso web de los empleados

Los departamentos de sistemas de información suelen asumir la responsabilidad de admitir el acceso del usuario final a la Web. Este soporte es mucho más sencillo cuando es posible estandarizarse en un solo navegador web y en una sola versión. Puede negociar condiciones de contrato favorables para cualquier software que no sea gratuito, y el personal de asistencia técnica necesitaría así menos experiencia y aprendizaje. Además, al disponer de una única versión de navegador, la creación se hace más fácil para todos los que

> *Si se ceden partes del diseño de su intranet a empresas de diseño web externas, resultará vital garantizar a los clientes un acceso total a los estándares y plantillas de diseño de su intranet.*

contribuyen al contenido de la intranet. Todos los creadores sabrán qué versión de HTML usar y quedarán convencidos de que sus lectores verán las páginas más o menos como aparecen en la computadora del creador.

Por desgracia, no siempre es posible estandarizarse en un solo navegador y en una sola versión. A menudo, la versión preferida del navegador no estará a disposición de todas las plataformas de una gran empresa, por lo que algunos usuarios tendrán que usar otro navegador o, al menos, una versión distinta. Las restricciones de exportación también pueden interferir y hacer que sea necesario el uso de tipos de encriptación y otra tecnología restringida en oficinas en el extranjero.

Aunque se puedan superar todos los problemas técnicos o legales, seguirá habiendo usuarios que tengan navegadores distintos a la versión de su preferencia. Todo grupo que cree contenido para el sitio web externo tendrá un motivo legítimo para descargar versiones beta experimentales de las nuevas versiones mucho antes de que usted las tenga en su cortafuegos. Al fin y al cabo, todo el que diseñe o planifique en la Web necesita tener experiencia personal con la tecnología futura, por lo que utilizan sus máquinas para ver páginas web en vivo sin conexión a Internet.

Además, siempre habrá usuarios que tengan máquinas obsoletas o dispositivos raros que deseen conectarse desde sus domicilios o desde un PDA de mano mientras viajan. Muchos de estos usuarios no tendrán otra opción que usar un navegador no estándar o una versión con varias generaciones de antigüedad. Por tanto, los mejores planes de estandarización seguirán teniendo que incorporar cierta dosis de indulgencia y capacidad para permitir a los usuarios emplear navegadores alternativos.

Estándares de hardware

Aparte del software, también hay ventajas en la estandarización de algunos aspectos del hardware. En concreto, si puede garantizar un mínimo de ancho de banda incluso a la sucursal más remota, podrá liberar a los diseñadores de la intranet para que creen aplicaciones e interacciones más elaboradas y avanzadas. Además, si se despoja de los monitores pequeños e instala un tamaño de pantalla razonablemente grande en su empresa, los diseñadores de la intranet tendrán la posibilidad de diseñar páginas más grandes y probablemente más útiles que si tuvieran que ser considerados con los usuarios de pantalla pequeña. El coste añadido de los monitores grandes se vería ampliamente compensado por la productividad mayor de los empleados provistos de pantallas grandes. Probablemente obtendrá un plus de productividad, ya que un mínimo denominador común más alto permitirá mejores diseños de intranet que beneficiarán a todos los empleados.

En junio de 1999, la revista *PC/Computing* publicó un estudio de usabilidad sobre una variedad de monitores de computadora, estudio que indicaba que las pantallas de 19 pulgadas proporcionan una media de incremento en la productividad de un 17% con respecto a las pantallas de 17 pulgadas. Viendo más información al mismo tiempo se acelera la acción de los empleados. El inconveniente de las pantallas grandes es que algunos usuarios han adquirido la tendencia, a base de trabajar con pantallas pequeñas, de maximizar las ventanas de los navegadores con el fin de ocupar la pantalla completa. Con una pantalla grande, esta estrategia es muy pobre; es mucho mejor utilizar el espacio para dos ventanas estrechas colocadas juntas. Una sola ventana grande hará que el texto aparezca en líneas demasiado largas para una lectura cómoda. Por tanto, el departamento técnico deberá proporcionar a los empleados una sugerencia sobre cómo utilizar múltiples ventanas cuando se les dé una pantalla más grande. Y los creadores de navegadores deberán redefinir el significado del botón "maximizar", para dotar de un tamaño adecuado a la ventana.

Valores predeterminados del navegador

Idealmente, los usuarios deben ajustar sus preferencias en la configuración de los navegadores a partir de los valores predeterminados que tengan sentido, dado el nivel de experiencia y hábitos en Internet que hayan adquirido. Recomiendo permitir a los usuarios que cambien las preferencias de configuración que se les proporcione, ya que cada uno tiene sus necesidades, que son diferentes a las de los demás, aunque conviene ofrecer una buena serie de parámetros predeterminados a los usuarios finales. Por desgracia, la experiencia demuestra que muchos usuarios nunca ajustan la configuración predeterminada en su navegador web. He perdido la cuenta del número de correos electrónicos que he recibido con quejas sobre las "páginas grises" cuando había especificado un color de fondo blanco para mi sitio, aunque la aparición del fondo gris era culpa de los propios usuarios, por no haber cambiado el color predeterminado del navegador.

Si reflexionamos un poco, veremos que este comportamiento del usuario es bastante previsible. Recuerde que la Web no es una forma de vida para el usuario medio. La mayoría de la gente sencillamente desea hacer clic en unos cuantos vínculos y leer unas cuantas páginas (no quieren jugar con la tecnología web). Los navegadores poseen cuadros de diálogo de preferencias más intimidatorios, con muchos parámetros para redes, *proxy*, *cookies* y cachés que son totalmente opacos para el usuario medio (razón por la que la mayoría de administradores probablemente preferiría que los usuarios no los tocaran). Como resultado de ello, muchos usuarios no cambian nunca ninguno de los parámetros de preferencias, por lo que no saben qué hacer si el departamento no les ayuda. Es un hecho desafortunado que las marcas de navegadores incorporen parámetros predeterminados que animen un comportamiento del usuario tal que se vea obligado a acudir a los propios servicios de la marca.

Hay que configurar las siguientes preferencias predeterminadas:

- La página de inicio predeterminada debe configurarse a la página de inicio de la intranet. John Graham-Cumming, de Optimal Networks, presentó un estudio muy interesante acerca de los valores predeterminados de las páginas de inicio en la conferencia de la *WWW'6* (abril de 1997). En las empresas que estudió, el 13% del ancho de banda total de Internet era empleado por gente que descargaba la página de inicio de Netscape cada vez que iniciaba su navegador, ya que la mayoría de usuarios no había cambiado los parámetros de sus páginas de inicio. Puede que haya navegadores más modernos configurados para abrir páginas que no sean de Netscape, pero el problema sigue siendo el mismo. El usuario medio no necesita visitar el sitio del fabricante del navegador, ya que se supone que el departamento técnico se va a encargar de las actualizaciones. La mayoría de los usuarios sacaría más beneficios de ver regularmente la página de inicio interna de su empresa, con sus noticias y anuncios para los empleados.

- Elimine cualquier vínculo, marcador, botón, canal y cualquier otra referencia al contenido que proporcione el fabricante del navegador o sus socios comerciales. Puede añadir una serie de vínculos a sitios cuidadosamente seleccionados que tengan valor para su propia empresa, pero no es necesario hacer perder el tiempo a sus empleados haciendo que el navegador les lleve a sitios que se incluyan sencillamente porque un proveedor de contenido haya pagado dinero al fabricante del navegador.

- Configure las preferencias de correo del navegador para usar el programa de correo que soporte su propio departamento técnico. En algunas empresas, puede resultar razonable utilizar el programa de correo del fabricante del navegador, ya que si recomienda otra solución de correo, inducirá a error a los usuarios, en el sentido que se verán atrapados en una interfaz de usuario de correo distinta cuando hagan clic en los vínculos con el correo.

- El botón de búsqueda web se debe configurar a un solo servicio de búsqueda. Si la búsqueda en la intranet procede de uno de los grandes motores de búsqueda de Internet, deberá configurar la búsqueda web del navegador a ese sitio público del motor para que haya coherencia entre las búsquedas de la intranet y de Internet. Si se usa el mismo motor para búsquedas internas y externas, los usuarios podrán aprender su sintaxis de búsqueda y adoptar hábitos más eficaces.

Si no tiene una búsqueda de intranet, o si ésta difiere de la búsqueda de cualquiera de los motores de búsqueda de Internet, elija uno como predeterminado. Se recomienda que elija una sola búsqueda y que se quede con ella. Si permite que haya una configuración predeterminada que alterne entre motores, los usuarios nunca sabrán cuál es la mejor forma de usar los motores. Los usuarios con poca formación técnica no suelen entender que la sintaxis de búsqueda y las utilidades de búsqueda difieren de sistema a sistema, por lo que combinarán al azar ideas de búsqueda extraídas de múltiples motores, con resultados desastrosos.

Configuración predeterminada del motor de búsqueda

No voy a recomendar un motor de búsqueda de Internet, debido a los cambios constantes que experimentan este tipo de motores. Cualquiera de ellos que sea bueno ahora puede verse sobrepasado por otro en unos pocos meses. Sin embargo, existe una forma bastante sencilla de seleccionar un buen motor de búsqueda. Seleccione unos cinco problemas que serían habituales entre la gente de su sector y formule consultas breves (de dos a tres palabras) por cada uno de los problemas. Introduzca estas consultas en cada uno de los motores de búsqueda e inspeccione los diez primeros vínculos recibidos. Para cada una de las diez páginas de referencia, asigne una puntuación en una escala del 0 al 3: 0 para irrelevante, 1 para poco útil, 2 para bastante útil y 3 para muy útil (en relación al problema que se plantee). La suma de estas diez puntuaciones por los cinco problemas será el resultado de la calidad en el rendimiento del motor de búsqueda.

Tiene que valorar cuatro atributos adicionales por encima de la calidad de la búsqueda:

- El número de segundos que transcurren desde que escribe en el URL del motor de búsqueda hasta que la primera página ha terminado de descargarse.

- La importancia que tiene el campo del tipo de búsqueda (algunos motores de búsqueda cargan sus páginas con basura en un intento de distraer a los usuarios de sus tareas principales y de capturar más minutos, lo que lleva a una pérdida de productividad de los empleados).

- El número de segundos desde la pulsación del botón de búsqueda hasta que la página de resultados de la búsqueda ha terminado de descargarse.

- El valor pronosticado del listado de resultados de la búsqueda (cómo le permite cada *hit* estimar la calidad de la página sin seguir el vínculo).

Combine estas cinco estimaciones y tendrá una buena idea de qué motor de búsqueda debe elegir. Probablemente sea acertado dar un peso específico del 50% a la calidad de la búsqueda; un 10% al tiempo de descarga inicial, otro 20% a la importancia del campo de búsqueda y un 20% al valor pronosticado del listado de resultados.

Pruebas de usuario en las intranets

Las pruebas de usuario para los diseños de intranets se hacen exactamente de la misma forma que las pruebas de usuario de los sitios web externos. Las reglas principales de las pruebas de usuarios siguen siendo las mismas: conseguir usuarios representativos como participantes de la prueba y hacerles que desempeñen tareas representativas.

Las pruebas de usuario para los diseños de intranets se hacen exactamente de la misma forma que las pruebas de usuario de los sitios web externos.

La diferencia principal estriba en el hecho de que los "usuarios representativos" pasan de ser sus clientes a ser sus empleados. Por consiguiente, la forma de contratar a los usuarios de prueba debe cambiarse de métodos centrados hacia el exterior, como las agencias de publicidad y de empleo, a métodos centrados hacia el interior. Los métodos de selección en los estudios de intranet incluyen la simple pregunta al personal de los distintos departamentos que recomiende participantes de su grupo y que ponga anuncios en la propia intranet o en la cafetería. Algunos estudios sencillos pueden llevarse a cabo simplemente parando a la gente en los pasillos y preguntándoles su parecer sobre una página o un icono, aunque este método no se recomienda en los estudios más grandes, ya que tiende a proporcionar un conjunto más diversificado de participantes.

Con frecuencia, el departamento de recursos humanos podrá servir como fuente de usuarios principiantes, ya que es donde saben qué empleados han sido contratados recientemente, y con probabilidad, aún no se han familiarizado con la estructura y terminología especial de la empresa. Aunque los empleados experimentados son el blanco principal del diseño de intranets, siempre deberá incluir algunos empleados nuevos en los estudios de los temas fundamentales, como el diseño de la navegación y el diseño de la página de inicio. La intranet constituye una de las formas principales de que los nuevos empleados aprendan acerca de su nuevo lugar de trabajo, y no conviene inducirles a error con conceptos demasiado confusos o inusuales.

Por desgracia, no es posible realizar pruebas comparativas de los diseños de intranets, ya que las intranets de otras empresas no estarán disponibles para que las use en sus pruebas. Como sustitutivo, puede entrevistar a los aspirantes a un puesto de trabajo acerca de su experiencia en el uso de intranets en otras empresas. Aun sin violar acuerdos de confidencialidad, los nuevos contratados a menudo pueden ofrecer muchas ideas sobre lo que les gustaba o disgustaba del diseño y utilidades de la intranet de su empresa anterior. No deberá presionar a sus entrevistados para que revelen detalles con los que se sientan incómodos o secretos de su antigua empresa.

Si su empresa tiene oficinas en el extranjero, la usabilidad internacional se ha convertido en un tema candente, aunque suele ser un problema menor que en los sitios externos, ya que muchos empleados estarán acostumbrados a comunicarse en el lenguaje corporativo principal. Además, muchos empleados de las oficinas en el extranjero pueden haber visitado la sede principal y haber conocido las peculiaridades del país. Las dos soluciones principales a la usabilidad internacional pasan por crear páginas de inicio de intranet específicas del país y por garantizar la participación de los usuarios extranjeros en los estudios de usabilidad del diseño principal de la intranet. Para recabar más detalles acerca de la usabilidad internacional, véase el Capítulo 7, "Utilización internacional: atender a una audiencia global".

Estudios de campo

La usabilidad puede ser puesta a prueba de dos formas: en el laboratorio o en el campo. Ambas son importantes y sirven para todos los proyectos, estén basados en una intranet o sean externos.

Para el rediseño de SunWeb (1997), enviamos por correo electrónico una serie de iconos a empleados seleccionados al azar de todo el mundo. Los usuarios no fueron informados de lo que representaban los iconos, pero se les pidió que enviaran un correo de retorno con lo que pensaran sobre cada icono. La fila de arriba muestra algunos de los iconos que probamos, mientras que la fila de abajo muestra los rediseños que se utilizaron en el diseño final de Sun-Web.

El icono que está más a la izquierda estaba pensado para que representara "las novedades de SunWeb", pero la mayoría de los usuarios creyó que se trataba de un icono de lanzamiento (a excepción de uno que dijo: "Parece sugerente"). Claramente, el cohete no llegó a su destino, por lo que usamos un paquete tipo regalo como diseño final (lo que también permitió la connotación de que los nuevos servicios son mejoras divertidas).

El icono del centro estaba destinado a los servicios del campus de la empresa, pero la mayoría de los usuarios pensaron que se trataba de navegación. Además, los usuarios se quejaban de que las letras de los signos eran demasiado pequeñas y difíciles de leer. Como comentamos en el capítulo relativo al diseño del contenido, la gente se vuelve demasiado metafórica en su visión de la Web, por lo que es difícil hacer que una serie de signos sean sencillamente eso: signos. De todas maneras, en el diseño final utilizamos un edificio para que representara al "campus".

Necesitamos un nuevo icono de navegación para el diseño final, puesto que nuestro borrador inicial no funcionó. La etiqueta de la página de inicio del icono de navegación era "vínculos útiles", pero sin la etiqueta nadie entendió el icono. No sólo el vínculo no tenía el aspecto de un vínculo, sino que los usuarios internacionales no asociaron el concepto de ir a páginas útiles con el concepto de una cadena. Siempre es peligroso usar iconos que se relacionen a un juego de palabras en el idioma. Por suerte, nuestros estudios nos han demostrado que teníamos un icono de navegación perfecto, por lo que modificamos el icono de campus descartado y lo utilizamos como icono de navegación final. No es normal tener tanta suerte.

Para la usabilidad de las intranets, los estudios de campo adquieren si cabe una mayor importancia, ya que muchos usuarios de temas de intranet hacen referencia a tareas y empleados específicos. Para llegar a un diseño de intranet que verdaderamente haga que estos empleados sean productivos, tiene que entender lo que hacen y diseñar el sistema para que se adapte a su flujo de trabajo. No basta con que los elementos individuales de diseño sean fáciles de entender si el flujo por las páginas es torpe, requiere muchos pasos adicionales o hace que sea muy difícil o imposible hacer ciertas cosas que la gente tiene que hacer.

Normalmente es mucho más fácil configurar un estudio de campo en la propia empresa que en otras empresas, donde se estará interfiriendo en el trabajo de los demás y habrá que resolver problemas de confidencialidad si se desea observar cómo funciona la gente cuando utiliza sus propios datos. Es de esperar que tenga buenos contactos en su propia empresa y que pueda convencer a la dirección de que la productividad de la empresa se verá beneficiada si es posible observar a los empleados uno o dos días.

No haga vídeos del estudio de campo

A algunos especialistas en usabilidad les satisface especialmente hacer vídeos de los usuarios durante los estudios de campo, pero es mejor no hacerlo por diversas razones:

- La más importante es que aportando equipo, tiempo y costes a un estudio de campo se consigue que éste sea más caro, lo que significa que se llevarán a cabo menos estudios de campo.

- La propia cámara de vídeo puede resultar intimidatoria para el usuario, así como para los propios clientes del usuario que acudan a la oficina de éste en busca de ayuda.

- Normalmente se dedica mucho tiempo y esfuerzos a configurar y ajustar el equipo de vídeo, y normalmente se consigue un vídeo y un audio de muy baja calidad, a menos que se dedique bastante tiempo a configurar micrófonos y luces especiales (lo cual intimida al usuario aún más y le hace más difícil irse a otra habitación si el usuario decide de repente irse a otra parte).

- Si está dirigiendo estudios de campo fuera de su propia empresa (quizá un proyecto de extranet), suele ser difícil obtener permiso de filmar en las dependencias de otra empresa sin tener que pasar por varios niveles de acreditación. En vista de que ya es muy difícil empezar por que la gente dé la bienvenida a las personas que realizan el estudio de usabilidad en sus oficinas, no hay motivo para hacerlo más difícil contraviniendo las disposiciones del personal de seguridad.

La ventaja de un vídeo es la capacidad de proporcionar un registro visual a aquellos miembros de su equipo de desarrollo que no puedan ir al estudio de campo. Las mayores ventajas se logran con las simples fotografías, que son mucho más fáciles y baratas de crear. Y una cámara fotográfica normal no intimida mucho a la gente, especialmente si se usa una cámara digital y les enseña las fotografías antes de marcharse.

Los estudios de campo de intranets funcionan en esencia igual que cualquier otro estudio de campo: hay que observar a un empleado mientras realiza su trabajo. Cuando se lleva a cabo una observación, el observador deberá quedarse quieto casi todo el tiempo. El objetivo es el de ser lo menos molesto posible, para que los usuarios desempeñen su trabajo y utilicen la intranet como lo suelen hacer normalmente. De vez en cuando, puede ser necesario interrumpir a un usuario y pedirle una explicación de cierta actividad que sea imposible de entender para el observador, pero tales preguntas a los usuarios deberán ser las menos posibles. Normalmente suele ser mejor tomar nota de la acción y ver si puede entenderlo si se repite una vez más. Si no es así, puede que lo mejor sea preguntar al usuario durante una breve sesión al final de la visita.

Los usuarios normalmente querrán hacerle preguntas acerca del proyecto de intranet y puede que le pidan ayuda a la hora de usar algunos aspectos del diseño. Durante el principio de la visita, deberá declinar este tipo de preguntas, dando la explicación de que está ahí para observar cómo trabajan los usuarios cuando no hay un experto presente. Al final de la visita, puede ser razonable ayudar a los usuarios, tanto para corresponderles por haber participado en el estudio como para aprender más cosas sobre lo que han querido hacer los usuarios y el motivo por el cual no han podido hacerlo ellos mismos.

Una de las ventajas de observar a los usuarios desempeñando sus propias tareas es que a menudo se comprueba que utilizan la intranet de formas inesperadas que no se habrían podido comprobar en un experimento de laboratorio. Tales formas suelen convertirse en los mejores candidatos para los rediseños más interesantes que incluyen usos adicionales de la intranet.

Conclusión

En 1995 y 1996, los expertos creían que las intranets eran mucho más importantes que los sitios web externos. "La mayor parte del dinero lo generarán las intranets", afirmaban numerosos conferenciantes. Aunque el hecho de que esta afirmación fuera alguna vez verdad resulta dudoso, lo cierto es que la balanza se ha decantado mucho en la dirección opuesta en los últimos años.

La extremada sobrevaloración de Internet nos ha llevado a situar el epicentro en los proyectos web externos y a un tratamiento distinto de los proyectos de intranet. Internet es el factor de cambio más importante de estos días, pero esto no significa que las redes internas tengan que ser desatentidas. La repercusión de la usabilidad en los diseños de intranet deficientes se traduce directamente en los resultados de una empresa, ya que cualquier problema de usabilidad supone una pérdida inmediata de productividad por parte de los empleados.

El coste de una navegación deficiente en una intranet es muy alto: al menos diez millones de dólares al año en pérdidas de productividad de los empleados para una empresa que tenga 10.000 empleados. A nivel internacional, el coste de una deficiente usabilidad en las intranets crecerá cerca de 100.000 millones de dólares en el año 2001, a menos que se construyan sistemas de navegación más adecuados y que se exijan normas internas de diseño mucho más severas.

Incluso las empresas enormes suelen gestionar sus intranets con un personal minúsculo. Sólo conozco una gran empresa que se ha esforzado mucho en promocionar un estándar de diseño en todas las páginas de la intranet; casi todo el mundo con el que hablo dice que no consigue que los departamentos observen directrices de diseño. Como resultado de ello, la mayoría de las intranets son conjuntos caóticos de documentos por los que no se puede navegar. Seré el primero en admitir que la mayoría de los sitios web externos tienen problemas de usabilidad, pero al menos suelen tener ciertos esquemas de navegación y estándares de diseño. Actualmente, es excepcional localizar una página huérfana sin navegación en un sitio web de una gran empresa, pero esto constituye la norma a seguir en las intranets de las mismas empresas.

Si consideramos el coste de la productividad perdida por empleado, mis recomendaciones son:

- Dedicar personal suficiente al contenido, diseño y usabilidad de la intranet, en relación al potencial aumento de la productividad de todos los empleados en varios puntos porcentuales.

- Establecer normas de navegación por la intranet y una serie mínima de convenciones de diseño en todo el contenido de la intranet.

- Organizar una campaña dirigida a que los departamentos sigan los estándares de navegación y de diseño.

6 Accesibilidad de los usuarios con discapacidades

La Ley de Americanos con Discapacidades y disposiciones similares de otros países suelen disponer un acceso equitativo a los sistemas de computación por parte de los usuarios con discapacidades. En concreto, será una obligación legal facilitar el uso de las intranets a los empleados con discapacidades que no puedan realizar su trabajo si no pueden acceder a los sitios web internos de sus empresas.

Aparte del cumplimiento de las leyes y de la decencia, existen otras razones de tipo empresarial para hacer que los diseños web sean accesibles a los usuarios con discapacidades. A menudo, este tipo de usuarios se vuelven clientes muy fieles cuando comprueban que las marcas les proporcionan un buen servicio y se adaptan a sus necesidades especiales. Diseñar sitios web accesibles es relativamente fácil, por lo que solucionar este problema, que se va a acrecentar a medida que la población envejezca, es muy importante.

El concepto de discapacidad tiene que ser muy amplio cuando se trata de la Web. No se trata de que una persona esté en una silla de ruedas; de hecho, muchos usuarios en silla de ruedas no necesitan recibir consideraciones especiales al examinar la Web. La cuestión es saber si el usuario tiene alguna peculiaridad que le dificulte el uso de las computadoras tradicionales. Sólo en los EE UU, hay cerca de treinta millones de personas que tienen problemas de este tipo. Es una base de clientes demasiado importante como para desdeñarla.

Hacer que la Web sea más accesible para los usuarios con discapacidades es una simple cuestión de usar HTML en la forma en que fue concebido: para codificar el **significado** en vez de la **apariencia**. Mientras una página esté codificada para su significado, será posible que haya navegadores alternativos que presenten ese significado de forma optimizada para las opciones de los usuarios individuales y que faciliten el uso de la Web a los usuarios discapacitados.

Antes de entrar en los detalles de las dificultades que los usuarios puedan tener al acceder a la información web, deseo subrayar que la información en línea proporciona muchas ventajas en comparación con la información impresa. Es fácil que la gente con poca visión aumente el tamaño de fuente, y la conversión de texto a voz para los usuarios invidentes funciona mucho mejor en el texto en línea que en el impreso. Muchos usuarios discapacitados pueden realizar tareas en computadoras que les hubiera sido difícil realizar con la tecnología tradicional.

La Iniciativa de Accesibilidad Web

Este capítulo proporciona una visión general de la relación entre la accesibilidad y el diseño web. Para más detalles, pueden consultarse las directrices WAI (Iniciativa de Accesibilidad Web) dictadas por el World Wide Web Consortium. Estas directrices, así como otra información sobre accesibilidad, pueden encontrarse en http://www.w3.org/WAI/.

El estándar WAI le indica lo que hay que hacer. En la práctica, es necesario dar prioridad al cumplimiento estándar en sitios grandes y planificar la accesibilidad por fases:

1. La página de inicio y las páginas que reciban mucho tráfico deberán ser rediseñadas para que observen inmediatamente las reglas de accesibilidad más importantes. Lo mismo es extensible a las páginas vitales para realizar adquisiciones de comercio electrónico u otras transacciones importantes.

2. A continuación, todas las nuevas páginas deben seguir directrices de alta prioridad y de baja prioridad, y la comprobación del cumplimiento debe formar parte de los procedimientos de verificación de la organización para el nuevo contenido.

3. Después de esto, las páginas que reciban un tráfico medio deberán ser rediseñadas gradualmente para seguir las reglas de accesibilidad de alta prioridad.

4. Como objetivo a más largo plazo, las páginas que reciban un tráfico muy grande deberán ser rediseñadas para seguir todas las directrices de accesibilidad. Además, las páginas nuevas deberán al final ser hechas teniendo en cuenta el cumplimiento de todas las directrices. Al mismo tiempo, las viejas páginas con poco tráfico pueden dejarse, a menos que aborden temas de interés concreto para los usuarios con discapacidades.

Tecnología asistencial

Si su empresa tiene empleados con discapacidades o si tiene amigos o familiares en situación similar que deseen ayuda en línea, deberá estudiar la posibilidad de conseguir para ellos tecnología asistencial que complemente el equipo estándar que vino con la computadora. La tecnología asistencial más útil dependerá de las circunstancias específicas de esa persona. Además, la tecnología cambia con la suficiente rapidez como para hacer pocas recomendaciones sobre el particular. Permítame señalar que hay muchas soluciones de este tipo y que otras tantas se incorporan al mercado cada día. Una buena fuente de información sobre tecnología asistencial es Trace Center en http://trace.wisc.edu.

En concreto, los usuarios invidentes pueden verse ayudados por lectores de pantalla que convierten el texto en voz. Por ejemplo, muchos usuarios invidentes están satisfechos con Home Page Reader de IBM: un navegador parlante que entiende HTML y que lee en voz alta las páginas web. Si la navegación web va a ser una de sus principales aplicaciones, deberá evitar lectores de pantalla antiguos que tengan problemas a la hora de leer páginas web mal diseñadas. Si sólo le interesa la utilización web, consiga un navegador web que hable, ya que la presentación de información puede mejorar mucho cuando el software sabe que está tratando exclusivamente con HTML.

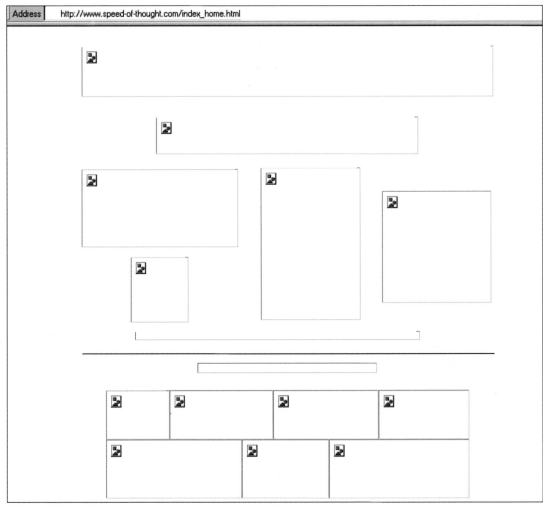

Address http://www.speed-of-thought.com/index_home.html

www.speed-of-thought.com

La primera versión del sitio web del libro de Bill Gates *Business @ the Speed of Thought* era completamente inaccesible para los usuarios con discapacidades visuales. Esta imagen nos da una impresión de cómo sería la página web para alguien que no puede ver las imágenes. Tras ser muy criticado en *The Los Angeles Times*, el sitio fue rediseñado para incluir textos ALT.

El Web Access Symbol del Centro Nacional para Medios Accessibles. Este símbolo se puede usar para destacar sitios o páginas donde se haya hecho un esfuerzo para mejorar el acceso de los usuarios discapacitados. Puede descargarse en varios tamaños en http://www.boston.com/wgbh/pages/ncam/symbolwinner.html.

Discapacidades visuales

Los problemas más serios de accesibilidad, de acuerdo con el estado actual de la Web, hacen referencia a los usuarios invidentes y a los que tengan otras discapacidades visuales, ya que la mayoría de las páginas web son muy visuales. Por ejemplo, resulta muy normal ver combinaciones de colores de fondo y de primer plano que hacen la página ilegible para los usuarios que no perciban los colores. Como mínimo, deberá recibir información sobre todos los diseños gráficos de un usuario daltónico, ya que es la forma más común de vista con apreciación deficiente de los colores.

Para mejorar aún más la accesibilidad, asegúrese de que haya siempre un alto contraste entre los colores de fuente y de fondo, y evite los patrones de fondo llenos que interfieran con la lectura. Todo lo que reduzca la legibilidad del texto es lo suficientemente molesto para los usuarios que ven bien como para no gustarles el hecho de que se ralentice su uso de la Web, pero los fondos con textura o los colores suaves pueden llevar a la página a estar por debajo del límite de lo que un usuario con visión parcial pueda leer.

Las páginas con texto son razonablemente fáciles de leer para los usuarios ciegos o con deficiencias visuales, ya que el texto puede entrar en un lector de pantalla que lea el texto en voz alta a través de un sintetizador. Las páginas largas son problemáticas, ya que es mucho más duro para un usuario invidente hojear las partes interesantes que para un usuario sin problemas de visión. Para facilitar el hojeado, se recomienda realzar la estructura de la página con un marcado HTML correcto: utilice <H1> como encabezado de más alto nivel, <H2> como partes principales de la información de <H1>, y <H3> y los niveles inferiores para conseguir divisiones más finas de la información. Al obrar así, el usuario invidente podrá obtener una panorámica de la estructura de una página si se leen en voz alta <H1> y <H2>, y podrá saltarse rápidamente una sección que carezca de interés instruyendo al lector de pantalla a que vaya al siguiente encabezado de nivel inferior.

Aparte de los usuarios que sean completamente invidentes, existen muchos usuarios que pueden ver, pero poco. Estos usuarios suelen necesitar que las fuentes sean grandes, que es una función estándar en la mayoría de los navegadores web. Para soportar estos usuarios, no codifique la información con tamaños de fuente absolutos, al contrario, utilice tamaños relativos. Por ejemplo, al usar hojas de estilos, no establezca el atributo fuente-tamaño a un número específico de puntos o *pixels*; en lugar de ello, configúrelo a un porcentaje del tamaño de fuente predeterminado. Al hacer esto, el texto aumentará o se reducirá cuando el usuario emita comandos "texto más grande" o "texto más pequeño", y la apariencia inicial de la página coincidirá con las preferencias del usuario.

Una atención completa de los usuarios con visión reducida obligaría a las páginas a aparecer igual de bien en todos los tamaños de fuente. Hacer esto no es práctico, aunque podría ser aceptable hacer que las páginas tuvieran un aspecto bastante peor utilizando tamaños de fuente enormes, siempre que el diseño de página básico siguiera funcionando. Recomiendo que pruebe sus páginas con la fuente predeterminada establecida a 10, 12 y 14 puntos, con el fin de garantizar que el diseño es óptimo en estos tamaños de fuente normales. Luego deberá hacer comprobaciones adicionales con fuentes predeterminadas de 18 y 24 puntos, con el fin de asegurarse de que el diseño sigue funcionando con estos tamaños de mejora en la accesibilidad.

La accesibilidad de los usuarios con discapacidades visuales también es importante para los usuarios que tengan una visión perfecta si están usando la Web en circunstancias que les impiden usar un navegador visual. Por ejemplo, una persona que use la Web mientras conduce un automóvil mantendrá sus ojos en la carretera y usará un navegador auditivo.

Un último punto consiste en observar que los motores de búsqueda son usuarios invidentes. Si desea que la gente sea capaz de localizarle, deberá permitir que estos motores se desplacen por su sitio y que los motores de indexación lean su contenido sin ver las imágenes.

Atributos ALT

Aparte de hacer que el texto sea legible, también deberá proporcionar un método alternativo para "mostrar" sus imágenes a gente que no las pueda ver. La solución principal a este problema consiste en usar el atributo ALT. El código HTML típico que se emplea para insertar una imagen en una página web es el siguiente:

```
<IMG SRC="jakob.jpg" WIDTH="100" HEIGHT="200" _ALT="
Fotografía de Jakob Nielsen">
```

Los usuarios que no pueden ver la fotografía (bien porque son invidentes o porque han desactivado la carga de imágenes por problemas con el ancho de banda) verán u oirán el texto alternativo "Fotografía de Jakob Nielsen". Un usuario sin problemas de visión que haya desactivado la carga de imágenes podría usar el texto para determinar si conviene

Logo MIBI

Meta Indice para la Busqueda de Informacion

Indices Tematicos

Humanid	**Humanidades** Acceso a Bibliotecas, información literaria, Historia, obras de Arte, Museos...	**Educación** Universidades, Institutos, Colegios, Documentación, Cursos...	Educacic
Ciencia	**Ciencia** Astronomía, Biología, Instituciones y Laboratorios, Sociedades...	**Industria, I+D** Departamentos, Proyectos, Laboratorios, Agencias, Centros...	Investiga y Desarroll
Medicina y Salud	**Medicina y Salud** Información Sexual, Cáncer, SIDA, Centros de Salud, Asociaciones,...	**Deportes** Futbol, Baloncesto, Noticias Deportivas, entrenamiento...	Deportes
Institucio	**Instituciones**	**Economía, Comercio**	Economi

Mapa de Recursos en España

Otros Buscadores

Nuevo URL

www.uniovi.es

(Página contigua) Los textos ALT hacen que la página de inicio de MIBI sea comprensible incluso sin las imágenes. Esta figura muestra la página vista por un usuario que tiene las imágenes desactivadas, pero un usuario invidente también podría usar esta página haciendo que un sintetizador de voz leyera cada uno de los textos ALT. Observe lo perdido que se siente uno al encontrarse con una imagen desprovista de un texto ALT. No se sabe lo que falta. Además, los navegadores web actualmente no llevan a cabo cosas tan sencillas como el simple ajuste de palabras para los textos ALT, por lo que algunos textos no son completamente legibles en esta captura de pantalla, aunque un sintetizador de voz los leería bien.

esperar a la fotografía; un usuario visualmente discapacitado sabría al menos qué información contiene la página.

Algunos especialistas en accesibilidad abogan por las así llamadas **imágenes descritas**, donde el texto ALT se usa para verbalizar lo que un usuario normal vería. Por ejemplo, el símbolo de acceso web que se muestra antes en este capítulo podría describirse como "Un globo con un agujero", mientras que una fotografía de Jakob Nielsen se podría describir como una "Fotografía de un hombre rubio con gafas entrado en los cuarenta, que viste una corbata roja". En mi opinión, tales descripciones literales son muy poco útiles en las páginas web, a menos que el usuario sea un crítico de arte. Yo prefiero las descripciones de utilidad que verbalizan el significado o papel de la imagen en el diálogo: ¿qué comunica la imagen y qué ocurre si se hace clic en ella?

Si, por ejemplo, las páginas web de Corporación XYZ poseen el logotipo de la empresa en la esquina superior izquierda, sería mejor usar un texto ALT que declarase "Corporación XYZ". Si se vinculara el logotipo con la página de inicio, también sería posible usar ALT="página de inicio de XYZ". No sería una buena idea usar ALT="Logotipo de la Corporación XYZ". Sería mejor escribir "Logotipo de la Corporación XYZ", poniendo primero la palabra más importante, pero sería aún mejor no mencionar que la imagen es un logotipo, ya que la información es relativamente inútil para una persona que no puede ver la imagen.

Todos los mapas de imágenes deberían estar en el lado del cliente y deberían usar etiquetas ALT en cada una de las opciones de vínculo, de forma que un usuario que no pueda ver la imagen pueda leer descripciones del destino mientras mueve el cursor. Sigue habiendo navegadores que sólo soportan los mapas de imágenes del lado del servidor, pero los mapas de imágenes del lado del cliente son claramente la apuesta del futuro. Los usuarios normales también se beneficiarían de que aparecieran etiquetas ALT en las partes apropiadas del rectángulo de la imagen si no quisieran esperar a que se descargase el archivo de imagen, y es bastante obvio que una etiqueta ALT puede describir el significado del destino del hipervínculo de forma mucho más intuitiva que un URL. Con frecuencia, las reglas de diseño que originalmente pudieron ser concebidas para ayudar a los usuarios con discapacidades acaban beneficiando a todos los usuarios.

Aunque la regla sea la de proporcionar texto ALT a todas las imágenes, en realidad existen algunas imágenes que se anotan

Los textos ALT deben estar localizados para adaptarse a las preferencias de idioma del usuario, como se ve en este ejemplo de *The National Palace Museum* de Taiwan. Los usuarios que prefieran el inglés tienen que ir a una versión distinta del texto siguiendo el vínculo que hay en la imagen principal. Véase el capítulo siguiente para saber cómo atender a los usuarios internacionales.

mejor con una cadena vacía. Si una imagen es puramente decorativa y no tiene otro significado que el de hacer que una página tenga un aspecto mejor, no habrá razones de ralentizar a los lectores invidentes teniendo que oír una explicación. Por ejemplo, es mejor usar ALT="" que usar ALT="viñeta azul". Las imágenes sin significado deben tener una cadena ALT vacía en vez de no incorporar ningún texto ALT, debido a que la presencia de la cadena ALT vacía es una señal al software de lectura en pantalla que puede saltarse la imagen. Si no hay texto ALT en una etiqueta de imagen, la mayoría de los lectores de pantalla se verían obligados a informar a sus usuarios de que una imagen desconocida está presente, ya que no habría forma de saber si la imagen es importante.

Una cadena ALT tiene que ser texto claro y no puede contener su propio marcado HTML, aunque se permiten caracteres especiales, como > en el corchete angular (>). Los textos ALT deben ser breves e ir al grano, y normalmente no deben tener más de 8 ó 10 palabras.

www.npm.gov.tw

Algunos navegadores muestran el texto ALT como información sobre herramientas (un pequeño cuadro desplegable) cuando el usuario posa el cursor sobre una imagen. El uso más habitual de esta función es el de asignar nombres a los iconos, pero también se puede usar para proporcionar una pequeña cantidad de información suplementaria en el texto ALT. Por ejemplo, el texto ALT de un glifo "nuevo" podría ser ALT="nuevo desde el 19 de mayo" en vez de ALT="nuevo". También es importante diseñar cadenas suplementarias ALT parecidas que sigan teniendo sentido para los usuarios que no puedan ver la imagen, razón por la que el texto deberá decir "nuevo desde el 19 de mayo" y no "desde el 19 de mayo".

A veces es deseable incluir información especial para los usuarios que no puedan ver las imágenes de una página. Por ejemplo, una página podría tener un vínculo especial con una presentación de RealAudio con una descripción amplia de las imágenes. Un truco interesante consiste en incrustar la información como texto ALT en un gráfico invisible (es decir, una imagen GIF con todos los *pixels* configurados como transparentes). Un usuario que no tenga problemas para ver imágenes "verá" el gráfico invisible (es decir, nada), mientras que a los usuarios que no tengan imágenes se les presentará el texto ALT.

El texto ALT utilizado como información sobre herramientas para aumentar un elemento de página gráfica con una pequeña dosis de información adicional ayudaría tanto a los usuarios invidentes como a los que no lo son.

www.moviline/tfm.es

Discapacidades auditivas

Desde el comienzo, la Web ha sido un medio muy visual, y nos hemos acostumbrado a ello (en forma de texto o de gráficos) como método primario para comunicar información en la Web. Rara es la situación en la que el sonido sea necesario para la comprensión; con mayor frecuencia, los efectos de sonido web son gratuitos (uno de los pocos beneficios del mal diseño). La usabilidad de un sitio casi siempre es la misma cuando se apaga el sonido, pero con la tendencia a más multimedia, éste no es el caso.

Independientemente de si el sonido es superfluo o la multimedia lo requiere, deberá diseñar el sitio pensando en una audiencia con discapacidades auditivas. En concreto, las transcripciones deberán estar en clips de audio hablados, y debería haber vídeos con versiones subtituladas. De esto también se beneficiarían los usuarios que no fueran nativoparlantes del idioma utilizado en el vídeo, así como los usuarios que no estuvieran equipados con sonido.

Las transcripciones deberían estar en clips de audio hablados, y debería haber vídeos con versiones subtituladas.

Discapacidades en el habla

Por el momento, no tiene importancia si un usuario web pueda hablar, porque todas las entradas de la computadora se hacen con un ratón y un teclado. Es probable que las distintas formas de interfaces de usuario activadas por voz sean más populares en el futuro en circunstancias en las que el uso del teclado no sea la mejor opción, o sencillamente para dar cabida a los usuarios que prefieran dictar comandos en vez de escribirlos.

En tanto las entradas de voz no sean más que un complemento útil para las entradas del teclado, no será necesario crear un soporte especial para usuarios que no pueden hablar. Al fin y al cabo, estos usuarios pueden seguir empleando los principales métodos de interacción a través del teclado. Para aquellos usuarios que utilicen las entradas de voz por comodidad y no por necesidad, les falta una pequeña utilidad, que puede ser "compleja"; pero esto no plantea problemas.

Sería mucho más problemático si algún día tenemos que navegar utilizando interfaces donde la voz fuera la modalidad principal o única de entrada. Espero que la mayoría de sistemas de *chat* se basen pronto en la voz, ya que hablar es lo normal. Todo sistema de charla que se apoye en la voz debe ofrecer a los usuarios que no hablen la posibilidad de parti-

Usabilidad. Diseño de sitios Web

cipar en la conversación por medio de texto escrito. De manera análoga, los productos de telefonía en Internet deben integrar la voz y el texto para permitir a cada parte de la conversación comunicarse de la forma que prefiera. De hecho, incluso la gente que no tiene problemas al hablar a veces se aprovecha de que haya un canal de texto disponible para complementar una conversación de voz, con el fin de transmitir un URL u otros códigos, por ejemplo, o para deletrear su nombre.

Discapacidades motrices

Muchos usuarios tienen problemas con los movimientos del ratón, además de con las pulsaciones de las teclas en el teclado (por ejemplo, para pulsar varias teclas simultáneamente). Todos estos puntos deben ser tenidos en cuenta con un diseño de navegador mejorado, y no deben afectar a los diseñadores de contenido, exceptuando el consejo de no diseñar mapas de imágenes que requieran una colocación del ratón extremadamente precisa. Imaginemos que tuviera que mover el ratón con los pies: sencillamente, se tardaría mucho en atinar con un objetivo pequeño.

Los mapas de imágenes del lado del cliente funcionan incluso para los usuarios que no puedan usar en absoluto un ratón: el navegador se puede mover por los vínculos bajo el control del teclado.

Habrá que implementar cualquier *applet* que use *widgets* de interacción más allá del HTML estándar para permitir que haya un funcionamiento sin ratón. Estas opciones se incluyen tanto con Java como con ActiveX, por lo que es una cuestión de implementar el código correctamente de acuerdo con las directrices oficiales de Sun Microsystems, Microsoft y otras empresas de herramientas de software.

Discapacidades cognitivas

En los primeros años, sólo podían acceder a la Web personas muy inteligentes que adoptaron tempranamente los avances tecnológicos. Pero conforme la Web se va convirtiendo en un medio de amplio uso, más usuarios hay, con todo tipo de niveles de inteligencia. Para acomodar a esos usuarios es importante aumentar la usabilidad y asegurarse de que el contenido es comprensible a un nivel de lectura medio.

Además, es necesario tener en cuenta a los usuarios que tengan discapacidades cognitivas, que pueden ser muy inteligentes pero que tengan problemas especiales. Lamentablemente, las discapacidades cognitivas no han supuesto tanta investigación a nivel de la interfaz como las discapacidades físicas, por lo que las directrices para dar soporte a estos usuarios no están muy bien establecidas.

La gente varía en sus conocimientos de razonamiento espacial y en sus capacidades de memoria inmediata. Los programadores y los diseñadores gráficos tienden a obtener muy buenas puntuaciones en conocimientos de razonamiento espacial, por lo que visualizan muy bien la estructura de un sitio web. De manera análoga, la gente joven (entre los que se incluye la mayoría de los diseñadores web) tiene mucha más memoria que la gente mayor para códigos difíciles de recordar, como los URL. Podemos presuponer que la mayoría de los usuarios tengan mucha más dificultad al navegar por un sitio web que la que puedan tener sus diseñadores.

La navegación simplificada ayuda a todos los usuarios, pero es un activador necesario para los usuarios que están en el otro extremo de la escala. La gente que tiene dificultades al visualizar la estructura de una información pueden ser ayudados si los diseñadores del sitio han creado esta visualización como un mapa del sitio. Se les ayudaría mejor si el navegador actualizara la pantalla del mapa del sitio con la ruta de navegación y la ubicación de la página actual.

Buscar sin deletrear

Muchas de las ideas de la investigación de recepción de información se podrían usar en la Web para eliminar o por lo menos reducir la necesidad de revisar las interfaces de búsqueda. La búsqueda con reducción ortográfica no sólo constituirá una ayuda importante a los usuarios disléxicos, sino que también hará que mejore la usabilidad general.

La búsqueda por similitudes funciona permitiendo que el usuario diga "Déme más de eso" (y posiblemente también "Déme menos de eso"), al tiempo que señala a los documentos existentes. La ventaja de la similitud es que una vez que se ha encontrado una cosa del tipo deseado, podrá encontrar más sin tener que especificar ningún término de búsqueda. Tendrá que buscar el primer ejemplo por sí mismo, pero esto se puede hacer con la navegación.

La búsqueda paramétrica permite a los usuarios especificar los valores de los distintos parámetros. Por ejemplo, un usuario podría buscar en un sitio productos que costaran más de mil dólares y que se hubieran comercializado durante el último mes. Si el sitio soporta un conjunto de parámetros lo suficientemente amplio, los usuarios serían capaces de estrechar sus espacios de búsqueda sin escribir una sola palabra. Frecuentemente, los usuarios pueden especificar los valores deseados con barras deslizadoras, para que no tengan que generar texto. Obviamente, este tipo de barras deberán ser implementadas para permitir a los usuarios con discapacidades motrices funcionar sin ratón.

Los usuarios disléxicos pueden tener problemas al leer páginas largas, y se les ayudaría mucho si el diseño facilitara la posibilidad de búsqueda con un uso correcto de los encabezados, como dijimos antes. Seleccionando palabras con un alto contenido en información, como las anclas de hipertexto, se ayudaría a estos usuarios, así como a los usuarios invidentes, a que encontraran vínculos interesantes.

La mayoría de interfaces de usuario obligan al usuario a escribir palabras clave como términos de búsqueda. Los usuarios con pocos conocimientos de ortografía (y los usuarios que hablen otros idiomas) normalmente no podrán encontrar lo que buscan, ya que se requiere escribir perfectamente. Como mínimo, los motores de búsqueda deben incluir un revisor ortográfico. Una opción consiste en revisar los términos de búsqueda para los que no se hayan encontrado *hits* y luego ofrecer al usuario la opción de hacer clic en una lista de posibles formas ortográficas correctas para que se repita la búsqueda.

Conclusión: accesibilidad pragmática

Debo admitir que los sitios web para los que trabajo no siempre siguen todas las directrices sobre accesibilidad. Aplico un planteamiento pragmático a la usabilidad y, a veces, recorto flecos para cumplir con los plazos o satisfacer otros requerimientos del diseño. Existe una gran diferencia entre un diseño-menos-que perfecto y otro completamente imprudente. Aunque no pueda diseñar un sitio completamente accesible, tendrá la responsabilidad de incluir tantas funciones de accesibilidad como le sea posible. Muchas son bastante fáciles y baratas.

Una simple forma de comprobar los problemas de accesibilidad consiste en acceder a su sitio web con un navegador de sólo texto, como Lynx. Si el sitio funciona bien en ese tipo de navegador, probablemente sea accesible para muchos usuarios con discapacidades. También es bueno pedir a una persona que no diferencia los colores que revise todos los gráficos o, al menos, comprobarlos usted mismo con una versión configurada a escala de grises.

Por último, sería mejor hacer pruebas de usabilidad con una muestra de usuarios con distintas discapacidades, pero en vista de que hay tantos tipos distintos de discapacidades que atender, este consejo no es muy pragmático, excepto en los sitios que atienden específicamente a los usuarios discapacitados.

7 Utilización internacional: atender a una audiencia global

No en vano se le llama *World Wide Web*. Un solo clic puede transportarle a un sitio de otro continente, y un negocio puede atraer a los clientes de cientos de países sin asistir a la feria de Frankfurt ni alojarse en un hotel a dos horas de autopista.

La exposición internacional sin precedentes que permite la Web incrementa la responsabilidad del diseñador de garantizar la usabilidad internacional. La utilización internacional constituye un fenómeno nuevo.

La mayoría de empresas de computación poseen sus propios sistemas de venta en el extranjero, y se han publicado varios libros con consejos generales sobre cómo conseguir que las interfaces de usuario sean más internacionales (véase "Lecturas recomendadas" al final de este libro). En 1997, los EE UU y Canadá contaban con un 80% de la población total de usuarios web. En 1999, la proporción de usuarios web de los EE UU y Canadá había caído al 55%. La Web tendrá un 50/50 entre Norteamérica y el resto del mundo pasado el año 2000. La única cuestión radica en saber en qué momento del año se alcanzará esta cifra. Es probable que la imagen cambie por completo en el año 2005, con cerca del 80% de usuarios en el extranjero y sólo un 20% de usuarios en Norteamérica.

Alrededor del año 2010, espero que la Web alcance los mil millones de usuarios, distribuidos así: cerca de 200 millones en Norteamérica, 200 millones en Europa, 500 millones en Asia y 100 millones en el resto del mundo.

Distribución de los usuarios web en 1999. Fuente: encuestas internacionales NUA.

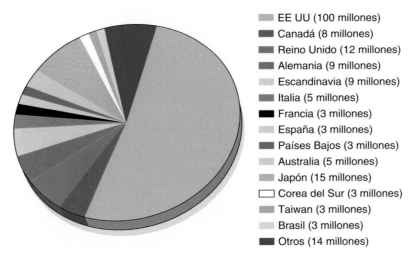

- EE UU (100 millones)
- Canadá (8 millones)
- Reino Unido (12 millones)
- Alemania (9 millones)
- Escandinavia (9 millones)
- Italia (5 millones)
- Francia (3 millones)
- España (3 millones)
- Países Bajos (3 millones)
- Australia (5 millones)
- Japón (15 millones)
- Corea del Sur (3 millones)
- Taiwan (3 millones)
- Brasil (3 millones)
- Otros (14 millones)

Usabilidad. Diseño de sitios Web

Este anuncio no ha sido desarrollado pensando en los usuarios internacionales. En cerca de la mitad de países del mundo, un interruptor como el de este anuncio ya estaría encendido. El hecho de que existan multitud de diferencias entre los países constituye una de las razones por las que se acometen las pruebas de usuario internacionales, como veremos posteriormente en este capítulo. Aunque muchos de los peores problemas pueden ser evitados leyendo una guía estándar sobre la internacionalización del software, las cosas pequeñas, como las diferencias entre los interruptores, no suelen reflejarse en ninguna parte.

Internacionalización frente a configuración regional

El desarrollo de software tradicional distingue entre la internacionalización y la configuración regional. La **internacionalización** hace referencia a un solo diseño que se puede usar en todo el mundo, mientras que **configuración regional** hace referencia a la creación de una versión adaptada de ese diseño para una región o zona específica. La internacionalización implica el uso de un idioma más sencillo que pueda ser entendido por los no nativos, mientras que la configuración regional suele implicar la traducción. En lo que respecta a la Web, inicialmente tendrá más sentido internacionalizar los sitios en vez de hacerlos locales, ya que la mayoría de los países no tienen tantos usuarios como para que merezca la pena la configuración regional.

Diseñar para la internacionalización

La mayoría de las directrices de internacionalización sirven igual para la Web que para el diseño de software tradicional: no utilice iconos que puedan ser ofensivos en otras culturas (ejemplo; el dedo o el pie), no emplee juegos de palabras visuales (una imagen de una mesa de comedor como icono de una tabla de números), no utilice símiles de baloncesto (a no ser que se trate de un sitio dedicado al baloncesto), etc. Este capítulo examina algunos de los temas que son específicos de la Web.

En dos aspectos, resulta mucho más fácil diseñar interfaces de usuario internacionales para la Web que para el software tradicional. En primer lugar, HTML ha tenido muchos códigos de caracteres internacionales (ü, ê y ø, por ejemplo) integrados desde el principio como parte de la herencia de haber sido diseñado en Ginebra, Suiza.

Auctions

Messenger

Check Email

YAHOO!®

What's New

My
Personalize

Help

NEW!
Yahoo! India

YAHOO! ESPAÑA
¡PULSE AQUÍ!

Yahoo! Mail
free email for life

Search   advanced search

Shop · Auctions · Classifieds · Shopping · Travel · Yellow Pgs · Maps · **Media** · News · Sports · **Stock Quotes** · TV · Weather
Connect · Chat · Clubs · Games · GeoCities · Greetings · Invites · **Mail** · Messenger · Personals · People Search · For Kids
Personal · My Yahoo! · Addr Book · Calendar · Briefcase · Photos · Alerts · Bookmarks · Companion · Bill Pay   **more...**

Yahoo! Shopping - Thousands of stores. Millions of products.

Departments		Stores	Features
·Apparel	·Beauty	·Gap	·Summer Fun
·Luxury	·Sports	·Patagonia	·4th of July
·Computers	·Music	·Crate & Barrel	·Harry Potter
·Electronics	·Video/DVD	·Eddie Bauer	·Gift Ideas

In the News
· Vicente Fox wins Mexico presidency
· Actor Walter Matthau dies
· 'Perfect Storm' tops weekend box office
· France wins Euro 2000 in dramatic comeback
more...

Arts & Humanities
Literature, Photography...

News & Media
Full Coverage, Newspapers, TV...

Business & Economy
B2B, Finance, Shopping, Jobs...

Recreation & Sports
Sports, Travel, Autos, Outdoors...

Marketplace
· Y! Auctions - Pokemon, Longaberger, autos, 'N Sync
· **Free** 56K Internet Access

www.yahoo.com

Particularizar Yahoo en español no requiere un rediseño completo de toda la interfaz de usuario. Aun así, la versión alemana no es una sencilla traducción palabra por palabra. Por ejemplo, la categoría de deportes posee un vínculo con *soccer* (fútbol) en la versión española, pero no en la americana.

www.yahoo.com

En segundo lugar, ya que las páginas web no siguen un diseño WYSIWYG estricto, pero permiten la navegación y la adaptación de cada página individual a la máquina del usuario, resulta mucho más fácil traducir los diseños a idiomas en expansión, como el alemán. Por ejemplo, la regla de oro del diseño GUI solía ser la de dejar espacio en los cuadros de diálogo para que el texto pudiera aumentar un 30% en la traducción alemana. En la Web, las páginas se pueden traducir a otros idiomas, y sus diseños se ajustarán automáticamente para recibir palabras más largas. El tema principal que hay que recordar a la hora de diseñar páginas web susceptibles de ser traducidas consiste en no sobrediseñar hasta el punto de que la página no funcione en caso de que se mezclen algunas palabras o si algunas celdas de tabla se ensanchan un poco más.

Una nueva preocupación de la Web y de Internet relativa al diseño de software tradicional es que las redes internacionales permiten interacciones en tiempo real. Por ejemplo, las sesiones de *chats* y los resultados de los Juegos Olímpicos o de la Copa del Mundo de Fútbol, pueden enviarse durante los eventos y requieren interfaces de usuario que permitan a la gente de todo el mundo participar simultáneamente. Pero tenga cuidado. Al anunciar un evento en tiempo real, no se puede sencillamente decir que tendrá lugar de 2:30 a 4:00. En primer lugar, ¿será de madrugada o por la tarde? y, en segundo lugar, ¿a qué hora tendrá lugar en mi propia zona horaria? Puede resultarle obvio que nadie pondría un evento a las 2:30 de la madrugada, pero si esto ocurre a las 11:30 a.m. en mi país, ya no pensaría igual.

Las horas que se incluyan en una página web deberán (por lo menos) dejar claro que se dan en el sistema AM/PM o en el de 24 horas (y si es AM/PM, se deberán dar estos sufijos) y a qué zona horaria hacen referencia. Las abreviaturas de zona horaria (por ejemplo, EDT) no se entienden universalmente; por tanto, complementelas con una indicación de la diferencia en GMT. Muchos usuarios tampoco entienden GMT, por lo que la usabilidad óptima nos llevaría a tener que traducir la hora en horas locales de una serie de localidades principales. Por ejemplo, podríamos declarar "La conferencia de prensa empieza a la 1:00 p.m. en Nueva York (GMT −5), lo que corresponde a las 19:00 de París y a las 3:00 del día siguiente en Tokio".

La fecha de un evento no debe ser ofrecida en una notación como 4/5. Siempre es mejor escribir el nombre del mes de cualquier fecha que usar una notación más corta, que muchos de los usuarios podrían malinterpretar.

Otras diferencias son la puntuación (1,000 dólares frente a £1.000), el símbolo o abreviatura de la moneda y las unidades de medida (yardas frente a metros, por ejemplo).

Inspección internacional

La inspección internacional es una forma fabulosa de garantizar la usabilidad internacional de un diseño web. Una inspección internacional implica que gentes de múltiples países observen su diseño y analicen si piensan que crearía problemas en sus países. A diferencia de las pruebas de usuario internacionales (que se debaten al final de este capítulo), la inspección internacional es en buena parte trabajo de adivinación, ya que no implica que los usuarios realicen tareas en el sistema, pero al menos se trata de conjeturas civilizadas.

Los inspectores internacionales deberán ser preferentemente especialistas en los distintos países de que se trate. La mayoría de consultores de usabilidad llevan a cabo inspecciones de usabilidad como parte de su práctica diaria, por lo que deberán tener experiencia a la hora de recibir una interfaz de usuario "en el correo" y devolver una prueba en unos pocos días.

¿Debe un dominio terminar en .com?

La pregunta que se realiza con más frecuencia es cuando se habla en el extranjero acerca de si es mejor tener un dominio que termine en .com o usar el propio dominio del país (.uk, .es., .de, etc.).

Por desgracia, muchos usuarios han sido instruidos en ver ".com" como la terminación estándar de los sitios web comerciales. Esto es un efecto de la temprana dominación norteamericana de la Web y el algoritmo de terminación de varios navegadores muy populares que añaden .com automáticamente a cualquier nombre. Debido a esta situación, mi consejo es el de:

- Para un sitio que utilice el inglés y que tenga una vocación claramente mundial en su aspecto y base de usuarios, consiga un dominio .com.

- En un sitio que utilice cualquier otro idioma, utilice la terminación de dominio de país apropiada.

- En un sitio que tenga un aspecto principalmente local, cubra principalmente temas locales o venda muchos productos locales, utilice el dominio de país, independientemente de qué idioma se use en el sitio.

Recomiendo el uso del dominio local en los sitios locales, ya que el uso del dominio "internacional" .com en tales sitios acaba confundiendo a la audiencia. A medida que el comercio electrónico y los demás usos de la Web vayan creciendo en el mundo, la gente empezará a esperar que haya dominios locales en sitios locales, y no pensarán en escribir .com como servicio local. Debido a que la capacidad de ofrecer un buen servicio local es una condición esencial para el comercio, es mejor quedarse con el nombre de dominio del propio país para el sitio, a menos que quieran deliberadamente ser vistos como entidades de ciberespacio.

(Página de enfrente) Todo el que llegue a este sitio desde un motor de búsqueda esperaría que fuera una guía general de viajes a Francia. Los usuarios técnicamente inclinados podrían inspeccionar el nombre de dominio y ver que el sitio vive bajo .net, lo que tendería a convertirlo en un sitio internacional o americano. De hecho, este sitio está ubicado en Australia y está pensado para que ayude a los australianos a viajar a Francia. Muy confuso, debido a estos dos inconvenientes de diseño: albergar el sitio bajo el dominio equivocado y la falta de un titular como "French Tourist Bureau in Australia".

En algunos países puede resultar difícil encontrar consultores de usabilidad, pero Norteamérica, la mayor parte de países europeos y los principales países de Asia disponen de numerosos consultores de usabilidad con los que nos podemos poner en contacto, por ejemplo, a través del grupo de noticias comp.human-factors de Internet o en el tablón de anuncios de ofertas de trabajo de las principales conferencias sobre interfaces de usuario.

Si no hay consultores de usabilidad o si no dispone del suficiente presupuesto para contratarlos, otra opción es utilizar personas sin experiencia en usabilidad de los distintos países. Las oficinas de ventas locales pueden suponer una fuente de personal para una inspección internacional, y lo único que tendrá que hacer es enviarles por correo un URL con el borrador de su diseño para que lo comenten. Cuando se echa mano de los profesionales de usabilidad para la inspección internacional, también es posible enviar una especificación de interfaz de usuario que todavía no haya alcanzado el estado de diseño. La obtención de información internacional en esta fase inicial incrementa la probabilidad de que detecte problemas serios y que tenga tiempo de solucionarlos de forma menos costosa. Cuando se emplean inspectores no profesionales, normalmente es mejor dejar que accedan a una implementación prototípica, ya que pueden tener problemas para visualizar la experiencia de usuario de las especificaciones escritas. No es necesario que todos los vínculos funcionen o que la creación sea la definitiva. Al contrario, es mejor que tenga colegas en el extranjero que inspeccionen una versión inicial del diseño.

Los resultados habituales de la inspección internacional son, que los inspectores de algunos países creen que la lógica de su negocio es diferente de la forma en que los clientes de sus países desean hacer negocios, o que algunas pantallas deberían ser traducidas para poder tener éxito. Estos aspectos hay que estudiarlos antes de invertir muchos esfuerzos en una determinada solución para el sitio y antes de diseñar la versión definitiva.

Sitios traducidos y multilingües

El modo principal de particularizar sitios web consiste en traducirlos a los idiomas más comunes. Al analizar los registros del servidor, se puede ver si hay algún país que tenga un número sustancial de usuarios. Tales países serían candidatos para una traducción. No obstante, no puede confiar completamente en sus registros para que le guíen a la hora de decidir una traducción, ya que obviamente hay muchos usuarios que

| Home | Australian Partners | Information | Regions | Activities |

Australian Partners
An extensive range of Australian Travel Operators who specialise in travel to France.

Information
Practical information about France and some holiday planning ideas.

Regions
Explore France by region.

Activities
A guide to the extensive range of activities available as you travel around France.

Discover France
France is famous for its beautiful and majestic beaches, scenic mountains, romantic villages, historic museums, fabulous food, exquisite wine, unforgettable rivers, breathtaking gardens and world class sports.

All tastes, styles and budgets are accommodated to make your trip to France a fun, enjoyable, memorable experience, whether in the finest hotels or hostels, by car, bus, boat, train or foot, France has something for everyone.

A thousand ways to discover the wonders of France

FOCUS ON FRANCE

Visit Maison de la France's head office in Paris.

| HOME | | A WEB SITE BY FOX INTERACTIVE MEDIA GROUP |

www.franceguide.trav.net

nunca van a visitar el sitio mientras no se hable el idioma. De hecho, si sus registros le indican que ciertos países están poco representados en relación con el tamaño y número de usuarios de Internet que haya, o en relación con el tamaño de su base de clientes en esos países, entonces tendrá que suponer que se trata de un serio candidato para la traducción.

En un mundo ideal, traduciríamos todo el sitio a cada uno de los idiomas que fueran importantes para su audiencia y añadiríamos contenido local de interés para los clientes de esos países. Si hiciera esto, cada traducción sería en esencia un sitio autónomo, y el único elemento especial de interfaz de usuario necesario sería una lista de todos los demás países en cada una de las páginas de inicio. Sin embargo, la mayoría de empresas carecen de los recursos necesarios para realizar traducciones completas, por lo que suelen aplicar un modelo híbrido donde algunas páginas se traducen y otras se dejan en el idioma original. Este enfoque aporta sitios multilingües que requieren interacciones especiales para permitir que los usuarios alternen entre idiomas.

El sitio de los Juegos Olímpicos de Nagano de 1998 hacía un intento muy interesante de superponer los dos idiomas oficiales en una sola página de inicio. Aunque el diseño comunique la excitación y el movimiento de los juegos, induce a error mezclar los idiomas de la forma en que se ha hecho aquí. Es mejor que los usuarios elijan y que vayan a un sitio unilingüe.

www.nagano.olympic.org

Usabilidad. Diseño de sitios Web

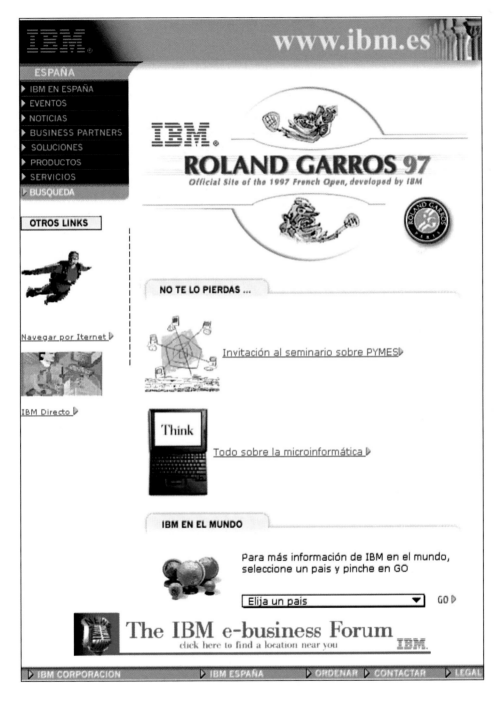

Aunque la mayor parte de este sitio se ha traducido, la información acerca del Open de Francia y el Foro de Comercio Electrónico no. A menudo basta con indicar que hay un vínculo con información no traducida con un simple cambio en el lenguaje, como se ha hacho aquí. Una alternativa sería la de usar un icono pequeño para indicar cuándo un vínculo está señalando a material en otro idioma. Esto sería muy apropiado en hipervínculos que estuvieran incrustados en páginas de texto donde podría parecer extravagante hacer que de repente aparecieran anclas en otro idioma.

Elección del idioma

Por muchas razones, la interfaz de usuario internacional ideal es la que está disponible en el idioma preferido del usuario. Es posible que dentro de un tiempo, la opción del idioma sea gestionada por la negociación del contenido entre el cliente del usuario y el servidor, de forma que el usuario sólo tenga que especificar una vez una lista de idiomas preferidos como parámetro del cliente. Por el momento, la negociación del contenido no está tan ampliamente utilizada como para ser una solución fiable, por lo que muchos sitios web utilizan opciones manuales para la selección del idioma.

Las tres formas habituales de implementar la elección del idioma son el uso de una página de paso, insertar un menú de idiomas en la página de inicio, o insertar un menú de idiomas en todas las páginas subsiguientes. Mi diseño preferido consiste en usar una página de paso solamente cuando no haya una forma sencilla de decidir un idioma predeterminado para la página de inicio. Al fin y al cabo, si selecciona un buen idioma predeterminado, todo el que prefiera ese idioma podrá usar el sitio sin demora. Si consideramos la lentitud con la que navegamos por la Web, todo lo que aho-

El producto español Ajolí emplea una página de paso donde el usuario tiene que elegir el idioma preferido antes de entrar en el sitio. La ventaja de esta solución es que la elección del idioma se presenta claramente, pero el precio es que todos los usuarios tienen que ir a esta página adicional.

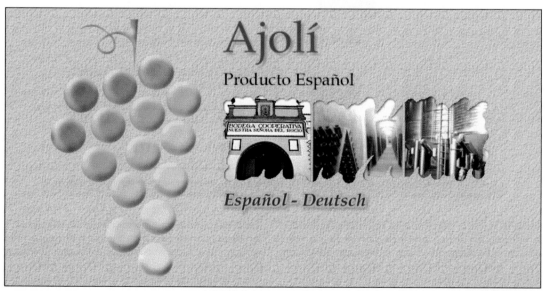

www.ajolivinos.com

　　　　Usabilidad. Diseño de sitios Web

rre tiempo a los usuarios evitándoles tener que ver una página adicional, será una ganancia en usabilidad. Otro argumento a favor de un idioma predeterminado en la página de inicio es que a menudo permite a los usuarios que posiblemente no prefieran ese idioma hacerse una idea de lo que trata el sitio. Por tanto, pueden tomar una decisión más concienzuda de si les interesa el sitio y de si deben esperar a descargar la página en su propio idioma.

Para elegir entre un reducido número de idiomas, recomiendo listar el nombre de cada idioma como una palabra, usando el nombre de cada idioma: por ejemplo, Español – English.

El símbolo que se usa con más frecuencia en un idioma probablemente sea la bandera, pero por desgracia, las banderas representan a países y no a idiomas. El problema con el uso de las banderas como símbolos del idioma es que algunos idiomas se hablan en muchos países y que algunos de ellos poseen variantes idiomáticas. Por ejemplo, el uso de una bandera americana para el idioma inglés enfurece a los ingleses (al fin y al cabo, fueron ellos los que lo inventaron) y también irrita a los canadienses y a muchos otros. Obviamente, el uso de una bandera canadiense no funcionaría, ya que muchos canadienses hablan francés y/o inglés.

Merece la pena esforzarse un poco para que las instrucciones de la página de elección del idioma estén traducidas correctamente a cada uno de los idiomas apropiados. Si esta página proyecta una imagen de funcionar deficientemente en uno de los idiomas, los usuarios que prefieran ese idioma no se sentirán muy motivados a entrar en el sitio, aunque el resto del mismo sea perfecto.

www.kao.com

El Museo del Louvre tiene como valor predeterminado una página de inicio en francés, que incluye opciones muy claras de cambiar a inglés, español, portugués y japonés. Yo hubiera eliminado la opción de elegir el francés, porque esta opción ya está activada y sólo sirve para confundir a los usuarios y añadir lastre a la interfaz. Además, hubiera sido mejor hacer que las viñetas de la elección del idioma se quedaran fuera de los elementos de la página. Si asumimos que los usuarios no pueden leer la página, no merecerá la pena obligarles a que examinen todas las opciones para buscar si pueden cambiar de idioma.

¿Se imagina cómo se debieron sentir los usuarios alemanes al ver la importancia relativa de las banderas en esta página? El motivo subyacente del diseño probablemente sea que el inglés y el francés son los dos "idiomas oficiales" de la Copa del Mundo de Fútbol, motivo por el cual aparecen destacados. Podría haber sido más apropiado indicarlo explícitamente, con dos encabezados: idiomas oficiales y otros idiomas. Buscar un vínculo con una versión en alemán bajo el segundo encabezado podría haber hecho que los alemanes se sintieran bien con el servicio adicional que estaban recibiendo, en vez de sentirse incómodos porque su bandera es más pequeña que las demás.

EUROPA-PARLAMENTET
EUROPÄISCHES PARLAMENT
EYPΩΠAÏKO KOINOBOYΛIO
EUROPEAN PARLIAMENT
PARLAMENTO EUROPEO
PARLEMENT EUROPÉEN
PARLAMENTO EUROPEO
EUROPEES PARLEMENT
PARLAMENTO EUROPEU
EUROOPAN PARLAMENTTI
EUROPAPARLAMENTET

EUROPARL
der mehrsprachige Web-Server des Europäischen
Parlaments

| Neu ! | Themenverzeichnis |

Fraktionen

Außenbüros
des EP

Stand und Entwicklung der Union

- Regierungskonferenz
- Europäisches Parlament und
  EU-Institutionen...

EP-Dokumente und -Verfahren

- Plenartagungen des Europäischen
  Parlaments
- Ausschüsse und Delegationen ...

Dokumentation und Studien

- Studien zu Europa
- CERDP - Europäisches Zentrum für
  parlamentarische Wissenschaft
  und Dokumentation
- STOA - Scientific and Technical
  Options Assessment

Presse

- News Report, News Alert
- Info session, EP Aktuell ...

Praktische Informationen

- Termine und Tagesordnungen
- EP-Abgeordnete: Fraktionen,
  Ausschüsse...

Europa und seine Bürger

- Europäischer Bürgerbeauftragter
- Beziehungen zu den Bürgern
- Auswahlverfahren und Praktika ...

| Ihr Kommentar | unser Angebot im Aufbau | Europa im
INTERNET | Webmaster |

© *Europäisches Parlament*
URL: http://.../sg/tree/de/default.htm

www.europarl.eu.int

El Parlamento Europeo emplea un menú muy inusual para la elección del idioma. La fila de cuadros con abreviaturas de dos letras situada en la esquina superior derecha de cada página nos conduce a todas las versiones disponibles de la página actual. Si una página no está disponible en un determinado idioma, el código de ese idioma aparecerá atenuado. Este esquema de navegación no es obvio, pero tiene sentido si se usa coherentemente.

EUROPARL

Dansk	da
Deutsch	de
Ελληνικά	el
English	en
Español	es
Français	fr
Italiano	it
Nederlands	nl
Português	pt
Suomi	fi
Svenska	sv

EUROPA-PARLAMENTET
EUROPÄISCHES PARLAMENT
ΕΥΡΩΠΑϊΚΟ ΚΟΙΝΟΒΟΥΛΙΟ
EUROPEAN PARLIAMENT
PARLAMENTO EUROPEO
PARLEMENT EUROPEEN
PARLAMENTO EUROPEO
EUROPEES PARLEMENT
PARLAMENTO EUROPEU
EUROOPAN PARLAMENTTI
EUROPAPARLAMENTET

www.europarl.eu.int

La página de inicio del Parlamento Europeo incluye una opción de elección de idioma más prominente que el que se usa en las páginas interiores.

Travel Net posee uno de los sitios más multilingües que haya visto. El uso de la bandera de Inglaterra (en contraposición a la del Reino Unido) para simbolizar el idioma inglés puede ser históricamente correcta, pero probablemente no tenga mucha usabilidad. Además, la palabra en portugués está mal escrita. La ortografía correcta es Português, con ^. La colocación de los acentos y símbolos especiales correctamente es obligado para todo el que trate de hacer un diseño internacional. Una vez mostré este sitio en una conferencia, porque quería hacer una apreciación sobre la bandera inglesa, pero un miembro de la audiencia portuguesa aludió a la falta de ortografía en su idioma. La gente se da cuenta cuando su idioma se usa incorrectamente, por lo que también es un error de diseño.

Los iconos alternativos que jueguen con los estereotipos nacionales son una posibilidad y pueden resultar divertidos, pero pueden ser ofensivos (no todos los americanos llevan sombreros de vaquero). A menudo, suele ser mejor evitar los iconos para los idiomas y enumerarlos por su nombre.

Es posible utilizar banderas que coincidan con la ubicación geográfica del servicio y de la audiencia que se espera. Por ejemplo, un sitio turístico de Continental Europe emplearía una bandera británica para el idioma inglés, a menos que el objetivo fuera principalmente los turistas americanos, mientras que un sitio turístico americano utilizaría una bandera estadounidense, a menos que estuviera dirigido principalmente a turistas europeos. He visto sólo una vez utilizar la bandera inglesa (cruz roja sobre fondo blanco), pero esta elección no me parece recomendable, ya que poca gente fuera de las Islas Británicas conoce las banderas regionales de Inglaterra, Escocia, etc.

Independientemente de que la elección inicial del idioma se haga en una página de paso o en la página de inicio, el usuario siempre deberá tener la opción de reconsiderar la opción

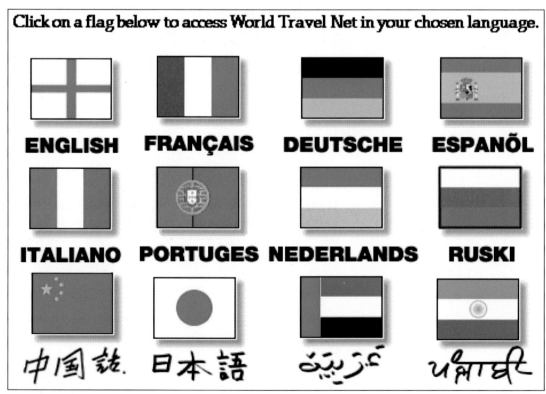

www.world-travel-net.com

del idioma en las páginas subsiguientes. La razón principal de hacerlo es que muchos usuarios puede que accedan al sitio a través de las páginas de nivel inferior y no a través de la página de inicio (bien porque acceden desde un motor de búsqueda o porque siguen un vínculo desde un marcador u otro sitio). Puede ser que los usuarios también quieran cambiar el idioma en caso de que entiendan varios idiomas y crean que la traducción de una determinada página al idioma en cuestión está mal hecha. En principio, las traducciones deficientes tienen que ser evitadas, pero, en la práctica, los usuarios prefieren leer material muy técnico en el idioma original que una traducción del mismo.

La elección del idioma en las páginas de nivel inferior podría hacerse con un menú que enumerara todos los idiomas disponibles, como fue el caso del sitio del parlamento Europeo que vimos antes. Dado que es muy poco probable que los usuarios cambien de idioma, suele ser mejor disponer de una opción llamada "Cambiar idioma" y vincularla con una página provista de todas las opciones. Pocas opciones conducen a un diseño de página más claro y fácil de usar, lo que es más importante que la necesidad de que los usuarios vayan a una página adicional en aquellos casos excepcionales en que quieran cambiar el idioma.

Hacer que se puedan marcar las traducciones

Se deben usar los mismos URL en las distintas traducciones del mismo contenido, de forma que los usuarios puedan marcar el punto de entrada adecuado y omitir la elección del idioma si lo visitan de nuevo.

Búsqueda multilingüe

La búsqueda de espacios de información multilingües presenta problemas de usabilidad especiales. Si hay que duplicar toda la información en muchos idiomas, no será necesario buscar más que en un idioma. En este caso, la interfaz de búsqueda deberá conocer el idioma preferido del usuario y mostrar *hits* únicamente en dicho idioma.

Por desgracia, a menudo no es posible traducir todos los documentos, por lo que muchos sitios requieren búsquedas en varios idiomas si el usuario tiene que completar la cobertura de toda la información disponible. Actualmente, la búsqueda multilingüe requiere que el usuario introduzca manualmente sinónimos de los términos de búsqueda deseados en todos los idiomas necesarios. Esta tarea es desagradable, y los usuarios suelen olvidarse de buscar los términos traducidos, aunque entiendan varios idiomas. Sería mejor hacer que la computadora llevara a cabo búsquedas automáticamente entendiendo el significado de los términos de búsqueda en varios idiomas. Hacerlo es más sencillo que el problema general de la traducción del idioma, y existen varios sistemas de búsqueda que han dado resultados muy razonables en las búsquedas multilingües.

Diferencias regionales

A menudo, suele ser un problema el hecho de que los sitios web atraigan muchos clientes internacionales. Seguramente pensará que "todos tenemos el mismo problema", pero a algunas empresas no les interesa el extranjero. Aclare de antemano si le interesa prestar servicios únicamente en un mercado local para no perder el tiempo.

Además, muchas empresas poseen ofertas de productos muy distintas en cada país, y puede resultar bastante confuso para un cliente acceder, por ejemplo, al sitio principal de Mercedes-Benz para descubrir que algunos de los modelos no están en venta fuera de Alemania. Aclare siempre el tema de qué modelos, precios y procedimientos se aplican en los distintos países.

Aclare de antemano si le interesa prestar servicios únicamente en un mercado local para no perder el tiempo.

Algunas empresas utilizan el concepto de precios inflados, lo que significa cobrar precios distintos (normalmente superiores) en el extranjero. Para una herramienta de negocio mundial como es la Web, sería preferible tratar a todos los clientes igual, independientemente de dónde estuvieran localizados, pero esto no es siempre posible hacerlo. Las normas locales pueden requerir especificaciones de productos modificadas, y los acuerdos con los distribuidores pueden dictar los precios.

Las diferencias regionales deben ser tratadas de la misma forma que las diferencias de idioma. Es decir, empiece con un país predeterminado y disponga de una lista de países adicionales en la página de inicio de los usuarios. Aparte de ello, cada página que describa algo que difiera de país a país debe tener un vínculo con una página que permita a los usuarios cambiar la visión que sobre el tema pueda haber en otro país.

Algunos sitios web tratan de ocultar las diferencias regionales permitiendo a los usuarios acceder solamente a las páginas que describen las especificaciones de producto y precio que sean válidas en su zona geográfica. A veces es posible hacer esto con el nombre de dominio del usuario, por lo que a un usuario que examinara la Web desde, por ejemplo, una máquina del dominio .de sólo podría ver los precios alemanes y no los precios americanos. Mi preferencia no es la de prohibir a los usuarios que vean listas de precios específicas u otra información específica de la región. Al fin y al cabo, el usuario de la máquina .de podría estar trabajando en la sede de una multinacional alemana que estuviera en el

Usabilidad. Diseño de sitios Web

proceso de constituir una filial en los EE UU y necesitara que los precios fueran americanos. Además, todo el mundo sabe que los precios varían en todo el mundo, por lo que no hay necesidad de ocultar este hecho a los usuarios.

Pruebas de usuarios internacionales

Debido a la enormidad de temas que hay en la usabilidad internacional, se recomienda llevar a cabo pruebas internacionales de usabilidad con usuarios de países de distintas partes del mundo. Todavía no existen directrices publicadas que sean lo suficientemente completas como para garantizar una usabilidad internacional perfecta, por lo que siempre es conveniente hacer un control empírico. Afortunadamente, la Web hace que el control de la usabilidad internacional sea una tarea relativamente fácil.

Al igual que ocurre en todas las pruebas con usuarios, los dos pilares del control de la usabilidad internacional son implicar a los verdaderos usuarios y hacer que realicen tareas reales sin su ayuda. Normalmente podrá reclutar usuarios a través de su filial en el país en cuestión, pero hay que recalcar que son los usuarios quienes tienen que sentarse delante del teclado día a día, y no necesariamente los contactos inmediatos del cliente de la oficina. Si no es muy explícito acerca de estas necesidades, es posible que se recluten participantes no representativos cuando vaya a realizar las pruebas, y para entonces será demasiado tarde.

Vencer el obstáculo del idioma

Ya viaje o dirija una prueba a distancia, con frecuencia el idioma supondrá un problema. Una solución pasa por reclutar usuarios que hablen su idioma, aunque no lo hablen muy bien. Esta solución no es perfecta, pero pragmáticamente, suele ser la más fácil de implementar. El tema clave consiste en asegurarse de que consigue usuarios representativos que, por ejemplo, no se hayan pasado años en una universidad americana y se hayan acostumbrado a las peculiaridades lingüísticas y culturales del idioma.

Otra opción consiste en dirigir la prueba en el idioma local. Esto puede funcionar si habla el idioma razonablemente bien, pero lo normal es que se apoye en un intérprete. Aunque normalmente puede entender lo que está pasando en la pantalla (porque conoce bien el producto), los comentarios del usuario normalmente perderán mucho al ser traducidos.

También debe reunirse con los intérpretes de antemano y recordarles que no deben ayudar a los usuarios durante la prueba.

El problema del idioma desaparece si tiene personal dirigiendo el estudio. Puede contratar a un consultor local de usabilidad o pedir ayuda al personal de su filial. Normalmente, obtendrá un informe con una calidad superior si proviene de un profesional en usabilidad, pero también existen ventajas a la hora de implicar al personal local. No sólo es más barato, sino que también les introduce en el proceso de desarrollo del producto, y probablemente aprendan mucho de la propia prueba. Como siempre, la información adicional se obtiene de acometer un estudio de usabilidad en contraposición a la simple lectura del informe, y esta información añadida también podría beneficiar a personas de su empresa.

Cuando no dirija la prueba personalmente, la selección de los usuarios apropiados adquiere una importancia vital, ya que no podrá ajustar fácilmente la prueba para dar cabida a los usuarios que sean distintos a los que esperaba. Para conseguir usuarios válidos, tendrá que recalcar la necesidad de reclutar usuarios representativos en su primer contacto con la gente que va a hacer la prueba. A pesar de la reducida cantidad de datos que se comunican con un informe, comprobé que las pruebas con representantes locales eran muy útiles. Aun cuando la prueba la dirijan representantes de la empresa (normalmente ingenieros de soporte o personal de ventas), se puede aprender mucho de la lectura de los informes. Aunque sea infrecuente para el personal de una sucursal contribuir al desarrollo de los productos, estarán muy motivados para hacer un buen trabajo y escribir informes muy minuciosos de las pruebas.

Si la prueba la dirigen consultores de usabilidad extranjeros, podemos presuponer que conocen los principios básicos de las pruebas de usabilidad, y lo mejor será que estos expertos extranjeros ejecuten las pruebas de la forma que crean conveniente. Por consiguiente, deberá concentrar sus discusiones con los consultores de usabilidad en la explicación de los objetivos de la prueba y el alcance de sus tareas. Puede que sea mejor que los consultores desarrollen las tareas detalladas para que éstas coincidan con las necesidades del país en cuestión, aunque se puedan ahorrar algunas horas proporcionando una serie de tareas iniciales a partir de sus pruebas anteriores. Si la prueba la dirige personal de su filial, tendrá que presuponer que no saben nada sobre usabilidad y que ésta

Permita que haya tiempo extra para el desempeño de las tareas

Los usuarios de otros países a menudo necesitan un poco de tiempo adicional para terminar las tareas en comparación con los usuarios de ámbito local. Así, por ejemplo, una serie de tareas que llevaron a cabo fácilmente en treinta minutos la mayoría de los usuarios norteamericanos llevó cuarenta y cinco minutos cuando se probó con los usuarios europeos. ¿Por qué? Estábamos probando con sitios de comercio electrónico norteamericanos. Los usuarios europeos tenían que interpretar una interfaz en un idioma extranjero, lo que obviamente lleva más tiempo. Aun cuando podían entender las palabras, tenían que navegar por conceptos que estaban más relacionados con la forma en que los norteamericanos hacen negocios que la forma en que lo hacen los europeos. Dedique un 50% de tiempo extra a cada tarea con los usuarios de otros países para un estudio doméstico con las mismas tareas.

será su primera prueba como usuario. Por tanto, tendrá que diseñar la prueba y las tareas de la misma personalmente y dar instrucciones detalladas sobre cómo llevarla a cabo y lo que desea ver en el informe.

¿En cuántos países hay que probar?

Tiene que determinar el número de países que va a cubrir con la ingeniería de usabilidad internacional. La solución óptima consiste en cubrir todos los países en los que tenga cifras de ventas no despreciables (o donde espere expandirse). Sin embargo, actuar así suele no ser muy realista, a menos que sea una empresa pequeña que sólo exporta a uno o dos países. La solución más común consiste en evaluar la usabilidad internacional en unos cuantos países con al menos un país en cada una de las principales áreas del mundo. Si sólo dispone de los recursos necesarios para cubrir un único país extranjero, tendrá que seguir haciéndolo. Hay mucho que ganar cuando se da ese primer paso, y los conocimientos sobre el país de la prueba se amplían mucho.

Dar las gracias a los participantes

Un punto importante acerca de las pruebas internacionales es la posibilidad de ofrecer al usuario un regalo o pago como contrapartida por haber participado en el estudio. Hacerlo es una práctica muy habitual, pero tanto los regalos como las retribuciones dependen de aspectos culturales, por lo que tendrá que dejar claro estos puntos de antemano con los representantes de la filial. También puede pedir consejo a empresas especializadas en organizar grupos u otros estudios de mercado (su agencia de publicidad puede que tenga un contacto allí, o la filial puede que ya tenga empresas con las que haya trabajado anteriormente). A veces es mejor que una empresa especializada en la selección de usuarios encuentre los participantes, aunque tendrá que ser muy explícito acerca del perfil de usuario que necesite para su estudio, ya que estas empresas suelen saber más acerca de productos físicos que acerca de cómo probar productos interactivos.

Métodos de prueba

Al igual que ocurre con las pruebas de usabilidad normales, existen varios métodos disponibles para probar la usabilidad internacional. Las cinco formas principales de dirigir las pruebas de usuario internacionales son las siguientes:

- Ir al propio país personalmente.

- Ejecutar la prueba a distancia.

- Contratar un consultor local de usabilidad que lleve a cabo las pruebas.

- Hacer que el personal de la sucursal ejecute las pruebas, aunque no estén instruidos en usabilidad.

- Hacer que los usuarios lleven a cabo una prueba de administración propia sin supervisión.

Una sexta posibilidad está sólo al alcance de las empresas más grandes: construya grupos de usabilidad adicionales en sus mercados principales. Esta última opción puede ser la mejor, pero suele quedar fuera del presupuesto disponible. Además, aunque tenga grupos locales de usabilidad en los principales mercados exteriores, es posible que quiera seguir haciendo pruebas en algunos mercados más pequeños, en cuyo caso afrontaría el mismo problema nuevamente.

Viajar personalmente

De todas formas, la solución ideal es la de ir al país en cuestión y dirigir la prueba personalmente. Visitar a los clientes en sus propios países le aportará una impresión mucho más sólida que la lectura del mejor informe que se haya podido escribir. Siempre existen detalles pequeños pero importantes que observará si va personalmente.

Dado que la observación de los clientes en su propio entorno es beneficiosa, recomiendo que trate de preparar una prueba en las oficinas del cliente, aunque esto no siempre es posible. A menudo necesitará un equipo especial, software difícil de instalar y acceder a los datos que sólo estén disponibles en su red corporativa interna (que sólo funciona dentro de la sucursal). Si visita las sedes de los clientes, trate de obtener autorización para tomar fotografías de sus instalaciones y condiciones de trabajo. Pegar este tipo de fotografías en la pared de su laboratorio de desarrollo suele ser una buena forma de recordar a todos los que participen en el equipo del proyecto las distintas necesidades que hay en los distintos países.

Añada unos pocos días a su estancia

Si viaja, asegúrese de que cuenta la diferencia horaria. Dirigir pruebas de usuario es una experiencia muy intensa: tiene que prestar atención al usuario, a la interfaz de usuario, a las tareas de la prueba, a sus notas, a los observadores adicionales que pueda haber, al equipo que pueda estar usando, y todo a la vez. Además, la prueba puede ser dirigida en un idioma extranjero, lo que puede ser más duro para la concentración. Recomiendo que dedique los dos primeros días tras su llegada a visitar la filial y a comprobar el equipo para asegurarse de que todo funciona bien.

Usabilidad. Diseño de sitios Web

Otra posibilidad que ayudará a ahorrar costes consiste en dirigir pruebas informales durante los viajes, ya que en cualquier lugar puede conseguir una página web siempre que tenga una computadora. Por ejemplo, recientemente estuve en una reunión en Suecia mientras el resto del equipo seguía trabajando en el diseño de un subsitio en California. No sólo podía enviar por correo los comentarios sobre el diseño a medida que iba progresando, sino que también tuve la oportunidad de que lo ejecutaran usuarios radicados allí.

Uno de los resultados fue que la gente no entendió la diferencia entre el botón Información y el botón Documentación. Como muestra el ejemplo, las pruebas de usabilidad internacional suelen revelar problemas que bien podrían darse con los usuarios domésticos.

Pruebas de usuario remotas

Es posible probar diseños web internacionalmente sin salir de casa, lo que conllevaría eliminar muchos gastos de viajes. Dado que los usuarios pueden acceder a la Web desde casi cualquier parte, pueden acceder a su sitio sin que usted tenga que viajar a sus países para hacer la prueba. Una opción consiste en hacer llamadas de teléfono a los usuarios y pedirles que piensen en voz alta mientras navegan por su sitio (o un prototipo de las páginas) desde sus propias computadoras. Presuponiendo que puede identificar a usuarios de otros países que hablen su idioma lo suficientemente bien como para hacer una entrevista telefónica, ésta es una forma bien sencilla de dirigir pruebas internacionales.

Prefiero hacer llamadas telefónicas antes que una vídeoconferencia, debido al coste añadido que supone colocar al usuario en una utilidad de vídeoconferencia y obtener la tecnología extra para que funcione al mismo tiempo que intento hacer que el usuario acceda a mi sitio con una computadora.

El procedimiento para las pruebas remotas es similar a las pruebas de usuario normales: se pide a los usuarios que lleven a cabo una tarea cada vez pensando en voz alta. Las tareas pueden enumerarse en páginas web; las páginas deben contener una tarea, de forma que el usuario se concentre en esa tarea en vez de seguir leyendo. Cada página puede terminar con un vínculo con la tarea siguiente. Una opción alternativa consiste en enviar a los usuarios una carta por correo electrónico con instrucciones sobre la prueba y una serie de tareas. Las tareas deben estar en un sobre separado, y se debe instruir a los usuarios para que no abran el sobre antes de la prueba, ya que no quiere que "practiquen" el modo de llevar a cabo las tareas. Además, las tareas deberán numerarse con claridad ("Tarea 1", "Tarea 2", etc.), y el material impreso deberá tener números de línea, para así poder referirse sin ambigüedades a cualquier detalle por teléfono.

En principio, debe poder controlar remotamente el acceso del usuario a su servidor web en tiempo real, de forma que pueda hacer un seguimiento de las páginas que pueden visitar y extraer dichas páginas con su propio navegador al mismo tiempo que el usuario las ve. No estoy al corriente de ningún software que facilite esta tarea. Es mucho más habitual pedir al usuario que diga en tiempo real lo que está pulsando en la pantalla y luego intentar replicar el comportamiento de navegación del usuario. También es posible emplear software, como NetMeeting, que haga que su monitor se convierta en un esclavo de la pantalla del usuario. Tales utilidades son perfectas para las pruebas remotas de usuario, aunque a veces funcionan mejor en intranets o redes de área local que en Internet.

Puede comunicarse con el usuario por un vínculo de audio a través del teléfono o por Internet. Aunque las llamadas internacionales son caras, es mejor usar un buen teléfono convencional para el canal de audio de las pruebas remotas de usuario. La telefonía por Internet es tan primitiva que el usuario necesitará dedicar muchos esfuerzos a que funcione el canal de audio. Además, muchos usuarios que están en el extranjero poseen un ancho de banda tan bajo que su experiencia de usar su sitio cambiaría considerablemente si tuvieran que mantener una conversación telefónica con la misma conexión de Internet. Si consideramos lo caras que son las llamadas internacionales, es razonable que sea usted quien realice y pague las llamadas, y deberá dejar esto claro al ponerse en contacto con los usuarios que van a llevar a cabo las pruebas.

Los inconvenientes de las pruebas remotas son que se recibe muy poca información de lo que está haciendo el usuario, por lo que deberá seguir su navegación a partir de una descripción puramente verbal. Además, el usuario deberá instalar utilidades que posiblemente no le sean conocidas. También tendrá que estar en su oficina en horas intempestivas para salvar las diferencias horarias.

Laboratorios de usabilidad para las pruebas internacionales

Las pruebas de usabilidad a veces se dirigen en laboratorios especiales de usabilidad. En lo que respecta a las pruebas de usabilidad internacionales, los laboratorios no suelen estar disponibles, ya que sólo un puñado de empresas grandes poseen este tipo de laboratorios en múltiples países. La solución más sencilla sin laboratorio es la de confiar en las impresiones iniciales, notas e informes escritos. Esto es necesario en las pruebas que dirija su sucursal, ya que no es razonable esperar que instalen nuevo equipo y que aprendan a utilizarlo.

Existen muchas dificultades en el uso de un laboratorio de usabilidad para las pruebas de usuario internacionales, por lo que suele ser mejor saltarse el laboratorio incluso para las pruebas que dirija usted mismo. A menudo, los principales problemas de usabilidad son obvios tras la simple observación del usuario, y no hay necesidad de dedicar tiempo a rebobinar una cinta de vídeo. Normalmente, prefiero usar fotografías en vez de cintas de vídeo; son mucho más fáciles de crear, especialmente si se trata de una cámara digital que genera archivos de imágenes que pueden ir directamente al sitio interno con el resto del informe de la prueba. Las fotografías ayudan a hacer el informe más perdurable, especialmente para aquellos miembros del equipo que no hayan estado en la prueba.

Por otra parte, las pruebas de usuario internacionales poseen dos características que hacen que sea deseable tener un registro formal como los que se generan en el laboratorio. En primer lugar, el usuario puede estar hablando un idioma extranjero, lo que significa que puede que sea necesario reproducir la cinta con el fin de entender lo que el usuario estaba diciendo. Es deseable tener una traducción completa para saber exactamente lo que ha ocurrido, por lo que puede ser necesario proporcionar al traductor una grabación de los comentarios del usuario. En segundo lugar, las restricciones financieras suelen establecer que sólo un reducido número de personas viajen al país extranjero para dirigir las pruebas. Normalmente, otros miembros del equipo tienen la oportunidad de estar en otra pruebas, con lo que se obtiene una buena impresión de la forma en que los usuarios emplean sus productos. Dado que la mayoría de los miembros del equipo no tienen la oportunidad de asistir a las pruebas internacionales, mostrarles un vídeo es lo mejor que se puede hacer para comunicarles la experiencia, en vez de pasarles un informe escrito.

Si dispone de consultores de usabilidad en el extranjero para dirigir las pruebas, puede ser que tengan sus propios laboratorios o contactos locales que permitan contratar los servicios de un laboratorio sin que esto suponga un alto coste. Si es así, las consideraciones relativas al precio le influirán obviamente sobre si debe requerir el uso de un laboratorio para la prueba. Si decide pagar un laboratorio, recomiendo que también pague la edición de una cinta (nuevamente, dependiendo del precio). Probablemente no querrá visionar muchas horas de vídeo en un idioma extranjero si ya tiene un informe que muestra los hallazgos principales. Es mucho mejor visionar segmentos cortos seleccionados de aquellas situaciones que tengan relación con los hallazgos clave. Además, si tiene una cinta, podrá traducir la narración y añadirla como subtítulos, con lo que la cinta se podrá enseñar a la dirección y a los demás miembros del equipo del proyecto.

Una consideración práctica es que la cinta puede estar en un formato distinto al que se utilice en su país. El problema típico es PAL (en la mayor parte de Europa) frente a NTSC (Norteamérica y Japón), pero dado que estos dos formatos se usan mucho, es posible que tenga un reproductor de vídeo multiformato a su disposición que pueda reproducir la cinta. Si no lo tiene, podrá hacer que un servicio convierta la cinta a su formato local. Es aconsejable usar un servicio profesional en vez de una tienda barata, ya que sin duda querrá retener tanta calidad de sonido como sea posible para poder entender lo que está pasando en la pantalla.

Si viaja, las dos posibilidades que hay si no acudimos a un servicio profesional son la de alquilar un laboratorio local o aportar un laboratorio portátil. Dado que la ingeniería de la usabilidad se está convirtiendo en parte integrante del proceso de desarrollo en más y más países, es muy fácil que encuentre empresas locales que tengan laboratorios de usabilidad. Estos laboratorios puede que no sean muy sofisticados, pero tienen la ventaja de que hay un responsable del equipo, que controla si todo funciona de acuerdo a las condiciones locales. Los laboratorios de usabilidad extranjeros suelen anunciar sus servicios en varias publicaciones de interfaces de usuario o en las principales conferencias, pero lo más habitual es que tenga que hacer el trabajo de campo por sí mismo y que se ponga en contacto con una empresa que tenga un laboratorio. Aparte de los laboratorios de usabilidad, también puede ser una opción alquilar un laboratorio de una empresa de estudios de mercado, aunque en ese caso tendrá que preocuparse de la instalación de la computadora y de asegurarse que las cámaras están adaptadas para grabar los sucesos en pantalla. Si contrata un laboratorio en un país que tiene un formato de vídeo distinto del suyo, el laboratorio normalmente estará equipado para soportar el formato local, y probablemente sea mejor alquilar un equipo de edición si desea ser usted quien construya el vídeo (recomendado), porque si no tendrá que convertir una gran pila de cintas cuando vuelva a casa.

Pruebas administradas por uno mismo

Todo estudio puede ser completado sin la necesidad de un experimento, y puede dirigirse remotamente dando a los usuarios las instrucciones y pidiéndoles que informen de los resultados. Por ejemplo, se podría pedir a los usuarios que localizasen cierta información y que informasen de cuánto tiempo han empleado y de si han tenido éxito. También se podría pedir a los usuarios que accedieran a una serie de páginas y que escribieran comentarios libremente o que calificaran el diseño en una escala del 1 a 7 para la materia y la forma y para la facilidad de navegación. Los formularios y las instrucciones pueden estar en papel, en correo electrónico o en una página web separada.

Por regla general, se dan niveles de respuesta mucho más altos cuando las instrucciones y el informe se encuentran en el mismo medio. Si la invitación a participar en un estudio se envía en papel, por ejemplo, normalmente sería mejor pedir a los usuarios que rellenaran una encuesta para informar de sus opiniones.

En el caso de que sea posible, las instrucciones y los formularios de respuesta deberán ser traducidos al idioma nativo del usuario para maximizar el nivel de respuesta y aumentar la predisposición si sólo consigue participantes que tengan fluidez en el idioma extranjero. Si evita las preguntas directas y se limita a proponer calificaciones y opciones similares, podrá analizar los resultados sin necesidad de que se haga una traducción inversa a su propio idioma. Si sigue esta solución, es mejor tener cuidado a la hora de traducir las descripciones de las calificaciones: "Muy satisfecho" o "Me sentí muy productivo", por ejemplo). Para que las comparaciones sean válidas en los distintos países, tendrá que asegurarse de que la gente ha respondido a las mismas preguntas de la misma forma. Es un hecho que las diferencias culturales pueden excluir las comparaciones detalladas de las calificaciones subjetivas entre las regiones del mundo. Existen muchas culturas asiáticas donde la gente no quiere ser descortés, por lo que no da pareceres negativos, y existen otras culturas donde la gente no "está de acuerdo" con una instrucción que diga "Este diseño es increíble". Evidentemen-

Por ejemplo, se podría pedir a los usuarios que localizasen cierta información y que informasen de cuánto tiempo han dedicado y de si han tenido éxito.

Ejecutando una prueba de intuición de iconos en la Web se pueden lograr entradas de gente de todo el mundo sobre una base de igualdad. En este ejemplo, a todos los usuarios les fueron mostrados los mismos iconos, pero es posible generar una página nueva para cada usuario y poner al azar qué iconos van a aparecer para hacer un estudio más pequeño o para probar los múltiples diseños alternativos de cada concepto. Por regla general, prefiero los estudios de intuición, pero la solución empleada en este ejemplo muestra un análisis más sencillo de los datos para determinar si una región del mundo tiene problemas con los iconos. Las descripciones están marcadas con letras (A, B, etc.) de una forma demasiado intrusiva. Las letras son útiles para los usuarios que desean hacer referencia a funciones específicas del cuadro de comentarios, pero dado que la experiencia muestra que pocas personas desean emplear su tiempo en escribir comentarios, hubiera sido mejor colocar las letras tras las descripciones (donde habrían sido menos prominentes) y reducir su tamaño de fuente.

te, los términos coloquiales, como "enloquecidamente bueno" deben evitarse en los cuestionarios internacionales, aunque no estén traducidos.

La mejor forma de conseguir participantes para una prueba propia consiste en seleccionar una muestra aleatoria de usuarios en los países que desee estudiar y enviarles una solicitud personalizada para que participen. También es posible poner la prueba en la Web y vincularla con el sitio principal o desde un correo distribuido, como una circular normal a los clientes. El inconveniente de esta última solución es la autoselección, lo que predetermina el resultado hacia usuarios más motivados y experimentados.

Independientemente de cómo se seleccionen los participantes, tendrá que determinar de qué países proceden, para que sus respuestas puedan codificarse oportunamente. La solución más sencilla consiste en estudiar país por país poniéndose en contacto con los usuarios de un solo país para cada estudio. Normalmente, es preferible estudiar muchos países a la vez, puesto que es la única forma de reunir suficientes datos en el programa de desarrollo. En un estudio a nivel mundial, es muy habitual incluir una pregunta pidiendo a los usuarios que indiquen su país (o que lo seleccionen en un menú). Hay que incluir una cuestión sencilla relativa a la región geográfica, aunque su intención sea la de minimizar estas cuestiones con el fin de reducir el tiempo necesario para llevar a cabo la prueba o para suavizar los problemas de privacidad.

Si el estudio se dirige en la Web o si las respuestas se reciben por correo, puede llevar a cabo una búsqueda de nombre de dominio en la máquina con la que el usuario estaba accediendo a Internet. Si el nombre de dominio termina por .uk, el usuario probablemente será inglés; si el nombre de dominio termina por .jp, el usuario probablemente será japonés, etc. Desafortunadamente, los nombres de dominio no están perfectamente correlacionados con las nacionalidades de los usuarios. Muchos usuarios del extranjero poseen dominios en .com por motivos de coste, velocidad de acceso o prestigio, o porque trabajan en la oficina local de una empresa multinacional. Estos usuarios podrían ser americanos si se llevara a cabo un análisis de nombre de dominio. La forma de solucionar este problema consiste en preguntar a los usuarios, si es importante disponer de estadísticas detalladas de los países. Si no, la mejor opción consiste en reconocer algunas debilidades en sus datos y tener presente que las respuestas .com no son puramente americanas cuando se

Understandability Test for Web Page Editor Graphics (page 2 of 2)

For each definition in the lower frame, enter the number corresponding to its graphical button. It's ok to leave some blank, and to repeat answers. When you're finished, select the **Submit** button at the very bottom of the frame below. You can give us comments about the graphics (or about anything else) in the **Comments** area, also at the bottom of the frame below.

```
1   2   3   4      5   6   7   8   9   10      11  12  13  14  15  16
```

```
17  18  19  20  21  22      23  24  25  26  27  28  29
```

A. Pastes the clipboard contents at the insertion point	B. Cuts the selection and pastes it to the clipboard	C. Centers the paragraph between the margins
D. Redoes the last action that was undone	E. Creates a numbered list	F. Changes color of selection
G. Copies selection to the clipboard	H. Makes the selection appear in typewriter font	I. Undoes the last action
J. Inserts a Java applet at the insertion point	K. Aligns the paragraph to the right margin	L. Makes the selection italic
M. Increases the indent of the paragraph	N. Increases the font size by one unit	O. Saves a document
P. Aligns the paragraph to the left margin	Q. Prints a document	R. Inserts a horizontal line at the insertion point
S. Inserts a link at the insertion point	T. Inserts an image at the insertion point	U. Opens a document
V. Creates a new document	W. Decreases the indent of the paragraph	X. Makes the selection bold
Y. Inserts a table at the insertion point	Z. Creates a bulleted list	AA. Finds the text that you specify
BB. Inserts a target (named anchor) at the insertion point	CC. Decreases the font size by one unit	

Comments:

Submit

www.sun.com

interpretan los resultados. Evidentemente, también puede darse el caso de que una respuesta .fr sea de un alemán que está viviendo temporalmente en Francia, por lo que la información que se deriva del análisis de nombres de dominio tiene que ser tratada con extrema cautela en todos los casos.

Conclusión

Los países difieren entre sí. Los habitantes de los diferentes países difieren entre sí. Los usuarios de todo el mundo utilizan su sitio web de manera diferente. Los que diseñen sus sitios únicamente para un solo país se quedarán con la mitad de sus clientes.

A medida que la Web se va internacionalizando, cada vez es más importante prestar atención a la usabilidad internacional. Hacerlo perfectamente es una tarea ardua: ciertamente hay muchos países en el mundo. Cuando nos enfrentamos al problema de probar potencialmente y ajustar un sitio para todas las distintas culturas del mundo, resulta tentador dejarlo antes de empezar.

Un punto clave es que ¡no se desmoralice! No abandone porque no pueda implementar el estudio sobre usabilidad internacional la primera vez. Es posible que tenga que empezar con un solo país, y posiblemente tenga que empezar dirigiéndolo personalmente. Lo importante es hacerlo. Existe una gran diferencia entre un sitio que está diseñado exclusivamente para usuarios de un solo país y un sitio que entienda que el resto del mundo existe.

Al final, la usabilidad internacional será un requisito para el éxito en Internet. Cuanto más se emplea Internet en el mundo, más sitios morirán si no proporcionan servicios de alta calidad en múltiples países. Por ahora, tendrá una gran ventaja sobre la mayoría de sitios si realiza trabajos de usabilidad internacional. Pero si no empieza nunca, nunca aprenderá nada acerca de los usuarios internacionales, y cuando no tenga más remedio, puede que ya sea demasiado tarde. Por tanto, empiece ahora.

8 Predicciones para el futuro: la única constante en la Web es el cambio

Este capítulo trata principalmente sobre el futuro a corto plazo de la Web, es decir, los cinco próximos años. En este tiempo, se espera que la Web crezca con un factor de veinte, lo que significa que habrá cerca de veinte veces más sitios en Internet (aumentando de diez millones de sitios en 1999 a doscientos millones en 2005). El número de páginas probablemente aumentará más, ya que los sitios existentes seguirán añadiendo páginas. Por tanto, espero que la Web pase de mil millones de páginas en 1999 a cincuenta mil millones en el año 2005.

El número de usuarios crecerá más lentamente, ya que hay muchos países donde la infraestructura dificulta que haya una mayoría de población conectada. De cerca de doscientos millones de usuarios a principios de 2000, espero que haya cerca de quinientos millones en el año 2005; este número alcanzará la cifra de mil millones en el año 2010. Todo lo que pase de mil millones tendrá una progresión más lenta. No tiene precedentes que haya mil millones de usuarios utilizando el mismo sistema de computación, y la Web e Internet cambiarán mucho cuando esto suceda. De hecho, tendrán que cambiar antes de que esto ocurra, ya que actualmente es muy difícil para mucha gente entrar en Internet.

Tendencias a largo plazo

Al predecir el efecto de los cambios en la tecnología, los dos errores más comunes son la sobrestimación de los cambios a corto plazo y la infraestimación de los cambios a largo plazo. A corto plazo, muchos de los cambios que les gustaría

Internet es complicado

Utilizar Internet es como tirar de una cuerda muy larga: si se rompe alguno de los vínculos, todo se rompe. Los usuarios experimentados saben qué hacer ante los distintos vínculos de la cadena, encontrar el que está roto e intentar distintas estrategias para repararlo. Los usuarios que no entienden la estructura de la cadena sencillamente sabrán que han tirado de la cuerda sin obtener resultados aparentes. El problema puede estar en la configuración de la computadora del usuario, en el modem, en las señales de ocupado, en el ISP, en Internet, en el sitio web remoto o en instrucciones que no están claras en alguno de los pasos. A menos que todo funcione bien, el usuario principiante tendrá pocas opciones de recuperación. A largo plazo, necesitaremos construir mejores sistemas de autodiagnóstico que puedan proporcionar mensajes de error más constructivos y formas más sencillas de solucionar los problemas. A corto plazo, los desarrolladores de soluciones web para usuarios principiantes tendrán que pulir sus interfaces de usuario hasta que se haya ido cada mota de polvo.

Un estudio de los usuarios particulares de Pittsburgh extrajo estos ejemplos de problemas de usabilidad en los nuevos usuarios de Internet:

- "No puedo conectarme". La tecla Bloq Mayús estaba activada mientras el usuario estaba escribiendo la contraseña. Esto no fue advertido, puesto que los caracteres escritos por el usuario no se repitieron.

- "Mi correo electrónico está paralizado". El usuario no había instalado el modem (no sabía que era parte de la computadora).

- "El modem no marca". Alguien estaba usando el teléfono.

Cada uno de estos problemas parece trivial para el usuario experimentado, pero bastó para detener a estos usuarios principiantes a la hora de entrar en Internet. Para recabar más información acerca del estudio de los usuarios particulares de Pittsburgh, remítase a http://homenet.andrew.cmu.edu/progress.

ver a los expertos en tecnología no se producen debido a la inercia humana. Es muy complicado cambiar las costumbres de la gente, y también lleva mucho tiempo cavar zanjas en las calles con el fin de actualizar la infraestructura.

Muchos de los cambios fundamentales no se producen hasta que la tecnología entra en la sociedad y se integra en ella. Por ejemplo, se culpa al automóvil de forzar el crecimiento de las afueras de las ciudades, pero este fenómeno no se hubiera producido si únicamente un pequeño porcentaje de la población hubiera tenido automóviles. Si nos retrotraemos a cuando sólo unas pocas personas tenían automóvil, los usaban para ir de excursión desde las ciudades y también les permitía mudarse a las afueras, pero manteniendo sus trabajos en la ciudad. Mientras tuvieron automóvil tan sólo unas pocas personas, las empresas importantes no tuvieron más remedio que estar en las ciudades, pero cuando la mayoría de sus empleados tuvieron coche, se hizo factible mudarse a barrios más baratos de las afueras.

Internet es una tecnología de redes, y la repercusión de las redes crece aproximadamente el doble del tamaño de la red, ya que ése es el número de interconexiones posibles y, por consiguiente, de usos posibles de la red. Este fenómeno se suele llamar la Ley de Metcalfe, en honor a Bob Metcalfe, el inventor de Ethernet. Como analogía, vamos a considerar brevemente otra tecnología de redes: el teléfono. Tener un solo teléfono en una ciudad es inútil, y tener dos teléfonos es mucho más que el doble de mejor: Ahora puede tener lugar una conversación. Un uso típico del teléfono para un empresario era tener un teléfono en su domicilio y otro en la oficina: incluso con dos teléfonos en la ciudad, podían tener lugar conversaciones importantes.

Posteriormente, cuando cien empresarios tuvieron teléfono en sus domicilios y en sus oficinas, el uso de la telefonía había crecido mucho más que con un factor de 100. Una ciudad con 200 teléfonos veía que éstos no sólo eran usados para que el jefe llamara a la oficina, sino también para que las oficinas se llamaran entre sí. Dado que los empresarios tendían a pertenecer a los mismos círculos sociales, podían llamarse a sus domicilios. Varios años más tarde, con muchos miles de teléfonos en la ciudad, el uso se expandió a empresas que intercambiaban llamadas con sus clientes. Y, por último, cuando casi todo el mundo tuvo un teléfono, toda la estructura del negocio y de la socialización cambió: no sólo se llamaba a una empresa, sino a una persona específica dentro de la empresa.

Antes de pasar a las tendencias de la Web en los próximos años, deseo examinar algunas posibles implicaciones a largo plazo de la explosión que ha experimentado la Web. Muchos de estos cambios puede que no se produzcan durante décadas, y algunos de ellos puede que no lleguen a ocurrir nunca. Además, es probable que se produzcan cambios inesperados que tengan efectos más profundos que cualquiera de mis predicciones. A pesar de estas tribulaciones, vamos a ver los efectos a largo plazo que se podrían producir en la Web:

- El mercado inmobiliario tiene áreas sobrevaloradas, como Manhattan y Silicon Valley. Dado que la tecnología web permite que la gente trabaje desde cualquier parte y que colabore a pesar de la distancia, nadie quiere pagar cinco veces el coste normal de una casa para vivir en un área densamente poblada. El 80% de las valoraciones inmobiliarias de estas áreas se evapora.

- Las grandes corporaciones se preocupan principalmente de mantener el reconocimiento de sus marcas, mientras que el verdadero trabajo tiene lugar en pequeños grupos virtuales repartidos por todo el mundo.

- La única forma de reaccionar ante los cambios tan rápidos que permite una economía de red consiste en cambiar la gestión corporativa desde una estructura jerárquica de mando a una red interna de ideas, conocimientos y proyectos. Los presupuestos anuales y los vicepresidentes están fuera de lugar. Al fin y al cabo, Stalin demostró que un plan quinquenal gestionado por comisarios no funcionaba en un país, entonces ¿por qué tendría que ser el mismo principio la mejor forma de gestionar una empresa?

- Los conceptos de pleno empleo y ascenso profesional desaparecen del mercado de trabajo, para ser sustituidos por los conceptos de desarrollo de conocimientos y creación de reputación. El mercado de trabajo se convierte en una bomba para la economía, porque menos del 5% de la población tiene trabajos en el sentido tradicional del término. El resto de la población está formada por gente independiente que no está empleada por sus clientes. Por supuesto, casi siempre son clientes entre sí.

- La Oficina de Correos se cierra, porque todos los mensajes circulan por correo electrónico y toda la entrega de paquetes se realiza con servicios privados más flexibles que forman parte de las extranets de los remitentes y los destinatarios. El término "vía postal" cambia para hacer referencia a un cambio bien planificado de un sector ahora inútil, sólo necesario para prestar servicios a algunos clientes.

- Los ingresos de los gobiernos caen a cerca de la mitad de su nivel actual como porcentaje del PIB, ya que la mayor parte de la creación de valor se realiza en línea y es difícil de fiscalizar (si se fiscaliza muy severamente, los servicios se trasladan a países con un trato más favorable). Sin embargo, esto no supone un problema, ya que el PIB se duplica debido a la eficacia de la economía de red.

- El Reino de Tonga se convierte en el país más rico del mundo, ya que alberga muchos sitios grandes que sirven a Asia, Norteamérica y Australia a través de enlaces de fibra óptica.

La interfaz de usuario anti-Macintosh

La interfaz de usuario anti-Macintosh es un concepto de diseño desarrollado por Don Gentner, de Sun Microsystems, y por un servidor. Todas las interfaces de usuario actuales son más o menos clones de las directrices de interfaces humanas establecidas para el diseño del Macintosh en 1984. Estos principios fueron optimizados para una computadora pequeña (128 K de RAM, monitor pequeño en blanco y negro) con poco almacenamiento (un disquete) y sin redes. Por ejemplo, uno de los principios era el de "estabilidad que se percibe", que tiene mucho sentido mientras nada pueda cambiar sin que el usuario introduzca un comando específico. Otro principio era el de hacer que todos los objetos y acciones fueran visibles en la pantalla: perfecto mientras el disquete no tuviera más de una docena de archivos y cada uno de ellos tuviera su propio icono.

Internet y las computadoras modernas invierten la mayor parte de las presunciones de diseño del Mac: tenemos máquinas rápidas, pantallas en color grandes, dispositivos de almacenamiento enormes (su disco duro personal tendrá un terabyte en diez años), y todo está en red y conectado con millones (al final miles de millones) de usuarios y sitios. La estabilidad y la visibilidad completa ya no aparecen en escena. Gentner y yo descubrimos que tenía sentido invertir los principios de diseño del Macintosh y hacer

exactamente lo contrario en cada caso. El diseño resultante (si bien muy caro de construir) se adapta bien para ayudar a los usuarios a crear lo más importante de un entorno completamente en red. Los principios del diseño anti-Mac son:

- El papel central del idioma. Los usuarios pueden pedir cosas por su nombre o por descripción, aunque no estén visibles.

- Una representación interna más rica de los objetos de datos como los documentos y las páginas web. El sistema conoce un gran número de atributos para un gran número de objetos, entre los que se incluye el conocimiento acerca de los antecedentes del usuario a la hora de interactuar con los objetos.

- Una interfaz más expresiva. Representación visual detallada de los objetos con iconos genéricos que son los mismos para todos los documentos.

- Usuarios expertos. La interacción optimizada para personas con décadas de experiencia en computadoras que han estado en línea desde antes de saber leer.

- Control compartido. Las computadoras proactivas asumen la responsabilidad de dirigir la interfaz, y los agentes hacen que se produzcan ciertas acciones sin comandos humanos.

- Aparecen nuevos instrumentos financieros y opciones de inversión. Se populariza la inversión en la mejora de la fecundidad del arroz en los países en desarrollo; el riesgo disminuye con los nuevos tipos de microderivados, por ejemplo, en base al número de cuencos de arroz pedidos diariamente por los propietarios del restaurante *Lai Ching Heen* de Hong Kong.

- Los fondos de las mutualidades desaparecen, ya que los inversores pueden intercambiar fracciones de acciones y suministrar capital con costes de transacción mínimos. Las carteras optimizadas para cada persona son construidas por sistemas con personal experto que usa descripciones de inversiones ricas en atributos adquiridos en la Web. Un atributo estrechamente vigilado son los niveles de satisfacción del cliente actualizados continuamente por servicios web independientes cada vez que alguien adquiere un producto o un servicio. Si a varias personas les deja de gustar Diet Coke el mismo día, el valor bursátil de la firma Coca-Cola Company se hunde.

- La mayoría de los vendedores quedan sustituidos por clientes que recomiendan a otros los productos y servicios que desean a cambio de una comisión o de bonos de fidelidad. La gente que dé una mala recomendación obtendrá niveles de satisfacción muy escasos y no será escuchada en el futuro.

- A pesar de haber perdido todo su dinero ganado con el software, Bill Gates se convierte en la persona más rica del mundo por segunda vez, debido a sus ganancias en los negocios en línea. Su mención en *Encarta 2020* hace referencia a él como magnate de los medios que empezó en la industria de la computación.

- Debido a la abundancia de dispositivos portátiles con modems inalámbricos, la gente está en línea en todo momento y puede ser contactada allá donde esté. La privacidad pasa a ser algo precioso. Los usuarios pagan más por servicios de protección que les permiten respirar a salvo del mundo. No poder ser contactado se ve como un símbolo de alto *standing*.

- Las empresas de computación dejan de clonar el Macintosh y basan las interfaces de usuario en la recuperación de información y en otras formas de administrar millones de objetos de información. El diseño anti-Mac se convierte en una realidad.

La verdad es que ignoramos los efectos que puede producir una Web generalizada. He enumerado algunas predicciones dramáticas, con la esperanza de que le ayuden con respecto al futuro de su propio negocio. Lo único cierto es que los negocios no serán iguales en el siglo XXI. La única constante es el cambio.

La mayoría de las empresas hacen aguas cuando se trata de pensar estratégicamente acerca de la repercusión de Internet. Acelerar el cambio significa que el futuro tendrá lugar más rápidamente de lo que se cree, por lo que hay que empezar a pensar en él ahora.

Aparatos de información

El acceso móvil será la tercera "aplicación asesina" de Internet, tras el correo electrónico y la navegación web. Será habitual acceder a Internet desde dispositivos portátiles provistos de modems sin cable. El uso libre conducirá a muchos servicios innovadores de Internet bajo el lema "Cualquiera, en cualquier parte, en cualquier momento: conectado".

Un dispositivo portátil tiene que ser pequeño para que los usuarios quieran llevarlo, por lo que los diseñadores web tienen que dejar de diseñar para un tamaño de pantalla fijo. En lugar de ello, las páginas web deberán funcionar en muchos tamaños de pantalla. Ya no oirá más la pregunta: "¿Debo diseñar para 640 u 800 *pixels*?".

Dibujar una computadora

Si desea ver la esencia de algo, es una buena idea dibujar un boceto sencillo. ¿Cuáles son los elementos elegidos para ser incluidos en el dibujo con el fin de hacer ver al espectador la identidad del objeto? Si pedimos a la gente que dibuje una computadora, normalmente dibujarán una caja grande (el monitor) conectada con dos cajas más pequeñas (el teclado y el ratón). Quizá también dibujen una caja para la unidad de procesamiento de la computadora, aunque mucha gente lo omitirá. Hoy por hoy, la computadora está identificada con sus unidades de entrada/salida y no con su capacidad de realizar cálculos. La propia palabra "computadora" está mal empleada, porque la máquina se usa mucho más como "comunicadora" que como calculadora.

Si hubiéramos pedido a la gente en los años setenta que dibujara "una computadora típica" (cuando yo era estudiante), probablemente hubieran dibujado un gran monstruo con varios armarios y con muchas cintas magnéticas y luces intermitentes. Digo esto para proporcionar una evidencia histórica de que es posible que el concepto de una "computadora típica" cambie radicalmente (como estoy aventurando que pronto cambiará).

Si quisiera dibujar "una computadora", esto es lo que dibujaría: una caja con un teclado y un ratón. La figura muestra un boceto de un póster para Xerox PARC dibujado por Rich Gold. Si alguien merece arrogarse la invención de la generación actual de la computación, ése es PARC.

computers didn't just come from outer space. they were invented.

at xerox parc.

www.parc.xerox.com/red/members/richgold/

En un futuro cercano, florecerá una amplia diversidad de aparatos de información, en particular en forma de sistemas pequeños y móviles.

WebTV

La Web provocó la introducción de uno de los primeros aparatos de información, en forma de WebTV, en 1996. Desafortunadamente, la WebTV no es un buen producto y ha resultado algo decepcionante en términos de ventas. En realidad, creo que la WebTV es un producto fabuloso en términos de usabilidad y diseño. De hecho, muestra lo fácil que puede llegar a ser instalar una nueva máquina y entrar en Internet fácilmente. Pero el gran inconveniente de la WebTV es el hecho de que usa la televisión como monitor.

Las televisiones tienen una calidad de pantalla menor si las comparamos con las computadoras, por lo que no es agradable sentarse e interactuar intensamente con Internet en un aparato de TV. Espero que pronto tengamos a nuestra disposición aparatos que sean similares a la WebTV en diseño y usabilidad, pero que usen una pantalla plana. Para interactuar con la intensidad que requiere la Web, es mucho más natural sentarse y sujetar una pantalla como una revista que sentarse y señalar con un control remoto a un aparato de TV.

Home | Hardware | The Opportunity
Feedback | FAQ | In The News
About Qubit | Contents | Search

Qubit represents a monumental shift in the way consumers will share in the information explosion on the Internet. What was once extremely complex becomes very simple. What was once error-plagued becomes solidly reliable. What was once anchored to a table or desktop becomes completely portable. The first information appliance truly worthy of the name.

Qubit delivers the full, rich experience of Internet exploration and electronic communication with none of the technical or convenience barriers associated with personal computers. With Qubit any type of embedded portal or browser like America Online and @Home can be accessed, including Java-based applets, along with basic applications such as e-mail and address/phone books. The Qubit has no moving parts, full multimedia capacity, and a touch-controlled, high-resolution color tablet.

Installation is remarkably simple. Just plug Qubit's cradle into an outlet and a phone or cable jack. Everything else is handled automatically through interaction with a remote service provider/content aggregator. Qubit is already configured to handle all types of Internet connections, including 56K, DSL, and cable modems.

Roughly the size and shape of a magazine, Qubit represents the last word in physical freedom for Internet users at home. Its wireless capability lets people go online anywhere in the house and operate in complete comfort. For applications that require typing, a wireless keyboard with a remote infrared link is provided.

www.qubit.net

Idea de Qubit Technology de un aparato de información en forma de una pantalla portátil de panel plano.

Si desea diseñar sitios web que sean respetuosos con los usuarios de WebTV, siga estas directrices:

- No utilice imágenes grandes (de más de 544 *pixels* de ancho por 376 *pixels* de alto), a menos que sigan funcionando tras el reescalado automático de la WebTV al área de visión disponible.

- Reserve el uso de los mapas de imágenes para los casos absolutamente necesarios, como la selección de una ubicación en un mapa, y convierta las barras de navegación y otros conjuntos de botones en imágenes separadas.

- No incluya texto en las imágenes, porque los caracteres serán difíciles de leer en la pantalla de la WebTV.

- Si tiene que incluir texto en una imagen, use Verdana de 16 puntos en negrita o superior (o una fuente igualmente legible). La directriz de 16 puntos presupone que la imagen es lo suficientemente pequeña para no ser reescalada.

- No utilice un diseño de múltiples columnas. La figura muestra las deficiencias del diseño de tres columnas de news.com en WebTV (aunque sea uno de mis diseños favoritos en una pantalla normal de computadora).

- Si su diseño requiere que haya columnas, utilice como máximo dos columnas y asegúrese de que funcionan en una pantalla de 544 *pixels*.

- Si tiene una página que se desplaza por más de cuatro pantallas de WebTV, repita las barras de navegación que pueda haber en la parte inferior de la página.

- Divida la información en un espacio de hipertexto rico con un número más grande de nodos pequeños.

- En la medida de lo posible, haga que cada unidad sea lo suficientemente pequeña como para que quepa en una sola pantalla de WebTV, con el fin de eliminar el desplazamiento (este consejo es una vuelta al modelo de "tarjeta tiburón" de hipertexto, como lo ejemplificaba HyperCard en 1987. Al final, tendremos que desarrollar una nueva forma de HTML para definir los cuadros desplegables, los apagados parciales y las demás opciones de interacción que realzan el hipertexto basado en tarjetas).

- Brevedad: escriba menos texto.

(Páginas siguientes)   El tamaño de la pantalla no tiene importancia. Ver sitios web en un monitor razonablemente grande permite al usuario tener una panorámica mucho mejor de las opciones disponibles que el pequeño *viewport* de un monitor de televisión. Estas capturas de pantalla muestran mi propio sitio web, useit, en una WebTV con parámetros de preferencias de fuentes de texto grandes, medianas y pequeñas. A menos que se use un equipo de televisión de alto nivel, el tamaño más pequeño no es lo suficientemente claro como para leer para la mayoría de la gente. Compárelo con la captura de un monitor de 20 pulgadas: una impresión mucho mejor del contenido del sitio. Claramente, mi sitio no está bien diseñado para los usuarios de WebTV. Aunque los elementos de texto son claros y fáciles de leer, se pierde visión de la estructura de la página.

useit.com: usable information technology | Search

useit.com: Jakob Nielsen's Website

Permanent Content

Alertbox

Five years' archive of Jakob's bi-weekly column on Web usability, including:
Video and Streaming Media
Metcalfe's Law in Reverse
Web research: Believe the data

News

Current Alertbox (August 22)

Do Interface Standards Stifle Design Creativity? Standards ensure a consistent vocabulary, but don't limit designers' freedom (and responsibility) in deeper design issues. Also:

useit.com: Jakob Nielsen's site (Usable …

---

useit.com: usable information technology | Search

useit.com: Jakob Nielsen's Website

Permanent Content

Alertbox

Five years' archive of Jakob's bi-weekly column on Web usability, including:
Video and Streaming Media
Metcalfe's Law in Reverse
Web research: Believe the data
Top ten mistakes of Web design
Web project management
Failure of corporate

News

Current Alertbox (August 22)

Do Interface Standards Stifle Design Creativity? Standards ensure a consistent vocabulary, but don't limit designers' freedom (and responsibility) in deeper design issues. Also: Guidelines for writing design standards.

Spotlight

E-commerce case study: trying to buy batteries online: of 45

useit.com: Jakob Nielsen's site (Usable …

www.useit.com

useit.com: Jakob Nielsen's Website

Permanent Content

Alertbox

Five years' archive of Jakob's bi-weekly column on Web usability, including:
- Video and Streaming Media
- Metcalfe's Law in Reverse
- Web research: Believe the data
- Top ten mistakes of Web design
- Web project management
- Failure of corporate websites
- How people read on the Web

About Jakob Nielsen

News

Current Alertbox (August 22)

Do Interface Standards Stifle Design Creativity?
Standards ensure a consistent vocabulary, but don't limit designers' freedom (and responsibility) in deeper design issues. Also: Guidelines for writing design standards.

Spotlight

E-commerce case study: trying to buy batteries online: of 45 sites selling batteries, only 3 carried both the two batteries the user

useit.com: Jakob Nielsen's site (Usable ...

www.useit.com

useit.com: Jakob Nielsen's Website

Permanent Content

Alertbox

Five years' archive of Jakob's bi-weekly column on Web usability, including:
- Video and Streaming Media
- Metcalfe's Law in Reverse
- Web research: Believe the data
- Top ten mistakes of Web design
- Web project management
- Failure of corporate websites
- How people read on the Web

About Jakob Nielsen

Biography
Press interviews and public appearances

Papers and essays by Jakob Nielsen, including:
- iCab: browser with structural navigation
- The Anti-Mac
- Usability lab survey
- Guerrilla HCI
- The Death of File Systems
- Study of Web usability in 1994
- Heuristic evaluation and usability inspection
- Learning about Usability

For Hire

Speeches, visioneering, "Rent-a-Guru" consulting, advisory board membership for Internet startups: offered through Nielsen Norman Group

Other Reading

Recommended books about Web design, hypertext, and user interfaces
Recommended hotlist of links about Web design and user interfaces

About This Site

Why this site has almost no graphics
Portal traffic referral statistics

News

Current Alertbox (August 22)

Do Interface Standards Stifle Design Creativity? Standards ensure a consistent vocabulary, but don't limit designers' freedom (and responsibility) in deeper design issues. Also: Guidelines for writing design standards.

Spotlight

E-commerce case study: trying to buy batteries online: of 45 sites selling batteries, only 3 carried both the two batteries the user wanted (or, possibly, it was not possible to find the batteries on the site - there is no difference between these two situations as far as the user is concerned). Lesson 1: Carry a wide product selection and make it easy to navigate. The cheapest site didn't get the order because (a) they had too high shipping fees and (b) one of the products was so weakly described that the customer could not be sure that it was the one needed. Lesson 2: Good and detailed product descriptions are essential when the customer can't see and touch the products before buying. Content design closed the sale.
(August 24)

Usability metric from real life: across six corporate websites, the **measured success rate was only 26%** when prospective job applicants were asked to find a job opening that was suitable for them and apply for it on the site. Is this because HR sub-sites are worse than other parts of big-company sites? I don't think so: most other pages would score as low if users had to complete a **series of steps**. A single mistake any step on the way is enough to doom the user to failure. Mark Hurst and I recently wrote a report on these usability studies as well as an analysis of the usability of e-recruiting that has now been published by "GoodReports". Unfortunately, this is an expensive report series, but at least if you follow the link from my site, you get a discount since

The New York Times
ON THE WEB

NYC
Weather
82° F

FRIDAY, AUGUST 27, 1999 | Site Updated 5:00 PM

QUICK NEWS
PAGE ONE PLUS
International
National/N.Y.
Politics
Business
Technology
Science/Health
Sports
Weather
Opinion
Arts/Living
Automobiles
Books
CareerPath
Diversions
Magazine

Greenspan Says Central Banks Must Focus More on Markets

Federal Reserve Chairman Alan Greenspan said Friday central banks must weigh the prices of stocks and other assets when setting interest rates, signaling a growing focus on the equities market. Go to Article
•ISSUE IN DEPTH: The Federal Reserve
•RELATED ARTICLE: Dow Ends Down More Than 100 Points

Hurricane Dennis Creeping Toward Coast of Bahamas

Hurricane Dennis loomed east of the

(AP)
Defending champion Toms River, N.J., fell to Phenix City, Ala. 3-2 in the U.S. championship game at the Little League World Series on Friday. Go to Article

INTERNATIONAL

The New York Times on the Web

CareerPath
Diversions
Magazine
Real Estate
Travel
ARCHIVES
SITE INDEX
New York Today
The New York Times
ON THE WEB
Learning
Network
FOR STUDENTS,
TEACHERS & PARENTS
Text Version
Archives
Classifieds
Forums
Marketplace
Services
Shortcuts
Help
Site Tour

Friday. Go to Article

Toward Coast of Bahamas

Hurricane Dennis loomed east of the Bahamian capital of Nassau on Friday, increasing the peril for Florida and threatening to strike South Carolina as a major storm. Go to Article
•WEB SPECIAL: In the Eye of the Storm

Mir Crew Prepares to Abandon Russia's Aging Space Station

The crew on board Russia's Mir space station got ready to depart the craft on Friday. Mir will be retired if funds are not found to continue operating it. Go to Article
•LIVE COVERAGE: Mir Crew Departs Space Station
(Requires Real G2 Player)

INTERNATIONAL
Hong Kong Eases Out of Recession

NATIONAL
Federal Agencies Opposed Leniency for 16 Militants

SPORTS
Clemens Has Raging Fire in the Belly to Excel

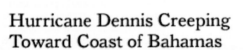

FIND A BOOK AT **BARNES & NOBLE**

MARKETS   20 Min.
                 Delay
Dow   **11090.17** -108.28
Nasdaq 2758.80 15.73

The New York Times on the Web

The New York Times
ON THE WEB

FRIDAY, AUGUST 27, 1999 | Site Updated 5:00 PM

QUICK NEWS
PAGE ONE PLUS
International
National/N.Y.
Politics
Business
Technology
Science/Health
Sports
Weather
Opinion
Arts/Living
Automobiles
Books
CareerPath
Diversions
Magazine
Real Estate
Travel
ARCHIVES
SITE INDEX
New York Today

The New York Times
ON THE WEB
Learning
Network
FOR STUDENTS,
TEACHERS & PARENTS

Text Version

Archives
Classifieds
Forums
Marketplace
Services
Shortcuts

Help
Site Tour

Home Delivery
-Order Online
-Service

Greenspan Says Central Banks Must Focus More on Markets

Federal Reserve Chairman Alan Greenspan said Friday central banks must weigh the prices of stocks and other assets when setting interest rates, signaling a growing focus on the equities market. Go to Article
•ISSUE IN DEPTH: The Federal Reserve
•RELATED ARTICLE: Dow Ends Down More Than 100 Points

Hurricane Dennis Creeping Toward Coast of Bahamas

Hurricane Dennis loomed east of the Bahamian capital of Nassau on Friday, increasing the peril for Florida and threatening to strike South Carolina as a major storm. Go to Article
•WEB SPECIAL: In the Eye of the Storm

Mir Crew Prepares to Abandon Russia's Aging Space Station

The crew on board Russia's Mir space station got ready to depart the craft on Friday. Mir will be retired if funds are not found to continue operating it. Go to Article
•LIVE COVERAGE: Mir Crew Departs Space Station
(Requires Real G2 Player)

(AP)
Defending champion Toms River, N.J., fell to Phenix City, Ala. 3-2 in the U.S. championship game at the Little League World Series on Friday. Go to Article

INTERNATIONAL
Hong Kong Eases Out of Recession

NATIONAL
Federal Agencies Opposed Leniency for 16 Militants

SPORTS
Clemens Has Raging Fire in the Belly to Excel

TRIVIA
QUIZ ▸GO

MARKETS		20 Min. Delay
Dow	11090.17	–
		108.28▼
Nasdaq	2758.89	-15.73▼
S&P 500	1347.27	-14.74▼
Russell 2000	432.45	-3.57▼
NYSE	625.71	-11.69▼

www.nytimes.com

Con una pantalla pequeña como la que se usa en una WebTV, los usuarios tienen que desplazarse más para poder ver las noticias principales de la página de inicio de *The New York Times*. Pero los resúmenes de las noticias siguen siendo lo suficientemente breves como para que la página funcione bien en esta pantalla pequeña.

La muerte de los navegadores web

Un elemento clave de las computadoras del futuro será la posibilidad de **deshacerse de los navegadores web** como categoría de aplicación separada. Hay dos razones por las que querrá eliminar el navegador web de su sistema en los próximos años:

- Fundamentalmente, no tiene mucho sentido disponer de un navegador especial para ciertos objetos de información sencillamente porque proceden de una ubicación de almacenamiento. No hay motivo para tratar la información de modo distinto por el hecho de que proceda de Internet o de su disco duro. Imagine si tratáramos la información de modo distinto dependiendo de si estuviera almacenada en un disquete (el protocolo de transporte de "Sneakernet") o en el disco duro. Al tratar de leer un archivo obtendría un mensaje de error, que diría: "Lo siento, este archivo está almacenado en un disquete, ¡por lo que tiene que iniciar el navegador de disquetes antes de poder leerlo!".

- Los navegadores web confunden dos series de utilidades que pueden verse con mayor claridad si están separados. Los navegadores web manipulan tanto la presentación de los objetos de información como la navegación entre dichos objetos. En realidad, los navegadores web actuales hacen un trabajo muy lamentable de soporte a la navegación, pero lo intentan.

Un diseño mejor unificará el tratamiento de todos los objetos de información, independientemente de dónde procedan. Los discos duros locales, las redes de área local, las intranets corporativas e Internet tendrán la misma interfaz de usuario, y los usuarios se moverán de la misma forma entre las distintas ubicaciones de almacenamiento. Los sistemas operativos del futuro proporcionarán una estructura para los *applets* de presentación que se optimizan en cada uno de los distintos tipos de datos a los que accede el usuario. HTML obviamente será este tipo de datos, y se dispondrá de un visor HTML.

La navegación se convertirá en un mecanismo de soporte universal al margen del software de presentación y de cada una de las múltiples máquinas del usuario. Por ejemplo, un historial permitirá a los usuarios volver a objetos de información previamente vistos, independientemente de qué software de presentación se haya empleado y desde qué dispositivo, sea éste móvil, la computadora de la oficina o el aparato de información doméstico, se ha accedido a ellos.

La lista de historial, la lista de marcadores, etc., incluirá objetos de Internet, mensajes de correo electrónico y documentos corporativos mezclados de acuerdo con el comportamiento del acceso a la información del usuario (cada persona tiene unos conocimientos individuales que lleva a una experiencia lineal de usuario que puede estructurar la historia del uso de la información). También habrá una cierta clase de función de búsqueda universal que permita a los usuarios buscar los objetos por contenido, aunque actualmente no queda claro cómo ampliar la búsqueda desde los datos locales hasta los datos de Internet (con toda probabilidad, la búsqueda se dirigirá con millones de búsquedas de objetos reservadas a casos excepcionales).

El lento incremento del ancho de banda

Durante los quince últimos años, la velocidad con la que un usuario podía acceder a Internet ha crecido cerca de un 50% anual. Viendo las numerosas predicciones esperanzadoras que auguran un crecimiento espectacular del ancho de banda en Internet, no veo por qué razón esta tendencia a largo plazo se tendría que parar.

El ancho de banda medio crece lentamente por tres razones:

- Las empresas de telecomunicaciones son muy conservadoras. Tienen que abrir calles e instalar equipos en cientos o miles de oficinas, por lo que se lo piensan dos veces antes de invertir los miles de millones de dólares necesarios. Incluso después de haber invertido, lleva tiempo actualizar sus centros de operaciones.

- Los usuarios no quieren gastar mucho dinero en ancho de banda. Si adquiere una computadora dos veces más rápida, el software se ejecutará el doble de rápido; si compra un disco duro dos veces más grande, podrá almacenar el doble de archivos. Pero si compra un modem dos veces más rápido, las páginas web no se descargan el doble de rápido: la velocidad de Internet es una cuestión tanto de la conectividad del usuario individual como de la infraestructura. No se obtienen las ventajas completas de las actualizaciones de ancho de banda inmediatamente (sólo gradualmente, a medida que Internet y los servidores *host* van mejorando).

- La base de usuarios se va ampliando a medida que más usuarios se conectan. Es más probable que estos nuevos usuarios sean usuarios de bajo nivel que de alto nivel, por lo que el promedio es mucho más bajo.

Evidentemente, existen muchas tecnologías que prestan un ancho de banda más rápido, y Bell Labs ya ha demostrado la capacidad de disparar un terabit por segundo a través de fibra óptica. Por desgracia, estas tecnologías no ofrecerán a corto plazo grandes incrementos del ancho de banda a las masas. DSL y otras tecnologías ofrecerán al usuario la velocidad de una línea T1 y superior, pero esto no ocurrirá significativamente hasta aproximadamente el año 2003.

Siempre habrá unos pocos superusuarios que tengan equipos avanzados que se ejecuten muy rápidamente. Aquí estamos hablando acerca del usuario de alto nivel que está dispuesto a pagar un plus, pero que quiere equipos bien probados que se puedan adquirir en una tienda normal.

La masa son usuarios de bajo nivel que se quedarán dos o tres años por detrás de los usuarios de alto nivel. El ancho de banda es uno de los elementos más importantes de la computación en los días que corren (junto con la calidad de la pantalla), porque las velocidades de computación siempre dan más de lo necesario para realizar tareas que no son de ingeniería. Desafortunadamente, puedo plantear todos los argumentos que quiera. La mayoría de usuarios seguirán ahorrando en el ancho de banda y preferirán un ISP de 20 dólares al mes que otro de 30 dólares que ofrece un mejor servicio.

Las necesidades del diseño web tienen que acercarse a las masas. Un sitio pocas veces puede tener éxito si se dirige únicamente al 10% más avanzado de usuarios. Por tanto, aunque los usuarios de alto nivel puedan tener una RDSI o superior, el diseño web debe dirigirse a la usabilidad óptima con un modem de 56 Kbps. Los usuarios fuera de los EE UU poseen conexiones incluso más lentas, y los tiempos de respuesta transoceánicos empeorarán en los próximos años. Los barcos cableadores están haciendo su trabajo tan rápido como pueden, pero, por desgracia, no lo suficientemente rápido para el crecimiento del uso de Internet en el mundo.

A corto plazo, la Web estará dominada por usuarios con conexiones tan lentas que la descarga de cualquier página web razonable llevará mucho más tiempo que los límites de tiempo de respuesta indicados por la investigación del factor humano. Por tanto, el criterio de diseño dominante debe ser la velocidad de descarga de todos los proyectos web hasta el año 2003. Reglas de diseño minimalistas.

Desde el año 2003, los usuarios de alto nivel disfrutarán de velocidades que se correspondan a una línea T1 personal.

A corto plazo, la Web estará dominada por usuarios con conexiones tan lentas que la descarga de cualquier página web razonable llevará mucho más tiempo que los límites de tiempo de respuesta indicados por la investigación del factor humano.

Usabilidad. Diseño de sitios Web

Esto les permitirá descargar páginas en menos de un segundo, lo que significa que serán capaces de navegar por la Web libremente. La experiencia del usuario será mucho más gratificante con tiempos de respuesta inferiores al segundo.

Evidentemente, los usuarios de bajo nivel tendrán líneas RDSI en el año 2003, por lo que el acceso de los usuarios de alto nivel seguirá sin sancionar los diseños inflados. Si pensamos en algo después, predigo que la Web será 57 veces más rápida en el plazo de diez años. En ese momento, incluso los usuarios de bajo nivel podrán acceder a diseños multimedia, mientras que los usuarios de alto nivel podrán usar sitios muy avanzados. El futuro de la Web es muy prometedor para los diseños más ricos. La Web actual es tan horriblemente lenta que llevará algunos años conseguir tiempos de respuesta aceptables. Sólo después de 2003 el diseño web puede cambiar de orientación y dirigirse a un ancho de banda superior.

Símiles para la Web

La mayoría de expertos en Internet utilizan la televisión como el símil dominante a la hora de hablar sobre la Red. Palabras como "canales", "*shows*", etc., prometen destacar mucho en numerosos análisis; a ideas como tecnología de empuje y *flash* multimedia de crecimiento permanente se les está dando credibilidad, a pesar de ser perdedores en términos de usabilidad. La televisión se usa como comparación por dos motivos. Es el medio más potente del pasado y, sobre todo, son los publicistas los que saben cómo tratarla.

Bueno, la mayoría de los expertos en Internet están equivocados.

La Web no es como la televisión. La Web es un medio dirigido por el usuario que utiliza un ancho de banda muy bajo con mucha flexibilidad, mientras que la televisión es un medio de masas que utiliza mucho ancho de banda con poca flexibilidad. Debido a la falta de flexibilidad y personalización, la televisión tiene que apoyarse en los valores de producción para capturar una audiencia. La Web no será capaz de imitar (ni siquiera remotamente) estos valores de producción durante muchos años; la única esperanza es la de jugar con los puntos fuertes de la Web, que es el motivo por el que es distinta de la televisión. La Web se puede usar para integrar Internet y la televisión para dar valor añadido a los espectadores de televisión, pero este tipo de sistemas no demuestra el verdadero potencial de la Web.

El teléfono

Creo que el teléfono es una comparación con la Web mucho más acertada. Esto no quiere decir que la Web vaya a ser como el teléfono, y vamos a esperar que no sea así, porque la telefonía posee características de usabilidad horribles. Además, no hay símil que pueda explicar todos los aspectos de un fenómeno tan potente como la Web.

La telefonía es fundamentalmente un medio de difusión reducida: una comunicación de uno a uno por un canal de

---

Medios distintos: puntos fuertes distintos

La experiencia con los medios tradicionales ha demostrado que incluso los medios que se parecen pueden tener propiedades diferentes en las que destacan. Consideremos la televisión, el cine y el teatro. Los tres muestran actores disfrazados que leen guiones en escenarios. Todos ellos difieren mucho de los tebeos, las novelas, los tablones de anuncios o de una lista del primer millón de dígitos de *pi*. Aun así, el planteamiento de los tres medios es diferente:

■ La televisión versa sobre personajes. La televisión aparece en una pantalla pequeña que presenta caras mejor que paisajes. Dado que los espectadores están sentados en sus salones con muchas distracciones, los programas tienden a tener una duración de una hora, lo que significa que no pueden desarrollar argumentos complejos. Las series de televisión son normales, ya que la audiencia prefiere la comodidad de sintonizarlas cada semana a la misma hora, y pueden hacerlo con facilidad puesto que el aparato está en sus casas. Ver los mismos personajes semana tras semana nos lleva a un desarrollo amplio de los personajes durante una temporada.

■ Las películas versan sobre historias. Los espectadores tienen que tomarse la molestia de ir al cine, por lo que desean que la "función" dure más de media hora, aunque la mayoría de las películas duran menos de dos horas debido a la biología humana. Dado que los espectadores están en una sala oscura durante toda la película, el guión puede desarrollarse mucho más que en la televisión.

Por otro lado, debido al gasto y a la molestia de tener que ir al cine, la gente no suele hacerlo con regularidad, lo que significa que las series con continuación son muy poco comunes (excepto en el caso de alguna película muy conocida). Debido a la falta de series, los personajes se desarrollan menos y la película se fija mucho más sobre un argumento firme.

■ El teatro versa sobre ideas. La audiencia está muy lejos del escenario y no puede ver a los actores tan bien como en una película. El escenario tampoco puede mostrar conjuntos o paisajes tan elaborados. Estas diferencias llevan al predominio del diálogo sobre lo visual. Además, el coste añadido de los actores en vivo en cada sesión hace que las entradas sean bastante más caras que en el cine y atrae a una audiencia más intelectual. Al mismo tiempo, el coste de inicio de la representación es menor que el coste de producción de una película, lo que significa que el teatro está más adaptado a las expresiones experimentales.

Además, evidentemente, la televisión tiene muchas noticias y un componente de realidad que no está presente en las películas y en el teatro, debido a la capacidad que tiene la televisión de ofrecer contenido en tiempo real.

En vista de las numerosas diferencias entre la Web y la televisión, las películas y el teatro, sólo puedo concluir diciendo que no imitará mucho la herencia a ninguno de estos medios.

poca fidelidad. El hecho de que los teléfonos sean tan populares a pesar de la pobre calidad de audio, evidencia que el contenido es el rey, incluso aquí. Lo que importa es a quién se habla y lo que se dice, y no que suene exactamente igual que si se estuviera en la misma habitación. Además, los vídeoteléfonos han resultado ser un desastre, en parte porque no es necesario que la fidelidad sea mayor (puede hacer una llamada de negocios importante a un cliente mientras se está duchando). La Web seguirá estando maldita por el bajo ancho de banda en el futuro, por lo que sería mejor que aceptáramos este hecho y los sitios funcionaran por su contenido y no por sus valores de producción.

Ser un medio de uno a uno es una característica de la Web y un motivo de que el modelo de publicidad tradicional falle en la Web. El marketing masivo es inapropiado cuando se puede usar un marketing de relaciones personalizadas con valor añadido. En vez de poner anuncios por todos lados, las empresas deberían construir valor de cliente en sus propios sitios web y facilitar y hacer más atractivo para la gente hacer negocios en los sitios. El marketing directo es un modelo mucho mejor que los anuncios de televisión: lo que importa no es cuánta gente vea su sitio, sino cuántos reaccionan ante él (para ponerse en contacto con usted, para comprarle o para lo que desee de ellos).

Desgraciadamente, la comparación con el teléfono también nos conduce a los teleoperadores de marketing que llaman invariablemente durante la hora de cenar con ofertas irrelevantes. Internet tiene *spam*, y cuanto antes nos lo quitemos de encima, mejor. Podría ser bueno sacar partido de las ideas del mundo de la telefonía (muchos países prohíben la mayor parte de las llamadas no solicitadas), pero también podría ser posible que Internet tuviera soluciones pioneras (como los símbolos de filtrado y "tiene que pagarme por pasar"), que podrían ser traídos de nuevo para ayudar en el mundo de la telefonía.

Otra propiedad fundamental de los teléfonos es que las llamadas las inicia el usuario exactamente cuando quiere. Obviamente, esto sólo es aplicable al que realiza la llamada, mientras que el que la recibe es molestado porque es un medio "intrusivo". Consideremos cuál de las dos partes es mejor, y veremos por qué esto es así. En la Web, la segunda parte de la conversación es una computadora, por lo que tener *hits* en momentos que no convengan no debe importarnos (si presuponemos que se utiliza un servidor lo suficientemente potente).

Algunas personas afirman que el teléfono es un ejemplo perfecto de usabilidad que debe ser imitado por los diseñadores de software. A fin de cuentas, es muy sencillo:

- Se descuelga el auricular.
- Se marca el número.
- Se realiza la conexión.

¡Si fuera así de fácil en la realidad! De los tres pasos, solamente la acción de descolgar el auricular es muy fácil. La activación del dispositivo y la "conexión con" su cuenta los lleva a cabo la acción de descolgar el auricular. No hay "tiempo de inicio" y siempre hay tono de marcado. Las computadoras (y en especial la Web) pueden aprender algo de los requisitos de tiempo del sistema telefónico. Internet debe suministrar a los usuarios un "tono Web" con el mismo nivel de fiabilidad con el que el teléfono proporciona el tono de marcado.

Permítame desmontar el mito de que marcar un número es una interfaz de usuario fácil de usar y un ejemplo a seguir. En primer lugar, estos números son difíciles de recordar. Rápido, ¿cuál es el número de teléfono del dentista? En segundo lugar, los números de teléfono son difíciles de marcar, y no hay perdón si se equivoca al marcar: tendrá que colgar y empezar de nuevo. Para realizar una llamada telefónica de larga distancia desde una oficina de los EE UU es necesario que el usuario marque doce dígitos, lo cual es bastante complicado. Las llamadas internacionales son incluso más pesadas.

Los verdaderos problemas de usabilidad del teléfono aparecen cuando hacemos un análisis de tareas. ¿Qué es lo que desea llevar a cabo el usuario? En la mayoría de los casos, se desea hablar con una determinada persona. Para hacerlo, deberá comprobar que esa persona está en la guía de teléfonos (o en otra guía) y marcar el número. ¿Quién desea hablar con un número?

Sería mejor poder buscar en una base de datos y hacer clic en el nombre o en la fotografía de la persona para conectarse, algo que la interfaz de la computadora hace muy bien. Además, la mayoría de la gente tiene muchos números de teléfono: el de la oficina, el de casa, el del móvil, el del fax, el de la secretaria, etc. A veces, varios de estos números tienen su propio sistema de correo de voz adjunto (y cada uno de ellos tiene su propia serie de opciones y comandos). Decidir a qué número llamar no debe ser una cuestión de adivinar dónde está la persona, ni debe ser forzado a probar con todos los números alternativos hasta que uno funcione. Un sistema de comunicaciones computerizado sabría dónde está la persona y qué dispositivo es actualmente la mejor forma de comunicarse con ella.

Un dispositivo de comunicaciones integrado puede primero probar con una llamada de voz, pero si la persona no está disponible, el recurso tiene que estar en el correo electrónico de esa persona. De manera análoga, cuando se usa el correo de voz, no hay que verse obligado a acceder a él escuchando un largo recital de mensajes grabados; desplazarse por una lista visual de mensajes sería más eficiente.

Otra de las ventajas de un sistema de comunicaciones integrado es la oportunidad del destinatario de especificar cuándo va a recibir llamadas y de quién. Actualmente, todo el que puede localizar su número de teléfono tiene permiso para molestarle (y muchos teleoperadores lo hacen si vergüenza alguna). Es fácil imaginar un sistema de comunicaciones donde dos partes estén representadas por agentes de software que negocian si hay que permitir que la llamada pase o no, dependiendo de la urgencia y del nivel de importancia del que realiza la llamada. Por ejemplo, podría dar señales encriptadas a su familia y a sus amigos más íntimos para que sus llamadas pasaran siempre, mientras que otras personas podrían ser autorizadas en un determinado momento o si le pagaran una pequeña cantidad de dinero (pongamos 10 dólares). El mismo sistema podría encaminar llamadas de voz, correos electrónicos y faxes, aunque podría estar dispuesto a aceptar correo no solicitado por poco dinero (pongamos un dólar), porque es menos intrusivo que una llamada telefónica.

Por regla general, el teléfono es interactivo, como la Web. No es una cuestión de dar a la gente un fragmento de contenido empaquetado y enorme (como un *show* de TV). En su lugar, una llamada telefónica es un intercambio de ida y vuelta entre dos partes, donde cada parte depende de la información recibida de la otra.

Una última diferencia es que todo el mundo es un anunciante en el teléfono. En la televisión, obviamente, sólo unos pocos seleccionados salen. Aunque la mayor parte del interés se centra en los sitios web más grandes, creo que la Web derivará más valor del efecto combinado de millones de sitios pequeños especializados (aunque cada uno tenga ingresos más pequeños, evidentemente, que un sitio grande).

Cuando piense en su sitio web o en las nuevas tecnologías web, le animo a que piense en términos de telefonía. Las comparaciones no se pueden llevar muy lejos, pero son útiles a la hora de encontrar puntos de vista y analogías que nos pueden llevar mucho más allá que las características superficiales inmediatas de nuestro trabajo.

Señales de contacto

Creo que los sistemas de correo electrónico necesitarán señales de contacto en unos cuantos años. Una señal de contacto es un módulo de datos encriptado que se puede dar a otros usuarios para que tengan prioridad para ponerse en contacto con usted. Estas señales pueden ser válidas para un solo contacto, o pueden retener su poder hasta que las revoque explícitamente. Cuando la gente empieza a recibir miles de mensajes de correo electrónico cada día, a los mensajes que no incluyan una señal de contacto se les dará una prioridad baja y podrán ser descartados sin ser leídos.

Los usuarios pueden dar estas señales de forma manual. Por ejemplo, puede incluir una señal de contacto de un solo uso con su correo saliente para permitir que la respuesta pase la prioridad que considere idónea, y puede darle a su mujer señales de contacto de uso ilimitado y de prioridad alta para que las use en caso de emergencia, así como un número ilimitado de señales de prioridad media para que las use en los mensajes diarios.

También sería posible que los remitentes adquirieran señales de contacto por sí mismos. El mecanismo más probable es que los usuarios vendan estas señales: un ejecutivo muy ocupado podría cobrar 100 dólares por una señal para que pasara un mensaje, pero la mayoría de la gente probablemente cobraría una cantidad mucho menor (por ejemplo, un dólar).

Por último, un remitente determinado podría obtener los derechos de una señal de contacto llevando a cabo ciertas tareas: por ejemplo, mi agente puede donar un contacto de prioridad baja a todo el que lea al menos veinte páginas de mi sitio web y luego saque un tanteo mínimo de siete en una prueba de diez preguntas acerca de mi filosofía del diseño web.

La televisión

La tabla siguiente compara la televisión y las computadoras tradicionales junto a una serie de parámetros.

Queda claro que el acceso web desde los equipos de televisión tiene un estilo distinto que el acceso web desde una pantalla de computadora. Esta diferencia es correcta y sólo sirve para reforzar la Web. Como analogía, no hiere al soporte impreso el hecho de que los periódicos y los libros sean diferentes.

La Web en las computadoras es un medio muy rico en información que se basa en un alto nivel de iniciativa y compromiso del usuario: los usuarios crean sus propias experiencias a través de un flujo continuo de clics de hipertexto. Claramente, la WebTV no soporta este tipo de experiencias para el usuario.

La Web en la televisión debe estar más orientada al usuario e individualizada que el medio televisivo, más pasivo y masivo, pero tiene que moverse en direcciones más adaptadas al dispositivo. Esto no quiere decir que los usuarios de WebTV no se puedan beneficiar del acceso a ciertas partes de la Web tradicional. Al fin y al cabo, se han estrenado películas muy

	Televisión	Computadoras
Resolución de la pantalla (cantidad de información desplegada)	Relativamente deficiente	Va desde pantallas con un tamaño medio hasta pantallas potencialmente muy grandes
Dispositivos de entrada	Control remoto y teclado inalámbrico opcionales que son mejores para pequeñas cantidades de entradas y acciones del usuario	El ratón y el teclado están sobre la mesa en posiciones fijas que llevan a un rápido repliegue de las manos
Distancia de visión	Varios metros	Unos cuantos centímetros
Postura del usuario	Relajada, reclinada	Derecho
Habitación	Salón, dormitorio (el ambiente y la tradición invitan a la relajación)	Oficina en casa (documentos, impuestos, etc.; el ambiente implica trabajo)
Oportunidades de integración con otras cosas en el mismo dispositivo	Distintos programas de emisión	Aplicaciones de productividad, datos personales del usuario, datos de trabajo del usuario
Número de usuarios	Social: mucha gente puede ver la pantalla (a menudo, varias personas están en la misma sala donde está la televisión)	Solitario: poca gente puede ver la pantalla (el usuario suele estar solo)
Compromiso del usuario	Pasivo: el espectador recibe lo que los ejecutivos de la red deciden emitir	Activo: el usuario emite comandos y la computadora obedece

taquilleras basadas en las obras de Shakespeare, y las redes de televisión suelen retransmitir películas de este tipo. Pero como decíamos antes, las direcciones principales son distintas.

La dirección más evidente de la Web en la televisión es la integración con la televisión convencional. Los listados de programas de televisión en línea constituyen un ejemplo del contenido que parecería óptimo para los usuarios de WebTV. También sería bastante útil que hubiera hipervínculos con información detallada acerca de cada programa (qué actor interpreta qué papel y cuáles son las estadísticas de este jugador de baloncesto) con el acento puesto en que el sistema debe saber el programa que el usuario estaba viendo y tener vínculos apropiados para ese programa específico, de forma que la experiencia básica del usuario fuera canalizada a través de la televisión y no con la navegación flexible.

Cuando haya más ancho de banda, también será posible usar una Web basada en la televisión que ensamble programas de noticias más eficientes y optimizados para cada espectador. Por ejemplo, el programa podría empezar por que la persona leyera la lista de los titulares del día. Cada familia podrá indicar las noticias que quisiera leer, bien con una persona que hiciera un clic en un botón o permitiendo que cada miembro de la familia tuviera el suyo propio. Esta última solución es más intuitiva. El diseño actual de la WebTV con un único mando a distancia es la panacea de los abogados especializados en divorcios.

Observe cómo el ejemplo de seleccionar noticias en un telediario personalizado se apoya en una interfaz de usuario bastante pasiva: hacer clic en un botón mientras se lee una serie de opciones. En general, creo que el nivel de iniciativa y actividad que se requieran del usuario marcará la diferencia entre la Web basada en la televisión y la Web basada en la computadora. No creo que el uso del vídeo vaya a ser una diferencia tan importante, puesto que espero que la Web basada en computadoras incluya más efectos multimedia, a medida que vaya habiendo más ancho de banda y computadoras más potentes (permitiendo una compresión mejor, así como una caché de al menos un terabyte en el disco duro local).

Reestructurar el espacio de los medios: adiós, periódicos

De cinco a diez años, la mayor parte de los medios actuales se extinguirá y será sustituido por un medio web integrado.

Los medios heredados no podrán sobrevivir, ya que el panorama actual de medios es un artefacto de la tecnología de hardware subyacente. Siempre que la experiencia del usuario venga dictada por las limitaciones de hardware, seguro que vendrá algo mejor cuando se resuelvan estas limitaciones.

¿Por qué están los medios tradicionales separados? ¿Por qué hay que elegir entre (1), ver imágenes en movimiento de un evento en televisión (2), leer la noticia completa en el periódico o (3), leer un análisis reflexivo de los temas subyacentes en una revista?

¿Por qué no tener los tres reunidos en un solo medio? ¿Y por qué no vincular la cobertura de una noticia con información de archivo de una enciclopedia, un atlas, biografías de las personas involucradas, novelas históricas que revivan el pasado de los países, y muchos otros libros?

La respuesta es evidente. No es posible pasar un clip de película en soporte impreso, no se puede emitir un artículo largo en la televisión, la prensa diaria no espera durante semanas por una noticia y sería muy caro enviar a suscriptores de revistas una pequeña biblioteca de libros suponiendo que quisieran una información más detallada.

En otra palabras, el hardware actual impide la verdadera integración de los medios. Aun así, ha habido intentos. Los diarios suelen incluir una revista dominical, y los mejores asignan informadores para que trabajen largos periodos de tiempo en escribir largos artículos que van mucho más allá de las noticias de ayer.

Internet posee sus propias limitaciones de hardware que restringen los servicios mediáticos integrados:

- Un ancho de banda limitado hace que el vídeo sea imposible y reduce la cantidad de gráficos, animación y otros formatos de no texto que se pueden usar. Además, los tiempos de respuesta lentos reducen la profundidad y riqueza de los servicios, puesto que los usuarios no siguen los vínculos de hipertexto libremente, a menos que obtengan tiempos de respuesta inferiores a un segundo.

- Los monitores de computadoras con baja resolución hacen que los usuarios lean el 25% más lentamente desde las pantallas que desde la impresión, lo que nos lleva a la necesidad de que haya menos palabras en las páginas.
- Los navegadores web y los motores de búsqueda mal diseñados reducen la capacidad de los usuarios de navegar por la Web y de localizar la información y servicios necesarios (este último tema es de software, y no de hardware, pero desde el punto de vista del proveedor de contenido, lo único que importa es que la infraestructura sigue siendo insuficiente para construir servicios avanzados en Internet).

Estos problemas desaparecerán en los próximos cinco a diez años. Los usuarios tienen un 50% de ancho de banda más en Internet cada año. En cinco años, los usuarios de alto nivel tendrán los tiempos de respuesta inferiores a un segundo que piden para navegar libremente por la Web. En diez años, todos los usuarios tendrán un buen ancho de banda. Además, en diez años, será posible canalizar vídeo de buena calidad en Internet.

Los monitores de alta resolución con gráficos de 300 dpi existen, y tienen la misma calidad que el papel. Los monitores probablemente no bajen sus precios a la velocidad de la Ley de Moore, pero me atrevo a decir que los usuarios de alto nivel tendrán pantallas buenas en cinco años (quizá de 200 dpi) y que todos los usuarios tendrán buenas pantallas en diez años.

Distinciones entre los medios creados por la tecnología

Los periódicos se publican una vez al día en papel de baja calidad y se distribuyen rápidamente con las noticias del día anterior. Tienen sus propias redes de distribución para llegar a los compradores o suscriptores unas cuantas horas antes de su venta.

Las revistas se publican semanal o mensualmente en papel de alta calidad y ofrecen artículos escritos que integran noticias u opiniones con mayor alcance temporal. Suelen apoyarse en la red postal y llegan a los suscriptores unos pocos días antes de su venta.

Los libros constituyen un medio de archivado y poseen ciclos de publicación que pueden extenderse a lo largo de los años y a veces se vuelven a publicar en nuevas ediciones. Utilizan una red de distribución formada por vendedores de libros para llegar a los compradores unos cuantos meses después de que el autor termine de escribirlo.

Las cadenas de televisión poseen su propia red de emisión y llegan a los espectadores en tiempo real. A diferencia con los otros medios comentados aquí, la televisión se basa en imágenes y sonido en movimiento.

Existen diferencias genuinas en el tipo de información contenida en cada medio, y los usuarios necesitan todos estos tipos de información. Mi única queja es con el empaquetado: los distintos tipos de información se mantienen separados debido a las tecnologías de fabricación y de distribución, aunque la integración proporcionará con más frecuencia una experiencia de usuario más óptima.

Esto significa que sobre el año 2008, todos los usuarios de computadora preferirán utilizar la Web que leer páginas impresas. Los usuarios de alto nivel puede que hagan este cambio en el 2003. Cuando Internet sea tan agradable de usar como los medios convencionales, ganará si proporciona servicios que puedan sacar partido de la interacción y de la integración que ofrecen los nuevos medios.

Distribuir vídeo de alta calidad en Internet no significa que las redes de televisión se conecten. No hay motivo para que *Star Trek* y las noticias de la tarde estén en el mismo canal o en la misma empresa. La única razón de que se haga esto ahora es que ambos programas tienen que compartir la misma frecuencia de emisión. Sería mucho mejor integrar clips de vídeo de noticias con cobertura de texto de las mismas noticias y vincularlo todo con un análisis de fondo y con recursos educativos.

Aunque preveo la extinción de los formatos mediáticos heredados, creo que la mayoría de la gente que trabaja en estos medios tiene un futuro boyante.

La mayoría de los clips de vídeo de estos servicios integrados son muy breves, puesto que los usuarios desean tener el control de la interacción y establecer el ritmo del consumo de la información. Las enciclopedias en CD-ROM actuales constituyen un buen ejemplo. Aunque tienen más ancho de banda que la Web, los CD-ROM suelen limitar sus clips de vídeo a treinta segundos. Si transcurre más tiempo, los usuarios se aburrirán y querrán volver a la interacción. Además, los vídeos tienen que vincularse con el resto del servicio e integrarse con texto, bases de datos de imagen, animaciones de computadora bajo control del usuario y mucho más. "Multimedia" significa muchos tipos de datos y no simplemente una televisión lineal en una pantalla de computadora.

Aparte de los clips de vídeo breves e integrados, también habrá otros vídeos en Internet. Las películas y las producciones de una hora seguirán siendo idóneas para la ficción, porque la narrativa suele funcionar mejor en un formato lineal donde el usuario abandone la responsabilidad y sencillamente absorba el argumento como lo ideó el autor. Estas producciones lineales se distribuirán en Internet. ¿Por qué debe un programa empezar a las 9:00 si está preparado para verlo a las 8:50? El vídeo a la carta requerirá interfaces de usuario mejores que las que se conocen actualmente (la gente no sufrirá con la lectura de un manual para ver un programa deportivo), pero nos quedan cinco años para inventar estos diseños antes de que Internet sea lo suficientemente rápido como para sustituir a los canales de televisión.

Usabilidad. Diseño de sitios Web

Aunque el vídeo integrado tenga que esperar un ancho de banda mayor, hoy por hoy es posible integrar formatos de publicación de sólo texto (o texto más fotografías). Los servicios pueden integrar en su espectro desde las noticias inmediatas al análisis de fondo o, incluso, hasta la información de archivo. La integración en el *Wall Street Journal* de la información sobre libros de empresa con la capacidad de recuperar artículos pasados sobre la misma empresa acaba siendo un servicio en línea más valioso que cualquiera de las dos opciones, y muchos más valioso que las noticias de un solo día.

Aunque preveo la extinción de los formatos mediáticos heredados, creo que la mayoría de la gente que trabaja en estos medios tiene un futuro boyante. Seguirán necesitándose escritores, editores, fotógrafos, cámaras, productores de vídeo, actores y muchos otros. De hecho, la demanda de especialistas con talento en los medios podría aumentar si el contenido interactivo empieza a jugar un papel más importante en las vidas de la gente. Creo que esto puede ocurrir, ya que los medios interactivos son más atractivos que los medios pasivos.

Los trabajadores actuales de los medios tendrán que adaptar sus conocimientos a la era de la interactividad. Por ejemplo, la gente lee en línea de manera distinta, por lo que los escritores tendrán que cambiar sus estilos. De forma similar, un fotógrafo deberá aprender a filmar de forma que permita a los usuarios interactuar (por ejemplo, hacer clic en objetos para ver una explicación).

Soy menos optimista acerca del futuro de las actuales empresas de medios que el de sus empleados. En principio, estas empresas podrían adaptar sus plantillas, conocimientos, recursos financieros y relaciones con la audiencia a la era de la interactividad. En la práctica, muchas de ellas están sujetas al formato de los medios tradicionales y no están lo suficientemente dispuestas a considerar que son expandibles. ¿Cuántos editores de periódicos están dispuestos a tratar su producto como algo que no va a sobrevivir más de diez años? ¿Cuántos destinan fondos a sus sitios web para convertirse en un servicio en línea por derecho propio y no sólo en una serie de noticias y artículos reimpresos?

Conclusión

La Web actual sólo araña la superficie de lo que será posible hacer cuando todo el mundo esté conectado a una única red. Los navegadores web actuales son una abominación y no han mejorado mucho desde 1993. Puedo predecir con toda seguridad que el futuro de la Web será muy distinto a la realidad actual.

Cuando la Web pase de diez millones de sitios a doscientos millones y de doscientos millones de usuarios a mil millones, el resultado no será el mismo.

Los cambios exactos son muy difíciles de predecir. Es una certeza virtual que el futuro será distinto de las predicciones que he aventurado en este capítulo. La única predicción indiscutible es que la única constante es el cambio.

Espero que la Web sea mucho más fácil de usar en el futuro. De hecho, aumentar la usabilidad no sólo es algo deseable, sino algo necesario, ya que la única forma de que los próximos ochocientos millones de personas se conecten es haciendo que la Web sea más fácil, tanto en términos de la tecnología en general como en términos del diseño de los sitios individuales.

Usabilidad. Diseño de sitios Web

9 Conclusión: simplicidad en el diseño web

¿Cuáles son las tres razones principales por las que los usuarios acuden a su sitio?

Cuando pregunto a los ejecutivos web por qué los usuarios acuden a sus sitios, a menudo no conocen la respuesta. Pero incluso cuando la conocen, a veces renuncian a diseñar el sitio para atender los objetivos principales de los usuarios. Por ejemplo, muchos así llamados portales han sido rediseñados para hacer que el campo de búsqueda fuera pequeño, aunque un gran número de usuarios lleguen al sitio para llevar a cabo búsquedas.

Los sitios web deben procurar que las cosas principales que los usuarios quieran hacer sean muy sencillas. Otras acciones y opciones avanzadas son posibles, pero las cosas sencillas deben ser fáciles de hacer. Pregúntese a sí mismo, ¿tengo mucha complejidad en mi vida o poca? Si piensa que tiene poca, saboreará el reto de un sitio web con una interfaz misteriosa que le haga trabajar duro para obtener resultados. Pero la mayoría de usuarios busca la simplicidad.

La gente en la Web se dirige a los objetivos. Tienen que hacer algo específico y no toleran que haya nada entre ellos y sus objetivos. Así, el principio rector del diseño web debe ser apartarse del camino y hacer que los usuarios consigan sus objetivos lo más rápidamente posible.

Sitios web ejecutados desde casa

Algunos analistas adoran hablar sobre visitantes únicos, pero esto es falso. Es muy fácil tener muchos visitantes únicos si se lleva a cabo una gran promoción, pero no favorece en absoluto al sitio si estos visitantes echan una ojeada a la página de inicio y se vuelven disgustados, para no volver nunca más. El único criterio real de éxito de un sitio web consiste en repetir el tráfico de los usuarios leales.

Existen cuatro razones principales para que los usuarios vuelvan a algunos sitios web y a otros no. Estos cuatro criterios constituyen la base de un buen diseño web, ya que son las cuatro cosas que más persiguen los usuarios.

- Contenido de gran calidad.

- Actualizado a menudo.

- Mínimo tiempo de descarga.

- Facilidad de uso.

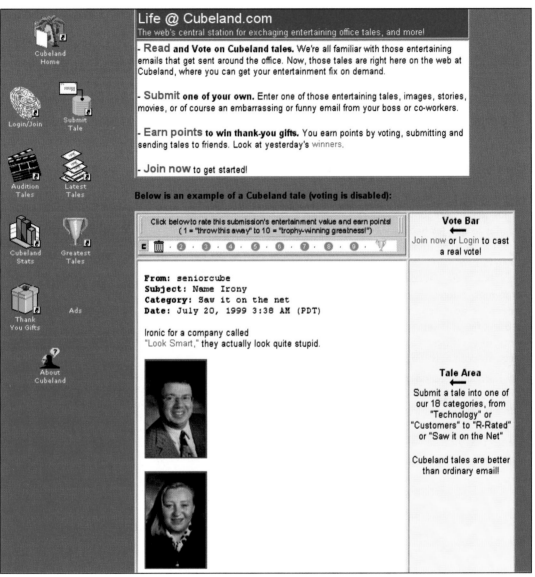

Interesante intento de transferir el estilo de la interfaz de Windows 98 a una página de inicio. Aunque abogo por una integración más estrecha entre la computación en escritorio y la computación en Internet, creo que es erróneo hacer que los sitios web emulen a Windows, que es una interfaz muy complicada. Por lo menos, Windows posee la ventaja de que sólo hay uno (si no considera las diferencias que hay entre las versiones NT y de consumo), por lo que sólo tendrá que estudiar una serie de convenciones sobre iconos e interfaces. Pero esta ventaja no se traduce en la Web, donde cada sitio posee distintas opciones y donde la interfaz no se comporta como el software para computación en escritorio. Vamos a perseguir la simplicidad, en lugar de rediseñar una interfaz compleja.

Si puede proporcionar estos cuatro elementos, los usuarios estarán contentos y tendrá un buen sitio. Tres de las cuatro razones se explican por sí solas, especialmente cuando haya leído este libro. Pero la gente suele preguntarme lo que significa "actualizado a menudo". No hay respuesta sencilla, ya que la frecuencia de actualización requerida depende del tema y de los objetivos del sitio.

Los sitios que se especializan en noticias o sucesos de actualidad necesitan actualizaciones en tiempo real y deben tener un contenido nuevo varias veces al día. Una frecuencia mínima de actualización sería temprano por la mañana y antes del final de la jornada laboral (ambos calculados en el área de destino principal del sitio: si es un verdadero sitio mundial, las actualizaciones tendrán que sucederse 24 horas al día para corresponderse con las mañanas y tardes de los principales centros de población).

Los sitios menos orientados a sucesos de actualidad necesitan actualizaciones diarias o semanales. Las actualizaciones mensuales son posibles en campos de movimiento muy lento o donde no se espera que los usuarios tengan un alto nivel de compromiso con el sitio.

Ofreciendo a los usuarios las cuatro cualidades anteriormente citadas se asegura la popularidad del sitio. Pero no basta dar a los usuarios lo que quieren. Hay que ir más allá de los cuatro presupuestos fundamentales para que el sitio destaque. Deberá añadir estos tres extras:

- Que sea relevante para las necesidades de los usuarios.
- Que sea único para el medio en línea.
- Que tenga una cultura corporativa centrada en redes.

La primera de estas premisas implica que no es suficiente con proporcionar un contenido de gran calidad. El contenido también debe ser relevante para los usuarios y para las cosas específicas que quieran hacer.

Además, el sitio debe proporcionar este contenido relevante de gran calidad de una forma que sea única para las características especiales del medio en línea. Si simplemente imita ideas que funcionan bien en el mundo real, siempre tendrá un sitio web sano.

Por último (y esto es lo más difícil), esta última visión del diseño web requiere que toda la empresa apoye al sitio web para ofrecer una experiencia en el mundo en línea. No hay equipo web, por bueno que sea, que pueda crear un sitio web que verdaderamente funcione si la compañía se proyecta en el mundo físico y no está dispuesta a colocar Internet en el primer lugar de todos los aspectos de prácticamente todos los proyectos.

Muchas empresas que sólo están en Internet tienen la actitud apropiada y organizan sus corporaciones en torno al objetivo de prestar servicios en línea a los clientes. Pero es una transición muy dura para una empresa, en tanto y cuanto la mayoría de sus departamentos estén compuestos por personal que no ve la Web como un imperativo estratégico. Por tanto, la mayoría de los sitios web de las grandes empresas serán muy complejos en los años venideros, ya que seguirán tratando de esconder una realidad que no esté centrada en Internet.

Mejor que la realidad

En lugar de facsímiles necesitados de realidad, diseñe con una base de fuerza y vaya mas allá de la realidad, a cosas que sean imposibles en el mundo real. Es muy doloroso utilizar la Web; por tanto, recompense a los usuarios ofreciéndoles algo nuevo y mejor que no obtuvieron antes.

- No sea lineal. No obligue a los usuarios a vivir con un fluir del tiempo que no puedan controlar.

- Personalice el servicio. Las computadoras pueden hacer cosas distintas para gentes distintas.

- Sea asíncrono. Un vínculo personalizado para comprobar el estado de un pedido permite que un cliente siga con una "conversación" muchas horas después sin dedicar tiempo alguno a restablecer el contexto.

- Favorezca el anonimato. Si la gente no tiene que revelar su identidad, posiblemente estén dispuestos a hacer más cosas.

- Piense liberalmente. Los vínculos son la base de la Web y pueden hacer que cualquier cosa sea una extensión de su propio servicio.

- Soporte la búsqueda y las vistas múltiples. Cada uno tiene sus preferencias y no hay necesidad de verse limitado a una sola forma de hacer las cosas en la Web.

- Sea pequeño y barato. Debido a la eficacia de las computadoras, resulta posible tratar con unidades mucho más pequeñas que antes.

- Sea gratuito. Cuesta muy poco ofrecer muestras gratuitas en la Web, por lo que una editorial podría ofrecer capítulos gratuitos y un consultor que ofreciera consejos gratuitos sobre algunas preguntas muy frecuentes (cobrando por el producto o servicio, evidentemente).

- Ignore la geografía. Dé soporte a los usuarios que accedan a su sitio desde casa, la oficina, el coche, desde sus vacaciones y desde cualquier parte del mundo.

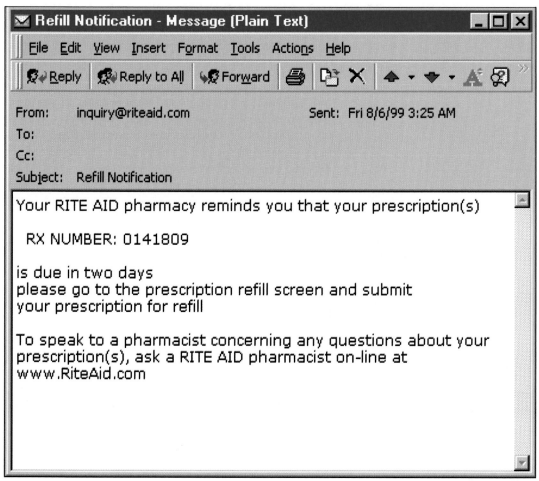

Refill Notification - Message (Plain Text)

File Edit View Insert Format Tools Actions Help

Reply   Reply to All   Forward

From: inquiry@riteaid.com   Sent: Fri 8/6/99 3:25 AM
To:
Cc:
Subject: Refill Notification

Your RITE AID pharmacy reminds you that your prescription(s)

 RX NUMBER: 0141809

is due in two days
please go to the prescription refill screen and submit
your prescription for refill

To speak to a pharmacist concerning any questions about your
prescription(s), ask a RITE AID pharmacist on-line at
www.RiteAid.com

www.riteaid.com

Los usuarios leales que hacen visitas con cierta frecuencia son la clave para el éxito en la Web, y los recordatorios de correo suelen ser una buena forma de animar a la gente a que vuelva. Pero un mensaje de correo electrónico es una interfaz de usuario por derecho propio y tiene que ser diseñada para la usabilidad. Este mensaje hace algo bien (es breve), pero todo lo demás está mal:

1. El campo "from" es de alguien llamado "inquiry", que no es exactamente un nombre que inspire sensaciones dulces (me hace pensar en la Santa Inquisición española). En cualquier caso, se trata de un recordatorio y no algo enviado como resultado de una pregunta del cliente.

2. El campo "to" queda vacío, haciendo que el mensaje tenga un aspecto parecido al *spam* en vez de a un servicio personal.

3. El campo "subject" está orientado internamente y no explica bien de lo que trata el mensaje en relación al contexto de la bandeja de entrada del usuario. Existen muchos tipos de llenados en el mundo, incluyendo el llenado del tanque de gasolina de su vehículo y el cambio de accesorios de su impresora láser.

4. El mensaje habla acerca de la "*refill screen*" sin dar su URL. ¿Por qué castigar a los clientes haciéndoles que trabajen más de lo necesario? Hay un gran riesgo de que se pierdan en el sitio y de que el pedido se pierda.

Para añadir leña al fuego, el número de receta no es información suficiente como para hacer un pedido. El sitio web también requiere un número de código de farmacia del usuario. Evidentemente, la computadora conoce el código, ya que se trata de un recordatorio de pedido, pero creo que hubiera sido demasiado fácil dar al cliente toda la información necesaria en el correo.

COSMOPOLITAN

SEPTEMBER 1999

This week's tips:

beauty, fashion, health, relationships, sex

In Cosmo
This Month

Your bedside astrologer

the Cosmo
Quiz

Beauty Giveaway

Ecstasy
& Agony

Cosmo asks you
including Cosmo Confessions

NEW! SPECIAL EXPANDED WEB VERSION
Cosmo's dating diary

From the editor

NEW! A fearless, fun, female survey telling us about YOU!

www.cosmomag.com

(Imagen superior, página siguiente)   La Web no es un medio impreso. Y una página de inicio no es la portada de una revista. En septiembre de 1999, la revista *Cosmopolitan* utilizó una página de inicio que parecía exactamente igual que una portada de una revista. Esta estrategia no tiene futuro, ya que los criterios para el buen diseño son distintos en los dos medios. Una portada de una revista debe, sobre todo, llamar la atención. Cuando la gente busca una revista en el quiosco, quiere que le entre por los ojos y le diga "Cómpreme". Una gran fotografía de una modelo con ropas atractivas es una buena forma de hacerlo. En la Web, el usuario ya está en el sitio y ya ha elegido comerciar con él. No es necesario que la página de inicio ocupe casi todo el monitor de la pantalla, a un palmo de las narices del usuario. En vez de convencer a la gente a que elija una revista, una página de inicio tiene como objetivo convencerles de hacer algo en el sitio. La página de inicio del número de octubre de 1999 es mejor (al menos parece una interfaz y no la portada de una revista). Los pequeños resúmenes que hay bajo el titular ayudan mucho a los usuarios a elegir dónde hacer clic.

Tomalak's Realm
Daily links to strategic Web design news

Tuesday September 21, 1999
updated at 10:21:24 AM PT

PC Magazine: Content or Connection? I'm convinced that when we buy Net access, we aren't looking at content (the Web itself is literally a world of content, far wider, deeper, and more interesting than anything any ISP can layer atop our Net connection), but rather for fast, reliable, transparent connections to the Net.

- Salon: From January 20, 1999; A corporate game of Internet Monopoly. Scott Rosenberg.

NY Times: A Web-Researched Ford in Microsoft's Future. [Jacques Nasser, Ford Motor Company's president and chief executive] By making information on product availability easily accessible to customers, he went on, the service will put them in charge of the transaction, and will ultimately increase customer satisfaction.

Boston Globe: Database compilers fight for copyright protection. Until lately, this had not seemed unfair: Databases, after all, are generally gatherings of information created by someone else. But the rise of the Internet has prompted heated debate over whether those laws should change.

- Cal Law: From; June 4, 1999; Congress Does a Database Dance

Salon: Domain name dunces. Scott Rosenberg. It's hard not to conclude that the folks who run Network Solutions are utterly ignorant of the most basic social and technical realities of the network they play such a central role in managing.

Search the Today's Links Archives

[Search]

Past five days of Today's Links

Tomalak's Realm Store

Conferences and Events

Stories

Today's Links Newsletter

Support the site

NEW URL:
www.tomalak.org

Recent Stories
Saturn's Sixty-Four Word Web Strategy (August 23)

Thousands of new bestseller lists for Amazon (August 20)

www.tomalak.org

(Página anterior) Tomalak's Realm es un tipo de publicación único en la Web. Sólo hay vínculos. Todos los días, el editor recorre la Web buscando artículos y comentarios interesantes sobre un área de interés. El tema es un diseño web estratégico, pero lo mismo funcionará en cualquier dominio de interés especial que se abordara en una serie de publicaciones y de sitios.

El usuario obtiene tres ventajas de Tomalak's Realm. En primer lugar, ofrece una sola página a la que ir todos los días para ver una panorámica de todos los artículos importantes relacionados con el tema. En segundo lugar, todos los artículos se presentan en un formato coherente, liberando al usuario de ser molestado con los formatos de navegación oscuros de las distintas publicaciones. En concreto, Tomalak's Realm resume cada artículo en unas cuantas líneas, lo que suele bastar para determinar dónde ir y leer el artículo completo. A diferencia de ello, muchos otros sitios web no dan pistas cuando se trata de microcontenido y de la capacidad de escribir páginas de inicio de una forma que dé a los usuarios un anticipo razonable de los artículos. Por último, Tomalak's Realm yuxtapone los vínculos a artículos de múltiples sitios, incluyendo vínculos frecuentes con el original o adelantos acerca de temas que tienen su continuación en otros sitios. Esta capacidad de basar una publicación en vínculos y de proporcionar comentarios adicionales es una verdadera forma mediática exclusivamente orientada a la Web.

¿Los mejores o los peores momentos?

La clásica cita de Charles Dickens "Fue el mejor momento, fue el peor momento", parece apropiada para describir el presente.

De muchas maneras, es el mejor momento, ya que estamos inventando una nueva economía y una nueva forma de tratar con un gran segmento tanto de negocios como de vida cotidiana. Desde 1993 (cuando empezó a despegar la Web) hasta 2008, tendrá lugar una serie de cambios sin precedentes, y las empresas tendrán que estar completamente orientadas al cliente para sobrevivir. En este momento estamos a mitad de camino de esta revolución, pero dado que sigue una curva de crecimiento exponencial, probablemente sólo hayamos visto un uno o dos por ciento del cambio final.

Somos los que estamos construyendo la nueva economía: podemos hacer lo que queramos. Lo que ahora hagamos será utilizado por miles de millones de personas en unos pocos años. Si no es el mejor de los momentos, no sé que puede ser.

La usabilidad solía ser una odisea poco tolerada en el sector de la computación. Las empresas de computación siempre han renunciado a hacer de la usabilidad el criterio rector en el desarrollo de productos. En vez de ello, las opciones y el rendimiento siempre fueron los objetivos, y los profesionales de la usabilidad estaban al final de la cola, tan sólo por encima de los escritores técnicos.

La usabilidad ha crecido mucho en importancia para las empresas basadas en la Web, debido a una inversión en la relación entre la experiencia del usuario y la capacidad de separar a los clientes de su dinero. En el pasado, que estaba poblado de empresas de computación, los clientes pagaban primero un producto y luego lo llevaban a casa para comprobar que era muy difícil de usar. Para cuando se descubría que era necesario un libro de cinco centímetros de grosor para saber cómo dar formato a los encabezados de los capítulos, su dinero ya había sido depositado en el Banco de Redmond.

El sector de la computación ha estado prestando un flaco servicio a la usabilidad durante los diez últimos años. Para ser justo con los muchos profesionales de la usabilidad de las empresas de computación y de software tradicionales, es muy difícil colocar a la usabilidad en diseños que son consecuencia de la época de DOS, cuando el miedo y la aversión formaban parte de la arquitectura básica del sistema. Pero, al final, la usabilidad era una consideración secundaria en el sector de la computación, ya que los clientes no se veían delante de las consecuencias hasta después de que habían pagado el producto.

La situación es la inversa en la Web. Los usuarios experimentan la usabilidad de un sitio desde el momento en que se deciden a hacer negocios con una empresa. Los usuarios tienen que navegar por un sitio y encontrar los productos antes de llegar a la fase de tener que tomar la decisión de gastar dinero. La usabilidad es lo primero, aunque un sitio no esté tratando de vender nada. Los usuarios leales constituyen el único valor de Internet, y los usuarios no vuelven a los sitios que sean muy difíciles de usar. Sólo si la gente obtiene una experiencia de usuario positiva en su primera visita, volverá y empezará a generar ingresos para el sitio.

Por tanto, las tornas han cambiado, y la usabilidad se ha convertido en una competencia necesaria para la supervivencia en la economía de red. Sólo los sitios estables obtienen tráfico. Si los clientes no pueden encontrar un producto en un sitio de comercio electrónico, no lo comprarán. La mayoría de empresas nuevas de Internet de Silicon Valley reconocen que sus nuevas tecnologías no tendrán ningún futuro si no son extremadamente fáciles de utilizar. Parece que es el mejor de los momentos para los profesionales de la usabilidad que están rompiendo las cadenas del sector de la computación y trasladándose al sector de Internet en un número récord.

Pero, en cierta forma, también estamos viviendo el peor de los momentos. El presente es un período único de la historia de la humanidad, en el sentido que es la primera vez que la humanidad ha perdido el dominio de sus herramientas.

Desde siempre, la gente ha dominado a sus herramientas. El primitivo de la Edad de Piedra conocía las propiedades de la piedra y cómo tallarla para construir hachas afiladas. Los campesinos de la Edad Media sabían cómo construir un arado y cómo usarlo para arar sus campos. Y seguro que sabían cómo dominar a sus bueyes. En la historia reciente, la gente solía saber de automóviles: aunque no fueran mecánicos, los conductores de los años cincuenta sabían mucho de lo que había debajo del capó, conocían el significado de los distintos sonidos que podía emitir un automóvil y sabían cómo arreglarlo si se estropeaba.

Hoy en día, el usuario medio de computadora vive bajo el reino del terror, donde está sujeto a la pérdida de datos al

Cada usuario vota con cada clic de su ratón. Y la mayoría de estos votos van a los sitios web que tienen una usabilidad más elevada.

Los sitios con mucho tráfico tienen un resultado mucho mejor en usabilidad que los sitios de empresas conocidas que tienen poco tráfico. En 1999, dividí el número de infracciones a mis reglas de usabilidad en dos grupos de sitios web, y los sitios con mucho tráfico sólo sumaban dos tercios del resultado de la infracción en relación con los sitios del grupo de control.

La diferencia era mayor con respecto a los tiempos de descarga: la página de inicio se descargaba con un promedio de ocho segundos en los sitios de mayor tráfico, en comparación con un promedio de diecinueve segundos en los sitios con menor tráfico.

Evidentemente, el hecho de que el sitio obtenga muchos usuarios no es porque de repente empiece a seguir mis reglas de usabilidad. La casualidad funciona de manera distinta. En primer lugar, un sitio se diseña para la usabilidad, y luego empieza a atraer a más usuarios que vuelven con más frecuencia.

Dado que los usuarios prefieren los sitios con más usabilidad, el "darwiniano en el diseño" nos llevará a la supervivencia de la mayoría de los sitios que tengan usabilidad. Una buena usabilidad implica más usuarios y más ventas, con lo que el sitio prospera.

capricho de una pantalla azul que aparece cuando menos se la espera. Hemos perdido dos mil años de progreso del pensamiento racionalista y hemos vuelto a un comportamiento supersticioso y animista, donde los usuarios lanzan conjuros a sus computadoras sin entender su significado, pero esperando que el resultado sea bendecido. Contemple las oficinas que hay en el mundo y cuente el número de notas adhesivas amarillas que hay colgadas a los lados de los monitores de las computadoras y sabrá lo que quiero decir. Cada nota adhesiva tiene un conjuro con una serie de pasos que se siguen como una ofrenda a la Gran Máquina. Si el paso 5 de los documentos impresos de una presentación con diapositivas fuera sacrificar a una cabra, la gente lo haría igual que haría clic en una casilla de verificación que no entendiera.

El sector de la computación reconoce la naturaleza desconocida y mágica de sus creaciones, utilizando metáforas como *wizards*, cuando quieren blandir la varita mágica sobre diseños particularmente obtusos.

No debemos aceptar la opresión de la tecnología de la información. Es el momento de levantarse en defensa de la Humanidad en la Era de las Máquinas. Usuarios de la Web, unidos a los sitios útiles: no hay nada que perder sino demoras en las descargas.

Estamos creando nuestro propio futuro y podemos decidirnos a respetar a los humanos y diseñar para ayudar a los usuarios a volver a adquirir el dominio de su tecnología, de sus herramientas y de sus sitios web. A un determinado nivel, este libro constituye una receta de cómo aumentar el tráfico y las ventas de su sitio web aumentando la satisfacción del cliente a través de un buen diseño. Pero, a otro nivel, el libro es un manifiesto que expía a la Web de los pecados de las computadoras y que vuelve a un nivel de simplicidad que pueda poner a la Humanidad en paz con sus herramientas una vez más.

Lecturas recomendadas

Hay mucha información interesante sobre la Web en la propia Web. Si diera muchos URL aquí, muchos de ellos le harían perder el tiempo. Además, tener que escribir URL es un ejercicio muy molesto que debe evitarse en la medida de lo posible.

Por tanto, en vez de ofrecer aquí un listado de URL, haremos referencia a una lista de sitios recomendados:

http://www.useit.com/hotlist

Escribiendo este URL podrá ir a otros sitios con el clic de su ratón.

Mencionaré un sitio más: la base de datos de usabilidad de Keith Instone sirve como lista organizada de muchos otros sitios relacionados con la interacción de ser humano/computadora:

http://usableweb.com

Libros

Como mencioné en el Prefacio, sigue habiendo buenas razones para leer libros impresos cuando se quiere recibir un estudio en profundidad de algo. El número de libros sobre diseño web parece aumentar con la misma rapidez que la propia Web, por lo que no puedo ofrecer una lista completa de libros ahora. En lugar de ello, le remitiré a la lista en línea de libros recomendados:

http://www.useit.com/books

Por desgracia, muchos libros sobre diseño web son perjudiciales, porque defienden un enfoque hostil al usuario que lleva a un diseño con páginas lentas de descargar y confusas (pero "atractivas"). Es una mala señal que un diseñador de revistas, un director de cine o un director artístico que sean famosos escriban un libro. Una segunda señal es que se hojea el libro y se ven inmediatamente ilustraciones de diseños fabulosos o capturas de pantallas de páginas que nos llevaría minutos descargar con una línea de modem. Tales libros sólo abordan la parte "de forma" de la ecuación "materia y forma". La principal desventaja de leer un libro frente a acceder a la Web es que no interactúa con los ejemplos; no los usa para nada, sino para mirarlos. Por tanto, a menos que el autor esté muy puesto sobre temas de interacción, posiblemente se verá abocado a seguir un camino que genere diseños que funcionan en el papel pero no en la Web.

Usabilidad

He escrito un libro entero sobre pruebas de usuario y otros métodos de ingeniería de la usabilidad. Este libro, **Usability Engineering** (AP Professional), da una solución de ciclo de vida a la usabilidad y a los pasos que hay que dar en cada fase del desarrollo. El libro también está en la parte de la metodología de la "ingeniería de la usabilidad" barata y rápida, lo que le convierte en una lectura aceptable para cualquier diseñador web que no se aburra con mi libro.

También deseo resaltar la necesidad de tener en cuenta a los usuarios de ámbito internacional. Aun siguiendo principios de diseño centrados en el usuario, es muy fácil estar centrado en los usuarios de ámbito local y en sus necesidades y características. Uno de mis libros, escrito con Elisa del Galdo, proporciona un punto de vista internacional: **International User Interfaces** (John Wiley & Sons). También suelo recomendar **Global Interface Design**, de Tony Fernandes (AP Professional), pero este libro está agotado. Adquiera una copia usada si la puede encontrar. La diferencia principal entre los dos libros es que el primero destaca las diferencias que hay en el nivel de diseño de la interacción, como las distintas conductas en las distintas culturas y el modo dirigir estudios sobre usuarios de ámbito internacional, mientras que el segundo destaca las diferencias que hay a nivel de diseño de página.

Hipertexto

La Web tan sólo es el último de una larga fila de sistemas de hipertexto que incluye HyperCard (Apple), NoteCards (Xerox) e, incluso, Memex (Vannevar Bush) de 1945 (el último nunca fue construido). Se puede adquirir mucha inspiración para diseñar en la Web contemplando las maneras en que estos primeros sistemas afrontaban los temas de la vinculación y de la información de navegación. Existe mucha literatura de investigación que resumo en mi libro: **Multimedia and Hypertext: The Internet and Beyond** (AP Professional).

Para recabar más información sobre arquitectura de la información, recomiendo **Information Architecture for the World Wide Web** (O'Reilly), de Louis Rosenfeld y Peter Morville.

Tecnología web

Debe haber casi un millón de libros sobre HTML. Mi favorito está en la lista de libros recomendados que facilito (www.useit.com/books), pero probablemente no tenga importancia cuál lea, siempre que éste destaque la forma correcta de utilizar HTML para el marcado estructural y no trate de enseñar trucos que degraden la usabilidad. Una buena prueba consiste en ver cómo un libro recomienda a los lectores que codifiquen sus encabezados. El HTML correcto utiliza etiquetas estructurales, como <H1>, <H2>, etc., dependiendo del nivel de encabezado deseado. Por el contrario, el HTML peligroso utiliza <B><FONT SIZE=5> y el marcado similar orientado a la presentación.

El mejor libro sobre hojas de estilos es **Cascading Style Sheets, Second Edition: Designing for the Web**, de Håkon Lie y Bert Bos (Addison Wesley, Prentice Hall). La portada lo dice: los autores son "autoridades a nivel mundial" sobre hojas de estilos, y son los líderes del proyecto de hojas de estilos del WWW Consortium.

Los que vayan a crear imágenes en su sitio web probablemente deban leer un libro como **Designing web graphics.3 – How to Prepare Images and Media for the Web**, de Lynda Weinman (New Riders, Prentice Hall) si están acostumbrados a trabajar con imágenes impresas. Existen muchas diferencias técnicas en los requisitos de color, resolución y tamaño de archivo, que repercuten en la forma en que los diseñadores gráficos utilizan las herramientas como Adobe Photoshop, y los temas de implementación para imágenes web se detallan mucho en este libro.

Por último, recomiendo el libro **Philip and Alex's Guide to Web Publishing**, de Philip Greenspun (Morgan Kaufmann Publishers). Un ejemplo perfecto de humor (muy útil).

Lea mi próximo libro

La última recomendación que le hago es que lea la segunda mitad de este libro. Como vimos más detalladamente en el Prefacio, la distinción entre estos dos libros es bien sencilla. El volumen actual es el "qué" de la usabilidad, es decir, las directrices que deberá seguir para hacer que el diseño sea fácil de usar. El segundo libro, titulado **Ensuring Web Usability**, es el "cómo" de la usabilidad, o los métodos y los procedimientos a seguir para aprender más acerca del comportamiento del usuario y de la adquisición de datos específicos sobre sus propios clientes y el modo en que éstos interactúan con su sitio. Para recabar más información sobre el próximo libro, visite de vez en cuando el sitio web: www.useit.com.

Índice

A

G

H

I

W

X

A